KB069052

# 중국 동북지역의 상인과 상업네트워크

이 도서는 2009년도 정부(교육과학기술부)의 재원으로 한국연구재단의 지원을 받아 출판되었음(NRF-2009-362-A00002).

중국관행
연구총서
006

# 중국 동북지역의 상인과 상업네트워크

| 저자 | 김희신 · 박경석 · 손승희
김지환 · 김송죽

學古房

# 『중국관행연구총서』 간행에 즈음하여

우리가 수행하는 아젠다는 근현대 중국의 사회·경제 관행에 대한 조사와 연구를 매개로 한국의 중국연구와 그 연구기반을 재구성하는 것이다. 이러한 작업은 무엇보다 인문학적 중국연구와 사회과학적 중국연구의 학제적 소통과 통합을 모색하는 과정에서 구체화될 수 있을 것이다. 또한 근현대 중국의 사회·경제관행 조사 및 연구는 중국의 과거와 현재를 모두 잘 살펴볼 수 있는 실사구시적 연구이다. 추상적 담론이 아니라 중층적 역사과정을 거쳐 형성되고 검증되었으며 중국인의 일상생활을 지속적이고 안정적으로 제어하는 무형의 사회운영시스템인 관행을 통하여 중국사회의 통시적 변화와 지속을 조망한다는 점에서 우리의 아젠다는 중국연구의 새로운 지평을 열 수 있는 최적의 소재라 할 수 있을 것이다.

우리 연구의 또 다른 지향은 중국사회의 내적 질서를 규명하는 것으로, 중국의 장기 안정성과 역동성을 유기적으로 파악함으로써 한층 더 깊이 있게 중국을 이해하고자 한다. 이러한 문제의식에서 우리는 중국사회의 다원성과 장기 안정성의 기반이라 할 수 있는 다양한 민간공동체 그리고 그 공동체의 광범위하고 직접적인 운영원리로서 작동했던 관행에 주목한다. 나아가 공동체의 규범원리인 관행을 매개로 개인과 공동체 그리고 국가가 유기적으로 결합됨으로써 중국사회의 장기 안정성이 확보될 수 있었다는 점을 규명하고자 한다.

이러한 문제의식에 기초한 연구는 궁극적으로 제국 운영의 경험과 역사적으로 축적한 사회, 경제, 문화적 자원을 활용하여 만들어가고 있는 중국식 발전 모델의 실체와 그 가능성을 해명하는 데 기여할 것이다.

『중국관행연구총서』는 인천대학교 HK중국관행연구사업단이 수행한 연구의 성과물이다. 이 총서에는 우리 사업단의 연구 성과뿐만 아니라 아젠다와 관련된 해외 주요 저작의 번역물도 포함된다. 앞으로 아젠다와 관련된 연구 및 번역 총서가 지속적으로 발간될 것이다. 그 성과가 차곡차곡 쌓여 한국의 중국연구가 한 단계 도약하는 데 일조할 수 있기를 충심으로 기원한다.

2015년 3월
인천대학교 중국학술원
HK중국관행연구사업단
단장 장정아

# 목 차

# 총론

# 근대 중국동북지역의 경제변화와 관행

_ 김희신

## 1. 중국 관행 연구와 동북사회의 내적 질서 규명

본 연구총서는 '인천대학교 중국학술원 HK중국관행연구사업단'이 '근대성과 관행의 재구성'이란 2단계 핵심 주제 하에 동북지역을 대상으로 근대 중국의 전통적 경제관행이 지속되고 재구성되는 원인과 양상을 분석한 연구 성과물이다.

우리는 때때로 사람들 간의 어떤 행위가 반성적 의식을 거의 동반하지 않고 무의식적, 일상적으로 행해지는 경우를 경험하게 된다. 우리의 관행연구는 바로 이 일상성에 착안하려는 것이다. 물론 개인이나 사회 공동체의 측면에서 보면 어떤 행위 자체가 일상적이지 않을지 모르지만 관습에 따라 행해진다는 의미에서 '일상적'이라는 것이다. 시대마다 상식적인 사회관념 속에 자연스럽게 배어 있는 것이라 할 수 있다. 따라서 중국 관행 연구는 중국인들의 일상적인 감각에 뿌리를 둔, 사회생활의 기본단위를 이루는 기초사회의 '내적 질서'를 규명하려는 것이다. '내적 질서'로서의 관행이야 말로 중국을 중국답게 만드는 규범이자 중국적 특색을 구성하는 가장 핵심적 요소이기 때문이다. 중국 사회가 어떤 부분으로 구성되어 있고 각 부분들이 서로 어떤 연관을 맺고 어떻게 움직이는지에 관심을 집중한다. 또 개인과 사회(공동체)와의 관계, 사회와 국가 상호간의 관계를 탐구한다. 이 삼자가 상호 유기적으로 연결되어 인간들의 사회적 관계가 규칙성과 경험성을 보이게 되고, 인간의 행위는 상호 작용을 통해 사회구조(제도, 가치, 규범원리)를 형성한다. 사회내에 규칙성과 경험성이 장기 지속될 때 비로소 '관행으로서의 역사성'을 갖게 된다.(전인갑・장정아, 「중국 관행 연구와 중국 연구의 재구성」, 『중국관행연구의 이론과 재구성』, 한국학술정보, 2012)

일단 형성된 사회구조는 구성원의 행위를 제약하며, 마찬가지로 사회구조도 구성원의 의지나 노력에 의해 끊임없이 변화해 가는 과정에 있다. 중국 사회구조에 가장 의미 있는 변화양상을 보였던 역사적 시기로는 전통사회에서 근대사회로의 이행기를 들 수 있다. 그런데 전통에서 근대로 이행하는 시기의 사회구조가 단선적인 변화의 연속으로 파악될 수 있는 것은 아니었다. 근대 이후 기존의 전통적 경제제도의 토대위에 외부의 자극과 제도를 수용하면서 이에 대응할 수 있는 중국적 특색이 반영된 새로운 구조를 만들어내게 된다. 새로운 구조의 출현은 근대로의 이행과정에 있는 모든 지역에서 출현하지만 각 지역의 환경과 자원, 경제발전 수준, 사회문화적 환경 등에 따라 재구성되는 실태는 다르게 나타난다. 또 특정지역의 사회구조 변화를 파악하는데 있어서 전통과 근대를 구분한다는 것도 매우 곤란하다. 이행과정에 전통과 근대가 중층적으로 병존하거나 기존의 관행이 새로운 규범의 도입에 의해 변형된 관행으로 정착되기 때문에 특정지역의 전통적 표준이나 관행을 구분하기 어렵다. 또 근대성을 수용한 토양이 전통인 만큼 수용된 근대성도 서구적 표준과는 달리 변형된 형태로 정착된 것이라 이해할 필요가 있다. 따라서 개별 지역마다 새롭게 대두되는 문제와 모순을 해결하고 사회경제적 효율성을 높이기 위해 중국이 지속적으로 재생산해 내는 구조를 규명하는 것이야 말로 중국적 시각으로부터 근대로의 발전과 이행을 해명하는 유효한 방안이라는 견해에 공감하지 않을 수 없다.(이병인, 「근대중국의 '글로컬라이징 캐피탈리즘'과 내부식민」, 『청람사학』 23, 2014)

일반적으로 중국역사에서 청대는 전통시대의 마지막 왕조이면서 근대의 시작이라 인식된다. 청조는 만주족이 세운 왕조이며 이민족 왕조나 정복왕조로 분류되지만 청대 사회가 명대 사회와 큰 차이가 없어 명·청 시대라 연칭되기도 한다. 그러나 우리의 분석대상인 동북지역이 갖는 의미는 명·청시대가 현저히 다르다. 중국역대 전통왕조의 통치력이 동북에 세력을 미쳤다고 해도 그 범위는 남부의 봉천성 지역까지였다. 북부의 길림성이나 흑룡강성은 18세기 이후 한족이 유입될 때까지는 주로 유목 민족이 흥망을 반복했던 곳이었다. 동북지역은 줄곧 '비非중국' 또는 '준準중국'으로 간주되었고, 청대 이후 관내 한족의 이민을 통해 중국화 과정을 경험했다.

청 초기부터 동북지역은 왕조발상지로 신성시되면서 특별구역으로 취급되었다. 명말 청초의 전란으로 명대 한족이 개간했던 요하遼河 유역은 황폐화되었고, 청조가 북경으로 천도함으로써 동북의 인구도 감소했다. 청조는 요동遼東 재건을 위해 유배자(유민流民)들을 이송하거나 요동초민개간령遼東招民開墾令(1653년)을 내려 이민을 유치했다. 이 개간령은 곧 철폐되었지만 요동·요서 지역의 개발에는 진전이 있었다. 봉천성에서 농업의 부흥을 추진했던 청조도 길림성이나 몽고인이 생활하는 '몽지蒙地'까지 개간할 생각은 없었던 듯하다. 17세기 말에 만들어졌던 유조변장柳條邊牆은 청조가 구상하고 있던 동북의 지역적 구분을 반영했다. 또 청조는 기인旗人과 일반 한족을 분할통치하고 기지旗地내로의 한족 유입을 금지했다. 그러나 17세기 말 이후 동북으로 이주한 한족이 증가함에 따라 기지내로 유입된 한족도 증가했고, 청조의 기지정책은 붕괴되어 갔다. 한편 북부의 개발은 러시아와의 무력항쟁이라는 요인에서 촉발된 측면이 컸다. 러시아의 시베리아에 대한 세력 확장이 17세기 후반 흑룡강 유역 부근에서 청조와 무력충돌을 일으켰다. 청조는 러시아에 대비하기 위해 군사력의 증강과 군대의 식량 확보를 목표로 흑룡강성 개발을 시작했다. 과거에는 봉천성에서 요하를 이용하여 흑룡강성까지 식량을 수송했지만, 농업생산이 증가함에 따라 18세기 초반에는 그럴 필요가 없게 되었다.

청조의 요동재건 정책과 군량 공급을 위한 동북으로의 한족 유입이 18세기 이후 더욱 현저해지면서 한족의 증가가 기인의 생활을 압박한다고 하는 새로운 문제를 초래했다. 이에 청조는 종래와는 반대로 한족의 유입을 금지하는 봉금정책封禁政策을 실시했다. 1740년 봉천성에 한족 유입이 금지되었고, 1777년에는 길림성으로의 유입도 금지되었다. 그러나 한족 유입은 계속되었고 점차 동북은 한족의 '개척지'가 되어 갔다. 청초기에는 봉천성 개원開原 지역까지 개간되고 18세기에는 길림 부근이 개간되기는 했지만 길림성, 흑룡강성의 개간이 진전되었던 것은 19세기 이후였다. 이처럼 동북지역의 남부와 북부가 개간의 역사적 과정이 달랐고, 도시의 성격도 서로 달랐다. 정치적 군사적 도시를 연결해 도로망이 형성되었으며 도로망을 따라 도시가 형성되고 거주자가 많은 도시에는 한족 상인이 활동했다.

19세기가 되면 〈천진조약(1858년)〉의 체결로 영구營口 개항이 결정되었고 동북지역도 세계시장에 포섭될 단서가 마련되었다. 또 러시아와 체결한 〈아이훈조약(1858년)〉, 〈북경조약(1860년)〉에서 국경이 흑룡강과 우수리강으로 정해졌고 러시아의 남하정책은 노골화되었다. 한편 이완되어 버린 봉금정책 대신에 청조는 오히려 토지를 민간에게 불하하여 이민을 유치함으로써 러시아에 대한 대비책을 마련했다. 한족 이민의 증가, 러시아의 남하정책, 그리고 미약하지만 세계시장의 영향력이 미치기 시작한 상황 하에서 동북은 20세기를 맞이했다.

동북경제의 커다란 전환기는 20세기 전후 시기라 할 수 있다. 1900년 전후에 동청東淸철도와 경봉京奉철도가 부설되었고, 새로운 철도의 부설은 지역경제에 지대한 영향을 미쳤다. 철도의 부설로 관내로부터 한족 이민의 유입이 더욱 용이해졌고 동북의 인구는 1900년 이후 급증했다. 그 결과 한족의 거주지는 동북전역으로 확대되었다. 러일전쟁 이후에는 일본이 남만주철도의 부설권을 획득, 남만주철도주식회사를 세우고 동북에 대한 경제침략을 노골화하기 시작했다. 농업생산량도 증가했고, 서양으로 대두수출이 시작된 이후 대두의 수출량이 급증하면서 농업생산의 증가를 자극했다. 대두 생산을 필두로 하여 동북의 전체 농업생산량은 1910-1920년대 계속 증가했다.(塚瀨進, 『中國近代東北經濟史硏究』, 東方書店, 1993)

20세기를 전후한 시기 근대 동북지역을 둘러싼 국제관계는 복잡한 변화과정에 있었고, 봉금封禁이라는 동북지역에 대한 청조 정책에도 극적인 변화가 있었다. 또 개방에 의한 자유무역이 개시되고 철도가 부설됨으로써 동북지역은 '경계'를 넘어서는 인적 물적 흐름이 극적으로 가속화되어 갔고 동북 사회경제구조에 거대한 변혁이 일어났다. 우리의 논의는 이러한 격변의 근대시기 동북경제의 변화과정에서 대두되는 문제와 모순을 어떻게 해결하고, 사회경제적 효율성을 높이는 과정에서 중국적 규범으로서의 관행이 어떻게 작용했는지, 그리고 어떻게 재구성되는지, 그 실상을 구체적으로 규명하는데 목적이 있다. 이런 문제의식을 구현하는 방안으로 본 연구총서에서는 다음 세 가지 측면에서 접근했다.

## 2. 상인단체의 존재양태와 지역성

우선 동북지역에서 경제행위의 주요한 주체로서 경제발전을 견인해 왔던 상인·동업단체의 존재양태와 그 운영원리에 대한 해명을 시도했다. 중국의 다양한 공동체가 중국사회의 장기 안정성을 확보하게 하는 핵심적 기반이며, 자율적 영역으로서 혈연·지연·업연 등을 기반으로 한 관행의 질서에 의해 지탱되어 왔던 것은 잘 알려진 바이다. 이민사회인 동북지역에서도 이러한 공동체가 여전이 배제할 수 없는 무게로 작동하고 있었던 점은 동북각지에 분포한 상인단체를 통해서도 확인할 수 있다. 동북의 상인은 주로 산서, 산동, 하북 상인이 중심이 되었고 회관, 행회 등과 같은 전통적 동향·동업단체가 존재하게 되었다. 또 일찍이 공의회公議會라는 유력상인에 의한 상인길드조직이 주요 도시에 광범위하게 조직되었고 20세기 초반 신속하게 상회로 발전해 갔다.

동북은 신개척지였고 한족 상인은 국가의 별다른 보호 없이 동북으로 들어갔기 때문에 애초 혈연·지연관계를 기초로 해서 동북의 상업발달을 이끌었다. 동향네트워크의 거점으로 동향회관을 세우고 상인단체를 조직해서 그들에게 익숙한 상업조직과 상거래 방식을 바탕으로 영업규칙을 정하고 상업 질서를 유지하는 등 중국 관내關內의 상거래

관행이나 제도를 동북에도 적용해 갔다. 이는 동북지역이 중국 관내의 경제행위방식을 공유하는 구조로 재편되어가는 과정이라고 평가할 수 있다.

한편 영구 한 항구에 불과했던 동북의 개항장은 러일전쟁 이후 급증하여 안동, 대련, 봉천 등 20여 곳이 추가로 개항되었다. 또 러일전쟁 이후 복잡한 국제정치과정을 거치면서 동북에는 상부지商埠地, 조차지租借地, 철도부속지附屬地 등 중국의 배타적 행정권이 행사되지 못하는 공간들이 생겨났다. 중국인과 외국인의 잡거가 현실이었고 동북에 존재하는 정치권력이 하나가 아닌 이상, 중국상인들은 이를 부정하기보다는 상호공존 가능한 방법을 찾는데 더 관심을 가졌다. 이러한 상황은 상인단체의 성격이나 조직 활동에도 영향을 미쳤고, 봉천의 상인단체는 다양한 질서가 혼재되어 있는 '복합성'을 갖게 되었다. 일본에 의한 경제침략과정에서 일본 상인이 대거 유입되었고 중국 상인과 경쟁하는 가운데 중국 상인단체와 일본 상인단체, 중・일 상인이 함께 조직한 단체 등이 각지에 혼재했다. 특히 일본의 배타적 행정권 행사가 가능했던 남만주철도南滿洲鐵道 부속지내의 중국 상인단체는 소재지역의 특성상 식민성을 갖는 것으로 비춰질 수밖에 없었고, 이로 인해 식민지역 밖의 중국 상인단체나 지방당국과의 관계가 일정부분 왜곡되는 측면이 있었다.(박경석, 「봉천 상인단체의 개황과 '복합구조'」)

당시 동북지역에 공의회가 광범위하게 분포했던 것은 동북경제발전에도 불구하고 공식적 유통화폐가 부족했던 현실과 지역행정의 상대적 취약성을 반영하고 있다. 동북 통화유통의 특징은 농산물이 매매되던 겨울철에는 통화수요가 증대하지만 여름철에는 상업거래가 적었기 때문에 통화수요가 감소하는 등 계절에 따라 통화유통량이 서로 달랐다는 점이다. 겨울철 농산물을 매매할 때 농산물 거래에 비례할 만큼의 통화를 공급할 수 없게 되면 상업거래가 정체되어 버리는 현상이 발생했다. 공의회는 이러한 현실에 대응하여 신용에 근거한 대체통화제도를 유지하고, 안정된 영업활동의 전제조건인 치안유지나 공익사업 추진을 목적으로 주요 도시에 조직된 유력상인단체였다. 여기서 동북지역의 공의회가 전통적인 행회에서 근대적인 상회로 재편되는 과정에 자의든, 타의든 매개 고리 역할을 하고 있었다는데 주목할 필요가 있다. 그 과정에서 공의회가 갖고 있던 유력상인의 '길드적' 결합이라는 성격은 어느 정도 유지되었을 가능성이 높지만, 자발적 민간조직으로부터 정부 정책에 따른 제도화된 민간단체로 새롭게 재편되었다. 상회 내에서 유력상인의 독점적 권력은 약화되었고 국가권력에 대한 상인단체의 자율성은 상대적으로 약화되었다. 한편 공의회가 기존 행회의 운영과 행규行規의 제정에 개입한 사례를 보면 공의회가 행회를 지배하거나 공의회에 대한 행회의 의존적 경향이 강했던 것으로 보인다. 동북지역의 행회가 공의회와 밀접한 관계에 있었음에도 불구하고 행회조직은 공의회의 회원자격조차 얻을 수 없었다. 반면, 상회로의 재편과정에서는 동업단체(행회)가 기본 구성원이 되었다는 점에서 공의회와 상회의 관계는 단절성을 보이고 있다.(박경석, 「'공의회'의 조직과 활동」)

전통적 행회조직은 '업연業緣'이 혈연, 지연과 더불어 중국인의 사회관계를 형성하는 중요한 요소였음을 보여준다. '대련유방연합회大連油坊聯合會'에 대한 분석은 대련지역 대두가공업자들의 이해관계가 연합회 내부의 민족적 갈등을 넘어서고 있음을 밝히고 있다. 연합회는 원래 대련의 대두가공업자들이 대두상품의 생산과 유통을 조절하여 동업의 이익을 극대화하기 위해 설립한 중국 상인단체였다. 이후 일본 상인의 가입이 허용되었고, 점차 소수의 일본 상인이 주도하는 구조로 변화해 갔다. 그런데 대다수 회원은 중국 상인이었고 대련에서 생산된 대두상품

(두병, 두유) 총생산량의 85% 이상이 중국인이 운영했던 대두공장에서 생산된 것이었다. 한편 연합회와 남만주철도주식회사南滿洲鐵道株式會社는 매우 긴밀한 관계에 있었다. 양자의 관계가 동북대두상품에 대한 일원적 통제 관리를 의도한 식민당국을 후원자로 두었던 만철에게는 대두상품의 철도 수송이나 생산에 필요한 석탄 판매 등을 통해 고수익을 가져다주었다. 또 연합회 회원이었던 대두가공업자에게는 만철을 통한 석탄연료의 공동구매나 노동자 관리통제의 효율성을 제고해 주었다. 그러나 만철이 대두제품을 규격화하고 집중통제하기 위해 시행했던 혼합보관제도混合保管制度는 연합회 회원의 저항으로 시행에 차질을 빚었다. 연합회 회원의 대다수가 중국 상인이었고 그들은 시장에서 기존의 상거래유통방식을 통해 여전히 경쟁력을 확보할 수 있었다. 식민당국에 의한 제도개편과정에서 혼합보관제도의 경제적 효율성이 입증되지 못한다면, 중국 상인들이 동업조직으로서의 결속력에 기반하여 이에 저항하며 기존의 관행을 관철하려는 방향에서 결속될 수 있었음을 보여주고 있다.(손승희, 「대련의 대두가공업 동업조직과 남만주철도주식회사」)

## 3. 상업관행과 근대동북사회

중국에는 '지역' 단위로 상업행위를 해 왔던 상방商幇이라 일컫던 거대한 상인집단들이 존재하는데 이런 지역단위 방幇이 크게 대두되었던 것은 명청 시기, 특히 명 중기 이후였다. 동북지역을 거점으로 한 방이 당시에는 존재하지 않았지만 청대 한족들이 대거 동북으로 이주하고 산서, 산동, 하북 등 3방幇을 중심으로 동북경제가 활성화되는 가운데 동북에도 지역단위의 상인집단이 형성될 조건이 마련되었다. 이렇게

19세기 말부터 20세기 초에 걸쳐 관내 한족의 동북으로의 인구이동에 의해 동북경제가 급속히 발전하였고 이러한 경제력에 힘입어 성장한 것이 바로 장작림張作霖, 장학량張學良 정권이었다. 그리고 동북지역정권의 정책적 지지를 배경으로 재지在地자본이 '토착화'된 3방 자본과 함께 봉천의 상공업발달을 이끌어갔다.

러일전쟁 이후 대두를 주로 한 농산물수출량이 증가함에 따라 면제품이나 잡화 등의 수입량도 증가하기 시작하여 동북 무역액도 현저하게 증가했다. 동북의 무역은 전통적으로 수출품은 농산물과 가공품, 산지산물과 모피 등 특산물이 주를 이룬다. 수입품은 거주인구가 증가함에 따라 면사포, 면직물, 잡화 등의 외국 수입품, 그중에서도 특히 일본제품의 수입이 많다. 러일전쟁 이후 1차 대전을 거치면서 동북무역에서 일본제품의 진출이 두드러진 측면이 있긴 하지만 여전히 상해, 천진 등 관내와의 관계도 중요했다. 1920년대 후반에는 상해산 경공업제품을 중심으로 중국제품이 일본제품을 압박하게 되면서 중국 관내와의 경제관계는 더욱 강화되었다.

면사포, 잡화 등과 같은 일본제품의 수입은 봉천지역의 경우, 기존에 일본상인·상사商社의 수중에 장악되어 있었다. 1920년대 후반에는 수출입 무역에 종사하는 중국 상인들이 오사카大阪 가와구치川口 화상華商의 상업기반을 바탕으로 오사카-봉천이라는 직수입 무역네트워크를 구축함으로써 대일 무역거래에서의 주도권을 장악하는 '상거래상의 변화'를 이끌어냈다. 다양한 변화의 원인 중 주목해야 할 것은 바로 수입거점으로서 가와구치에서 활동하던 화상 행잔行棧의 존재였다. 동북지역 상점의 출장원이 행잔에 상주하면서 시세를 확인하고 직접 거래를 성사시키거나 행잔의 영업주가 해당 상점을 위해 구입에서부터 적재운송에 이르기까지 대리역할을 하기도 했다. 또한 동북에서 일본 상인과의 거래는 모두 현금거래였지만, 가와구치 화상과의 직거래에는 1개월에서 6개월의 지불연장이 허용되었다. 봉천의 중국 상인들은 오사카 화상이 구축해 놓은 상업적 기반과 상거래상의 이익과 편리성에 근거하여 동북 봉천-일본 오사카라는 그들만의 상업네트워크를 구축함으로써 안정적으로 물품을 조달하고 일본상인에게 대항하는 것이 가능하게 되었다.(김희신, 「봉천의 상업과 중국 상인의 동향」)

한편 농업생산 동향을 보면 농업생산이 활발한 지역은 철도연선에 집중되었다. 동북농업의 생산량 증가는 관내에서 유입된 한족이 경지를 개간하고 철도로 농산물을 반출하여 세계시장이나 관내로 수・이출되는 순환과정에 기반한 것이었다. 각 작물별로 보면 북부에서 대두와 소맥의 생산이 활발했고, 남부에서는 고량 생산이 왕성했다. 20세기 이후에는 농업생산의 증대와 함께 농산물 가공업이 발흥했다. 특히 대두를 가공하는 제유업(유방油坊)과 함께 제분업(마방磨坊), 양조업(소과燒鍋)도 각지에서 번창했고 농산물가공업 외에 직포업, 제사업 등도 각지에 존재했다. 대부분 공업의 규모는 작았고 동북경제는 농업이 차지하는 비중이 압도적으로 컸다.

동북에서 대두가공업은 가장 발달한 산업이며 동북경제의 성장과 밀접한 관계를 갖기 때문에 대두시장을 중심으로 한 상거래 유통에 대한 분석은 근대동북의 상업관행을 이해하는데 관건이 된다. 특히 대두의 유통구조, 집산과 유통 단계에서의 중개상인의 역할, 그리고 지역정권과의 관계를 분석한 연구는 근대 동북의 상거래 방식이 어떻게 재구성되는지에 대한 단서를 제공하고 있다. 동북의 대두가 상품으로 개발되기 시작한 것은 청 중기부터였다. 전통적으로 대두거래는 양시糧市와 같은 곡물거래시장에서 중국 상인을 중심으로 양잔糧棧이나 대두관련업종의 종사자를 조합원으로 해서 이루어졌다. 초기에는 현물거래가 일반적이었지만 20세기를 전후로 하여 일본과 서양에서 동북산 대두상품에 대한 수요가 급증했고, 폭주하는 해외시장의 수요를 맞추기 위한 대량거래의 방법으로 현물거래보다는 선물거래가 많이 이루어졌다. 선물거래의 명칭과 방법은 각 지역에 따라 다소 차이가 있지만 일종의 신용증권 혹은 현물인환증서를 통해 거래되었다. 기본적으로 은銀이 절대 부족했던 동북지역에서 적은 자본으로도 거액의 거래를 할 수 있었다. 그런데 신용증권이 결제기일 전까지 자유롭게 전매轉賣될 수 있었고 그 과정에서 투기성이 생겨났던 것이다. 시세가 안정되어 있는 상품이라면 투기세력이 활동할 여지가 없지만 대두 시세나 세계시장의 대두수요, 그리고 은가가 등락을 거듭하는 가운데 변수를 노리고 투기세력이 뛰어들면서 동북의 대두상품거래는 선물거래에 의한 투기성이 매우 강고하게 되었다. 이 투기성은 동북경제구조의 취약성을 드러내는 원인 중 하나였다.

일본 식민당국은 이러한 투기의 차단과 공정거래를 명목으로 대련조차지나 만철부속지에 교역소를 설립했다. 그 바탕에는 기존 중국 상인 중심의 대두거래유통구조를 극복하고 동북 대두시장의 통일을 목적으로, 교역소 거래를 제도화하려는 의도가 있었다. 이에 각 교역소내 기준화폐를 일본상인이 거래에 이용하는 금표金票가 아닌 봉천표奉天票나 초표鈔票를 사용하는 등 중국 상인의 상거래 방식을 수용함으로써 중국 상인의 거래를 활성화시키고자 했다. 또 중국 상인들도 대규모 거래와 거래의 안정성을 확보할 수만 있다면 일본이 설립한 '교역소'라는 근대적 교역시스템을 이용함으로써 자신들의 성장 동력으로 삼을 수 있었다.(손승희, 「대두상품의 거래관행과 일본 교역소의 설립」)

한편 동북 내지에서 대두의 집산과 분산을 담당했던 것은 곡물거간 양잔糧棧이었다. 양잔은 대두가공업이 전문화되고 상품화하면서 그 유통과정에서 생겨난 업종이었다. 일반적으로 대두 유통구조는 '생산 농민-지방 양잔-집산지 양잔-대두가공업자 또는 수출업자' 등으로 이어진다. 이 때 양잔은 주로 집산지, 철도연선, 해항에 설치되어 생산자 농민에서부터 대두가공업자, 대두수출상에 이르기까지 이들을 연결해주는 중간상인역할을 했다. 양잔은 대두의 시세 차액, 지역통화와 국제통화의 환 차액, 대두현물인환증서의 전매나 사재기를 통해 부를 축적했다. 양잔의 운영은 동북에서 가장 강력한 재화축적 수단 중 하나였고, 동북지역정권의 지대한 관심 속에서 '관상官商'의 출현을 초래했다. 동북에서는 각 성省의 중앙은행에 해당되는 동삼성관은호東三省官銀號 등이 은행업 외에 부속사업을 경영하여 관상이 되는 독특한 형태로 발달했다. 관은호가 전장, 양잔, 잡화점, 대두가공업, 운송업 등 부속사업을 경영함으로써 동북 상업금융계에서 지배적인 위치에 있었고, 동북의 각 주요도시에 분호를 두었다. 관은호는 발행한 화폐를 이용하여 대두 매입자금을 확보했고, 대두 매입은 부속 양잔이나 관은호 내에 설치된 특산물 매집기관을 통해 독점적으로 이루어졌다. 관상이 아닌 일반 양잔의 경우는 대두매입을 위해 연호聯號 관계를 이용하거나 신용·담보대출 형식으로 자금을 조달했다. 양잔 운영상 연호관계는 매우 중요했다. 실제 양잔의 연호상점 분포나 업종은 지역사정, 업종관계에 따라 차이가 있긴 하지만, 연호 관행은 상인에 대한 제도적 보호 장치나 자본이 빈약했던 동북지역에서 일반적인 상업관행의 하나로 광범위하게 존재했다.(손승희, 「동북산 대두의 국내 유통 네트워크」)

전통적으로 중국인들은 분산투자를 선호하고 주로 친척이나 친구 혹은 동향인이 공동으로 출자하여 상업을 공동으로 경영하는 전통이 있다. 이러한 전통은 상점의 자본구성과 조직형태, 그리고 상업경영에 작동하는 사회문화적 토양과 관련된 문제이다. 중국 고유의 네트워크와 투자관행을 이해하는 핵심적인 부분이며 더욱이 혈연, 지연, 학연 등 경제활동에 작용하는 사회자본의 종류와 작동실태에 대한 연구는 현재 한국사회의 현실에서도 매우 가치를 지니는 작업이라 할 수 있다. 전통적인 상점조직은 고율의 이자와 이윤을 보장하는 것을 전제로 합자경영형태의 '관습적' 영업활동 혹은 조직으로서 합고合股가 일반적이다. 1930년대 초기 봉천소재 상점의 조직형태, 자본주와 경영자의 관적과 이력, 그리고 상점네트워크에 대한 세밀한 분석을 통해 〈공사법〉과 같은 근대적 기업제도의 도입에도 불구하고 동북지역에 여전히 중국 특유의 합고 조직이 민간의 상업경제활동을 지탱하고 있음을 확인시켜준다. 또한 봉천에서 상업관련 업종은 정도의 차이는 있어도 거의 대부분 동일지역 또는 원거리지역에 동종 또는 이종 업종과 연호를 통한 연결망이 조성되어 있다. 중국 특유의 연쇄적 자본결합형 조직인데 동북에서는 자본결합관계를 가진 각지의 상업자본조직을 연호라 불렀다. 연호라는 연계망을 통해 새로운 정보를 얻고 각지에서 특산물을 구매하고 수입상품을 판매할 수 있었으며, 곡물구매나 대두가공업 등 업종별로 계절적으로 발생하는 상점의 유휴인력을 원활하게 운용할 수도 있었다. 또한 은 부족이라는 동북시장의 특성상 연호 간에는 신용화폐나 장부를 통한 상호거래를 통해 상거래 비용의 절감을 가능하게 했다. 동북시장의 환경에 맞추어 서로 관련이 있는 업종들을 연계한 상업망을 통해 이익을 극대화하고 사업의 지속적 안정을 꾀할 필요가 있었고, 이러한 필요에 따라 형성된 동북의 상점네트워크가 바로 '연호'였다.(김희신, 「봉천의 상업자본과 상점 네트워크」)

이처럼 연호 상점간에 어떤 경우는 자금의 융통으로, 어떤 경우는 점원과 상품의 융통, 정보의 공유로 상호 부조하여 원활하게 상거래를 수행할 수 있었다. 예를 들어 봉천 만철부속지내에 개설했던 중국 상점은 일본 만철의 행정적 지배를 받고 있기 때문에 지방당국의 적극적인 보호·관리 대상은 아니었지만 봉천 성내城內 유력상점과의 연호관계를 통해 봉천당국의 재정적 지원을 받을 수 있었다. 부속지내 중국인상점은 성내 유력상점과 연호 관계에 있는 경우가 많았고, 이는 자본이나 거래상 긴밀한 관계를 유지하는 것이 가능했다는 의미였다. 반면 부속지밖 중국 상점과의 관계가 단절된 상점이라면 '자금, 물류, 정보'를 지원할 수 있는 관계망의 부재로 인해 불황속에서 경영에 더 어려움을 겪었다.(김희신, 「봉천의 상업과 중국상인의 동향」)

## 4. 경제 유통망의 변화와 지역 간 교류

동북개발 초기 도시는 대부분 정치·군사적 성격을 띠고 있었고, 이들 도시를 연결해 도로망이 형성되었다. 동북지역에서의 상품거래량이 확대됨에 따라 상인의 활동과 시장규모가 확대되었고 지역적 구조도 재편되었다. 개항지의 거대도시와 철도연선을 중심으로 유통망이 재편되어 이전에 형성되었던 경제 유통망은 점진적으로 변화되었다. 특히 철도는 전통시장과 유통망의 거대한 변혁을 초래하였다. 철도와 떨어져 있는 지역의 도시는 쇠퇴하고 철도를 따라 신도시가 형성되고 인구가 밀집했다. 철도는 근대 중국동북지역의 사회경제구조 변화를 규명하기 위한 매우 중요한 통로가 된다.

근대 이후 철도는 제국주의 열강이 식민지, 반식민지에서 자신의 세력을 확장하는 주요한 침략 수단이었다. 동북지역에는 러시아(이후 소련)가 중동철도의 부설 및 발전을 통해 가장 먼저 자신의 배타적 세력권을 확대해 나갔다. 동북지역에서 러시아가 배타적 세력을 확보할 수 있었던 근거는 바로 중동철도를 통한 물류 유통의 장악이었다. 러일전쟁 승리에 따라 후발주자로 남만주 지역을 자신의 배타적 세력권으로 만든 일본으로서는 북만주로 세력을 확대하기 위해 러시아세력의 억제가 불가결함을 잘 인식하고 있었다.

러일전쟁 이후 남만주철도로 상징되는 일본의 세력과 중동철도(신해혁명 이전의 동청철도)로 상징되는 러시아의 세력이라는 동북지역의 세력균형을 깬 것은 바로 만주국 시기 랍빈拉濱철도의 부설이었다. 1934년 완공된 랍빈철도는 랍법拉法~하얼빈哈爾濱이라는 동북의 핵심지역을 관통하는 전략적으로 매우 중요한 노선이다. 중동철도의 최대거점이라 할 수 있는 하얼빈역을 관통함으로써 중동철도의 남부선을 경유하지 않고도 하얼빈과 대련까지 수송이 가능하게 한 것이다. 랍빈철도의 출현은 유통경로의 단축을 통해 종래 높은 운임을 부과하고 있던 중동철도를 경유하지 않고도 상품 유통을 가능하게 함으로써 결과적으로 북만주 지역의 수출입 무역에 큰 영향을 미치게 되었다. 랍빈철도가 호해呼海철도, 길회吉會철도와 연결되어 조선북부의 나진항羅進港을 경유할 경우 남으로는 일본의 시모노세키下關로부터, 북으로는 하코다테函館까지 운송경로가 크게 단축되어 일본 전국과 북만주가 최대한 결합하게 된다. 이러한 유통망은 비단 북만주 물자의 수출뿐만 아니라 일본 상품의 수입가격을 경감함으로써 해당 지역에서의 유통을 크게 촉진시킬 것으로 예상되었다. 이러한 새로운 유통망의 출현은 일본제국주의가 입안한 동북에서의 대大철도망계획의 핵심인 랍빈철도 부설에 의한 것이다. 랍빈철도의 부설을 통해 동북지역의 물류유통뿐만 아니라 이 지역을 포함한 동북아시아 범주에서 유통망을 새롭게 형성함으로써 해당지역에서의 세력변화를 기대하고 있었다. 이러한 측면은 동북지역에 대한 연구가 동북아시아 지역 내 동북지역의 지·전략적 특성이라는 측면에 주목할 필요가 있음을 시사해 준다.(김지환, 「철도 부설과 상품 유통망의 변화」)

오늘날 사회주의 중국에서의 동북지역 고속도로망 방향성 분석을 통해 사회경제네트워크 변화의 특징과 국가전략을 규명한 연구도 그 연속선상에 있다. 21세기 고속도로망 확충에 대한 분석을 통해 중국 국경지대와 동북지역, 그리고 각 도시에서 교통・운송 인프라망의 변화에 따른 동북지역 사회경제구조와 네트워크의 양상을 살펴볼 수 있고, 또한 고속도로 건설에 의해 새롭게 출현한 동북지역 20개 경유신도시의 부상과 이 도시들의 사회경제적 위치변화, 그리고 이 도시들을 연계한 중국정부의 국가전략과의 상관관계를 설명할 수 있다. 더 나아가 고속도로망 확충이 향후 동북아시아 및 유라시아대륙의 신국제질서와 경제권에 어떠한 의미를 갖고 있는지에 관한 중요한 함의를 이끌어 낼 수 있다.(김송죽, 「동북지역 고속도로망 확충과 현대 중국의 국가전략」)

동북지역은 지리적으로 동북아시아의 중심에 위치한다. 지금까지 동북지역을 분석대상으로 한 본 총서의 논의는 주로 중국이라는 국가사의 시점에서 접근하는 경향이 강했다. 동북지역에서 지역 간 교류의 중요한 역할 행위자에 대한 분석은 중국 화북지역에서 온 이민이나 일본 오사카 가와구치와 직거래무역을 했던 동북 상인의 이동과 교류를 분석하는 정도에 그치고 있다. 국가와 민족이라는 틀을 벗겨내고 지역 간 교류라는 시점에서 본다면 실제 동북지역은 1930년대 초까지는 지역 간 관계가 가장 활성화되었던 시대이기도 하다. 이러한 지역 간 교류네트워크가 쇠퇴했던 것은 1920년대 후반 동북재지자본과 지역정권의 성장, 그리고 만주국 수립에서 그 원인을 찾을 수 있다. 동북경제발달과정에서 동북지역정권이 외국상인에 대해 대항하여 민족운동이라는 배외운동의 거대한 흐름을 따라 이익을 옹호한다는 목적으로, 소위 국화제창운동의 일환인 '배화排貨운동'이나 '지역주의'로까지 호소했던 것은 지역 간 교류에 일정부분 제한 작용을 했다. 이러한 동북정권의 정책이 일본의 위기의식을 높여 만주사변을 이끈 요인이라 평가되기도 하며, 그 결과 성립된 만주국은 중국 동북을 중국 관내로부터 완전히 분리시키고 중국 상인의 활동범위를 제한하는 결과를 초래했다.

현재 중국지역전문가들은 글로벌화의 진전과 중국경제발전이 동북아 지역간 교류를 더욱 활성화시킬 것으로 전망한다. 특히 몽골, 러시아, 북한 등과의 접경지역으로서 중국 동북시역은 동북아 각 지역의 결절점으로 존재한다. 이들 지역을 중심으로 현재 지역간 인구이동이나 교류가 다시 활발하게 이루어지고 있다. 중국어를 사용하고, 중국을 잘 알며 중국과 관계를 가지면서 활동하는 사람들이 증가하고 있다는 것은 이를 증명할 단서가 된다. 이제는 이러한 국가사 중심의 연구경향을 넘어서 동북아시아 지역사에 대한 충분한 의논의 필요한 시점이다. 특히 동북아시아의 지리적 중심으로 위치하는 동북지역과 관련해서 근대시기 지역 간 관계와 현재의 지역 간 교류가 각각 어떻게 형성, 발전해 가는지에 대한 논의를 더욱 진전시켜야 할 필요성이 있다. 더 나아가 근현대와 현재를 모두 시야에 두고 지역 간 교류네트워크를 비교 고찰하고 그 내적 연관성을 탐색하는 것은 현재와 같은 글로벌 환경하에서 지역 간, 국가 간 대립의 회피에 이바지할 수 있는 미래예측을 가능하게 할 것이다. 이것이 글로벌 환경하 사회경제관행과 중국적 표준을 전망하기 위한 '관행의 현재성'이라는 본 사업단의 3단계 사업계획과 그 맥락이 맞닿아 있음은 물론이다.

# 1

# 상인단체의 존재양태와 지역성

# 봉천상인단체의 개황과 '복합구조'

_ 박경석

상회商會에 대한 연구는 1980년대 이래 중국학계는 물론이고 세계적으로 많은 주목을 받아 수많은 연구성과가 축적되어 왔다. 상회의 구성원이나 내부조직, 리더십 등의 문제에서 시작하여 사회·경제적 기능 및 성격, 전통 행회行會와의 관계, 하부의 동업공회同業公會와의 관계, 국가권력 및 정치와의 관계 등으로 이어졌다. 최근에는 법제의 근대화, 근대시장경제의 형성, 세계화 등에 기여한 바에 대해서도 주목하였다. 상회가 대표적인 사회세력으로서 두드러진 활동을 보였다는 점에서, 상회에 대한 연구는 '공공영역'의 존재를 확인하는 작업과도 연관되었다.[1] 하지만, 상회사 연구는 대개 상해上海, 천진天津, 소주蘇州 등 소수

---

* 이 글은 『중국근현대사연구』 제58집(2013.6)에 게재된 논문을 단행본에 맞게 수정한 것이다.

1) 연구사에 대해서는 朱英, 「中國行會史硏究的回顧與展望」, 『歷史硏究』 2003年 第2期; 馬敏/付海晏, 「近20年來的中國商會史硏究(1990-2009)」, 『近代史硏究』 2010年 第2期; 이병인, 「商會, 商會 네트워크와 近代 中國의 政治 變遷」, 『중국근현대사연구』 제44집, 2009.12 등 참조.

의 대도시에 집중되어 있고, 근자에 들어 대상 지역과 시기가 확대되었다고는 하지만 여전히 동북지역의 상인단체에 대한 연구는 매우 소략하다.[2)]

동북지역의 상인단체에 대해서는, 청말에서 1932년 만주국 성립 이전까지의 '봉천 상회奉天商會'를 대상으로 성립의 배경, 조직의 발전 연혁, 기능 및 작용, 역사적 의미 등을 언급한 연구가 있어 기초적인 이해를 돕고 있다.[3)] 그런데 개설적인 서술에 그치고 있어 연구사적으로는 입문의 의의에 한정된다. 본격적인 연구는 오히려 일본학계에서 시작되었다. 쿠라하시 마사나오倉橋正直의 선구적인 연구[4)] 이후 소강상태를 보이다가, 근래에 들어 근대중국 동북지역의 상인단체에 대한 연구가 활발하게 전개되었다.[5)] 상당히 유의미한 성과가 축적되고 있는데, 다만 일본학계의 관심은 동북지역의 '식민지적' 상황이나 '식민지성'의 극복 가능성[6)]에 대한 관점에서 출발하고 있어, 관동주 조차지, 남만주

---

2) 馬敏/付海晏, 「近20年來的中國商會史研究(1990—2009)」, 131-132쪽.

3) 焦潤明, 「第三章 "九一八"事變前的奉天商會」, 『近代東北社會諸問題研究』, 中國社會科學出版社, 2004.11, 65-104쪽.

4) 倉橋正直, 「營口の公議會」, 『歷史學研究』 第481號, 1980.6.

5) 松重充浩, 「植民地大連における華人社會の展開—一九二〇年代初頭大連華商団體の活動を中心に」, 曾田三郎編, 『近代中國と日本—提携と敵對の半世紀—』, 禦茶の水書房, 2001; 上田貴子, 『近代中國東北地域に於ける華人商工業資本の研究』, 大阪外國語大學博士學位論文シリーズvol. 18, 2003; 大野太幹, 「滿鐵附屬地華商商務會の活動: 開原と長春を例として」, 『アジア經濟』 第45卷 第10號, 2004.10; 大野太幹, 「滿鐵附屬地華商商務會の研究」, 愛知大學 博士學位論文, 2006; 大野太幹, 「中國東北の植民地化と滿鐵附屬地華商: 滿鐵附屬地華商研究の意義」, ICCS No. 1, 國際中國學研究センター, 2006.3; 宋芳芳, 「日本租借地時代における大連華人の社會的生活基盤の形成: 大連の華商公議會を中心に」, 『環東アジア研究センター年報』 第5號, 2010.2 등.

6) 大野太幹은 滿鐵附屬地에 거주하는 중국 상인을 식민 지배의 피동적인 존재로 보지 않고, 동북사회의 변용에 훌륭하게 대응했던 존재로 평가했다.(大野太幹, 「中國東北の植民地化と滿鐵附屬地華商: 滿鐵附屬地華商研究の意義」, 120쪽)

철도주식회사 부속지 등 일본의 행정권이 행사되는 지역에 관심이 집중되는 경향이 있다.

본장에서는 봉천奉天을 중심으로 동북지역 상인단체의 개황과 특징적 면모를 살펴본다. 청말・민국시기에 봉천에 어떤 상인단체들이 있었는지, 전체적인 분포와 조직, 활동 등을 밝히는 가운데 그것의 포괄적 특징을 간취해 보고자 하는 것이다. 이를 위해 각 상인단체의 연혁이나 지방정부 및 식민당국과의 관계 등에 대해 살펴볼 것이다.

필자는 봉천의 상인단체가 가진 가장 두드러진 특징이 '복합구조'에 있다는 가설에서 논의를 시작한다. 동북의 상인단체 중에는 중국 상인들의 단체가 있고, 또한 일본 상인들의 단체가 있다. 중국 상인들은 대개 산동, 직예, 산서 등에서 이민을 온 사람들이고, 그 중에는 '동북인'이라는 정체성을 가진 사람들도 있다.[7] 또한 일본 식민지당국의 행정권이 행사되는 조차지나 부속지에서 활동하는 중국 상인들의 단체도 있다. 이밖에 상회 하부의 동업단체 가운데에도 중국인 동업공회와 일본인 동업조합이 있고, 중국인과 일본인이 함께 활동하는 단체도 있다. 만주국 성립 이후에는 중국인 상회와 일본인 상공회의소가 합병되기도 한다. 여기에 러시아 세력도 시기와 지역에 따라 존재했다. 이와 같이 상인단체와 관련해 동북지역은 다른 지역에 비해 두드러진 '복합성'을 지녔고, 다수의 질서가 혼재되어 있는 '구조'야말로 동북지역 상인단체가 가진 가장 두드러진 특징이 아니었나 생각한다.[8]

---

7) 上田貴子, 「'滿洲'の中國化－19世紀後半から20世紀前半期の奉天地域アイデンティティの形成」, 동북아역사재단 편, 『역사적 관점에서 본 동아시아의 아이덴티티와 다양성』, 編者刊, 2010 참조.

8) 최근 尹輝鐸도 중국동북지역의 '복합성'을 강조한 바 있다. 그는 민족구성의 '복합성'에 주목하여 滿洲國을 '복합민족국가'라는 개념으로 설명하였다.(尹輝鐸, 『滿洲國: 植民地的 想像이 잉태한 '複合民族國家'』, 혜안, 2013.2 참조)

본고는 기본적으로 상기한 가설을 확인하면서, 근대 이후 중국동북 지역의 상인단체가 가진 제반 특징을 살펴보려는 것이다. 이런 관점에서 청말, 중화민국, 만주국 시기에 걸쳐 봉천을 중심으로 중국인 상인단체, 일본인 상인단체, 만철부속지의 중국인 상인단체, 하부의 동업조직 등이 생겨나 활동하고 전개되는 과정을 서술하면서 행정당국과의 관계 등에 주목할 것이다.

## 1. '봉천공의회'와 '봉천상회'의 번영

중국 동북지역은 청조 이전에도 나름의 발전을 이루고 있었으나, 청조가 성립되고 이른바 '봉금封禁정책'을 취하면서 인구의 유입이 제한되고 청대 중기까지 인구가 희박한 미개발 지역으로 남아 있었다. 이후 청조가 쇠약해지고 봉금정책도 느슨해지면서 인근의 산동, 직예, 산서 등에서 다수의 이민이 유입되었다. 특히, 19세기 중반 이후 러시아 세력이 남하하자 이에 대응하기 위해 청조는 적극적인 이민정책을 펴기도 했다. 1861년에는 영구營口가 개항장으로 처음 개방되었고, 연이어 대동구大東溝, 봉천, 안동安東 등이 개방되었으며, 조금 늦게 용정龍井, 수분하綏芬河, 만주리滿洲裏 등 15개 상업부두가 스스로 개방하였다. 또한 중동철로, 안봉철로安奉鐵路, 길장철로吉長鐵路 등 철도 위주의 근대적 교통망이 건설되면서 동북지역 유통시장의 형성 및 발전을 위한 인프라가 갖추어졌다. 이리하여 19세기 중반부터 인구가 급증하였고, 개항장과 철도를 따라 도시가 발달하고 상업도 급속도로 발전하였다.

동시에 상업의 발전은 상인단체를 생성시켜, 동북에는 많은 상인단체가 번성하였다. 1912년 농상부에 등록된 상회에 대한 통계자료를 보면, 크고 작은 상회의 수가 봉천성의 경우 64곳이었는데, 이는 사천성 96곳, 절강성 76곳, 강소성 72곳에 이어 네 번째로 많은 수치였다. 더욱이 여타 지역에 비해 이른 시기에 설립되었다.[9] 또한 만철에서 작성한 '봉천성상회일람표'에 따르면[10] 1933년 현재 봉천성에는 모두 42곳의 크고 작은 상회가 있었다. 앞의 농상부 자료와 만철 자료를 합하면 모두 106곳이 되는데, 두 자료에 중복되어 있는 28곳을 제외하면, 봉천성에만 적어도 78곳에 어떤 형태로든 상회가 존재한 바 있었다. 한 연구에 따르면, 봉천성에서 상회가 있는 현縣의 비율은 장강 유역에 필적하는 86%에 달했고, 그 대부분이 1904년부터 1907년 사이에 설립되었다고 한다.[11] 이런 사정은 『동삼성정략東三省政略』에서도 전하고 있는데, 1906년 3월 성경장군盛京將軍 조이손趙爾巽이 상회의 설립을 주청한 이후 6개월 사이에 3곳의 상무총회商務總會와 38곳의 현분회縣分會가 성립되었다고 한다.[12] 상회가 봉천성 주요 지역을 망라해 분포해 있었음을 알 수 있다.

이처럼 봉천성에 상회가 신속하고도 광범위하게 조직될 수 있었던 이유로는 우선 봉천이 '청말 신정의 실험장'이었다는[13] 점을 고려할 수 있지만, 그럼에도 그것이 가능했던 것은 상회의 전신에 해당되는 '공의

---

9) 「國內商會統計」, 江蘇省商業廳/中國第二歷史檔案館 編, 『中華民國商業檔案資料匯編(1912-1928)』, 中國商業出版社, 1991, 70-124쪽; 丁進軍, 「淸末各省設立商會史料」, 『歷史檔案』 1996年 第2期.

10) 南滿洲鐵道株式會社地方部商工課 編, 『滿洲商工事情』, 編者刊, 1933.7, 121-122쪽.

11) 陳來幸, 「民國初期における商會の改組と商民統合」, 『人文論集』(神戶商科大學) 第33卷 第4號, 1998.3, 74-75쪽.

12) 「紀商會成立」(實業卷十一, 奉天省, 商業篇), 徐世昌 編, 『東三省政略』(編者刊, 1911), 吉林文史出版社, 1989, 6445-6446쪽.

13) 大野太幹, 「中國東北の植民地化と滿鐵附屬地華商: 滿鐵附屬地華商硏究の意義」, 116쪽.

회公議會'가 폭넓게 조직되어 있었기 때문이다. 쿠라하시에 따르면, 공의회는 인구가 조밀한 발해 연안, 요하 유역에서 북방의 인적이 드문 흑룡강 지역에 이르기까지 광범위하게 분포되어 있었다. 영구나 봉천과 같은 대도시에서 시작하여 매우 작은 지방도시에서도 설립되었다. 일부 공의회는 흑룡강을 넘어 러시아령에 사는 중국인 사이에서도 조직되었다. 일본이 지배하는 관동주나 만철부속지에도 공의회가 있었다.[14] 이처럼 광범위하게 존재했던 공의회를 바탕으로 상무총회와 분회가 신속히 조직될 수 있었던 것이다.

대개 상회는 동업 및 동향을 기초로 하는 구래의 행회나 회관・공소가 상회로 전화되는 경우, 관방이 행정명령으로 '상무기관'을 상회로 개조하는 경우, 지방 유력자가 개설하는 경우, 회관, 공소 및 유사 단체 안에 개설하는 경우, 완전히 새롭게 만드는 경우 등이 있는데,[15] 동북에서는 후술하듯이 상회와 조직체계가 유사한 공의회를 상회로 개조하는 방식으로 상회를 조직함으로써 상회가 신속하고도 손쉽게 보급될 수 있었다. 상회를 새로 만들 필요 없이 기존의 공의회를 상회로 개편하면 되었기 때문에 당연히 쉬울 수밖에 없었다. 이러한 '**공의회**'의 **존재는 동북지역 상인단체의 두드러진 특징 중에 하나라고** 할 수 있다.

그렇다면, 동북지역에서만 유독 공의회가 번성할 수 있었던 이유는 무엇일까? 아래에서는 봉천을 사례로 공의회의 성립 과정, 조직, 활동, 지방정부와의 관계 등을 살펴봄으로써 그 이유에 접근해 볼 것이다.

---

14) 倉橋正直, 「營口の公議會」, 19쪽.

15) 王春英, 「官商互動中的多元圖景呈現-淸末商會成立形式再探」, 『華中師範大學學報(人文社會科學版)』 第4卷 第5期, 2005.9, 70-74쪽.

## (1) '봉천공의회'의 성립과 지방당국

### 1) '봉천공의회' 성립의 배경

물론 봉천에도 '성경성성상업공의회盛京省城商業公議會'라고 불린 '공의회'(이하 '봉천공의회'라 칭함)가 있었다. 그런데 봉천공의회가 정확히 언제 성립되었는지는 알 수 없다. 이에 대해, 1907년에 일본 외무성이 펴낸 『남만주의 상업』에서는 한 상점 지배인의 말을 인용해 '봉천공의회는 1859년에 지방관 악대인鄂大人이 발기하여 창립'하였다고 적고 있고,[16] 1930년대 심양화학공장瀋陽化工廠의 직원이었던 유은도劉恩濤가 쓴 「심양상회 75년」에서는 1874년 즈음에 '공의회'를 조직하기 시작했다고 적고 있다.[17] 공의회의 조직은 관방에서 개입한 사안이 아니었기 때문에 공문서 자료가 남아 있지 않아 단편적인 자료에 의존할 수밖에 없다. 현재로서는 대략 19세기 중반으로 이해할 수밖에 없는데, 공의회가 일정 정도 상업의 발달과 외국세력의 침입을 배경으로 했다는 점에서 실질적으로는 1874년 쪽에 가깝다는 생각이다.

공의회는 대개 해당 도시의 상공업을 전반적으로 지배하는 소수의 유력상인만으로 조직되었다. 그래서 회원은 대체로 수명에서 십 수명으로 한정되었고, 일반 상인은 공의회의 영향을 크게 받았지만 회원은 아니었다.[18] 이는 봉천공의회의 경우에도 유사했을 것으로 보인다. 봉천의 상업을 주도했던 상인집단은 대략 4개의 출신지로 나누어 볼 수 있는데, 금융(전행錢行)은 산서 사람이 많고, 식량(양행糧行)은 산동 출신

---

16) 外務省 編, 『南滿洲ニ於ケル商業』, 金港堂書籍, 1907, 308쪽.
17) 劉恩濤(遺稿), 「瀋陽商會七十五年(1874-1948)」, 『瀋陽文史資料』 第1輯, 1982, 163쪽.
18) 倉橋正直, 「營口の公議會」, 22쪽.

과 본지 사람이 많고, 잡화점은 산동 사람과 직예 사람이 많고, 특히 제사업(사방絲房)은 산동 사람이 주도했고, 임산업(산화점山貨店)도 산동 사람이 많았다고 한다.[19] 산서, 직예, 산동, 본지 사람을 속칭 '사방四幇'이라고 하고, 전행錢行, 양행糧行, 잡화, 사방絲房, 산화山貨를 '오행五行'이라고 했는데, 이들 '사방오행四幇五行'이 연합하여 공의회를 주도했을 터이다. 1907년 당시 4명의 총동總董과 1명의 수석 총동이 있어 공의회를 이끌었는데, 총동의 직종이 대체로 '오행'과 부합하였다. 봉천을 16개 구역으로 나누어 본부 산하에 16분회를 두고 각 분회에 역시 분회장을 두었다.[20]

동북지역에서만 유독 공의회가 번성하였던 것은 우선 통화제도와 관련해 그 이유를 찾아볼 수 있다. 19세기 중반 이후 상업의 발흥에도 불구하고 공식적인 통용 화폐가 태부족하여 상업 유통을 원활하게 뒷받침하지 못했는데, 청조가 이 문제를 해결해 주지 못함에 따라 동북지역에서는 각 도시마다 이를 보완할 대체통화제도를 자체적으로 마련하였다.[21] 영구의 과로은過爐銀, 봉천의 심평말태은瀋平抹兌銀, 금주錦州의 금평말태은錦平抹兌銀, 개평蓋平의 말은抹銀 및 각지의 사첩私帖 등이 그것이다. 쿠라하시에 따르면, 이런 대체통화는 전국적인 현상이기도 하지만 내지에서는 국지적, 산발적이었던 데에 반해 동북지역에서는 전반적인 현상이었다고 한다. 대체통화는 그 신용을 확보해 줄 유력상인이 필요했고, 대개 한 도시에 몇 개 또는 십여 개의 유력상점이 이를 담당했다. 그런데 대체통화를 복수의 유력상인이 발행하면 통화가 제각각이

19) 外務省 編, 『南滿洲ニ於ケル商業』, 284쪽.

20) 外務省 編, 『南滿洲ニ於ケル商業』, 309쪽.

21) 劉輝/王曉光, 「近代東北貨幣制度演變述略」, 『大連近代史研究』 第5卷, 2008, 425-427쪽.

어서 유통성과 편리성이 크게 떨어지기 때문에 도시마다 대체통화를 일정 정도 통합하지 않을 수 없었다. 이를 위해 유력상인 간에 긴밀한 협조가 필요했고, 이런 필요에 따라 조직한 상인단체가 바로 공의회였다는 것이다.[22)]

또한, 봉천공의회가 수행한 활동을 보면 공의회가 성립된 이유를 추론해 볼 수 있다. 상기한 외무성 자료를 보면, 그 활동 내역이 여타 지역의 상회에 비해 매우 다양했다. 1900년 가을 의화단으로 인해 혼란이 발생하자 공의회 안에 수망국守望局을 설치해 질서를 유지했고, 금융공황으로 시장이 피폐해지자 공의상국公義商局이라는 금융기관을 창설해 경제적 구제를 도모하였으며, 변란으로 전당포가 모두 소실되자 공의당公義當이라는 전당포를 설립해 서민의 편리를 도모하기도 했다. 1902년 콜레라 전염병이 창궐하자 의사를 초빙해 병원을 설립했고, 1903년 기근으로 난민이 발생하자 의연금을 모아 급식소(죽창粥廠)를 설립해 구제했으며, 1904년에는 순경수회巡更水會를 조직해 화재를 진압하고 야간 순찰을 도는 소방 및 경찰 업무를 수행했다. 연고가 없는 시신이 생기면 공의회가 나서 처리했고, 지방관의 의뢰에 따라 경찰비, 위생비, 가옥세, 영업세 등을 대리 징수하여 비용을 제하고 경찰위생총국警察衛生總局에 납부하는 업무도 수행했다. 또한, 상인 간에 분쟁이 발생하면 먼저 공의회가 나서 중재하였고, 이것이 여의치 않을 경우에만 관부의 재판(공단公斷)에 회부하였다.[23)]

이처럼 공의회는 상인 간 분쟁이나 상업 및 경제 문제에만 개입했던 것이 아니라, 마치 지방행정기관인 것처럼 지역의 질서와 안녕을 유지

22) 倉橋正直, 「營口の公議會」, 25-28쪽.
23) 外務省 編, 『南滿洲ニ於ケル商業』, 309-312쪽.

하기 위한 폭넓은 활동을 전개하였다. 이는 물론 안정된 질서가 원활한 영업 활동의 필수불가결한 전제조건이었기 때문이었다. 이렇게 볼 때, 봉천을 비롯한 동북지역에 '공의회'라는 특이한 상인단체가 일찍부터 광범위하게 나타날 수 있었던 배경에는 동북에 있어서의 공권력의 불안정과 지역행정의 상대적 취약성이 작용했다고 볼 수 있다. 상인들 스스로가 지역의 치안유지나 공익사업을 수행하지 않을 수 없었던 사정이 있었던 것이다.

이런 객관적 상황에 더하여 한족 이주민으로 구성된 동북의 상인들이 세대를 거듭하면서 점차 동북과 자신을 동일시하는 '재지在地 의식'을 갖게 된 것도 공의회가 생겨나고 발전하는 데에 영향을 끼쳤을 것으로 보인다. 이와 관련해 우에다 다카코는 이주 상인의 후손들이 갖게 된 '지역 정체성'이 상인들의 민족주의적 성향으로 이어진다고 지적한 바 있다.[24] 이러한 '재지의식'은 봉천성의 주요 상인들로 구성된 봉천전성상회연합회奉天全省商會聯合會 임원들의 관적貫籍으로도 엿볼 수 있다. 1924년 12월 21일 봉천전성상회연합회가 봉천총상회에 보낸 공문에 「봉천전성상회연합회 임원 일람표」가 첨부되어 있는데, 총 123명에 이르는 회장, 부회장, 이사 중에서 자신을 '봉천' 출신이라고 명기한 사람이 총 71명으로 57.7%를 차지했다. 이어 직예 출신이 31명으로 25.2%를 차지했고, 산동 출신은 11명으로 명맥을 유지했고, 산서 출신은 2명에 불과했다.[25] 전술했듯이 '사방'이라 하여 산동, 직예, 산서, 재지(봉

24) 上田貴子, 「「滿洲」の中國化—19世紀後半から20世紀前半期の奉天地域アイデンティティの形成」, 동북아역사재단 편, 『역사적 관점에서 본 동아시아의 아이덴티티와 다양성』, 編者刊, 2010.

25) 「奉天全省商會聯合會公函第112號」, 遼寧省檔案館 編, 『奉系軍閥檔案史料匯編(第4冊)』, 江蘇古籍出版社, 1990, 531-534쪽.

천) 출신이 어느 정도 균형을 이루고 있었는데, 1924년에 와서 재지(봉천)의 비중만이 유독 높아진 것은 '재지의식'의 강화로밖에 해석할 수 없다. 이와 더불어 19세기 중반 이래 이주, 개항, 철도부설을 계기로 한 동북상업의 발전으로 상인들의 자체적인 역량이 점차 강화된 것도 하나의 요인으로 생각해 볼 수 있겠다.

### 2) '봉천공의회'와 지방당국의 관계

상술했듯이, 지방관이 방치하여 사회질서가 무너지자, 상업 전체의 이익이 훼손될 것을 우려한 공의회는 세금 대리 징수, 각종 공공사업 등을 통해 적극적으로 지방행정에 개입하였다. 따라서 당국과의 관계는 기본적으로 우호적이었고 협조적이었다. 다만, 유럽의 길드처럼 왕권에서 독립한 도시의 권력으로 자리매김하려는 것은 아니었고, 상호 보완적인 관계에서 '부득이 하게' 행정의 일부에 참여했다고 볼 수 있다.

하지만, 기존 연구에서 강조하고 있듯이 공의회에서 상무총회로 개조되는 과정에서는 갈등 양상을 보이기도 했고, 공의회에서 상무총회로의 전환이 일사불란하게 이루어진 것은 아니었다. 상기한 외무성의 자료에 따르면, "성경장군 조이손이 1906년 6월 봉천에 장군아문將軍衙門의 지휘를 받는 상무총회를 설립하고 책임자인 총리總理로 지현知縣 후보자 손백곡孫百斛을 추천해 임명했는데, 공의회의 상인들이 이에 반발하여 봉천에 두 개의 상민단체가 병존하는 기현상이 벌어졌고 상당한 파란이 일었다"고 전하고 있다.[26] 관방이 주도해 만든 상무총회에 지방관 후보자가 책임자로 임명되자 공의회 측이 자신의 기득권이 훼손될 것을 우려하여 저항하였던 것이다.[27] 공의회가 1902년에 상무총회

26) 外務省 編, 『南滿洲ニ於ケル商業』, 313-315쪽.

로 개칭되고 전자초田子超가 총리로 임명되었다거나, 1911년까지 상무총회의 지도부 인선에 극심한 혼선이 빚어졌던 것도 갈등 양상을 잘 보여준다.[28] 그러나 공의회 측에서 상인단체가 당국의 적극적인 지원을 받는 것이 반드시 불리하지만은 않다는 것을 인식하면서 갈등 양상이 점차 해소되었다고 한다.[29]

봉천성의 사례는 아니지만, 관방이 편찬한 『동삼성정략』에 수록되어 있는 흑룡강성 상무총회의 설립을 기록한 아래의 서술은 관방의 공의회에 대한 인식의 일단을 보여준다.

> 예부터 공의회가 있는데, 공의회에 관여하는 자는 포수舖首라고 한다. 금전업(전행錢行), 양식업(양행糧行), 일반상업(점행店行), 전당업(당행當行), 잡화상(잡화행雜貨行)에서 포수 2인을 추천해 구성했다. 정해진 규례가 없고, 매년 제사를 지내거나 연희演戲을 여는 데에 역량을 소진한다. 연락이나 정돈은 강구할 줄 모른다. 1907년 비로소 성도省都에 상무총회를 설립함에 공의회의 누습을 따르지 말아야 한다. 상무총회의 설립은 상업 진흥과 상무 발달에 좋은 기회이다.[30]

기존 유력상인들이 주도하는 공의회에 대한 부정적인 견해가 역력하다. 이처럼 정부당국과 상인집단은 필요에 따라 상호 협조하면서도, 때와 사안에 따라서는 긴장 관계에 놓이는 길항관계에 있었다고 할 수

---

27) 倉橋正直, 「營口の公議會」, 29쪽; 大野太幹, 「中國東北の植民地化と滿鐵附屬地華商: 滿鐵附屬地華商硏究の意義」, 116-117쪽.

28) 上田貴子, 「「滿洲」の中國化-19世紀後半から20世紀前半期の奉天地域アイデンティティの形成」, 353-355쪽.

29) 倉橋正直, 「營口の公議會」, 30쪽.

30) 「紀商務總會」(實業卷十一, 黑龍江省, 商業篇), 徐世昌 編, 『東三省政略』(編者刊, 1911), 6679쪽.

있다.

### (2) '봉천상회'의 변천과정과 지역성

봉천상무총회는 공의회와 한 동안 갈등을 겪다가 1911년 이후 안정을 찾으면서 공의회에서 상무총회로의 개조가 완성되었다고 할 수 있으나,[31] 상무총회가 공식 설립된 것은 1906년 즈음이었다. 봉천상무총회는 1904년 1월 청조가 반포한 「상회간명장정商會簡明章程」에 의거, 1906년 4-6월 조이손이 주도해 설립하였다. 「봉천상무총회장정」[32]에 따르면, ① 상업의 성쇠를 조사하고, ② 상업에 대한 새로운 이론을 연구하며, ③ 상품을 개량하여 판로를 확대하고, ④ 상인사회를 화합시켜 상사 쟁송을 가라앉힌다는 목표를 설정하였다. 내부적으로 총리總理와 협리協理라는 직책을 두어 지도부를 구성하고, 16명의 이사를 두어 제반 업무를 심의하였으며, 회계 2명, 접대 6명, 서무 8명을 두어 총회의 실무를 처리하였다.

이후 '봉천 상회'는 관련 법령과 상황의 변화에 따라 복잡한 변천 과정을 겪는다. 기존의 연구성과에서 언급된 바를 간략히 정리해 보면 아래 표와 같다.[33]

---

31) 奉天商工會議所가 펴낸 자료에서도 "支那商務會의 설립은 1903년에 發端하여 1911년 초에 公布하였다"고 적고 있다.(奉天商工會議所 編, 『奉天經濟三十年史』, 奉天商工公會, 1940, 422쪽)

32) 「奉天商務總會章程(1906.6.21)」, 遼寧省檔案館 編, 『奉系軍閥檔案史料匯編(第1冊)』, 316-321쪽.

33) 清末・民國時期 '奉天商會'의 연혁을 다룬 글로는 劉恩濤(遺稿), 「瀋陽商會七十五年(1874-1948)」, 『瀋陽文史資料』 第1輯, 1982; 瀋陽商會志編輯委員會 編, 『瀋陽商會志(1862-1995)』, 瀋陽: 白山出版社, 1998, 1-2쪽; 焦潤明, 「第三章 "九一八"事變前的奉天商會」, 75-76쪽; 李雲濤/張岩峰/譚健/張楊, 「解放前的瀋陽商會」, 『蘭台世界』 2004年 第11期; 孫强, 「奉天商會的變遷」, 『蘭台世界』

**|도표 1| '봉천 상회'의 연혁**

| 시기 | 명칭 | 비고 |
|---|---|---|
| 1874-1906 | 奉天公議會 | 정식 명칭 '盛京省城商業公議會' |
| 1906 | 商務總會 | 「商會簡明章程」(1904.1)에 의거. |
| 1915 | 奉天總商會 | 「商會法」(1915)에 의거. |
| 1923 | 奉天商工總會 | 奉天商會와 奉天工務總會를 합병. |
| 1929 | 遼寧總商會 | 奉天省은 遼寧省으로, 奉天市는 瀋陽市로 개칭되고,(1929.1) 국민정부 「商會法」이 제정(1929.8)됨에 따라 명칭이 변경됨. |
| 1929 | 遼寧商工總會 | 상회의 '抗捐示威運動' 발생함. |
| 1930 | 瀋陽市商會 | 「工商同業公會法施行細則」(1930.7) 공포에 의거. |
| 1932 | 奉天市商會 | 1931년 만주사변, 1932년 만주국 성립, 심양시가 奉天市로 개칭됨에 따라 명칭이 변경됨. |
| 1938.4 | 奉天商工公會 | 「滿洲國商工公會法」(1937.12)에 의거, 奉天市商會(중국)와 봉천상공회의소(일본)를 합병하여 설립함. |
| 1945.8 | 遼寧商工總會 | 1945년 8월 일본 항복 직후 임시로 결성. |
| 1946.6 | 瀋陽市商會 | 1946년 3월 국민당이 瀋陽 접수. |
| 1948.11 | 瀋陽市商會 해체 | 1948년 11월 2일, 공산당이 瀋陽 접수. |
| 1950.2 | 瀋陽市工商聯合會 | 「瀋陽市工商聯合會暫行組織規定」 제정. |

1912년 중화민국이 성립되고 상회 관련 법령이 새로이 제정되었다. 1914년 9월 「상회법」이 공포되었고, 동년 11월에 「상회법시행세칙」이 마련되었다. 이는 상회와 상회연합회 관련 사항을 규정하였는데, 부칙에 법률 시행 6개월 이내에 상무총회를 상회로 개조할 것을 규정하였다.[34] 하지만 각지의 상회에서 개조를 잠시 연기하고 「상회법」을 개정해 줄 것을 청구하였고,[35] 1915년 12월에 새로운 「상회법」이 제정되었

2012年 第1期 등이 있고, 이밖에 신문기사 형식의 글들도 다소 발견할 수 있다. 이런 글들은 대개 1930년대 瀋陽化工廠의 직원으로서 자신의 체험을 바탕으로 글을 작성한 劉恩壽의 '文史資料'를 저본으로 하고 있다.

34) 江蘇省商業廳/中國第二歷史檔案館 編, 『中華民國商業檔案資料匯編(1912-1928)』, 38-46쪽.

35) 江蘇省商業廳/中國第二歷史檔案館 編, 『中華民國商業檔案資料匯編(1912-1928)』,

다.[36] 1915년의 「상회법」에서는 상무총회를 '총상회'로 개조할 것을 규정하였고, 이에 따라 봉천상무총회도 봉천총상회로 개칭되었다고 한다. 또한, 1923년에는 봉천상회와 공무총회工務總會를 합병하여 '봉천상공총회'를 건립하였다고 한다. 1928년 12월 이른바 '동북역치' 이후 1929년 1월 봉천성이 요녕성으로, 봉천시가 심양시로 개칭되고, 동년 8월에 국민정부에 의해 「상회법」이 제정되어 기존의 상인단체를 해당 「상회법」에 부합하는 상회로 개조할 것을 규정하자,[37] 봉천상회도 '요녕총상회'로 개칭되었다. 당시 상회의 '항연抗捐시위운동'을 불쾌하게 여긴 정부가 다시 '요녕상공총회'로 개조하였고, 1930년 7월 「공상동업공회법시행세칙」을 공포하여 40일 내에 동업공회를 개회할 것을 규정하자, 동업공회를 기본회원으로 하는 '심양시상회'로 개편하기로 결정했다고 한다. 이후 1931년 만주사변에 이어 1932년 만주국이 성립된 직후 심양시가 봉천시로 개칭됨에 따라 상회도 '봉천시상회'로 개칭되었다.

이상에서 보듯이, 중화민국 성립 이후 봉천의 상인단체는 중앙정부의 관련 법령과 정세의 변화에 따라 복잡한 개조 및 개칭 과정을 겪어 다소 어지러운 느낌이다. 설상가상으로 상기한 연구에서는 개조의 앞뒤 맥락이 매끄럽게 설명되지 못할 뿐만 아니라, '상공총회'의 존재 등에 대해서는 명칭이나 사실 관계에서 서로 다른 서술을 하기도 한다. 이에 『봉계군벌당안사료회편』[38]에 수록되어 있는 공문서 자료를 전수 검색해 명칭의 변화가 실제로는 어떻게 적용되었는지 확인해 보았다.

---

58-62쪽.

36) 江蘇省商業廳/中國第二歷史檔案館 編, 『中華民國商業檔案資料匯編(1912-1928)』, 46-52쪽.

37) 中國第二歷史檔案館 編, 『中華民國史檔案資料匯編 - 第5輯 第1編 財政經濟(八)』, 江蘇古籍出版社, 1994, 683-689쪽.

38) 遼寧省檔案館 編, 『奉系軍閥檔案史料匯編(第1-12冊)』, 江蘇古籍出版社, 1990.

결과적으로 실제 공문 자료는 기존 연구의 설명과 다른 양상을 보였다. 1915년 중앙정부의 「상회법」에 따라 '봉천총상회'로 개칭되었다고 하지만, 1919년까지 '총상회'라는 명칭은 거의 사용되지 않았고, 상회가 자신을 지칭할 때도 '상무총회'라고 하였다. '총상회'라는 명칭은 1919년 하반기 이후에나 본격적으로 사용되기 시작했고 이때부터 '상무총회'라는 명칭이 사라진다. 이후 일관되게 '봉천총상회'라는 명칭이 사용되었고, 1929년 4월 16일 공문에서 처음으로 '요녕총상회'라는 명칭이 등장한다.[39] 사실상 1929년의 「상회법」과 무관하게 '동북역치' 직후인 1929년 1월 봉천성이 요녕성으로 개칭되면서 '요녕총상회'라는 명칭이 사용되었던 것으로 보인다. 국민정부의 「공상동업공회법」과 연계되어 있다는 '심양시상회'라는 명칭은 단지 1931년 5월과 10월에 걸쳐 3차례 등장할[40] 뿐이고, 1930년 7월 「공상동업공회법시행세칙」이 공포된 이후에도 상인들은 '요녕총상회'라는 명칭을 더 많이 사용하였다.[41]

이상과 같이 명칭이 일정한 점이지대를 가지고 관행적으로 변화하면서 편의적으로 사용되고 있다. 명칭의 변화가 형식적인 조직의 개조와 거의 무관한 것으로 보인다. 말하자면, 명칭이 여러 차례 복잡하게 변경되지만, 그것이 반드시 실질적인 조직의 개편이나 성격 변화를 의미하지는 않았을 뿐만 아니라, 조직의 변화도 분명하지 않았고 체계적으

39) 「遼寧省城電燈廠公函」(1929.4.16); 「遼寧總商會公函」(1929.4.23), 遼寧省檔案館 編, 『奉系軍閥檔案史料匯編(第8冊)』, 326쪽; 341-342쪽.

40) 「瀋陽市商會公函」(1931.5.26); 「哈爾濱萃華金店覆瀋陽市商會函」(1931.5.29), 遼寧省檔案館 編, 『奉系軍閥檔案史料匯編(第11冊)』, 642쪽; 628쪽; 「瀋陽市商會公函」(1931.10.24), 遼寧省檔案館 編, 『奉系軍閥檔案史料匯編(第12冊)』, 262쪽.

41) 「遼寧省城絲棉雜貨同業公會公函」(1930.12.29); 「遼寧紡紗廠公函」(1931.2.10); 「遼寧總商會公函」(1931.2.12), 遼寧省檔案館 編, 『奉系軍閥檔案史料匯編(第11冊)』, 300쪽; 444쪽; 457쪽; 「東三省鹽運使公署公函」(1931.9.1), 遼寧省檔案館 編, 『奉系軍閥檔案史料匯編(第12冊)』, 178쪽.

로 이루어진 것도 아니었음을 유추해 볼 수 있다. 또한, 중앙정부의 법령에 따른 개조가 실제 사용된 명칭의 변화와 맞아떨어지지 않는 것으로 보아, 봉천상회 조직의 개편과 관련된 중앙정부의 조치가 명칭의 변화, 나아가 조직의 실질적인 개편에는 매우 제한적인 영향 밖에 끼치지 못했던 것 같다. 사실상 봉천지역 상인단체에 대한 국가권력의 영향력은 지방정부 차원에 한정되었던 것이지, 중앙정부의 영향력은 그다지 미치지 못했던 것이고, 이는 동북지역 상인단체가 가진 하나의 특징적 면모가 아닐까 생각한다.

봉천의 상인단체와 지방당국의 관계는 매우 긴밀했다. 예컨대, 상공업과 관련된 정부의 인사이동이 있을 경우 이를 공문으로 상회에 통보했고,[42] 상무진흥을 관장하는 봉천권업도奉天勸業道 조홍헌趙鴻獻은 자신이 창간한 「봉천권업보勸業報」를 상회에 보내면서 재정상의 협조를 요청하기도 했다.[43] 특히, 권업도勸業道는 상회와 많은 공문을 주고받았는데, 일례로 상업 부두를 정비하는 일과 관련 도로 건설에서 나무 심는 일까지 상회가 알아서 자금을 모아 사업을 개시하라고 지시하였고, 튼실한 상점으로 하여금 상업부두에 입주하거나 지점을 개설하도록 권유하라고 요청하였다.[44] 마치 상회를 권업도의 산하 기관으로 여기고 있다.

상회는 정치적으로 봉천지방정권을 적극 지지하는 태도를 취하였다. 예컨대, 제1차 직봉直奉전쟁이 장작림張作霖의 패배로 끝난 직후인 1922년 6월 봉천총상회는 길림, 흑룡강, 열하熱河, 찰합이察哈爾의 총상회와

42) 「奉天農工商局總辦候選道黃開文爲到任日期」(1907.7.6), 遼寧省檔案館 編, 『奉系軍閥檔案史料匯編(第1冊)』, 355쪽.

43) 「奉天勸業道趙鴻獻爲創辦奉天勸業報給奉天商務總會移」(1910.8.27), 遼寧省檔案館 編, 『奉系軍閥檔案史料匯編(第1冊)』, 503-504쪽.

44) 「勸業道陳蘭薰爲繁盛奉天商埠事給商務總會移」(1912.9.5), 遼寧省檔案館 編, 『奉系軍閥檔案史料匯編(第2冊)』, 56-57쪽.

연명으로 통전通電을 내어, 조곤曹錕과 오패부吳佩孚가 국권을 해쳤다고 맹렬하게 성토하였다.[45] 1928년 가을에는 상해에서 열린 전국상회임시대표대회에서 기차 화물칸(車皮)을 압류한 일과 관련해 장학량張學良에 대한 비판이 쏟아지자, 봉천상회를 대표해 참석한 노광적盧廣績이 장학량만 그렇게 한 것이 아니라 염석산閻錫山과 풍옥상馮玉祥도 그렇게 했다고 장학량을 적극 두둔하기도 했다.[46]

이런 사정은 만철을 비롯한 일본 측 자료에서도 확인할 수 있다. 상기한 외무성 자료는 상무총회를 '장군아문의 일부'라고 규정했고,[47] 근대중국경제에 대대적인 조사 자료집인 『지나경제전서』에서도 상회를 '상사행정기관'의 하나로 보았다.[48] 봉천상업회의소가 펴낸 자료에서는 '상회에 대한 상인들의 두려움은 상상을 초월'한다고 하면서 상회의 결의가 상당한 권위를 가지는 이유 중에 하나는 지방정권(將軍)의 절대적 신뢰와 지지가 있기 때문이라고 하였다.[49]

이 자료에서 전하는 하나의 에피소드는 상회와 정권의 관계를 잘 보여준다. 1924년 제2차 직봉전쟁에서 승리한 장작림이 북경으로 진출하면서 봉천총상회 회장 장지량張志良을 전국상회연합회 회장에 앉혔는데, 1926년 6월 장지량이 장작림을 헐뜯는 발언을 했다고 해서 하루아침에 회장에서 내쫓았다는 것이다.[50] 또 다른 자료에서도 "상무총회는 봉천성 장군將軍의 직속으로 상인 간의 분규를 재판하도록 위촉되었다"[51]고

45) 「奉天總商會代電」(1922.6.25), 遼寧省檔案館 編, 『奉系軍閥檔案史料匯編(第4冊)』, 30쪽.

46) 盧廣績, 「憶參加全國商會臨時代表大會」, 『遼寧文史資料』 第26輯(遼寧工商), 瀋陽: 遼寧人民出版社, 1989.11, 24-28쪽.

47) 外務省 編, 『南滿洲ニ於ケル商業』, 312쪽.

48) 上海東亞同文書院, 『支那經濟全書(第4輯)』, 東亞同文會, 1907, 40-76쪽.

49) 奉天商業會議所 編, 『奉天經濟二十年誌』, 編者刊, 1927, 549쪽.

50) 奉天商業會議所 編, 『奉天經濟二十年誌』, 550쪽.

하였다. 이런 긴밀한 관계는 만주국시기에도 마찬가지여서, 봉천시 공서公署는 자신의 『요람』에서 '본국 측 시상무회'가 공서와 매우 긴밀한 연락을 하고 있음을 강조하였다.[52] 이처럼 봉천의 상인단체는 지방정권의 영향을 크게 받으면서 긴밀한 관계를 유지했고, 이를 공의회와 비교해 보면 상인단체의 국가권력에 대한 자율성이 상대적으로 약화되었다고 볼 수 있겠다.

## 2. 일제하 봉천의 상인단체와 식민성

19세기 중반 이후 중국은 제국주의 열강의 침탈에 의한 영토분할을 막아내지 못하였고, 중국 각지에는 외국이 지배하는 지역이 점재해 있었다. 이는 동북지역도 마찬가지였는데, 19세기말 이래 러시아가 중동철로를 부설하면서 철도를 따라 철도부속지를 설정하고, 여순旅順과 대련大連을 조차지로 획득하여 식민지 경영을 실시하였다. 러시아에 이어 일본은 러일전쟁에서의 승리를 기반으로 여순과 대련을 포함한 요동반도 전체를 관동주 조차지로 삼았고, 중동철로 장춘長春 이남의 경영권을 러시아로부터 인수받았다. 이어 남만주철도주식회사(만철)를 설립하고 해당 철도의 부속지를 남만주철도부속지(만철부속지)로 개칭하여 적극적으로 시가지 정비를 진행하였다.

51) 奉天商工會議所 編,『奉天經濟三十年史』, 422쪽.
52) 奉天市公署 編,『奉天市公署要覽』, 奉天市公署總務處調査課, 1937, 41쪽.

봉천도 이런 사정은 마찬가지여서 만철이 지배하는 부속지가 있었고, 1905년 청일조약清日條約에 근거해 외국인 거류지로서 중국 측이 설정한 조계가 있었는데, 여기에는 일본영사관을 비롯한 각국 영사관, 외국 회사 등이 밀집해 있었다. 관할기관으로 상부국商埠局이 있었지만 실제로는 각국의 영사관이 관할하였다.[53] 조계(상부지商埠地)는 상당한 넓이를 차지하고 있었는데, 면적이 10㎢에 이르러 15㎢인 성내의 면적에 비해서도 그리 작지 않았고, 8㎢인 만철부속지보다는 넓었다.[54] 더욱이 일찍부터 일본인 상인이 많이 진출하여 1906년 당시 업주 220명, 종업원 615명을 합쳐 총 635명에 이르렀다고 한다.[55]

### (1) 일본상인의 '봉천상공회의소'

일본영사관 관할의 조계를 바탕으로 1907년 2월 '봉천상업회의소奉天商業會議所'가 성립되었다. 1906년 12월 24일에 봉천 주재 일본영사관이 「봉천상업회의소규칙」을 발령하였고, 이에 근거해 3인의 유력상인이 발기인으로 지정되고 총영사관의 허가를 얻어 창립에 이르렀다.[56] 이렇게 상업회의소로서의 형식은 갖추었으나 당초에는 회의소에 대한 인식도 매우 낮고 활동도 부진해 곧 무용론이 나오기도 했다. 하지만 곧 일본인의 경제적 기반이 확립되면서 회의소에 대한 인식도 변화되었다고 한다.[57]

---

53) 奉天市公署 編, 『奉天市公署要覽』, 11-12쪽.
54) 奉天市公署 編, 『奉天市公署要覽』, 8쪽.
55) 奉天商工會議所 編, 『奉天經濟三十年史』, 18-19쪽.
56) 奉天商業會議所 編, 『奉天經濟二十年誌』, 521쪽.
57) 奉天商工會議所 編, 「奉天商工會議所略史」, 『奉天經濟三十年史』, 557-558쪽.

이후 만철부속지가 경제적으로 크게 발전하면서 1916년 즈음부터 부속지와 상부지(조계)를 모두 포함하는 새로운 상업회의소 설립의 필요성이 제기되었다. 하지만 상부지 상인들의 이해관계가 엇갈리면서 새로운 상업회의소의 설립은 난항을 거듭했다. 만철봉천지방사무소는 상업회의소를 확대해야 한다는 주장을 계속 제기했고, 기존 상업회의소 측과의 협상을 통해 재정 지원을 약속하면서 어렵사리 일이 성사되었고, 1917년 12월에 이르러 사단법인 봉천상업회의소 창립총회가 열렸다. 이듬해 1월 외무대신의 허가를 얻어 새로운 상업회의소를 창립하기 위한 모든 절차가 완료되었다. 이어 관동주를 관할하는 관동청關東廳과 만철의 지원 아래 1919년 12월 새로운 청사(봉천공회당奉天公會堂)를 완공하였고, 1928년 6월에는 정관을 개정하여 '봉천상공회의소'로 개조하였다.[58]

상업회의소가 창립된 후 상업조직의 질서가 잡히고 경제가 발전하면서, 상업회의소에 대한 정식 법률이 필요하다는 의견이 제기되었고, 1925년 7월 관동청은 일본 내지의 상인단체 법률을 모방해 관동주와 만철부속지에 적용하는 「상업회의소법」과 「시행세칙」을 입안하였다. 그러나 회원을 강제로 가입시키고, 회비를 강제로 징수하는 것이 아직은 형평성과 공정성을 확보하기 어렵고, 소자본 회원의 부담을 급증시켜 시기상조라는 상업회의소의 반대 의견에 봉착해 성사되지는 못하였다.[59]

정관에 따르면[60] 상공회의소는 '상공업의 진보발전'을 목적으로, 상

58) 奉天商工會議所 編, 「奉天商工會議所略史」, 『奉天經濟三十年史』, 558-562쪽.
59) 奉天商工會議所 編, 「奉天商工會議所略史」, 『奉天經濟三十年史』, 562-563쪽.
60) 奉天商工會議所 編, 「奉天商工會議所定款(1935.10.14改正)」, 『奉天經濟三十年史』, 564-574쪽.

공업 발달에 필요한 방안의 조사, 관청에 대한 의견 개진, 상공업에 관한 분쟁의 중재 등을 수행하였다. 회원의 자격은 '일본국 신민'과 일본인이 과반수의 의결권을 가진 '일본국 법인' 및 '만주국 법인'으로 규정하였고, 상업을 비롯해 제조업, 농업, 광업, 여관업도 포함되었다. 회원의 투표로 선출한 45명의 의원으로 의원회를 구성해 주요 업무를 심의하였고, 의원 중에서 회두會頭 1명과 부회두副會頭 2명, 회계위원 2명을 호선하여 지도부를 구성하였다. 또한 주요 사항에 대해 항상 총영사의 지휘를 받도록 했다. 실제로 1919년 12월의 의원 선거에 대해 총영사가 선거에 위법이 있었다는 이유로 재선거를 명령하였고 이듬해 5월 재선거가 실시되었다.[61)]

경비는 회원으로부터 회비를 걷기도 했으나 상당 부분을 관동청 및 만철의 보조금으로 충당하였다. 역년의 예산 내역을 보면, 1917년 658만원이던 것이 1918년 1,737만원으로 급증하고, 1919년에는 5,379만원으로 더욱 급증하는데, 이는 모두 관동청 및 만철의 보조금 지급에 따른 것이었다.[62)]

봉천상공회의소가 자신의 30년 역사를 정리한 자료집에 1907년부터 1937년까지 당국에 제출한 진정과 청원 및 답신을 요약하여 정리해 둔 일람표가 있다.[63)] 무려 214건에 달하는데, 이를 통해 상공회의소의 관심사와 활동을 살펴볼 수 있고, 그들의 지향이나 성격을 가늠해 볼 수 있다.

61) 奉天商工會議所 編, 「奉天商工會議所略史」, 『奉天經濟三十年史』, 581-582쪽.
62) 奉天商工會議所 編, 「奉天商工會議所略史」, 『奉天經濟三十年史』, 574-576쪽.
63) 奉天商工會議所 編, 「奉天商工會議所主要陳情請願及答申一覽表(1907-1937.2)」, 『奉天經濟三十年史』, 593-659쪽.

첫째, 경제적 이익과 상공업의 발전을 위한 청원이 많았다. 구체적으로 세금이나 부과금, 교통, 통신, 창고의 요금을 인하해 달라는 청원이 있었다. 각종 인프라의 확충을 요청하기도 했는데, 교통이나 통신 시설의 확충 및 개선을 청원하였고, 상품진열관이나 상업학교의 설립을 건의하였다. 적극적인 시장 확대 방안의 수립과 시행을 요구하기도 했다.

둘째, 경제적 위기 상황의 해결을 청원하는 경우도 상당수를 차지했다. 신해혁명, 직봉전쟁, 만주사변 등 중대한 시국의 변화에 대해 적극적으로 의견을 개진하는 한편, 이로 인해 발생한 금융·경제위기(봉천표奉天票의 몰락 등)에 민감하게 반응했고, 불경기로 인한 위기상황에 대해서도 적극적인 대처를 요구하였다. 위기상황에 닥치면 자연스럽게 요구사항도 많아졌다.

셋째, 각종 제도 및 관행의 개선을 요구하기도 했다. 상거래 제도의 불합리를 개선하고, 각종 규제를 완화하고, 새로운 제도를 도입해 달라는 청원이었다. 관세제도에 특별한 관심을 보였고, 밀수를 엄단해 상거래 질서를 잡아 달라는 요구도 있었다. 만주국 성립 이후에는 만주국의 세금정책이나 경제개발정책에 관해 많은 건의를 제출하였다.

넷째, 중국당국이나 중국 상인을 비난하면서 교섭을 요구하는 경우도 많았다. 예컨대, 청나라 순경의 일본 거류민 '폭행 사건'에 대해 격렬한 반응을 보였고, 중일 상인 간 분쟁의 해결을 위한 지원을 요청하였으며, 군벌의 일본상인에 대한 권익 침해에 대해 적극적인 교섭을 요구하였다. 중국 당국의 '부당한 과세'를 성토했으며, 이금釐金이나 통세統稅와 같은 중국정부의 '불합리한' 세금제도에 대해 불만을 쏟아 내기도 했다. 특히 중국인의 일본상품 보이콧운동에 대해 민감하게 반응했다. 이런 중일 간의 분쟁에 관해서는 중국 측 상회와도 긴밀히 연락했음을 알 수 있다.

이밖에 상공회의소의 발전을 위한 지원을 요청하였고, 동업단체에 문제가 발생했을 때에도 적극적으로 개입하였다. 이상에서 일관되게 일본상업자본의 이익을 위해 다양한 문제에 개입했음을 알 수 있다.

1937년 12월 만주국정부가 공포한 「만주국상공공회법」에 의거해 봉천상공회의소와 중국 측의 '봉천시상회'는 즉시 해산되었고, 1938년 4월 1일 '봉천상공공회'로 합병되었다. 법률에서 정하는 자격을 갖춘 해당자는 빠짐없이 회원으로 가입되었고, 각종 동업단체(동업공회, 동업조합)가 모두 산하에 편입되었다. 지도운영기관인 참의회의 참사參事는 모두 정부가 선임하였고, 집행부를 구성하는 회장, 부회장, 이사도 모두 정부가 임명하였다. 합병 당시 일본인 회원이 약 2,900명이었고, 중국인이 약 6,100명이었음에도, 결국 회장은 일본인이 임명되었고, 1명의 일본인 부회장과 2명의 중국인 부회장이 선임되었다.[64] 봉천상공공회는 이런 조치에 대해 다음과 같이 평가하였다.

> 상공공회는 종래와 다른 기구 아래 강력한 권능이 부여된 상공대표기관으로서 정부와 긴밀한 연계를 확보하였고, 상공경제참모본부로서의 직능을 다하기 위해서, 각종 동업조합을 산하에 두고 상공업의 중심통제기관이라는 중대한 임무를 부여받았다.[65] (강조는 필자)

1938년이라는 시점에서 중국 상인단체와 일본 상인단체를 합병한 이유에 대해서는 명확히 알 수 없으나, 회원의 선거로 선출되던 것을 정부의 임명으로 바꾼 것이나 일본인을 회장으로 임명한 것에서 상인단체의 자율성이 크게 저하되었음을 능히 짐작해 볼 수 있다. 상기한 '상

64) 奉天商工公會 編, 『奉天經濟事情(康德5年版)』, 編者刊, 1938.12.5, 104-105쪽.
65) 奉天商工公會 編, 『奉天經濟事情(康德5年版)』, 105쪽.

공경제참모본부', '중심통제기관'이라는 군사적 뉘앙스의 표현에서, 상인단체에 대한 통제력을 배가시키려는 일본당국의 의도를 엿볼 수 있다. 아무래도 1937년 중일전쟁이 발발한 상황에서 사회・경제에 대한 전반적인 통제력을 강화하려는 의도가 작용했을 것으로 보인다. 또한 상술했듯이 1925년에 일본 내지의 상인단체와 마찬가지로 회원을 강제로 가입시키고, 회비를 강제로 징수하는 제도를 채택하려다가 상업회의소의 반대로 무산되었던 적이 있었는데, 결국 이를 실현하는 의미도 있었다.

그러나 봉천에 일본인 상공단체가 상공회의소만 있었던 것은 아니다. 후술할 동업조합 이외에도, 봉천상점협회, 봉천상공진흥회, 만주공업회, 봉천철서공업회奉天鐵西工業會, 봉천실업조합연합회 등의 단체가 있었다. 봉천상점협회는 상공회의소의 주선으로 1927년 3월 100여개의 소매상점이 모여 상가의 번영을 목적으로 설립한 단체이다. 봉천상공진흥회는 만철이나 만주국정부에 납품을 하는 300여개의 업체가 모여 원활한 물품의 공급과 상호 협조를 위해 1934년 1월 결성한 단체이다. 만주공업회는 만주공업의 여러 문제를 조사하고 공업의 발전을 도모하기 위해 1934년 9월 창립된 단체로, 97개의 공장이 회원으로 가입하였다. 봉천철서공업회는 봉천의 철서공업지구鐵西工業地區(만철의 서쪽에 위치)에 입주해 있는 55개의 공장이 모여, 회원 간의 친목과 복지를 증진하고, 사업의 발전을 도모하기 위해 1934년 11월에 설립한 단체이다. 봉천실업조합연합회는 1935년 1월 소비조합의 철폐 및 제한 문제를 계기로, 동업조합 상호간의 연락을 유지하고 상권을 신장하기 위해, 일본측 각종 동업조합을 규합해 조직한 단체이다.[66] 이밖에도 크고 작은

66) 奉天商工公會 編, 『奉天經濟事情(康德5年版)』, 113-114쪽.

많은 단체들이 있어 봉천에 상인단체들이 다양하게 존재했음을 알 수 있다.

### (2) 만철부속지의 중국 상인단체 : '봉천남만참중화상무회'

상술했듯이, 봉천에서 식민지배가 관철되고 있던 지역은 크게 '상부지'와 '만철부속지'로 나누어 볼 수 있는데, 일찍이 '상부지'(조계)를 바탕으로 설립된 일본상인의 봉천상업회의소는 상공회의소로 개편되는 과정을 통해 활동영역을 '상부지'에서 '만철부속지'로까지 확대하였다. 그러나 이들 지역에는 일본인만 살았던 것이 아니라, 더 많은 중국인이 거주하면서 활동하였다. 그 중에 봉천의 만철부속지에서 활동하던 중국 상인들이 모여 상인단체를 결성했는데 그것이 봉천남만참중화상무회奉天南滿站中華商務會(이하 '남만참 화상회'로 줄임)이다.

만철은 장춘, 개원開原 등의 부속지에 있는 중국인 상인단체들을 관리하기 위하여, 1913년 1월 「부속지내상무회통칙」을 제정하였다. 1918년 3월 이에 의거하여 봉천의 만철부속지에서도 중국인 상인단체가 창립되었다. 처음에는 '상무회'라고 칭했는데, 1923년 4월 1일 '봉천남만참중화상무회'로 개칭하였다.[67] 회원은 대략 350명 규모였다. 만철부속지 내의 중국 측 상인 상호 간의 복리 증진을 목적으로 설정하였고, 만철과 관동청의 자문에 응하여 의견을 개진하는 역할을 수행하기도 했다고 한다. 매월 0.1원에서 7원까지 13등급으로 나누어 회비를 징수하

---

67) 奉天商業會議所 編, 『奉天經濟二十年誌』, 551쪽. 또 다른 자료에서는 1922년 4월에 설립되어 1926년 6월 4일에 인가를 받았다고 한다.(南滿洲鐵道株式會社興業部商工課, 『奉天に於ける商工業の現勢』[南滿洲主要都市と其背後地 第2輯 第1卷], 大連: 編者刊, 1927, 287쪽) 하지만 통상 1923년에 성립된 것으로 이해되고 있다.

기도 했으나, 이것으로는 태부족이어서 대체로 만철의 보조금에 의해 운영되었다.[68] 주지하듯이 만철부속지는 행정적으로 만철이 관리하는 지역이고, 만철이 제정한 「통칙」에 의거해 조직되었고, 게다가 운영비까지 보조를 받고 있는 것으로 보아, '남만참 화상회'는 일본 행정당국과 긴밀히 연계되어 있는 것으로 이해할 수 있을 것이다.

봉천의 만철부속지 중국 상인단체에 대해서는 자료가 희소해 현재로서는 주변 지역(대련, 개원, 장춘 등)의 만철부속지 중국인 상인단체를 고찰한 연구성과를 원용해, 봉천의 경우를 가늠해 볼 수밖에 없다. 이에 대해서는 일본학계에서 몇 편의 연구성과를 발표한 바 있다. 예컨대, 한 연구에 의하면, 대련의 화상공의회華商公議會와 소강자화상공의회小崗子華商公議會[69]는 지방행정과 관련해 자치권을 가지면서 사회적 생활기반을 정비했고, 중국인 사회와 식민지행정당국의 연결통로로서 중국 상인뿐만 아니라 중국인 생활을 자율적으로 백업하는 핵심적인 조직으로 기능했다고 한다.[70] 만철부속지 중국인 상인단체의 상대적 자율성을 강조하였던 것이다.

이에 대해 중국 측의 시각은 다소 상반되는데, 1949년 이후에 설립된 대련시공상연합회가 낸 자료에 의하면, '대련공의회'는 애초부터 러시아 행정통치기구의 일부분으로 시작되었고, 일본이 들어온 이후에는

---

68) 奉天商工會議所 編, 『奉天經濟三十年史』, 423쪽.

69) 1910년대 營口와 奉天의 公議會는 商務總會로 개칭되었으나, 大連의 公議會는 중국의 商會로 개조되지 않고, 公議會라는 명칭이 만주사변 때가지 유지된다. 滿洲國의 성립 이후 大連의 華商公議會는 1932년 10월 大連市商會로 개칭되고, 小崗子華商公議會는 西崗商會로 개칭된다.(宋芳芳, 「日本租借地時代における大連華人の社會的生活基盤の形成: 大連の華商公議會を中心に」, 100쪽)

70) 宋芳芳, 「日本租借地時代における大連華人の社會的生活基盤の形成: 大連の華商公議會を中心に」, 108쪽.

일본식민당국의 통제가 더욱 엄격해졌다고 한다. 만주국 성립 이후 대련시상회와 다른 상회들 사이에 상호 연계가 있어 구체적인 사업에서 민족상공업의 발전에 일정 정도 기여했으나, 식민지배가 강화되는 상황에서 식민지 상인단체로서의 색채가 명확해졌다고 지적하였다.71)

이런 당대의 평가에 대해 근래의 한 연구는 만철부속지의 중국 상인이 식민지배에 대한 피동적인 존재가 아니라, 식민지화 과정에서 능동적으로 자기의 이익을 도모하고 역할을 찾아갔던 존재였음을 강조하였다.72) 개원과 장춘의 경우, 만철부속지라는 신시가지가 큰 기회를 제공하였고, 많은 중국 상인이 유입되면서 상업상의 필요(특산물 거래를 감리하는 역할을 맡을 주체가 필요했음)에 따라 상무회가 설립되었다. 이러한 부속지 상무회의 설립은 부속지 상업의 발전을 희망했던 만철의 의향에도 부합하는 것이었다. 그렇지만 화상상무회가 중국지방권력과 관계를 단절한 것은 아니었다. 부속지에서 중국 측을 위해 세금을 대리 징수해 주었고, 중국지방권력과의 관계 악화를 회피하였다. 또한 부속지와 중국 측 행정구역의 경계를 넘어 사회공공사업을 행하였고, 중국지방정권도 그 활동을 용인하였다. 개원과 장춘의 경우, 부속지 화상상무회는 일본의 행정권 아래에서 활동했으면서도 중국 측 권력과 적대하지 않았고, 일정한 관계를 유지하였던 것이다.

또 다른 연구에서는 만철부속지 중국 상인이 일본의 지배 아래 거주·활동하였고, '동향동족同鄕同族' 네트워크라는 연계에 의거하였던 한족漢族의 상업이민 가운데에 위치했으며, 그들이 만든 상인단체도 그 궤적은 중국 상인단체의 특징을 공유하였지만, 또 다른 측면에서는 19세

71) 大連市工商聯, 「沙俄、日帝統治下的大連商會」, 『遼寧文史資料』 第26輯(遼寧工商), 瀋陽: 遼寧人民出版社, 1989.11, 50-61쪽.

72) 大野太幹, 「滿鐵附屬地華商商務會の活動: 開原と長春を例として」, 67-68쪽.

기말에서 20세기에 걸쳐 식민지화가 진행되는 가운데 동북사회의 변용에 훌륭하게 대응하였다고 강조하였다. 말하자면, 일본의 철도경영이나 만철부속지 지배를 이용하여 이익을 취하였고, 식민지경제로 재편되고 있던 동북경제를 상징하는 매우 중요한 존재였다는 것이다.[73)]

그러나 만철부속지라는 식민지 지배로 인해 중국 상인단체가 왜곡된 측면도 없지 않았으리라 생각한다. 봉천의 경우에서 이런 측면을 간취해 볼 수 있는데, 이와 관련 1924년 10월에 봉천전성경무처奉天全省警務處, 봉천총상회, '남만참 화상회'가 주고받은 공문의 내용이 매우 흥미롭다. 10월 13일자 봉천전성경무처가 봉천총상회에 보낸 공문은 먼저 '남만참 화상회'가 경무처에 보낸 공문의 내용을 인용하고 있는데 요약하면 다음과 같다.

> 근래 시국이 긴박하여 계엄이 시행되고 있으니, 품성이 좋지 않은 악당이 상호商號를 사칭하여 소란을 일으키지 않을까 두렵습니다. 간첩과 깡패를 예방하고, 정당한 상인을 보호하고, 상업단체를 유지하기 위하여 우리 상무회는 회원들에게 증서를 발급하고자 합니다. 관련 공문을 보내니 살펴 주기 바랍니다. …… 작은 가게를 가지고 있어 부속지에서 성내로 들어가는 회원이 아마도 자주 검문을 받을 터인데, …… 우리 상무회의 증서를 소지하고 있는 사람에게 특별히 수상한 점이 없다면 억울함을 당하는 일이 없게 해 주기를 바랍니다. 문제가 생기면 우리 상무회에 통보해 명확히 조사하고 원통함이 없게 해 주기 바랍니다. 단, 증서를 구실로 못된 일을 하거나 법률을 위반하면 법에 따라 처벌해도 좋습니다. ……[74)]

---

73) 大野太幹, 「中國東北の植民地化と滿鐵附屬地華商: 滿鐵附屬地華商硏究の意義」, 120쪽.

74) 「奉天全省警務處公函」(1924.10.13), 遼寧省檔案館 編, 『奉系軍閥檔案史料匯編(第4冊)』, 474쪽.

'남만참 화상회'의 회원증을 소지한 경우 특별히 검문을 수월하게 통과할 수 있도록 조치를 취해 달라는 내용이었다. 일본행정당국의 지배 아래에서 활동하고 있는 동포 상인단체의 특별한 배려 요청에 중국의 지방경찰당국(경무처警務處)이 어떻게 반응했을지 흥미로운데, 같은 공문에서 다음과 같이 냉정한 태도를 취하였음을 알 수 있다.

> 이제까지 해당 상무회가 어떻게 조직되었고, 언제 성립되었는지, 본 경무처에는 참고할만한 공문 자체가 없으니, (상무회는) 당연히 법인 자격을 가질 수도 없다. 필경 사사로이 새긴 관방인기關防印記에, 생뚱맞게도 무슨 회원증과 포고 같은 것들을 첨부한 공함을 보내와 검문을 면제해 달라고 청하니 황당하기 그지없다. 이에 공문 원본을 반송하여 요청을 허락하지 않는다.[75]

이처럼 경무처는 '남만참 화상회'의 요청을 일언지하에 각하하였다. 이에 대해 '남만참 화상회'는 "부속지 내에 거주하는 중국 상인을 보호할 목적으로, 1923년 4월에 일본 관부에 정식 등록하여 허가를 받고 상회를 설립한 것"[76]이라고 반박했으나 소용없었다. 경무처는 「상회법」(1915)과 그 시행세칙(1916)의 규정[77]을 거론하며, 상회법에 따르면 하나의 도시에는 하나의 상회만이 존재할 수 있으므로 '남만참 화상회'는 단독으로 상회를 조직할 자격이 없어 위법한 단체이고, 총상회 이외의

75) 「奉天全省警務處公函」(1924.10.13), 遼寧省檔案館 編, 『奉系軍閥檔案史料匯編(第4冊)』, 474쪽.

76) 「奉天全省警務處公函」(1924.10.13), 遼寧省檔案館 編, 『奉系軍閥檔案史料匯編(第4冊)』, 474쪽.

77) 당시 「商會法」과 「商會法施行細則」의 조문에 대해서는 江蘇省商業廳/中國第二歷史檔案館 編, 『中華民國商業檔案資料匯編(1912-1928)』, 46-55쪽 참조.

상인단체는 총상회의 분소分所이어야 한다고 지적했다. 그리고 봉천총상회에게 '남만참 화상회'를 총상회의 분소로 적절히 개조해 볼 것을 권고하기도 하였다.

상기한 공문이 있고 사흘이 지난 10월 16일, '남만참 화상회'는 봉천총상회에게 공문을 보냈다. 회원증의 발행과 관련 봉천전성경무처의 답신을 받은 일을 전하면서, 앞서 경무처가 언급한 분소의 설치와 관련해 일본 지역에서 활동하는 중국 상인이 "중국 관할 지역에서 정식으로 분소를 설립하면 이는 중국에 전에 없던 선례를 여는 것으로, 족히 인심을 안정시킬 수 있고, 공도公道를 표시할 수 있으며, 화상이 조국 주권의 의미를 잊지 않고 있음이 명백해질 것"이라고 강조하였다.[78] 공문 말미에 고의적으로 '조국의 주권'을 운운한 부분이 흥미로운데, 봉천성 당국과 봉천총상회, 그리고 인접한 식민지배지역의 중국인 상인단체인 '남만참 화상회', 그들의 미묘한 관계가 조금은 읽히는 대목이다.

이런 미묘한 기류가 흐르는 가운데, 봉천총상회는 봉천전성경무처의 공문에 대한 회신을 10월 31일에 발송하였다. 총상회는 우선 '남만참 화상회'의 회원증 문제에 대한 경무처의 조치를 지지하면서, '남만참 화상회'는 만철부속지에 위치하고 있어 외인의 행정 및 법원이 관할하고 있음을 상기시키고 있다. 또한 봉천전성상회연합회가 성 전체의 상인 기업을 회원으로 삼고 있는 단체이므로, 연합회와 잘 상의해서 처리하는 것이 좋겠다는 의견을 피력하였다.[79]

78) 「奉天南滿站中華商務會函」(1924.10.16), 遼寧省檔案館 編, 『奉系軍閥檔案史料匯編(第4冊)』, 480-481쪽.

79) 「奉天總商會公函」(1924.10.31), 遼寧省檔案館 編, 『奉系軍閥檔案史料匯編(第4冊)』, 496쪽.

이상에서 보듯이, 장작림이 1920년대에 들어 반일적 성향을 노골적으로 드러내면서, 봉천전성경무처는 '남만참 화상회'를 중국인의 상인단체로 여기지 않는 배타적 인식을 보이고 있다. 반면에 봉천총상회가 '남만참 화상회'를 달가워하지는 않지만 같은 중국인 상인단체로서 경무처보다는 우호적인 태도를 보인다. '남만참 화상회'는 일본 당국의 통제에 복종하면서도, 현실적 이해관계나 중국인으로서의 정체성으로 볼 때 봉천 당국이나 총상회와 적대적 관계를 회피하려 할 수밖에 없었다. 일본의 식민지배가 '남만참 화상회'의 위상과 이들의 관계를 왜곡시키고 있음은 분명하다.

## 3. 동업단체의 중일 혼재

이상에서 공의회, 상무총회, 총상회, 시상회로 이어지는 봉천 성내의 중국인 상인단체, 식민지배지역에 귀속되어 있는 일본상인의 상공회의소, 일본이 지배하는 만철부속지에서 활동했던 중국 상인의 봉천남만참중화상무회 등에 대해 살펴보았다. 민국시기 봉천에는 또 하나의 상공단체가 있었는데, 동일 업종의 상공인이 결성한 '동업단체'이다. 요컨대, 중국인으로 구성된 '동업공회'와 회관 및 공소, 일본인이 결성한 '동업조합' 등이 그것이다.

먼저, 중국인 상공업자가 조직한 동업단체를 보면, 1925년 12월 당시 봉천총상회의 감독을 받던 동업단체가 총 49개에 이른다. 당시는 아직 국민정부의 「공상업동업공회법」(1929.8)이 시행되기 이전으로 전통적 행회의 형식을 취하고 있었다.[80] 1929년 8월 「공상업동업공회법」이 시행된 이후, 봉천의 경우에도 행회가 새로운 형식과 내용의 '동업공회'로 개편되었는데, 1938년의 통계자료를 보면 동업단체 중에 중국 측 '동업공회'로 분류된 것이 57개에 달했다.[81]

회관과 공소는 동향을 기초로 성립되지만 동시에 동업을 매개로 한다는 점에서 동업단체의 범주에 넣을 수 있다. 봉천의 회관은 직예회관이 1722년(강희康熙 61년)에 건립되었지만, 대개는 19세기 중반 한족의 이주 이후에 생겨난 것으로 내지처럼 유구한 역사를 지닌 것은 아니었다.[82] 그래서인지, 봉천의 경우 회관의 영향력은 매우 미미했던 것으로 보인다. 상기한 외무성의 자료(1907)는 "봉천에도 산서, 산동, 직예, 소흥紹興 등의 회관이 있어 한때 상업상 유일한 기관이었지만, 지금은 객사한 동향인의 시체를 매장하거나 가난한 동향인 귀향 여비를 지원하는 역할에 그치고 있고, 상업상의 영향력은 거의 공의회가 장악하고 있어 회관은 세력이 거의 없다"[83]고 적고 있다.

만철이 조사한 자료를 보면, 1931년 당시 봉천에는 총 11개의 회관이 있었다. 직예회관, 산동회관, 산동동향회, 강서회관, 산서회관, 민강여봉동향사무소閔江旅奉同鄕事務所, 강절회관江浙會館, 소흥회관, 호광회관湖廣會館, 월동의장粵東義莊, 안휘회관이 그것인데, 직예회관과 산동동향회가 간신히 명맥을 유지하는 정도이고, 나머지는 이미 유명무실해졌다고 한다. 특히 만주사변 이후 회관의 리더들이 내지로 도피하면서 대개의 회관이 운영 정지되거나 해산되는 지경에 이르렀다.[84]

---

80) 南滿洲鐵道株式會社興業部商工課, 「奉天市各行代表一覽表(1925年12月現在)」, 『奉天に於ける商工業の現勢』, 294-298쪽.

81) 奉天商工公會 編, 『奉天經濟事情(康德5年版)』, 110-113쪽.

82) 枝村榮, 「奉天に於ける會館に就いて」, 『滿鐵調査月報』 第13卷 第10號, 1933, 2쪽.

83) 外務省 編, 『南滿洲ニ於ケル商業』, 337-338쪽.

84) 枝村榮, 「奉天に於ける會館に就いて」, 3-39쪽.

봉천의 일본 상공인으로 결성된 '동업조합'은 예상 밖으로 일찍부터 조직되었다. 러일전쟁을 계기로 동북지역을 침탈하기 시작한 시점과 동시에 동업단체가 조직되고 있는데, 가장 이른 것은 1906년 8월에 결성된 봉천약업조합奉天藥業組合이다. 이어 1908년 4월 봉천양복상조합奉天洋服商組合, 5월 봉천숙질업조합奉天宿質業組合, 1909년 4월 봉천질옥동업조합奉天質屋同業組合, 1910년 3월 봉천잡화상조합, 1911년 5월 봉천무역상조합 등이 연이어 결성되었다.[85] 1925년 당시 총 39개에 이르러[86] 중국 측의 동업단체(49개)와 큰 차이를 보이지 않는다. 1938년에 이르면 그 수가 더욱 증가해 총 67개에 이르렀고[87] 이는 중국 측의 57개를 상회하는 것이다.

1941년 8월 봉천상공공회奉天商工公會는 봉천시 소재의 특수회사, 각종 동업단체 및 산업경제단체를 조사하여 300쪽에 달하는 자료집을 편찬하였다.[88] 해당 기관에 직접 조회하여 얻은 회신을 근거로 하고 있어 신뢰도가 높을 뿐만 아니라 단체 구성원의 민족을 표시하고 있어 매우 유용하다. 아래 표는 동업단체만을 골라내어 구성원의 민족별로 분류한 것이다.

---

85) 奉天商業會議所 編, 『奉天經濟二十年誌』, 564쪽.

86) 奉天商業會議所 編, 『奉天經濟二十年誌』, 564-567쪽; 南滿洲鐵道株式會社興業部商工課, 『奉天に於ける商工業の現勢』, 287-294쪽. 중복된 것은 빼고 두 자료를 합산하여 계산하였다.

87) 奉天商工公會 編, 『奉天經濟事情(康德5年版)』, 106-110쪽.

88) 奉天商工公會 編, 『奉天市に於ける統制團體竝に商工關係組合一覽』, 編者刊, 1941.

|도표 2| 봉천시 상공동업단체 현황(1941년)

| 구분 | 일본인 | 일본/중국인 | 중국인 | 외국인 | 합계 | 비율(%) |
|---|---|---|---|---|---|---|
| 법령에 의한 통제조합 | 8 | 13 | 1 | - | 22 | 8.94 |
| 정부의 지시에 의한 조합 | 4 | 6 | - | - | 10 | 4.07 |
| 봉천성 인가 조합 | 4 | 25 | 1 | - | 30 | 12.20 |
| 봉천시 인가 조합 | 2 | 14 | 8 | - | 24 | 9.76 |
| 기타 관공서 인가 조합 | 1 | 4 | - | - | 5 | 2.03 |
| 경찰 인가 조합 | 14 | 7 | 34 | - | 55 | 22.36 |
| 특수회사, 특수단체 인가 조합 | 10 | 3 | - | - | 13 | 5.28 |
| 임의 조합(공업 부문) | 5 | 6 | 24 | - | 35 | 14.23 |
| 임의 조합(상업 부문) | 24 | 3 | 15 | 1 | 43 | 17.48 |
| 공공단체 및 기타임의 조합 | 6 | 3 | - | - | 9 | 3.66 |
| 합계 | 78 | 84 | 83 | 1 | 246 | 100 |
| 비율(%) | 31.71 | 34.15 | 33.74 | 0.41 | 100 | |

* 출처: 奉天商工公會 編, 『奉天市に於ける統制團體竝に商工關係組合一覽』, 編者刊, 1941.

우선, 표에서 보듯이 일본인, 일본인/중국인 공동, 중국인으로 구성된 동업단체가 대략 1/3씩을 균점하고 있음을 확인할 수 있다. 법령이나 정부의 지시에 의해 조직된 단체에는 일본계가 많고, 경찰을 비롯한 지방당국이 인가했거나 임의로 조직한 단체에는 중국계가 많다. 역시 만주국정부와 가깝고 먼 정도가 작용하였던 것으로 보인다.

자료집의 내용은 단체별로 연혁(설립년월), 목적, 회원, 회비, 지도부, 사무소에 관한 사항을 정리해 놓았는데, 이를 통해 몇 가지 특징을 파악할 수 있다. 일본계 동업단체를 포함해 1932년 만주국 성립 이전에 결성된 동업단체가 꽤 많이 있음을 알 수 있다. 일본인 동업단체는 대체로 소수의 회원으로 구성되었고, 개별 회원사의 영업 규모는 매우 컸다. 이에 비례해 회비도 많았다. 반면에 중국인 동업단체는 다수의 영세기업으로 구성되었고, 회비도 훨씬 적었다. 소재지도 뚜렷하게 구별되었는데, 일본계는 대화구大和區가 절대 다수를 차지했고, 중국 측은 심양구瀋陽區에 많았다. 예외는 있지만 명칭에서도 일본계는 '동업조합'이라는 명칭을 많이 사용했고, 중국계는 '동업공회'를 선호하였다. 일본인과 중국인이 공동으로 결성한 단체는 거의 모두가 일본인이 회장을 맡았고, 여러모로 일본계 단체와 유사하였다. 특히 말미의 「색인」에는 업종별로 일본계, 일본/중국계 공동, 중국계 단체를 분류해 나열해 두었는데, 대부분의 경우 같은 업종 안에 일본계, 공동, 중국계 단체가 골고루 포진되어 있음을 확인할 수 있다. 일본은 1938년 중국계의 봉천시상회와 일본계의 상공회의소를 합병해 봉천상공공회를 조직한 이후, 산하 동업단체의 결합을 도모하였으나,[89] 동업단체의 경우 여전히 같은 업종 내에 중국계와 일본계가 혼재되어 있음을 알 수 있다.

## 4. 봉천상인단체의 지역적 특성 : '복합구조'

이상에서 공의회, 상무총회, 총상회, 시상회 등 봉천 성내의 중국인 상인단체와 상부지, 만철부속지와 같은 식민지배지역에서 활동하던 일본 상인들의 상공회의소 및 중국 상인들의 봉천남만참중화상무회, 봉천시 전역의 동업단체 등을 대상으로 봉천상인단체의 개황 및 연혁, 정치권력과의 관계 등에 대해 살펴보았다. 이를 통해 몇 가지 지역적 특색을 간추려 볼 수 있는데, 정리하면 다음과 같다.

첫째, 다수의 질서가 혼재되어 있음을 확인하였다. 봉천의 상인단체 중에는 중국 상인들의 단체가 있고, 일본 상인들의 단체가 있었다. 여기에 덧붙여, 중국지방정권이 지배하는 지역과 식민지배가 관철되는

89) 奉天商工公會 編, 『奉天經濟事情(康德5年版)』, 105-106쪽.

상부지와 만철부속지 등이 구별되어 있고, 각각의 지역에서 중국인 상인단체와 일본인 상인단체가 조직되고 활동하였다. 이밖에 상회 아래에는 많은 동업단체가 있었고, 같은 업종에도 중국인 동업공회와 일본인 동업조합이 혼재되어 있었으며, 일본인이 주도권을 행사했지만 중국인과 일본인이 공동으로 운영하는 단체도 있었다. 이와 같이 봉천의 상인단체는 다른 지역에 비해 두드러진 '복합성'을 지녔고, 여러 개의 영역이 혼재되어 있는 '구조'를 가지고 있었다. 이런 '복합구조'야말로 봉천의 상인단체가 가진 가장 두드러진 특징이었다.

둘째, 봉천을 비롯한 동북지역에서는 조직체계상 상회와 유사한 공의회를 개조하는 형식으로 상회가 신속하고도 손쉽게 보급될 수 있었는데, 이러한 '공의회'의 존재는 또 하나의 특징적 면모였다. 이는 전술하였듯이 전반적인 대체통화의 통용, 공권력의 불안정과 지역행정의 상대적 취약성, 이주 상인의 '지역 정체성' 고양 등 동북 상인을 둘러싼 지역적 특성이 반영된 것이었다.

셋째, 봉천의 상인단체에 대한 국가권력의 영향력은 지방정부 차원에 한정되었지, 중앙정부 차원의 정책은 그다지 영향력을 미치지 못했고, 이 또한 봉천의 상인단체가 가진 하나의 특징이 아닐까 생각한다. 봉천의 상회와 지역정권의 관계는 전반적으로 매우 긴밀했다. 중국 측이나 일본 측 모두 상인단체에 대한 권력의 영향력이 매우 강하였고, 상인단체 또한 정권과의 돈독한 관계를 통해 자신의 이익을 확보하고 영향력을 확대하려고 했다. 상인단체에 대한 중앙정부의 법령과 정책은 큰 틀을 제공하기도 했지만 실질적인 변화는 지방당국과의 친밀성 가운데에서 일어났고, 그나마 만주국 성립 이후에는 중앙정부의 영향력이 완전히 소멸되었다.

넷째, 일본의 식민지배가 만철부속지의 중국 상인단체와 봉천의 지방당국 및 중국인 상회의 관계를 왜곡시키는 측면이 있었다. 일본지배 지역의 중국 상인단체는 일본당국에 복종하면서도 봉천 당국이나 성내의 중국 상인단체와도 우호적 관계를 추구할 수밖에 없었다. 현실적 이해관계와 중국인으로서의 정체성이라는 이율배반적 상황에 놓여 있었다. 중국 측 지방당국은 이들을 중국인의 상인단체로 여기지 않는 배타적 인식을 보였고, 성내의 중국 상인들은 달가워하지는 않았지만 같은 중국인 상인단체로서 당국보다는 우호적인 태도를 보였다. 일본의 식민지배가 이들의 위상과 관계를 일정 정도 왜곡시켰던 것이다.

사실 본 연구는 시론적 성격이 짙다. 무엇보다 '복합구조'로 야기된 동북지역의 차별성이 구체적으로 무엇인지를 밝힐 필요가 있다. '복합구조'가 정치, 경제, 사회, 문화적으로 동북지역의 변화에 어떻게 영향을 끼쳤는지가 설명되어야 한다. 상인단체를 두고 말하자면 '복합적으로 존재하는' 상인단체 상호 간의 갈등과 협조 등 유기적 관계가 드러나야 한다. 특히, 신해혁명이나 동북역치, 또는 일본상품배척운동과 같은 중대한 역사적 사건 등을 둘러싸고 이들이 어떻게 움직였는지를 역동적으로 그려내는 것도 좋은 방법이다.

# '공의회'의 조직과 활동

## : 전통 '행회'에서 근대적 '상회' 사이

_ 박경석

중국의 동북지역에는 일찍부터 상회商會가 다수 설립되었다. 1912년 농상부에 등록된 상회 중에 봉천성奉天省 소재가 64곳이었는데, 이는 사천성 96곳, 절강성 76곳, 강소성 72곳에 이어 네 번째로 많은 수치였고, 더욱이 여타 지역에 비해 이른 시기에 설립되었다.[1] 그 이유에 대해서는 앞글에서 이미 '공의회公議會'의 존재를 강조한 바 있다. 동북지역 특유의 상인단체로서 광범위하게 존재했던 '공의회'는 동업단체처럼 한 직종의 행업을 대표했던 것이 아니라 조직구성상 상회와 유사하게 전시全市의 상인을 대표하였기 때문에, 봉천奉天을 비롯한 동북지역에서는 '공의회'를 개조하는 방식으로 상회를 보다 신속하고도 손쉽게 설립할

---

* 이 글은 『중국근현대사연구』 제60집(2013.12)에 게재된 논문을 단행본에 맞게 수정한 것이다.

1) 「國內商會統計」, 江蘇省商業廳/中國第二歷史檔案館 編, 『中華民國商業檔案資料匯編(1912-1928)』, 中國商業出版社, 1991, 70-124쪽.

수 있었다는 것이다.

이런 공의회에 대해서 적잖은 관심이 있었으나 기록이 많이 남아 있지 않아,[2] 그 실체가 제대로 밝혀지지 않았다. 그나마 영구營口나 봉천과 같이 공의회가 활발하게 활동했던 지역에 한정해 연구가 이루어졌고,[3] 대개 공의회를 상회 성립의 토대로 한정해 바라보았다. 말하자면, 공의회가 존재했던 시기 및 그 이전부터 존재했던 전통적인 동업조직인 행회行會와의 관련성에 대해서는 거의 주목하지 않았다. 행회, 상회, 동업공회同業公會의 상호 관련성은 주지하듯이 상공인단체 연구의 주요 테마 중에 하나이다. 요컨대, 행회가 신식 상회나 동업공회로 전화되는 사례와 과정, 전통 행회와 근대 상회의 단절성과 지속성, 차이점과 공통점 등이 다각도로 조명되었다.[4] 이렇게 보면 동북지역의 행회와 상회의 관계에 대해서는 일종의 연구 공백인 셈인데 여기에서는 동북지역의 공의회를 사례로 행회와 상회의 관계를 살펴보고자 한다.

첫째, 영구와 봉천 이외의 일부 지역을 보완하여 포괄적인 공의회의 존재양태와 활동양상을 살펴볼 것이다. 자료의 한계로 동북지역 전체상을 완전하게 구성할 수는 없지만, 가능한 범위에서 최대한 전체상에 접근해 본다. 둘째, 전통적 행회와 근대적 상회 및 동업공회 상호 간 연결고리로서의 '공의회'에 주목하고자 한다. 공의회를 상회 성립의 토

2) 예컨대, 1932년에 출간된 根岸佶의 중국 길드에 대한 연구에서도 나름 공의회에 대한 깊은 관심을 보이지만, '문헌이 결여되어 있어 노인들에게 그 연혁의 편린을 얻어 들을 뿐'이라고 안타까워하고 있다.(根岸佶 著, 『支那ギルドの研究』, 東京: 斯文書院, 1932, 328쪽)

3) 倉橋正直, 「營口の公議會」, 『歷史學硏究』 第481號, 1980.6, 28-30쪽; 上田貴子, 「樹狀組織形成史としてみた奉天總商會の歷史的諸段階」, 『近代中國東北地域に於ける華人商工業資本の硏究』, 94-131쪽 등 참조.

4) 朱英, 「中國行會史硏究的回顧與展望」, 『歷史硏究』 2003年 第2期, 164-168쪽.

대로만 여기는 단선적 구도에서 탈피해 보려는 것이다. 공의회를 매개로 행회 - 공의회 - 상회/동업공회로 이어지는 상호 관계의 특징적 면모를 고찰해 볼 것이다.

이러한 문제의식을 바탕으로, 우선 활발하게 활동하였고 자료도 비교적 많이 있는 영구와 봉천의 공의회를 대상으로 성립 과정 및 조직과 활동에 대해 간략히 정리하고, 여타 지역 공의회의 활동 양상에 대해서도 살펴볼 것이다. 이어 행회와 공의회의 관계에 대해 살펴볼 것인데, 우선 기존에 거의 주목하지 않았던 동북지역의 전통적인 행회와 행규行規의 존재를 찾아보고, '행규'의 제정에 공의회가 깊이 개입하는 양상을 통해 양자의 관계를 고찰해 보고자 한다. 나아가 공의회와 상회가 어떻게 연계되고 구별되는지에 주목할 것이다.

## 1. '공의회'의 조직과 활동

### (1) 동북지역 공의회의 분포

동북지역 공의회의 분포에 대해서는 공의회에 대한 쿠라하시 마사나오倉橋正直의 선구적인 연구가 동북지역 공의회의 분포를 표로 작성해 놓아 매우 유용하다. 그에 따르면, 흑룡강성, 길림성, 요녕성 등의 각 지역에 총 82곳의 공의회가 성립되었다고 한다. 정리해 보면, 아래 표와 같다.

**|도표 1|** 공의회의 분포

| 省別 | 分布 地名 | 分布數 |
|---|---|---|
| 黑龍江省 | 東京城, 三姓, 長壽縣, 石頭城子, 山河屯, 呼蘭, 沈家窩棚, 北団林子, 餘慶街, 上集廠, 齊齊哈爾, 布哈多, 興安, 海拉爾, 寧安府, 綏化縣, 哈爾濱(*道外), 巴彥蘇蘇, 阿什河, 賓州, 拉林, *綏芬河 | 21곳 (*22) |
| 吉林省 | 奉化縣, 朝陽鎭, 長春, 黑林子, 農安縣, 福隆泉, 吉林, 上河灣, 拉法站, 長山屯, 敦化縣, 三岔口, 伯都訥, 懷德縣, 郭家店, 法特哈門, 海龍縣, 黎樹縣, 小城子, 楡樹台, 五常府, 四平街, 鄭家屯, 雙城堡 | 24곳 |
| 遼寧省 | 通化, 本溪縣, 鳳凰城, 莊河, 安東, 大東溝, 寬甸縣, 奉天, 懷仁縣, 營口, 鐵嶺, 黑山縣, 昌圖, 開原, 新民, 遼陽, 興城縣, 綏中縣, 海城縣, 蓋平, 牛莊 | 21곳 |
| 關東州 | 旅順, 大連, 小崗子, 金州, 普蘭店, 貔子窩 | 6곳 |
| 滿鐵附屬地 | 開原, 安東, 鞍山, 頭道溝 | 4곳 |
| 러시아령 | 하바로프스크, 沿黑龍江州, 블라고베센스크(Blagoveshchensk) | 3곳 |
| 기타 | 天津, 芝罘, 洮南府 | 3곳 |
| 합계 | | 82곳 (*83) |

* 표식( * )은 필자가 추가로 언급한 부분임.

* 출처: 「表1 公議會の分布と成立時期」(倉橋正直, 「營口の公議會」), 20-21쪽.

쿠라하시의 '공의회 분포표'는 거의 모든 공의회의 성립을 망라하고 있어 매우 신뢰할 만하다. 다만, 필자가 검색해 본 바로는 1-2곳의 공의회를 덧붙일 수 있을 듯하다. 첫째, 수분하綏芬河의 공의회이다. 1927년 만철에서 펴낸 자료에 따르면, 흑룡강성 '수분하에 1898년 동지철도東支鐵道의 부설과 동시에 공의회가 설립되었고, 이것이 1918년에 수분하상회로 개조되었다'고 한다.[5)]

둘째, 1937년 만주국에서 펴낸 자료에 따르면, "1901년 도외道外에 상민유지商民有志에 의해 공익회公益會라는 것이 설립되어 상인 간에 발생한 여러 가지 문제를 처리했다"[6)]고 한다. 사실 '공의회'라는 명칭이 일반적이었지만 삼적회三籍會(해성현海城縣), 상무회商務會(보란점普蘭店), 사

5) 南滿洲鐵道株式會社調查課 編, 『北滿主要都市商工概覽』, 編者刊, 1927, 531쪽.
6) 實業部臨時産業調查局 編, 『滿洲ニ於ケル商會』, 新京: 編者刊, 1937, 71쪽.

하진치년회沙河鎭値年會(안동安東)라는 색다른 명칭도 사용되었던 것에서[7] 유추해 볼 수 있듯이, '공익회'라고는 했지만 1901년이라는 시점에서 '상민유지'에 의해 설립되었다는 점에서 공의회와 같은 것임이 명백하다. 이에 대해서는 또 다른 기록이 있는데, 1934년 『만철조사월보』에 게재된 글에 의하면, 부가전傅家甸=도외道外에 모여 있던 "상민商民이 1906년 공의회 즉, '집성集成 길드'를 조직하였다"[8]고 하였다. 하지만, 전술한 쿠라하시가 이를 간과했던 것은 아니었고, 도외가 하얼빈과 같은 영역에 있었기 때문에 하얼빈으로 처리한 듯하다. 따라서 현재로서는 공의회가 모두 83곳에 존재했었다고 할 수 있다.

이상과 같이 공의회는 인구가 조밀한 발해 연안, 요하 유역에서 북방의 인적이 드문 흑룡강 지역에 이르기까지 광범위하게 분포하였다.[9] 영구나 봉천과 같은 대도시에서 시작하여 매우 작은 지방도시에서도 조직되었다. 전술했듯이, 동북에는 일찍부터 많은 상회가 설립되었는데[10] 그것이 가능했던 이유 중에 하나는 상회의 전신에 해당하는 '공의회'가 미리 폭넓게 조직되어 있었기 때문이었다. 아래에서는 공의회의 조직과 활동에 대해 살펴볼 터인데, 법령에 의거해 만들어진 단체가 아니었기 때문에 워낙에 공식 자료 자체가 없고, 봉천공의회의 경우는 "의화단 때에 모든 서류가 불태워져 남은 것이 없기도"[11] 해서, 동시대

---

7) 倉橋正直, 「營口の公議會」, 19쪽; 關東廳, 『關東廳施政二十年史』, 東京: 編者刊, 1926, 719쪽.

8) 發智善次郎, 「哈爾濱傅家甸(道外)に於ける同業公會の現狀」, 『滿鐵調査月報』 14卷 9號, 1934.9, 62쪽.

9) 倉橋正直, 「營口の公議會」, 19쪽.

10) 奉天省에서 商會가 있는 縣의 비율은 長江流域에 필적하는 86%에 달했고, 그 대부분이 1904년부터 1907년 사이에 설립되었다고 한다.(陳來幸, 「民國初期における商會の改組と商民統合」, 『人文論集(神戸商科大學)』 第33卷 第4號, 1998.3, 74-75쪽)

의 단편적인 전언과 관찰 조사에 의존할 수밖에 없다.

### (2) 영구의 공의회

공의회는 역시 영구나 봉천과 같은 대도시에서 가장 활발하게 활동하였다. 영구의 공의회가 정확히 언제 설립되었는지는 알 수 없다. 1907년 일본 외무성에서 펴낸 자료에는, "기록이 없으므로 (공의회가) 언제 설립되었는지를 오래된 상점(노포老舖)이나 유력상인에게 문의했어야 했는데, 한 사람도 능히 정확한 연월을 답하지 못했다"고 적고 있다. 당시의 주요 상인들은 2-30년 전에 영구에 온 사람들인데, 그들이 영구에 왔을 때에 이미 공의회가 있었고, 따라서 정확한 창립 연월을 알 수 없었던 것이다. 가장 오랫동안 관계한 어떤 사람의 말에 의존해, 함풍연간鹹豐年間 즉 1860년대에 창립되었다고 짐작할 수 있을 뿐이었다고 한다.[12)]

회원은 애초에 10곳의 상인 기업이었으나, 1907년 당시에는 15곳으로 늘어났다. 만철의 경제조사에 따르면, 1910년 당시 영구의 상점은 57개 업종에 걸쳐 1,336곳에 이르렀다. 1,300여 곳의 상점 중에 15곳만이 회원이 되었던 것이다. 게다가 15곳의 회원 중에는 유방업油房業에 종사한 상가商家가 6곳이고 겸업(5곳)을 포함하면 무려 11곳에 이른다. 그런데 영구에서 유방업에 종사한 상점은 모두 15곳에 불과했다.[13)] 유방업이 소수임에도 회원의 다수를 차지한 것은 유방업이 영구의 대표

11) 外務省(船津辰一郞) 編, 『南滿洲ニ於ケル商業』, 金港堂書籍, 1907, 308쪽.
12) 外務省(船津辰一郞) 編, 『南滿洲ニ於ケル商業』, 754쪽.
13) 會員의 구성에 대해서는 外務省(船津辰一郞) 編, 『南滿洲ニ於ケル商業』, 761-762쪽; 營口 商店의 종류 및 수량에 대해서는 南滿洲鐵道調査課 編, 『南滿洲經濟調査資料 第六』, 編者刊, 1910, 74-75쪽 참조.

업종이었기 때문이다. 이처럼 극소수 기름 관련 기업油房이 회원의 절대 다수를 차지했으니 공의회는 가히 상계 영수들의 모임이라고 할 수 있다. 손에 꼽히는 유력상인만이 공의회의 회원이 될 수 있었고, 일반 상인은 공의회의 영향을 크게 받았음에도 회원이 될 수 없었다. 이를 두고 동시대의 일본인 연구자는 공의회를 '과두전제단체寡頭專制團體'에 비유하기도 하였다.[14)]

공의회의 운영은 회원 중에서 매년 2곳을 뽑아 '당직當直회원'으로 삼아 맡겼다. 15곳이 돌아가면서 그 직임을 담당했다. 실제 일을 맡았던 사람은 상가商家의 중간 간부(번두番頭) 정도였고, 주인이나 지배인이 나서는 경우는 매우 드물었다. 중요한 일로 회원 간에 긴밀히 협의할 필요가 있을 때에는 당직회원이 회합의 목적과 일시 등을 회원에게 통지해 소집하였다. 이때에는 반드시 지배인이나 주인이 참석하도록 하였다. 하지만 조직 및 운영과 관련 어떤 회칙이나 정관도 갖추고 있지 않았다.[15)] 조직체계가 매우 단순하고 운영도 관행적으로 이루어졌음을 알 수 있다. 후술하겠지만, 이는 향후 성립되는 상회와 대비되는 부분이다.

영구공의회의 활동은 원래 상업상의 이익을 증진하고 폐해를 막는 것에 집중되었다. 상업상 폐해가 있을 때는 나서서 이를 바로잡거나, 또 다른 이로움을 내야 하는 것이 있으면 이를 위한 방책을 강구하였다. 이는 후술하겠지만 지역의 동업단체(행회行會)와 긴밀한 관계를 맺으면서 이루어졌다. 또한 지방 관헌과 상인 사이에서 매개의 역할을 수행하기도 했다. 상업 이익을 달성함에 지방 관헌의 도움이 필요하면 이를

14) 根岸佶 著, 『支那ギルドの研究』, 323-324쪽.
15) 外務省(船津辰一郎) 編, 『南滿洲ニ於ケル商業』, 754-755쪽; 760-761쪽.

알선하였고, 반대로 지방 관헌이 상가에 명령할 일이 있으면 주선하기도 했다. 여기에 더하여 묘우廟宇의 수리, 도로와 교량의 개보수, 저수지의 확장 등과 같은 공공사업에도 관여하였고, 단련團練을 조직하여 지방 경찰의 치안 유지에 협조하기도 했다.[16] 이는 무엇보다 안정된 질서가 원활한 상업 활동에 꼭 필요했기 때문이었고, 근대 이후 전에 없이 실력을 갖춘 중국의 상인계층이 일반적으로 보여준 태도이기도 하다.

그런데, 1900년 의화단운동으로 인한 소요가 발생하고 이를 빌미로 러시아 군대가 영구를 점령하면서 공의회의 역할에 중대한 변화가 발생했다. 공의회가 러시아 군대의 감독 아래 순포청巡捕廳을 설치하고 단련을 순포巡捕로 개조해 약 200명을 상근시키면서 치안을 전담하게 되었다. 뿐만 아니라, 러시아 군대와 치안 유지를 위한 비용을 조달하기 위해 공의회가 포연舖捐(영업세)과 방연房捐(가옥세)을 징수하는 업무도 시작하였다. 이러한 공의회의 지방세 대리 징수는 러일전쟁 이후 일본이 점령한 이후에도 지속되었다.[17]

이처럼 공의회가 지방의 행정과 경찰 업무에 깊이 참여하는 권한을 가짐에 따라, 지방 관헌 및 상인을 포함한 일반 주민에 대해 더욱 큰 영향력을 행사하게 되었을 것이다. 예컨대, 지방 관헌에 대해서는 공의회가 징수한 지방세가 행정의 주요 재원이었다는 점이 그렇고, 주민에 대해서는 순포의 임면 권한과 지방세 징수 권한이 공의회의 권세를 높여 주었다. 이는 역설적으로 '가옥세와 영업세를 징수함에 점차 폐해가 번잡해져 세간의 비난 목소리가 점점 높아졌다'[18]는 기록에서 단적으로 드러나기도 한다. 후술하겠지만 영구공의회는 각종 동업단체(행회行

16) 外務省(船津辰一郎) 編, 『南滿洲ニ於ケル商業』, 755-757쪽.
17) 外務省(船津辰一郎) 編, 『南滿洲ニ於ケル商業』, 755-757쪽.
18) 外務省(船津辰一郎) 編, 『南滿洲ニ於ケル商業』, 760쪽.

會)와도 긴밀한 관계를 맺었다. 여하튼 영구에서 공의회가 사회적 영향을 높이는 데에는 공권력의 불안정과 지역행정의 취약성, 전쟁과 열강의 침략과 같은 정세의 불안이 작용했다고 볼 수 있다.

### (3) 봉천의 공의회

봉천에도 '성경성성상업공의회盛京省城商業公議會'라고 불린 '공의회'(이하 '봉천공의회'라 칭함)가 있었는데,[19] 성립, 조직, 활동 등에서 영구공의회와 별반 다르지 않다. 봉천공의회도 정확히 언제 성립되었는지는 알 수 없으나, 상기한 일본 외무성의 자료에서는 한 상점 지배인의 말을 인용해 '1859년에 지방관 악대인鄂大人이 발기하여 창립'하였다고[20] 적고 있는 것으로 보아 영구공의회와 비슷한 시기였던 것으로 보인다.

영구공의회의 회원이 도시의 상공업을 전반적으로 지배하는 소수의 유력상인으로 구성되었듯이, 봉천공의회의 경우에도 유사했던 것으로 보인다. 앞글에서 언급했듯이, 봉천의 상계를 장악하고 있던 이른바 '사방오행四幇五行'이 연합하여 공의회를 주도했을 터이다. 1907년 당시 4명의 총동總董과 1명의 수석 총동이 있어 공의회를 이끌었는데, 총동의 직종이 대체로 '오행五行'과 부합하였다. 봉천을 16개 구역으로 나누어 본부 산하에 16분회를 두고 각 분회에 역시 분회장을 두었다.[21]

또한, 봉천공의회도 영구와 마찬가지로 워낙에 상인과 관아의 중간에서 쌍방의 의지를 소통하고, 자선사업을 전개하고, 상인의 이익을 보호하고 증진함을 목적으로 삼아 활동했다.[22] 이런 차에 청일전쟁, 의화

---

19) 奉天公議會에 대해서는 박경석, 「清末民國時期 奉天商人團體의 概況과 '複合構造'」, 109-113쪽 참조.

20) 外務省(船津辰一郎) 編, 『南滿洲ニ於ケル商業』, 308쪽.

21) 外務省(船津辰一郎) 編, 『南滿洲ニ於ケル商業』, 309쪽.

단운동, 러일전쟁이 연속되는 상황에서 치안이 문란해지고, 지방관은 도망하고, 상업이 크게 피폐되는 혼란 상황이 공의회로 하여금 더욱 다양한 활동을 펼치게 하였다.[23]

예컨대, 앞글에서도 서술했듯이, 1900년 가을 의화단으로 인해 혼란이 발생하자 수망국守望局을 설치해 질서를 유지했고, 금융공황으로 시장이 피폐해지자 공의상국公義商局이라는 금융기관을 창설해 경제적 구제를 도모하였으며, 변란으로 전당포가 모두 소실되자 공의당公義當이라는 전당포를 설립해 서민의 편리를 도모하기도 했다. 1902년 콜레라 전염병이 창궐하자 의사를 초빙해 병원을 설립했고, 1903년 기근으로 난민이 발생하자 의연금을 모아 급식소(죽창粥廠)를 설립해 구제했으며, 1904년에는 순경수회巡更水會를 조직해 화재를 진압하고 야간순찰을 도는 소방 및 경찰 업무를 수행했다. 연고가 없는 시신이 생기면 공의회가 나서 처리했고, 지방관의 의뢰에 따라 경찰비, 위생비, 가옥세, 영업세 등을 대리 징수하는 업무도 수행했다. 또한, 상인 간에 분쟁이 발생하면 먼저 공의회가 나서 중재하였고, 이것이 여의치 않을 경우에만 관부의 재판에 회부하였다. 이를 위한 경비는 당국의 승인 아래 매월 각 상점에서 징수하였다.[24]

이처럼 봉천공의회는 상인/상업 문제에만 개입했던 것이 아니라, 마치 지방행정기관인 것처럼 지역의 질서와 안녕을 유지하기 위한 폭넓은 활동을 전개하였다. 이는 물론 안정된 질서가 원활한 영업 활동의 필수불가결한 전제조건이었기 때문이었다. 이렇게 볼 때, 봉천을 비롯한 동

22) 外務省(船津辰一郎) 編, 『南滿洲ニ於ケル商業』, 310쪽.
23) 劉恩壽(遺稿), 「瀋陽商會七十五年(1874-1948)」, 『瀋陽文史資料』 第1輯, 1982, 166쪽.
24) 外務省 編, 『南滿洲ニ於ケル商業』, 309-312쪽.

북지역에 '공의회'라는 특이한 상인단체가 일찍부터 광범위하게 나타날 수 있었던 배경에는 동북에 있어서의 공권력의 불안정과 지역행정의 상대적 취약성이 작용했다고 볼 수 있다. 상인들 스스로가 지역의 치안유지나 공익사업을 수행하지 않을 수 없었던 사정이 있었던 것이다.

### (4) 여타 지역의 공의회

공의회가 이처럼 광범위하게 분포해 있었지만, 모든 공의회가 영구나 봉천처럼 적극적으로 활동을 전개했던 것은 아니고 상당한 편차를 있었을 것이다. 영구나 봉천 이외에도 비교적 상업이 발달한 도시에서는 대개 공의회가 지방세를 대리 징수하는 역할을 담당했다. 안동安東의 경우, 러일전쟁 이후 일본군이 점령하면서 위생비로 매월 군표軍票 2, 500원을 헌납하도록 공의회에 명령하였고, 공의회는 이를 안동으로 수입되는 곡류, 임산물, 잡화 등에 부과하여 징수했다.[25] 또한, 러일전쟁 이래 러시아나 일본과 교섭할 일이 많아짐에 따라 비용의 부담을 느낀 지현知縣이 은근히 그 부담을 시민에게 전가함에 따라 공의회가 교섭비를 징수하게 되었다.[26]

영구, 봉천, 안동의 경우에서 보듯이, 러일전쟁을 비롯한 전란이 공의회의 역할 확대에 중요한 계기가 되었다. 예컨대, 철령鐵嶺의 경우에도 그 조직 및 권능이 당국과 상인 간의 소통 및 상인 간 분쟁 조정에 그쳤으나, 러일전쟁이 일어나면서 "상업상의 필요에 따라, 종래의 다른 관계는 말할 것도 없고 하급행정기관으로서 점점 더 필요성이 높아져 일본군 당국자와 지방 인민 사이에서 커다란 역할을 했다"고 한다.[27]

25) 外務省(船津辰一郎) 編, 『南滿洲ニ於ケル商業』, 46-48쪽.
26) 外務省(船津辰一郎) 編, 『南滿洲ニ於ケル商業』, 49쪽.

또한, 창도昌圖의 경우에도 애초에는 공의회가 “단순히 필요할 때에 회의를 여는 것에 지나지 않았으나, 러일전쟁 이후에는 여러 종류의 교섭 사건이 있어서 당번 회원이 매일 사무소에 출두하였다”고 한다. 1905년 9월의 지출내역을 통해 활동양상을 유추해 볼 수 있는데, 경상비를 제외하면 교섭비와 위생비를 대리 징수하였고, 길거리를 청소하거나 교량과 도로를 수선했음을 알 수 있다.[28] 이밖에, 비자와貔子窩의 경우에도 공의회가 영업세를 대리 징수했음을 확인할 수 있다.[29]

공의회가 공동의 경제문제에 적극 대응했음도 알 수 있다. 예컨대, 개평蓋平에 통화가 부족해 금융 및 상거래에 큰 문제가 되자, 지현의 명령에 따라 공의회가 해당 지역 은행가와 협의해 봉천은원국奉天銀元局으로부터 동원銅元을 대거 매입하였다. 이에 소요되는 비용도 당국이 아니라 공의회에서 부담하였다.[30] 또한, 금주공의회金州公議會는 일본인이 합작 사업을 명목으로 중국인에게 사기를 치는 사례가 빈번하자 이에 대한 적극적인 단속을 당국에 강력히 요청하였다.[31] 공의회가 중국 상인의 경제적 애로를 당국에 진정하는 역할을 수행했던 것이다.

이상에서 보았듯이, 동북지역에 공의회가 광범위하게 존재했음에도 자료의 제한으로 이들을 하나하나 상세히 살필 수는 없다. 공의회는 사실 모든 상인이 그 영향을 강하게 받았음에도 지배적인 소수의 유력상인으로 조직되었다. 활동에 있어서는, 워낙에 당국과 상인의 중간에서 쌍방의 의지를 소통하고, 공공사업에 기여하고, 상인 간의 분쟁을 중재하고, 상인의 이익을 보호하는 역할을 수행하였다. 이런 공의회의 역할

27) 外務省(船津辰一郎) 編, 『南滿洲ニ於ケル商業』, 414-415쪽.
28) 外務省(船津辰一郎) 編, 『南滿洲ニ於ケル商業』, 455-457쪽.
29) 外務省(船津辰一郎) 編, 『南滿洲ニ於ケル商業』, 150-152쪽.
30) 外務省(船津辰一郎) 編, 『南滿洲ニ於ケル商業』, 192-193쪽.
31) 外務省(船津辰一郎) 編, 『南滿洲ニ於ケル商業』, 165쪽.

은 일부 지역에서 의화단운동과 러일전쟁에 이은 러시아 및 일본 군대의 점령과 같은 정세의 급변을 계기로 중대한 변화가 발생했다. 이로써 공의회가 대리 징세를 통해 지방의 행정과 경찰 업무에 깊이 참여하는 권한을 가지게 되었고, 지역사회에 더욱 큰 영향력을 행사하게 되었다. 아무튼 공의회의 영향력 확대에는 동북에 있어서의 정세의 급변과 공권력의 불안정, 지방행정의 상대적 취약성이 작용했다고 볼 수 있다. 하지만, 이런 역할의 확대를 일반적인 것으로는 볼 수 없고, 전란의 영향이 직접적이지 않거나 이런 상황에 대처할 상인 사회의 역량이 갖추어지지 않은 경우는 종래의 소극적인 역할에 한정되었을 것이다.

## 2. 행회 행규와 공의회의 관계

전술하였듯이, 상인단체에 대한 연구에서는 행회와 상회의 연관성이 매우 중요한 주제이다. 전통적인 행회가 근대적인 상회나 동업공회로 전환되는 과정을 고찰함으로써 중국 근대에 있어 전통의 단절과 지속의 문제에 접근할 수 있기도 하다. 이를 동북지역에 대입해 보면, 동북에서는 상회 성립 이전에 이와 유사한 공의회가 먼저 있었기 때문에, 우선 행회와 공의회의 관계를 살펴볼 필요가 있다.

### (1) 청말 동북지역의 행규

이를 위해서는 우선 기존에 거의 주목하지 않았던 동북지역 행회와 행규의 존재를 찾아내는 일이 급선무이다. 아래 표는 상기한 외무성 자료와 만철의 조사 자료를 중심으로 존재가 확인되는 행회의 행규를 열거한 것이다.

|도표 2| 동북지역 행규 일람표

| 소재지 | 행규 명칭 | 제정 주체 | 제정 시기 | 출처 |
|---|---|---|---|---|
| 營口 | 爲替・兩替에 관한 大屋子規約 | 공의회 | 1903 | 『南滿洲商業』,[32] 809쪽. |
| 營口 | 汽車運搬手數料에 관한 規約 | 공의회 | 1903.6 | 『南滿洲商業』, 811쪽. |
| 營口 | 輸入品交易에 관한 大屋子交易規約 | 미상 | 미상 | 『經濟調査 第六』,[33] 68쪽. |
| 營口 | 大屋子重整行規 | 행회 | 1894.2 | 『南滿洲商業』, 771쪽. |
| 營口 | 金巾雜貨에 관한 大屋 行規 | 행회 | 1891 | 『南滿洲商業』, 781쪽. |
| 營口 | 艀船賃錢規約 | 행회 | 1904 | 『南滿洲商業』, 785쪽. |
| 營口 | 銀爐規約 | 미상 | 1894 | 『南滿洲商業』, 806쪽. |
| 營口 | 濕豆賣買禁止規約 | 공의회 | 1903.5 | 『南滿洲商業』, 812쪽. |
| 營口 | 藥材其他農産物類棧店規約 | 미상 | 1903 | 『南滿洲商業』, 814쪽. |
| 營口 | 衆醬園公議規約 | 행회 | 1905.1 | 『南滿洲商業』, 822쪽. |
| 營口 | 大工左官船大工同業組合規約 | 행회 | 1905.1 | 『南滿洲商業』, 823쪽. |
| 安東 | 安東縣公議條規 | 미상 | 1904.6 | 『南滿洲商業』, 37쪽. |
| 安東 | 沙河鎭新議木植條規 | 공의회 | 1903.4 | 『南滿洲商業』, 43쪽. |
| 金州 | 大屋子의 중개수수료에 관한 公議會規約 | 공의회 | 미상 | 『南滿洲商業』, 165쪽. |
| 蓋平 | 蓋州衆絲行公議條規 | 행회 | 1905.3 | 『南滿洲商業』, 194쪽. |
| 蓋平 | 煙蔴莊公議條規 | 행회 | 미상 | 『南滿洲商業』, 196쪽. |
| 蓋平 | 元蔴 및 蔴에 관한 規定 | 행회 | 1893.1 | 『南滿洲商業』, 199쪽. |
| 鐵嶺 | 錢糧行公議行規 | 행회 | 1904.7 | 『南滿洲商業』, 386쪽. |
| 開原 | 開原錢糧行共同議定行規 | 행회 | 1904.8 | 『南滿洲商業』, 440쪽. |
| 通江口 | 通江口公議條規 | 미상 | 1902 | 『南滿洲商業』, 457쪽. |
| 法庫門 | 法庫門大屋子規約 | 행회 | 1906.10 | 『南滿洲商業』, 511쪽. |
| 法庫門 | 法庫門大屋子小力錢規定 | 행회 | 1905.11 | 『南滿洲商業』, 516쪽. |
| 新民 | 大屋子公會規約 | 미상 | 1905.10 | 『南滿洲商業』, 548쪽. |
| 廣寧 | 衆店行公議規約 | 미상 | 미상 | 『錦州經濟調査』,[34] 22쪽. |
| 鐵嶺 | 油房規約 | 미상 | 1910.4 | 『經濟調査 第三』[35], 24쪽. |
| 八面城 | 衆店行公議行規 | 행회 | 1910.8 | 『經濟調査 第五』,[36] 5쪽. |
| 長春 | 糧棧行規 | 행회 | 1910.9 | 『經濟調査 第五』, 94쪽. |

* 행규 명칭은 가급적 원래의 중문 명칭을 살리려고 했으나, 일본어 자료를 인용함에 따라 원문을 살릴 수 없는 경우는 우리말로 풀어 썼음.

32) 外務省(船津辰一郎) 編, 『南滿洲ニ於ケル商業』, 金港堂書籍, 1907.
33) 南滿洲鐵道調査課 編, 『南滿洲經濟調査資料 第六』, 編者刊, 1910.
34) 南滿洲鐵道株式會社調査課 編, 『錦州府管內經濟調査資料』, 編者刊, 1909.
35) 南滿洲鐵道調査課 編, 『南滿洲經濟調査資料 第三』, 編者刊, 1910.
36) 南滿洲鐵道調査課 編, 『南滿洲經濟調査資料 第五』, 編者刊, 1910.

행규는 행업 내에서 암묵적으로 공유되던 상관행이 일정한 필요에 의거해 행회 구성원의 동의 과정과 관부의 승인을 거쳐 명문화된 것이다. 행회는 동업 내부나 외부의 경쟁을 제한하고 동업 종사자의 독점 이익이나 기득권을 보호하려는 지향을 보였는데, 이런 종지宗旨가 행규의 내용에 잘 반영되어 있다. 구체적으로 행규의 내용은 (1) 개점 (2) 역원役員, 사무원 (3) 도제徒弟 (4) 동업자 경쟁 금지 (5) 도량형, 화폐, 상관습 (6) 회비 (7) 회의 (8) 소송 (9) 제재 (10) 자선행위 (11) 제사에 관한 것을 규정하였다.[37] 개업에 대해 엄격한 규정을 두어 신규 시장 진입을 제한해 기득권을 보호했고, 상품의 가격과 규격, 품질, 도량형 등을 통일하도록 했으며, 생산 규모와 인원수, 임금 등에 대해서도 경쟁을 제한하였다. 도제에 대한 규정도 엄격해 인원수를 제한했고 3년 이내에는 이직하지 못하도록 했다. 위반에 대한 제재 방식도 유사했는데, 벌주罰酒를 사거나 공연公演을 제공하거나 벌금을 물리는 등 국가권력의 폭력적인 형벌과는 구별되었다.[38]

그러나 각 행규가 반드시 상기한 11항목을 모두 갖추고 있었던 것은 아니다. 지역마다 달랐고 업무의 특성이 반영되어 다채롭게 나타났다. 예컨대, 중개도매업(대옥자大屋子)의 경우, 객상客商의 취급, 화물의 인도와 수도受渡, 대금의 지불 기간, 채무의 제재, 수수료, 창고보관료, 포장, 공매매空賣買 금지 등에 대해 상세히 규정하고 있고, 수공업자에 있어서는, 도제의 양성, 직공의 대우, 야간작업의 금지, 제품의 가격, 표준 제원 등에 대해 적극적으로 규정한다.[39]

---

37) 根岸佶 著, 『支那ギルドの研究』, 245쪽.

38) 王雪梅, 「從清代行會到民國同業公會行規的變化:以習慣法的視角」, 『歷史教學』 第527期, 2007年 第5期, 37쪽.

39) 根岸佶 著, 『支那ギルドの研究』, 245쪽.

아래에서는 이상과 같은 행규의 형식이나 특성을 염두에 두면서, 동북의 행규를 내지의 일반적인 행규와 비교해 보고자 한다. 아래의 인용은 「연마장 공의조규煙蔴莊公議條規」(개평蓋平)의 머리말에 해당되는 부분이다.

> 개성蓋城에서 연초煙草와 마蔴의 영업은 오래 되었기 때문에 옛 사람이 정해 놓은 장정이 있었으나, 지금은 황폐해져 거의 소용이 없다. 이에 우리 동업이 자다의 이익을 증진하기 위해 공동으로 협의하여 정관을 고쳐 제정하였다. 만약 동업 중에 정실에 이끌려 규약을 준수하지 않거나 사정을 알고서도 고발하지 않는 경우에는 모두 공의에 의거하여 징벌을 가한다. 조규는 다음과 같다.[40]

이와 같이 '전에 행규가 있었는데 지금은 잘 지켜지지 않아 동업이 공의하여 새로이 제정하였으니 위반하면 처벌'한다는 일정 패턴의 서두가 상기한 동북지역의 행규들에서 다수 나타난다.[41] 이는 내지의 무수히 많은 행규에서도 볼 수 있는 것이다.[42] 뿐만 아니라, 이어지는 조문

---

40) 外務省(船津辰一郞) 編, 『南滿洲ニ於ケル商業』, 196쪽.

41) 「錢糧行公議行規」(鐵嶺); 「開原錢糧行共同議定行規」(開原); 「法庫門大屋子規約」(法庫門); 「衆醬園公議規約」(營口) 등.

42) 「蘇州府議定踹匠工價(1779)」; 「吳縣爲蠟箋紙業公議規條給示遵守碑(1894)」, 蘇州歷史博物館、江蘇師範學院歷史系、南京大學明淸史硏究室 合編, 『明淸蘇州工商業碑刻集』, 江蘇人民出版社, 1981, 77-78; 103-105쪽; 「豬行公議條規碑(1849)」, 李華 編, 『明淸以來北京工商會館碑刻選編』, 文物出版社, 1980, 151-152쪽; 「小木業公議各項條規」, 江蘇省博物館 編, 『江蘇省明淸以來碑刻資料選輯』, 三聯書店, 1959, 107-109쪽; 「湖心亭議列條規碑(1784)」; 「上海縣爲水木業同行議定規條告示碑(1868)」, 上海博物館圖書資料室 編, 『上海碑刻資料選輯』, 上海人民出版社, 1980, 252-253; 310-312쪽; 「(藥行)公議會規(1763)」; 「上海縣爲洋貨公所振華堂議立規條告示碑(1884)」, 彭澤益 編, 『淸代工商行業碑文集粹』, 中州古籍出版社, 1997, 25-26; 66-68쪽 등.

에서는 상품의 가격, 규격, 견본, 도량형, 품질이 일정하도록 규정하고 있으며, 반환에 따른 책임, 중매인의 책임과 벌금, 유통 과정의 손실 처리 방법 등을 규정하였다.[43)]

상기 표에서 열거한 동북의 행규 중에는 숙박을 겸하는 중개도매업(대옥자大屋子)의 행규가 다수를 차지한다. 이들 행규는 유통업이라는 업무의 특성에 맞게 유통 과정에서의 다양한 중개수수료(구전口錢)와 창고보관료, 운송 수수료 등에 대해 상세히 규정하고 있다. 또한, 객상客商의 시장 진입을 막기 위한 조치, 대우나 숙박료 등도 규정하고 있다. 객상은 해당 지역의 구매자와 직거래를 할 수 없고 대옥자大屋子의 손을 거쳐야만 했는데 숙박도 거래 대옥자에서 했다. 이밖에 화물의 인수, 대금의 지불 기간(정기/부정기), 채무의 제재, 포장 방법, 공매매 금지 등에 대해서도 규정하고 있다.

수공업의 경우에도 여러 가지 직공의 처우에 대해 규정하고 있을 뿐만 아니라, '3년 미만의 도제는 다른 점포에서 몰래 유혹하여 스카우트해서는 안 된다'는 규정도 찾아 볼 수 있다.[44)]

전반적인 벌칙과 관련해서도 벌금이 대종을 이루고 있고 연희 5일이나 술자리 5석 등을 규정하고 있어,[45)] 내지와 마찬가지로 국가권력의 형벌과 같은 폭력적인 처벌은 배제되고 있다.

다만, 내지의 행규에는 수수료나 가격의 구체적인 금액이 명시되어 있지 않지만 본고에서 인용한 자료에는 금액이 명시되어 있다는 차이가 있다. 수수료나 가격은 변동성이 많은 항목이므로 구체적인 액수를

---

43) 外務省(船津辰一郎) 編, 『南滿洲ニ於ケル商業』, 196-200쪽.

44) 「大工左官船大工同業組合規約」, 外務省(船津辰一郎) 編, 『南滿洲ニ於ケル商業』, 823-825쪽.

45) 「安東縣公議條規」, 外務省(船津辰一郎) 編, 『南滿洲ニ於ケル商業』, 37쪽.

행규에 규정하는 것이 오히려 불합리하다고 볼 수 있다. 항주의 「주업규조綢業規條」[46]에 따르면, '견주絹綢는 정월 1일, 7월 1일 두 차례에 걸쳐, 공동 가격을 의정하고 사사로이 인하할 수 없다'고 규정되어 있다. 그러니까, 동북에서도 행규에는 특정 금액까지 규정하지 않고 일정 기간마다 조정하는데, 본고에서 인용한 자료에서 구체적인 수수료나 가격이 규정되어 있는 것은 조사자들이 조사 당시의 가격을 듣고 적어 놓은 것으로 사료된다.

이상에서 동북의 행회와 행규의 존재를 확인하고 그 내용을 간략히 살펴보았는데, 일단은 상기 표에 인용한 동북의 행규도 일반적인 행규와 같은 범주에 있다고 할 수 있다. 주지하듯이, 동북의 주요 상인은 외지에서 이주해 온 상인들이고 이들은 이주와 함께 내지의 상업 문화와 관행을 가지고 왔을 것이다. 행규도 그 예외일 리가 없다.

### (2) 행규의 제정 및 운영에 대한 공의회의 개입

여기서 행규들 가운데에 주목되는 것은 행규 제정의 주체가 공의회인 경우이다. 행규 규정상 행업의 운영에 공의회가 깊이 개입되어 있는 경우도 관심을 끈다. 영향력이 크고 가장 활발하게 활동했던 영구공의회가 눈에 뜨이는데, 「위체·양체爲替·兩替에 관한 대옥자규약大屋子規約」과 「자동차운반 수수료汽車運搬手數料에 관한 규약」, 「습두濕豆매매금지규약」 등은 공의회가 주도해 규약을 제정했음을 명확히 밝히고 있다.

1903년 신정新正에 영구공의회가 제정한 「위체·양체에 관한 대옥자규약」에는, 상업과 무역에 있어 화폐와 외국환 업무의 중요성, 무역이

46) 上海出版協會調査部, 『支那の同業組合と商慣習』, 上海出版協會, 1925, 224쪽.

활발한 지역으로서 외환의 거래 금액이 적지 않다는 점, 외국환에 대한 신용을 확보하는 일이 매우 중요하다는 점을 강조하였다. 이어 국내 은량銀兩의 거래를 비롯해 멕시코 은, 과로은過爐銀, 현원보은現元寶銀, 러시아 지폐 등의 환업무 수수료를 상세히 규정하였고, 고의로 할인, 감가하여 동업자 간의 이권을 소요케 한 자에 대해서는 상응한 처벌을 가한다고 밝히고 있다.[47)]

1903년 6월 1일에 제정된 「자동차운반 수수료에 관한 규약」에서는 해당 규약을 제정하게 된 배경에 대해, 영구가 개항 이후 교통의 요지로서 곡류를 비롯한 많은 물산이 운집하게 되었는데, 특히 영구에 모인 화물을 열차편으로 여순旅順이나 대련大連으로 보내는 일이 많아져, 외국환 수수료와 함께 객상 화물의 운반을 대행해 주는 중개도매업자(대옥자大屋子)의 수수료도 정해 둘 필요가 있음을 지적하였다.[48)]

1903년 5월 25에 제정된 「습두매매금지규약」은 습기가 남아 있는 콩의 거래를 금지하는 규약이다. 습두濕豆는 원래 관헌의 고시에 의거해 유통이 금지되어 있었는데, 근자에 들어 완전히 건조되지 않은 콩을 몰래 들여오는 상인이 많아지자, 주요 유잔방油棧幇 상인과 협의하여 처벌을 강화하는 새로운 규약을 마련하게 된 것이다. 이는 러시아 및 청나라 양국 관헌의 비준을 얻었고, 당국을 통해 봉천, 요양遼陽, 철령, 개원, 창도, 신민둔新民屯 등의 각지에도 통보되었다고 한다. 조문의 주요 뼈대는 습두를 구매하는 자는 그 수량이 많고 적음에 상관없이 발견 즉시 벌금 100량兩을 부과하고, 중매자나 대매자代買者에게도 50량을 부과하며, 운반한 선박은 당국에 인도한다는 내용이었다. 운반 도중에 습기

47) 外務省(船津辰一郎) 編, 『南滿洲ニ於ケル商業』, 809-811쪽.
48) 外務省(船津辰一郎) 編, 『南滿洲ニ於ケル商業』, 811-812쪽.

를 머금게 되었을 때에도 영구에 들어오기 전에 완전히 건조해야 했다. 감시를 위해 습두검사원을 4인 1조로 요지에 배치하였고, 이들은 수당을 받으며 오전 7시부터 오후 6시까지 근무하였다. 거두어들인 벌금은 모두 공의회의 공비로 귀속되었다.[49)]

공의회가 주도해 행업의 행규를 제정한 사례는 안동安東과 금주金州에서도 발견된다. 안동에서는 「사하진신의목식조규沙河鎭新議木植條規」(1903.4.1)가 제정되었는데, 이는 '동변도東邊道 원대화袁大化가 목식공사木植公司를 설립한 이후, 안동현공의회가 종전의 상관행을 참작하여 제정한 것'이라고 명시되어 있다. '신의新議'라는 제목에서도 보듯이 목재를 취급하는 행업에는 원래 행규가 있었는데 상황이 달라져 새로이 공의를 모아 정돈하게 된 것이다. 새로운 상황이란 동변도(원대화袁大化) 주도로 목식공사가 신설되고, 목식공사가 발행한 요표料票(목재상 면허증)가 없으면 목재 거래에 종사할 수 없게 된 것을 말한다. 또한 도대道臺의 명령에 따라 목재에 세금을 징수하게 되었는데 이를 위탁받은 책임을 명확히 할 필요도 있었다. 이런 모든 변화는 근년 목재의 유입이 크게 증가한 것과 관련되어 있다고 한다.

아무튼 조문에는 목재 중개도매업자(재목대옥자材木大屋子)가 목식공사를 대리해 징수하는 수수료, 목재의 거래는 사소한 것까지 반드시 '목재상 면허증(요표料票)'을 받은 대옥자의 손을 거쳐야 한다는 점, 목재의 유통 과정에서 발생하는 각종 수수료, 동계 목재의 매입과 보관에 따른 수수료, 강신묘江神廟에 기부하는 묘연전廟捐錢의 징수 등이 상세하게 규정되어 있다. 또한 이를 위반하였을 경우 벌로써 강신묘에서 5일간의 연회를 마련해야 한다고 규정하였다.[50)]



49) 外務省(船津辰一郎) 編, 『南滿洲ニ於ケル商業』, 812-814쪽.

이밖에 금주金州에서도 「대옥자의 중개수수료에 관한 공의회규약」이 제정되었다. 금주는 상점이 모두 311곳에 불과한 작은 도시로 규약의 내용으로 볼 때, 특정한 행업을 위해 규약을 제정했다기보다는, 공의회가 경쟁을 제한하고 기존 시장 질서를 유지하기 위해, 곡류, 석탄, 과실, 어류, 기와, 잡화 등 해당 시장에서 거래되는 주요 물품을 망라해 중매수수료를 규정했던 것으로 보인다. 규정을 위반하였을 때에는 벌금을 부과하였고, 그 벌금은 모두 공의회의 수입으로 귀속시켰다.[51]

이밖에, 공의회가 행규의 제정을 주도하지는 않았지만 행규의 규정으로 볼 때 행업의 운영에 공의회가 깊이 개입되어 있는 사례도 다소 발견된다. 예컨대, 개평蓋平의 「개주중사행공의조규蓋州衆絲行公議條規」를 보면, 벌금으로 인한 수입의 일부를 공의회에 납입하도록 규정하고 있다.[52] 또한 「연마장공의조규煙蔴莊公議條規」에서는 만약 행규를 위반하거나 처벌에 복종하지 않는 경우에는 공의회에서 회의를 열어 처분을 결정하고, 회의의 소집을 통보 받고도 출두하지 않으면 소정의 벌금을 부과한다고 규정하였다.[53]

이상에서 공의회가 행규의 제정을 주도하고, 운영에도 깊이 개입되어 있는 몇 가지 사례를 살펴보았는데, 이를 통해 다음 몇 가지 특징적 면모를 유추해 볼 수 있겠다.

첫째, 가장 중요하고도 확실한 것은 공의회와 행회의 관계가 매우 밀접했다는 점인데, 문제는 그것이 '어떤 관계인가'이다. 요컨대, 「습두매매금지규약」이나 「사하진신의목식조규」와 같이 공의회가 개입한 행

50) 外務省(船津辰一郎) 編, 『南滿洲ニ於ケル商業』, 43-46쪽.
51) 外務省(船津辰一郎) 編, 『南滿洲ニ於ケル商業』, 165-166쪽.
52) 外務省(船津辰一郎) 編, 『南滿洲ニ於ケル商業』, 194쪽.
53) 外務省(船津辰一郎) 編, 『南滿洲ニ於ケル商業』, 200쪽.

규는 특정 업종이 아니라 비교적 시장 전체에 걸쳐 있고 당국이 관련된 사안이라고 할 수 있다. 즉, 당국이 일정한 의지를 관철하려고 했고 이를 위해 공의회가 관헌과 상인의 통로 역할을 수행했다. 공의회는 이처럼 지방 관헌과의 통로를 독점함으로써 상인에 대한 지배력을 강화했다. 또 다른 측면에서 보면, 결국 동업단체(행회行會) 및 일반 상인에 대한 공의회의 권세가 관철되고 있는 사안이라고 할 수 있는데, 이런 점에서는 유력상인이 지역 상업계에 대한 지배도구로 공의회를 활용하였던 것이다.

공의회를 통해 관철되는 유력상인의 지역 상인이나 인민에 대한 강한 영향력은 국가권력에 대한 상업계의 상대적 자율성을 의미하기도 한다. 이는 당시 동북지역 상인단체의 특징적 면모로 볼 수 있을지도 모르겠다. 후술하겠지만, 나중에 공의회가 폐지되고 상무회商務會를 통해 상회의 제도화가 진전되면서, 상회에서의 유력상인의 독점적 권세가 약화하고, 그만큼 국가권력에 대한 상업계의 자율성도 약화되었다. 이는 1920년대 지방정권의 상회에 대한 장악력이 극대화되는 토대로 작용했을 터이다.

둘째, 행규의 개정과 공의회의 개입이 개항 이후 상거래 환경의 변화에 적극 대응하는 측면이 있다. 상기한 「위체·양체에 관한 대옥자 규약」은 새로운 중외무역이 활발해지고 멕시코 은이나 러시아 지폐 등이 시장에 진입하면서 이에 대한 대응 차원에서 공의회가 개입해 새로운 규약을 제정한 것이다. 「자동차운반수수료에 관한 규약」에서도 개항 이후 영구가 교통의 요지로 발전한 것이 행규 제정의 배경이 되었다. 뿐만 아니라 공의회의 행규 제정은 1903년에 집중되어 있는데, 이는 의화단운동에 이은 러시아의 영구 점령이라는 위기 상황과 이에 따른 공의회의 입지 확대가 맞물려 나타난 현상으로 보인다. 이렇게 본다면 이 또한 새로운 환경에 대응해 행규의 제·개정이 이루어졌음을 방증한다고 볼 수 있다. 필자는 행규의 제정 및 개정을 '상관행이 명문화'되는 과정으로 보고, 이는 중국 상인이 외국상인의 도전에 대해 상관행을 통해 대항했던 것이라고 평가한 적이 있는데,[54] 여기에서도 관행은 중국이 서양과 근대의 도래에 대응했던 하나의 수단이었다.

셋째, 상술한 바와 같이 공의회 유력상인이 상업계에 대한 지배력을 바탕으로, 스스로 주도해 행규를 제정하고, 전체 시장 차원에서 행규의 운영에도 개입함으로써, 행회가 가진 하나의 동향/동업조직이라는 특성이 상당 부분 탈색되었을 가능성이 높다.

동시대 일본인 조사자들이 대표적인 행회 조직인 회관과 공소에 대해 그 경제적 역할을 매우 낮게 평가하는 것과도 일맥상통한다. 예컨대, 상기한 외무성 자료(1907)는 '봉천에는 산서, 산동, 직예, 소흥 등의 회관이 있어 한때 상업상 유일한 기관이었지만, 지금은 객사한 동향인을 매장하거나 가난한 동향인의 귀향 여비를 지원하는 역할에 그치고 있고, 상업상의 이해득실에 관해서는 공의회에서 협의 결정해 회관은 하등의 세력이 없다'[55]고 평가하였다. 또한, 만철의 『남만주경제조사자료』에서도, 봉천에 '절강회관, 산동회관, 산서회관, 민강閩江회관이라는 단체가 있는데, 이들은 동향인의 복리에 관여할 뿐 상업기관으로서는 가치가 적다'고 평가했다.[56] 영구의 회관과 공소에 대해서도, '월동粵東

54) 박경석, 「'行規'에서 '業規'로의 '商慣行의 明文化'」, 『中國史研究』 제83집, 2013.4; 「중국의 '商慣行 明文化'와 근대적 재구성」, 『중국근현대사연구』 제57집, 2013.3, 72쪽.

55) 外務省(船津辰一郎) 編, 『南滿洲ニ於ケル商業』, 337-338쪽.

56) 南滿洲鐵道調査課 編, 『南滿洲經濟調査資料 第四』, 編者刊, 1910, 82쪽. 『滿鐵調査月報』의 한 자료도 같은 설명을 하였다.(枝村榮, 「奉天に於ける會館に就いて」, 『滿鐵調査月報』 第13卷 第10號, 1933)

회관, 복건회관, 삼강三江공소가 있는데, 오로지 동향인이 정해진 때에 모여 이야기를 나누고, 친목을 도모하고, 함께 상업상의 소소한 일에 관해 의논하는 일종의 클럽일 뿐, 상업기관으로 인정할 수 있을까 싶다'고 의구심을 제기했다.[57] 개평에도 1912년 당시 산동, 삼강三江, 산서, 복건 4개의 회관이 있었으나, '동향 상인의 집회 장소'에 지나지 않는다고 하였다.[58]

## 3. 공의회와 상회의 연계와 구별

공의회는 1906년 4월 이후 상무총회商務總會 및 분회로 개조되기 시작한다. 공의회가 상무회로 개조되는 과정에 대해서는 영구와 봉천을 사례로 기존에 연구가 되어 있다. 우선 기존 연구를 활용해 대략의 과정을 간단히 정리해 보면 다음과 같다.[59]

공의회의 상무회로의 개조(이하 '개조'라고 함)는 청조정부의 상회 설립 정책에서 비롯되었다. 청조는 신정新政의 일환으로 1904년 1월 「상회간명장정」을 반포하여, 각성 성도省都 및 주요 도시에 상무총회를 설립하고 그 하부 도시에 상무분회를 설립하도록 명령하였다. 성경장군盛京將軍 조이손趙爾巽이 이에 부응해 1906년 4-6월 기존의 공의회를 폐지하고 그 조직과 권능을 다소 개량해 상무회로 넘기는 조치를 취하였다.

57) 南滿洲鐵道調査課 編, 『南滿洲經濟調査資料 第六』, 101쪽.
58) 南滿洲鐵道調査課 編, 『南滿洲經濟調査資料 第一』, 編者刊, 1912.11, 145쪽.
59) 營口에 대해서는 倉橋正直, 「營口の公議會」, 28-30쪽 참조. 奉天에 대해서는 上田貴子, 『近代中國東北地域に於ける華人商工業資本の研究』, 大阪外國語大學博士學位論文シリーズ vol.18, 2003, 95-105쪽 참조.

정부 주도의 상업 진흥을 위해 민간에서 손발 노릇을 해 줄 하부조직이 필요했던 것이다.

그러나 이런 조치가 순조롭게 진행되었던 것은 아니다. 영구의 경우, 1906년 말 일본의 군정이 끝나고 1907년 8월 관헌의 지도 아래 종래의 공의회를 기초로 상무총회가 설립되었지만, 비교적 자율적이던 영구의 상인들로서는 오랫동안 공의회에 익숙했던 터라 새로운 상회를 쉽게 받아들일 수는 없었다. 이에 일정기간 상무총회는 명목상으로만 존재하고 실제 기능은 공의회가 하는 상황이 이어졌다. 이때 동성화東盛和라는 대기업이 엄청난 부채를 안고 도산하는 사태가 발생하여, 영구의 상업계가 일시에 큰 혼란에 빠졌는데, 이 사건이 하나의 계기가 되었다. 이 사건을 처리하는 과정에서 새로운 상무회가 대활약을 보였고 그 바탕에는 공권력의 적극적인 지원이 있었다. 이에, 공의회의 유력상인들이 상무회에 대한 공권력의 보호와 지원이 자신들에게 매우 유리할 수도 있음을 인식하게 되었고, 실질적인 '개조'가 진행되기 시작했다고 한다.

봉천의 경우에도 1906년 6월 조이손 주도로 상무총회가 설립된 이후, 공의회와 상무회가 병존하면서 '개조'를 둘러싼 저항과 마찰이 빚어졌다. 상무총회의 총리總理로 상인이 아닌 신사紳士를 등용한 일에 대한 불만이 고조되어 있는 상황에서, 1908년 공의회가 대리 징수하던 가옥세를 관원인 권업도勸業道가 세율을 높여 직접 징수하려 하자, 공의회 측은 폐업과 북경 직소直訴 등을 포함한 대대적인 '항방연抗房捐운동'을 전개하였다. 최고조에 이르렀던 갈등이 해소되고 상인 측에 유리하게 중재했던 손백곡孫百斛이 새로이 상무총회의 총리에 취임하면서 1911년 이후 실질적인 개조가 이루어졌다고 한다.

쿠라하시에 따르면, 공의회가 상회로 개조되었으나 그 전통이 계속 이어지기도 했다고 한다. 첫째, 회원을 여전히 모든 상인으로 하지 않고 30–50인으로 제한하였고, 둘째, 지방행정 간여, 사회사업, 상사 재판, 경제적 통제 등의 역할을 계속 수행했으며, 그래서 유력상인의 '길드적' 결속이라는 공의회의 성격이 본질적으로는 그대로 이어졌다는 것이다.

그렇다면, 영구와 봉천에서 벗어나 시야를 동북지역 전반으로 확대해 보면, 공의회와 상무회의 관계를 어떻게 볼 수 있을까. 아래에서는 여타 지역의 '개조' 양상, 상무회의 회원 구성, 행회와의 관계 등을 통해 상무회가 공의회와 어떻게 구별되는지에 주목할 것이다.

우선, 전반적으로 상무회의 설립이 공의회를 토대로 이루어지고 있음을 알 수 있다. 상기한 만철의 조사 자료는 각지 상무회가 공의회의 후신後身임을 밝히고 있다. 예컨대, 치치하얼齊齊哈爾, 바두나伯都訥,[60] 철령鐵嶺,[61] 회덕懷德,[62] 수분하綏芬河, 수화綏化, 호란呼蘭,[63] 도외道外[64] 등에 대한 만철의 조사보고에서 '상무회는 공의회의 후신이라거나, 공의회를 개칭하거나 개조해서 상무회를 설립'했음을 명기해 놓았다. 조직상 공의회와 상무회의 연계는 동북지역 전역에서 전개된 일이었음을 확인할 수 있다.

그렇지만, 공의회에 익숙해져 있는 상황에서 외국의 상공회의소(Chamber of Commerce)를 모방한 상무회를 금방 따라가는 일은 '다소 새롭고 기이했으므로', 상무회로의 개조를 독려하기 위한 구체적인 조치가 필요했는데, 이를 위해 조이손은 상무고찰위원을 선임해 각지에

60) 이상은 南滿洲鐵道株式會社調査課 編, 『滿蒙交界地方經濟調査資料』, 編者刊, 1909, 127; 168쪽.
61) 南滿洲鐵道調査課 編, 『南滿洲經濟調査資料 第三』, 29쪽.
62) 南滿洲鐵道調査課 編, 『南滿洲經濟調査資料 第五』, 90쪽.
63) 南滿洲鐵道株式會社調査課 編, 『北滿主要都市商工概覽』, 531; 782 ; 794쪽.
64) 實業部臨時産業調査局 編, 『滿洲ニ於ケル商會』, 71쪽.

파견하였다. 2人 1조로 구성된 위원들은 봉천에서 동서남북 사방으로 나아가 각지 상인을 대상으로 상무회의 설립을 독려하였다. 일본 외무성 자료는 그 사정을 다음과 같이 전하고 있다.

> 위원은 한 곳에서 많게는 1개월, 적게는 보름 동안 체류하였다. 그 결과 어렵사리 상무회가 결성되기는 했으나, 대개 위원이 가고난 뒤에는 그 이름만 있고 실질적으로 상인은 여전히 종래의 공의회를 응용하고 있다.[65)]
>
> 철령, 개원 등 각 지방에서도 상무회 설립과 관련, 관헌과 상인 간에 온갖 파란이 일어나고 있음을 듣고 있다.[66)]

영구나 봉천의 경우와 마찬가지로 여타 지역에서도 '개조'를 둘러싼 마찰이 있었던 것으로 보이며, 일정 기간 공의회가 존속되면서 상무회는 유명무실했던 상황이 전개되었다. 만철의 조사 자료는 상무회가 하등의 실질적인 활동 없이 유명무실했음을 곳곳에서 전하고 있다. 예컨대, 비교적 상업이 발달한 개평의 경우에도 경상비 조달을 위한 회비 징수를 여전히 종전의 공의회가 맡아 처리하였고, '상회는 아직 유명무실하여 상업에 관한 핵심 문제 등은 여전히 종래의 공의회에서 처리하였다'고 한다.[67)] 또한, 등오보騰鰲堡, 해성海城,[68)] 북산성자北山城子, 해룡성海龍城, 조양진朝陽鎭, 대흘탑大疙瘩,[69)] 신민부新民府, 금가둔金家屯,[70)] 장가만張家灣[71)] 등 비교적 궁벽한 곳을 중심으로 '하등의 볼 만한 활동이

65) 外務省(船津辰一郎) 編, 『南滿洲ニ於ケル商業』, 313쪽.
66) 外務省(船津辰一郎) 編, 『南滿洲ニ於ケル商業』, 314-315쪽.
67) 外務省(船津辰一郎) 編, 『南滿洲ニ於ケル商業』, 205쪽.
68) 이상은 南滿洲鐵道調查課 編, 『南滿洲經濟調查資料 第一』, 79; 97쪽.
69) 이상은 南滿洲鐵道調查課 編, 『南滿洲經濟調查資料 第三』, 52; 70 ; 90 ; 132쪽.
70) 이상은 南滿洲鐵道調查課 編, 『南滿洲經濟調查資料 第四』, 38; 156쪽.

없다'는 설명이 관용적으로 사용되었다.

그런데, 흥미로운 것은 상무고찰위원이 상무회의 설립을 추진하는 과정에서 각 상점에 배포했던 「주의서主意書」라는 것이다. 모두 10항목으로 구성되어 있는데, 나머지는 절차에 관한 의례적인 것이고 흥미를 끄는 것은 아래 4항목이다.

- 각 상조합商組合에서 각 대표자 1-2인을 보내 회의에 참석하기 바람.
- 대표자란 동업조합同業組合을 대표하고, 동업자의 의사를 발표하는 자를 말함. 즉, 속칭 이른바 '두행인頭行人'임.
- 대표자를 선정한 후에는 고찰위원이 안내를 하여 회의를 개최함.
- 상무회 설립의 일과 설립 장소를 정하는 것은 투표에 따름.[72]

이상의 「주의서」는 동업단체를 기초로 그들의 대표자를 장악해 그들을 중심으로 상회로서의 체재를 구성하려는 의도를 명확히 드러내고 있다. 일본어 번역이어서 '상조합商組合'이나 '동업조합同業組合'으로 표기되어 있으나, 중국식 표현으로는 '두행인頭行人'이라고 한 것으로 보아, 이는 동업단체인 행회를 의미한다. 말하자면, 상회 구성의 기본단위를 행회로 상정한 것이다. 전술했듯이 행회의 우두머리나 일반 상점은 소수 유력상인으로 구성된 공의회에 회원으로 가입할 수 없었던 것과 비교해 보면, 매우 획기적인 변화라고 할 수 있다.

그렇다면, 초기 상무회의 회원은 실제 어떻게 구성되었을까? 우선, 상무회의 회칙(장정章程)에 어떻게 규정되었는지를 살펴볼 필요가 있는데, 현재 상무회의 회칙은 아쉽게도 영구와 봉천의 것만을 확인할 수

71) 南滿洲鐵道調查課 編, 『南滿洲經濟調查資料 第五』, 199쪽.
72) 外務省(船津辰一郎) 編, 『南滿洲ニ於ケル商業』, 315-316쪽.

있다.

「영구상무총회회규會規」73)에 의하면, 회원은 60-70명을 정원으로 각 동업자 사이에서 사리에 밝고 능히 그 직임을 감당할 수 있는 자, 혹은 각 동업의 대표자로 충당하였다. 각 기업에 투표용지를 배부하고 일정 기간 동안 투표하도록 하여 뽑았다. 「봉천상무총회장정」74)의 경우도 유사한데, 회원은 20-50인을 정원으로, 회원 안에서 영업의 크고 작음을 막론하고 각 동업이 1-3인을 추천하면 총회의 승인을 거쳐 회원이 되었다. 회원은 평소 회무會務에 관여하지는 않았으나, 회원 중에서 총리와 협리協理, 의동議董 등이 선출되었다는 점에서 상무회의 근간을 이루고 있다.

상무회에서도 모든 상인이 가입 절차를 통해 회원이 될 수 있었던 것은 아니지만 다수의 일반상인이 회원의 선출에 참여할 수 있는 기회는 열렸다. 또한 동업단체의 대표가 상회의 회원으로 참가할 수 있게 되었다. 따라서 자연스럽게 회원의 수가 공의회에 비해 크게 늘었을 뿐만 아니라, 전체 상점에서 상무회원이 차지하는 비율도 높아졌다.(아래 표 참조) 여전히 모든 상인이나 상점이 회원이 될 수는 없었지만, 유력 상인만이 공의회의 회원이 될 수 있었고 일반 상인은 공의회의 영향을 크게 받았음에도 회원이 될 수 없었던 상황과는 뚜렷하게 구별된다.

73) 南滿洲鐵道調査課 編, 『南滿洲經濟調査資料 第六』, 94-101쪽.

74) 遼寧省檔案館 編, 『奉系軍閥檔案史料匯編(第1冊)』, 江蘇古籍出版社, 1990, 316-321쪽.

|도표 3| 동북지역 상무회 회원수

| 명칭 | 상점수 | 상무회 회원수 | 사료 |
|---|---|---|---|
| 廣寧商務分會 | 270-280 | 200 | 『錦州府資料』,[75] 12쪽. |
| 齊齊哈爾商務總會 | 560 | 120 | 『滿蒙交界資料』,[76] 121; 128쪽. |
| 鄭家屯商務分會 | 341 | 300 | 『滿蒙交界資料』, 139; 141쪽. |
| 洮南府商務分會 | 167 | 60 | 『滿蒙交界資料』, 151; 153쪽. |
| 伯都訥商務分會 | 250 | 300 | 『滿蒙交界資料』, 165; 168쪽. |
| 騰鰲堡商務分會 | 50-60 | 30 | 『經濟調査 第一』,[77] 78; 79쪽. |
| 海城商務分會 | 163 | 25 | 『經濟調査 第一』, 95; 97쪽 |
| 岫巖商務分會 | 30 | 30 | 『經濟調査 第一』, 114쪽. |
| 掏鹿商務分會 | 280 | 280 | 『經濟調査 第三』,[78] 151쪽. |
| 懷德商務分會 | 200 | 40 | 『經濟調査 第五』,[79] 29; 37쪽. |
| 長春商務總會 | *81 | 20 | 『經濟調査 第五』, 85-87; 96쪽. |
| 本溪縣商務分會 | 45 | 45 | 『本溪湖資料』,[80] 70-71쪽. |
| 阿城商務分會 | 300 | 300 | 『松花江經濟事情』,[81] 136-138; 111쪽. |
| 賓縣商務分會 | *160 | 63 | 『松花江經濟事情』, 195-196; 169쪽. |
| 同賓縣商務分會 | *125 | 63 | 『松花江經濟事情』, 259; 218쪽. |
| 依蘭縣商務分會 | 225 | 49 | 『松花江經濟事情』, 399-400; 338쪽. |

* 표시는 총수가 아니라, 주요 상점의 숫자임.

* 상점수와 상무회 회원수가 동수인 경우는 모든 상점이 회원이라고 명시된 경우와 파악된 상점수가 회원수보다 적은 경우임.

또한, 동업단체 행회가 대표자를 파견해 상무회를 구성했음을 명시적으로 밝히는 조사보고도 있었다. 철령의 경우, 22개 행회에서 25명의 대표자를 상무회에 보냈고,[82] 개원은 '각 동행同行의 대표자 18가家로

75) 南滿洲鐵道株式會社調査課 編, 『錦州府管內經濟調査資料』, 編者刊, 1909.
76) 南滿洲鐵道株式會社調査課 編, 『滿蒙交界地方經濟調査資料』, 編者刊, 1909.
77) 南滿洲鐵道調査課 編, 『南滿洲經濟調査資料 第一』, 編者刊, 1912.
78) 南滿洲鐵道調査課 編, 『南滿洲經濟調査資料 第三』, 編者刊, 1910.
79) 南滿洲鐵道調査課 編, 『南滿洲經濟調査資料 第五』, 編者刊, 1910.
80) 南滿洲鐵道株式會社 總務部 事務局 調査課 編, 『本溪湖城廠間經濟調査資料』, 編者刊, 1915.8.
81) 南滿洲鐵道總務部調査課 編, 『調査報告書 第9卷 : (吉林省東北部) 松花江沿岸地方經濟事情』, 編者刊, 1921.

상무회를 조직'했으며,[83] 신민부는 '각 동행의 대표자 38명으로 조직'하고,[84] 도록掏鹿은 각 동행 대표자가 18명이었다고[85] 한다. 이처럼 상무회에서는 동업단체가 상회의 기본적인 구성 요소가 되었는데, 이는 향후 국민정부시기에 이르러 동업공회를 기초로 삼아 상회가 조직되는 것을 연상시킨다.

## 4. 공의회와 상회의 연속성과 단절성
### : '길드적' 결속의 지속과 '제도화'를 통한 단절

공의회는 동북지역에서 광범위하게 존재했다.[86] 공의회는 실제로 모든 상인이 그 영향을 강하게 받았음에도, 조직 구성은 지배적인 소수의 유력상인만으로 이루어졌다. 활동에 있어서는, 당국과 상민의 중간에서 쌍방의 의지를 소통하고, 공공사업에 기여하고, 상민 간의 분쟁을 중재하고, 상민의 이익을 보호하는 역할을 수행하였다. 이런 공의회의 역할은 의화단운동 및 러일전쟁을 계기로 크게 변화하였다. 러시아 및 일본 군대가 점령해 들어오면서 공의회가 지방 행정과 경찰 업무에 깊

---

82) 南滿洲鐵道調査課 編,『南滿洲經濟調査資料 第三』, 29쪽.

83) 南滿洲鐵道調査課 編,『南滿洲經濟調査資料 第三』, 174-175쪽.

84) 南滿洲鐵道調査課 編,『南滿洲經濟調査資料 第四』, 38쪽.

85) 南滿洲鐵道調査課 編,『南滿洲經濟調査資料 第三』, 151쪽.

86) 전국적으로 商務會가 개설되기 전에, 특정 同業을 대표하는 團體가 아니라 모든 업종의 상인을 포괄적으로 대표하는 '公議會' 같은 조직이 동북지역 이외에도 있었는지 여부는 명확히 확인할 수 없다. 다만 유사한 사례로 廣州의 七十二行, 汕頭의 萬年豊, 臺南의 三郊 등이 지적된 바 있지만(根岸信 著,『支那ギルドの硏究』, 311-326쪽), 東北처럼 광범위하게 존재했던 경우는 없었다. 公議會는 동북의 특수성을 충분히 보여준다고 할 수 있다.

이 참여하는 권한을 가지게 되었고, 지역사회에 더욱 큰 영향력을 행사하게 되었다. 아무튼 공의회의 영향력 확대에는 동북에서의 정세의 급변과 공권력의 불안정, 지방행정의 상대적 취약성이 작용했다고 볼 수 있다.

또한, 동북지역에서도 전통적 동업단체인 행회와 그 규약인 행규의 존재를 확인할 수 있었다. 대개 동북지역의 행규도 내지의 일반적인 행규와 같은 범주에 있다고 할 수 있다. 동북의 주요 상인은 외지에서 이주해 온 상인들이고 이들은 이주와 함께 내지의 상업 문화와 관행을 가지고 왔을 것이다. 행규도 그 예외일 리가 없었다. 하지만 공의회의 존재에서 동북지역의 특성도 찾아 볼 수 있었다. 요컨대, 공의회가 행회의 운영과 행규의 제정에 깊이 개입한 사례를 통해, 공의회와 행회의 관계가 매우 밀접했다는 점, 공의회가 행회를 지배하는 지위에 있었다는 점, 행회가 공의회에 상당히 의존함으로써 독자성이 상당 부분 탈색되었다는 점을 확인하였다.

공의회는 1906년 4월 이후 당국의 주도 아래 상무회로 개조되기 시작한다. 초기에는 공의회를 좌지우지했던 유력상인들이 당국의 주도에 저항하기도 하였으나, 당국과의 긴밀한 관계가 결국 이득이 될 수 있다고 판단하면서 개조가 순조롭게 진행되었다. 상무회에서는 동업단체(행회)가 기본적인 구성원으로 참여하게 되었는데, 이는 공의회와 뚜렷하게 구별된다.

이상과 같이, 공의회의 조직과 활동을 중심으로 공의회와 행회 및 행규의 관계, 공의회와 상회의 관계에 대해 살펴보았다. 행회는 대개 공의회에 의존하였고, 공의회에 의존적이던 행회들은 공의회가 상회로 개조된 후 상회의 구성원이 되었다. 전통적인 행회에서 근대적인 상회로 전환되는 과정에서, 자의든 타의든 공의회가 매개 고리의 역할을 했다고 볼 수 있다.

그렇다면, 행회는 워낙에 상회와 다른 것이므로 아래에서는 결론 삼아 공의회와 상회의 연계와 구별에 대해 생각을 정리해 보고자 한다. 이는 공의회에서 상회로의 개조가 결국 무엇인가의 문제와도 연결되어 있다.

이를 위해 공의회에서 상회로의 개조에 대한 쿠라하시의 언급을 상기할 필요가 있다. 전술했듯이, 그는 공의회가 상회로 개조되었으나 그 전통이 계속 이어져, 회원이 여전히 제한되었고 이전과 유사한 활동을 이어갔다고 설명하면서, 유력상인의 '길드적' 결속이라는 공의회의 성격이 본질적으로는 변하지 않았다고 하였다. 필자는 쿠라하시가 자신의 논리적 근거로 '대체통화체제 안에서의 개조'라는 다소 복잡한 또 다른 차원의 근거를 제시하고 있어 섣불리 그의 논리 자체를 부정하고 싶지는 않다.

하지만 공의회와 상회의 단절성에 대해서도 주목할 필요가 있다고 생각하는데, 공의회가 상회로 전환되는 과정의 핵심적 변화는 제도화이다. 공의회는 민간에서 자발적으로 생성된 것이지만, 상회는 정부 정책에 따라 설립된 것이다. 그래서 공의회는 회칙 없이 관행적으로 움직였지만, 상무회는 장정부터 제정하였다. 장정을 통해 새로이 회원이 설정되고 제한적이나마 보다 많은 상인이 회원 자격을 가질 수 있게 되었다. 상업계에서 중요한 역할을 했지만 공의회의 회원도 되지 못하고 공의회를 구성했던 소수 유력상인의 영향력 아래 놓여있던 동업단체(행회行會)가 상무회의 당당한 구성원이 되었다. 실질적인 면에서는 유력상인의 '길드적' 결합이라는 성격이 어느 정도 유지되었을 가능성이 높지만, 동시에 제도화를 통해 새로운 틀이 만들어졌다는 것 또한 중대한 의미를 가진다.

# 대련의 대두가공업 동업조직과 남만주철도주식회사

_ 손승희

전통적으로 중국인에게 '업연業緣'은 혈연血緣, 지연地緣과 더불어 중국인의 인간관계 혹은 사회관계를 형성하는 가장 강력한 요인으로 작용해왔다. 특히 근대시기 이민에 의해 형성된 사회에서는 이주민의 생계와 생업을 도모하기 위한 수단으로서 업연이 중시되었다. 따라서 근대 주요 도시의 형성기에는 각종 업종이 발달하면서 업종을 달리하는 동업조직들이 생겨났다. 동북에서도 예외가 아니었다. 철도와 이민으로 일차적인 변화의 동력을 확보한 동북사회는 외부적인 요인과 동북 자체의 요인이 결합하여 복합적인 사회를 형성했다. 그러나 동북사회의 형성 자체는 외부로부터의 영향과 자극이 절대적이었다 하더라도, 그렇게 형성된 동북사회 내부는 여러 세력의 공존과 경쟁 속에서 끊임없

* 이 글은 『중국근현대사연구』 제65집(2015.03)에 게재된 필자의 원고를 본 총서의 체제에 맞게 수정한 것이다.

는 상호관계에 의해 작동되었을 것으로 생각된다. 화상華商과 일상日商의 경쟁관계, 중국정권과 관동청의 경쟁관계, 중국인과 남만주철도주식회사(이하 만철)의 관계, 상당히 다양한 세력들의 집합과 관계 등이 그것이다.

이러한 동북의 다양한 세력들의 경쟁과 상호관계 속에서 동북사회 변화의 양상을 해명하는 것이 필요할 것이다. 이를 위해 '업연'을 통한 근대 동북사회 구성원들의 사회관계에 주목하여 대련의 대두가공업 동업조직인 '대련유방연합회大連油坊聯合會'를 분석하고자 한다.[1] 대련유방연합회(이하 연합회)는 1912년 화상 대두가공업의 이익을 위해 설립된 화상 단체였다.[2] 이후 일상의 가입이 허용되었고, 만철과의 긴밀한 관

1) 본고에서 동업조직에 주목하는 이유는 대련이 이민사회였다는 사실 때문이다. 즉 이민사회에서 생존과 생계를 도모하고 이주지에 안착하기 위해서는 동향관계는 물론이고 동업관계 속에서 동업의 발전을 도모하는 것이 필수적인 생존방법이었다. 따라서 생업과 관련하여 실질적인 도움을 받을 수 있는 동업조직은 이민사회에서 중요한 존재일 수밖에 없었다.

2) 동북 화상 단체에 대한 연구로는 박경석, 「중국동북지역의 전통 行會에서 '근대적' 상회 사이: '公議會'의 조직과 활동을 중심으로」, 『중국근현대사연구』 60, 2013.12; 董瑞軍, 「近代東北商會研究(1903-1931)」, 吉林大學文化院博士論文, 2013; 焦潤明, 「"九一八"事變前的奉天商會」, 『近代東北社會諸問題研究』, 中國社會科學出版社, 2005; 大野太幹, 「滿鐵附屬地華商商務會の活動: 開原と長春を例として」, 『アジア經濟』 45-10, 2004; 上田貴子, 「近代中國東北地域に於ける華人商工業資本の研究」, 大阪外國語大學語言社會研究科博士論文, 2003; 上田貴子, 「東北における商會-奉天總商會を中心に」, 『現代中國研究』 23, 2008.10; 倉橋正直, 「營口の公議會」, 『歷史研究』 481, 1980; 塚瀨進, 「奉天における日本商人と奉天商業會議所」, 『近代アジアの日本人經濟團體』, 同文館, 1997; 松重充浩, 「植民地大連における華人社會の展開-1920年代初頭大連華商團體の活動を中心に」, 曾田三郎編, 『近代中國と日本-提携と敵對の半世紀』, 御茶の水書房, 2001; 宋芳芳, 「日本租借地時代における大連華人の社會的生活基盤の形成-大連の華商公議會を中心に」, 『環東アジア研究センター年報』 5, 2010.2 등이 있다.

계 속에서 연합회는 오히려 소수의 일상이 주도하는 구조가 되었다. 그러나 대다수의 회원은 화상이었고 대련 대두공장에서 생산되는 두병과 두유 총 생산량의 85% 이상이 화상 대두공장에서 생산된 것이었다. 그렇다면 연합회 속에서 화상들의 존재 의의는 무엇이었을까? 이러한 모순적인 구조 속에서 화상, 일상, 만철 사이에는 어떤 역학관계가 존재했던 것일까? 즉 동북의 실질적인 권력으로서의 만철과 이에 대항하는 동업조직으로서의 대련유방연합회의 관계, 그 속에서의 화상과 일상의 입장을 해명하는 것이 본고의 목적이다.

## 1. '대련유방연합회'의 조직과 운영

### (1) 대련 상업계 속의 대련유방연합회

러일전쟁 후 관동도독부는 청니와靑泥洼를 '대련'으로 개칭하여 일본인 거주 및 영업지구로 구획하고 중국인 상점은 소강자小崗子 일대로 이주시켰다.[3] 그 후 대련은 상업도시로서 번성했고 중국 내지의 이민 뿐 아니라 일본인 이민도 증가하여 다양한 상업조직이 결성되었다. 그중 연합회는 설립 당시에는 화상 대두가공업 동업조직으로 출발했지만 일상이 대두가공업에 진출하면서, 이후 일상과 화상을 망라하는 명실상부한 대련의 대두가공업 동업조직이 되었다. 유럽에서는 제1차 세계대전의 발발로 두유 수요가 급증했고 미국에서도 화학원료와 식료의 부

3) 일본은 1905년 군정서를 폐지하고 대련, 旅順, 錦州에 민정서(1924년 폐지)를 설치함으로써 민정을 실시하기 시작했다. 1906년에는 관동총독부를 철폐하고 관동도독부를 개설했다가, 1919년 관동청으로 개조했다.

족으로 두유 수요가 증가하게 되었다. 일본에서도 미가米價의 등귀로 인해 도작산업이 증가하게 되고 두병이 도작의 비료로 사용되면서 두병의 수요가 급증했다. 대두의 세계적 수요에 힘입어 대련 대두가공업은 일시에 가파른 성장을 보여[4], 연합회 설립 당시 대련의 대두공장은 이미 46-48호를 헤아리게 되었다. 이러한 연합회가 대련 상업계 속에서 어떤 위치를 차지했었는지를 파악하기 위해 대련의 일상과 화상의 상업조직을 살펴볼 필요가 있다.

일상에 의한 상업조직으로 대표적인 것은 대련상업회의소大連商業會議所(이하 상업회의소)였다. 동북에서는 일상을 위한 실업단체로 실업회實業會가 조직되었다가, 이것이 1915년 일본 내지와 같이 상업회의소로 확대 개편되었던 것이다.(1928년에는 상공회의소로 개조)[5] 그러나 일본 내지의 상업회의소법 조항을 그대로 동북에 적용한 것은 아니었다. 상업회의소의 목적과 직무는 내지와 동일했지만 회원의 자격이나 임원의 선거방식은 내지와 달랐다. 예를 들어, 일본 내지 상공회의소는 회원의 강제 가입제도를 채용하고 회원의 자유로운 탈퇴를 허락하지 않았지만 동북에서는 그러한 규정을 두지 않았다.[6] 그럼에도 불구하고 1928년 현재 회원은 약 250명으로 대련의 중요한 일본인 실업가를 망라했다.[7] 대련상업회의소의 경비는 회원의 회비 이외에 관동청과 만철

4) 「大連之油坊業」, 『中外經濟週刊』 134, 1925.

5) 南滿洲鐵道株式會社産業部, 『滿洲國に於ける商工團體の法制的地位-在滿邦人商工會議所及び滿人商會に就て-』, 1937, 24-25쪽.

6) 餘微, 「大連商工概況」, 『中東經濟月刊』 7-2, 1931; 方宗鰲, 「大連商工業調査記」, 『商學季刊』 1-3, 1923; 『滿洲國に於ける商工團體の法制的地位-在滿邦人商工會議所及び滿人商會に就て-』, 22쪽.

7) 大連民政署編, 『大連要覽』, 1928, 202쪽. 『大連商業會議所事務報告』에 의하면 대련상업회의소 회원은 1915년 말 174명, 1916년 말 179명, 1917년 3월 241명, 1918년 3월 249명, 1922년 3월 272명, 1925년 3월 263명, 1926년 3월 266명,

의 보조금으로 유지되었다.[8] 만철은 소위 반관반민의 특수회사로 부속지 행정권을 위탁받았고 일본의 동북에 대한 국책기관으로서의 성격을 가지고 있었다.[9] 말하자면 대련상업회의소는 관동청과 만철로부터 보조금을 받으면서 일본의 대련 통치를 위해 필요한 경제 관련 실무를 담당하는 경제기구였던 것이다. 따라서 후술할 화상의 상업조직인 대련화상공의회는 관동청과 만철의 절대적인 지지를 받고 있던 상업회의소의 경쟁상대가 되기에는 부족했다.

한편, 대련의 화상 조직으로는 대련공의회와 소강자공의회가 존재했다. 일본은 관동주와 만철부속지(이하 부속지)의 중국인 상업조직에 대해 중국의 상회법에 근거하여 설립하도록 했다. 일본의 동북지역에 대한 일원적인 지배가 가능했던 만주국 성립 이후에도 만주국이 아직 이에 대한 관련 상법을 제정하지 않았다는 이유로 "잠정적으로 중국의 상회법에 근거한다"고[10] 했던 것은 그러한 사실을 잘 보여준다.

---

1927년 3월 245명이었다.

8) 『大連商業會議所事務報告』에 의하면 대련상업회의소는 만철로부터 보조금 명목으로 1917년 5천엔, 1918년 5천엔, 1922년 5천엔, 1925년 1만엔, 1926년 1만 3천엔, 1927년 1만 3천엔을 수령했다. 만철로부터의 보조금은 점점 늘어나는 추세였다. 관동청으로부터는 1917년, 1925년, 1926년, 1927년 각각 5천엔씩 수령한 것으로 보아 매년 5천엔씩 수령했던 것으로 보인다.(『大連商業會議所事務報告(大正6年度)』, 1918, 100쪽; 『大連商業會議所事務報告(大正7年度)』, 1919, 4쪽; 『大連商業會議所事務報告(大正11年度)』, 1923, 49쪽; 『大連商業會議所事務報告(大正14年度)』, 1926, 69쪽; 『大連商業會議所事務報告(大正15年度)』, 1927, 67쪽; 『大連商業會議所事務報告(昭和2年度)』, 1928, 76쪽 참조)

9) 南滿洲鐵道編, 『南滿洲鐵道株式會社三十年史略』, 1937, 2쪽. 관동청과 만철의 관계는 「關東都督府官制」 제2조에 분명히 명시되어 있다. 즉 "도독은 관동주를 관할하며 남만주철도노선을 보호 감독하는 일을 겸하여 관장하고 아울러 남만주철도주식회사의 업무를 감독한다"고 되어 있다.(關東都督府文書課, 『關東都督府法規提要』, 滿洲日日新聞社, 1907, 1쪽) 만철의 성격을 알 수 있게 하는 문건으로는 1906년 6월 일본 천황 142호 칙령으로 공포한 만철 설립문건이 있다.(拓殖局, 『南滿洲鐵道株式會社要覽』, 1913, 2-6쪽)

대련공의회는 원래 1901년에 설립된 와구洼口공의회의 후신으로, 1905년에 대련공의회로 개조되었다. 개조 당시 유조억劉肇億을 총리, 곽학순郭學純을 협리協理로 선출하고 류유기劉維驥, 이자명李子明, 장본정張本政 등 22명을 의동議董으로 임명했다. 대련공의회는 상호의 등록, 상공호 부지의 허가 신청, 상민 분규의 중재 등에 관한 각종 사무를 처리하거나 시내의 치안과 위생 등에 대한 책임을 맡는 등 공공기관으로서의 성격을 가진 상회였다.[11] 그 후 1914년 대련공의회는 '대련화상공의회'(이하 화상공의회)로 개조되었고, 곽학순이 총리, 이자명과 장본정이 협리로 선출되었으며, 동사 32명이 임명되었다.[12] 한편, 대련화상공의회와는 별도로 1906년 대련 서부지역에는 소강자공의회가 설립되었다. 1908년에는 소강자화상공의회로 개조하고 〈대련소강자화상공의회 행규大連小崗子華商公議會行規〉를 제정하여 정·부회장 및 의동의 선거와 직무, 회비의 징수, 장부관리 등의 사무를 규정했다. 1924년에는 방목당龐睦堂이 회장으로 선출되었다. 이상에서 언급된 곽학순, 이자명, 장본정, 방목당 등은 모두 대련 화상 상업계의 중심인물이었다.[13]

---

10) 『滿洲國に於ける商工團體の法制的地位-在滿邦人商工會議所及び滿人商會に就て-』, 2쪽.

11) 「華商公議會之今後」, 『盛京時報』 1923.5.3; 궈톄좡, 관제, 한쥔잉 지음, 신태갑 옮김, 『대련식민통치40년사』(3권), 도서출판선인, 2012, 263-264쪽.

12) 『대련식민통치40년사』(3권), 265쪽. 1922년에 곽학순이 사망하자 1923년 6월 14일 화상공의회는 이자명을 회장, 장본정을 부회장으로 선출했다.(「公議會改選會長」, 『盛京時報』 1923.6.14.) 1927년 이자명이 사망하자 장본정이 회장, 劉仙洲, 邵尙儉이 부회장이 되었다.

13) 특히 대련화상공의회의 회장, 부회장이었던 곽학순과 이자명은 1921년 대련중요물산교역소 기준화폐 논쟁에서 金票로의 일원화를 반대하며 격렬한 반대운동을 전개한 바 있다. 곽학순은 일본에 가서 일본중앙정부에 청원하는 한편, 장작림정권에도 도움을 요청하는 등 화상공의회 중심으로 반대운동을 전개하여 금표 실시 철폐 주장을 관철시켰다.(松重充浩, 「植民地大連における華人社會の展開-1920年代初頭大連華商團體の活動を中心に」, 曾田三郎編, 『近代中國と日本-提携

특히 대두가공업은 대련의 핵심공업이었기 때문에 이에 종사하는 경영자나 자본주는 대련 재계의 중심인물을 망라했다. 대련화상공의회, 소강자화상공의회의 중요 인물은 거의 대부분 연합회의 관계자였다.[14] 예를 들어 화상공의회 회장이었던 장본정은 정기유방政記油坊의 경리였고, 소강자화상공의회 회장이었던 방목당은 복순의유방福順義油坊의 경리였다. 대두공장을 경영하고 있던 인물들이 대련의 양대 화상공의회 회장이었다는 것은 대두가공업이 대련 공업에서 차지하는 비중이나 이들의 대련 화상 상업계에서의 영향력을 짐작할 수 있게 한다. 이들이 모두 연합회의 회원이었던 것은 물론이다. 그러나 대련화상공의회와 소강자화상공의회는 대련 화상의 총상회로서의 역할을 했지만 오래전에 이미 전통 행회로 인식되고 있었을 뿐,[15] 대련 상업계 전반을 총괄했던 것은 일본인이 주재하는 대련상업회의소였다.

대련상업회의소에서는 중국 관세 문제, 운송규정 및 창고 영업규정, 만주수출조합 설립, 혼합보관제도混合保管制度의 확정 등등 대련 경제계의 전반적인 안건들을 논의하고 결정했다. 대련의 각종 관련 단체들도 이러한 과정에 참여했다. 특히 특산물과 관련된 사항의 논의와 결정에는 만주중요물산동업조합, 대련중요물산교역인조합, 연합회 회원 뿐 아니라 대련화상공의회 회원도 참여했다. 예를 들어, 두유품질보증에 관한 건, 부두 야적화물野積貨物 보험 해제에 관한 선후책, 부두 특산물창

---

と敵對の半世紀』, 禦茶の水書房, 2001, 128쪽)

14) 南滿洲鐵道株式會社商工課編, 『滿洲特産物取引指針』, 大連滿蒙文化協會發行, 1924, 224쪽.

15) 餘微, 「大連商工概況」, 『中東經濟月刊』 7-2, 1931. 대련공의회는 1908년 大連宏濟善堂을 건립하여 공익사업을 했으며, 1910년 대련의 첫 중문잡지인 『泰東日報』를 발간함으로써 화상의 입장을 대변하고자 했다. 1931년에 대련(시)상회로 개조되었다.

고 보관료 문제, 대련중요물산교역소 규칙 개정 등이었다. 만주중요물산동업조합, 대련중요물산교역인조합, 연합회, 대련화상공의회의 4단체는 특산물 관련 안건에 대해서 위원 2-5명을 선임하여 공동 협의한 후 만철 관계자와 교섭하는 시스템을 갖추고 있었다.[16)]

대련상업회의소 회원 중에는 연합회의 회원도 다수 포함되어 있었다.[17)] 예를 들어, 1919년 7월말 현재, 다이신유방大信油坊의 이시다 에조石田榮造, 화성리유방和盛利油坊의 이시모토 간타로石本鐨太郎, 타네다 야스시種田侑, 대련유지공업주식회사大連油脂工業株式會社의 겐 도인嚴道圓, 산타이유방三泰油坊의 하세가와 키요시長穀川潔, 닛신제유주식회사日淸製油株式會社의 후루사와 조사쿠古澤丈作, 코데라유방小寺油坊의 코데라 소키치小寺壯吉 등은 모두 연합회 회원들이었다. 그중 이시모토 간타로, 하세가와 키요시, 후루사와 조사쿠, 스즈키 가네시게鈴木兼重 등은 상업회의소 상의원常議員이었다. 특히 연합회 회장인 후루사와 조사쿠는 대련상업회의소의 상의원으로, 대련 대두공장 중 자본규모가 가장 크고 일일 두병 제조 능력이 대련 제1위인 닛신제유주식회사의 사장이기도 했다. 그는 1916년 7월 상업회의소 정기총회에서 상의원으로 선출된 이후 대련상업회의소가 개최하는 각종 회의에 참석하는 등[18)] 일본이 주도하는 대

16) 특히 1918년 6월 부두 야적화물 보험 해제에 관한 선후책의 의결에는 대련상업회의소에서 파견한 8명의 회원(中村敏雄, 福田顯四郎, 平井大次郎, 平田包定, 河野龜治, 相生由太郎, 佐藤至誠, 神成季吉) 뿐 아니라 만주중요물산동업조합(相生由太郎, 古澤丈作, 河合藤七, 西川芳太郎, 原田光太郎), 은행단(水津彌吉, 阿部秀太郎, 川澄末吉), 대련중요물산교역소(長穀川潔, 友野正一, 阪本庫助, 裕發詳, 東永茂), 대련유방연합회(古澤丈作, 張本政), 화상공의회(和生詳, 福順棧, 東永茂)의 대표들이 다수 참여했다.(『大連商業會議所事務報告』, 大正7年度, 8-9쪽)

17) 『大連商業會議所事務報告』(大正7年度), 67-82쪽.

18) 古澤丈作은 1916년부터 상업회의소 상의원으로 활동했으며, 당시 三線連絡運賃

련 경제계에서 상당한 영향력을 가진 인물이었다.

화상공의회(소강자화상공의회도 포함)는 화상만으로 구성되어 있었고, 상업회의소는 일상으로 구성되어 있었지만 대두공장을 경영한다는 사실을 매개로 화상 대두공장과 일상 대두공장은 그 동업조직인 연합회에 가입했다. 연합회를 통해 화상과 일상 간에 상호적인 사회관계가 형성되었던 것이다. 이들 간에는 연합회의 회원으로서 대련 대두가공업의 동업 이익을 추구하는 등 일정정도의 동질성과 결속력을 가지고 있었다. 상술했듯이 연합회는 특산물 관련 안건을 논의하거나 결정할 때 이들의 대표를 선임하여 만철과 교섭하게 하는 등 특산물 관련 각 단체의 이익을 대변하고자 했다.

뿐만 아니라 이 세 조직의 대표자들은 대련 경제계에서 여러 단체의 직책을 겸임함으로써 종횡으로 서로 연결되어 있었다. 예를 들어 대련 화상공의회 회장 곽학순은 공의회 회장이면서 대련시역회大連市役會 의원, 대련교역소평의원, 관동주경제조사회 위원을 역임하여 대련 경제계의 주요한 직책을 두루 겸임했다.[19] 소강자화상공의회 회장 방목당도 대련시역회 의원을 여러 차례 연임하는 등 대련 경제계에서 화상의 대표로 활동했다. 연합회 회장인 후루사와 조사쿠는 대련상업회의소 상의원이면서 만주중요물산동업조합 부조합장이기도 했다. 화성리유방의 이시모토 간타로는 1919년 당시 대련상업회의소 상의원이자 대련시 시

問題에 관한 위원 9명 중 하나로 선출된 바 있다.(『大連商業會議所事務報告』, 大正5年度, 2-3쪽) 그 외에도 매월 열리는 임원회는 물론, 특별의원으로도 선출되어 각종 논의와 의결에 참여했을 뿐 아니라 중요한 사항에 대해서는 만철과의 교섭에 나서기도 했다.

19) 따라서 1922년 곽학순이 사망하자 그의 장례식에 대련상업회의소 會頭인 相生由太郎이 참석하여 직접 조문을 낭독하기도 했다.(『大連商業會議所事務報告』, 大正11年度, 48쪽)

장이었다.[20] 대련상업회의소 회두會頭(회장)인 아소 유타로는 대련교역소신탁주식회사 사장을 역임하는 등 역시 대두산업과 관련이 있었다. 1919년 10월 대련시역회 의원 선거에서는 이시모토 간타로, 아소 유타로, 후루사와 조사쿠 등의 일상과 대련화상공의회 회장 곽학순, 소강자공의회 부회장 우작주牛作周가 나란히 선출되기도 했다.[21]

이렇듯 대련상업회의소, 대련화상공의회, 연합회는 대련에서 대두가공업과 관련을 갖는다는 공통점을 가지고 인적, 사회적 관계를 맺고 있었다. 연합회는 화상과 일상을 이어주는 대련 경제계의 인적, 사회적 네트워크의 한 기재였던 것이다. 또한 동북의 핵심공업인 대두산업의 중심인물이라는 사실에서도 이들이 대련 경제계의 중요한 한 축을 담당하고 있었다는 것을 짐작할 수 있다.

### (2) '대련유방연합회'의 성격과 만철과의 관계

연합회의 동업조직으로서의 성격은 설립 당시의 관련 자료들이 전무하여 구체적인 것은 알 수 없다. 다만 연합회와 관련된 세 가지 규약이 남아 있는데 〈대련유방연합회 규약大連油坊聯合會規約〉, 〈대련유방연합회 석탄배급규약大連油坊聯合會石炭配給規約〉, 〈대두공장 노동자 고용규약油工雇傭中合規約〉이 그것이다. 이 세 규약은 모두 1923년에 개정되었다. 왜 모두 1923년이었을까? 연합회 내부에 무슨 변화가 있었던 것일까? 이 세 규약을 분석해보면 이러한 의문에 대한 시사점을 얻을 수 있고 연합회의 조직, 운영, 성격, 역할 등에 대해서도 일말의 이해가 가능하다.

우선 〈대련유방연합회 규약〉이 개정되기 이전 상황을 살펴보기로

---

20) 「石市長宴會議員」, 『盛京時報』 1919.10.2.
21) 「市役會議員選定」, 『盛京時報』 1919.10.4.

하자. 당시 관련 자료들은 연합회가 설립된 것이 대두공장의 격심한 경쟁 때문이었다고 말하고 있다.[22] 구미와 일본의 대두제품의 수요에 힘입어 대련 대두공장은 급속하게 성장했지만 숙련된 노동자의 부족으로 노동자 쟁탈이 극심했고, 부정한 방법으로 대두제품을 생산하는 공장들이 있어 이를 통제할 목적으로 연합회가 창립되었다는 것이다. 연합회는 대두공장들의 경쟁 과열을 통제와 제한을 통해 진정시키고자 성립되었던 것이다. 이러한 면이 설득력을 가졌던 것은 연합회가 대두제품의 생산과 영업을 조절하여 동업의 이익을 극대화 한다는 것이었기 때문이다. 그러나 일본당국은 대두가공업의 자유 경영을 막지 않았고 신개간지에 신설되는 대두공장에 대해서는 허가를 내주는 등 대두공장의 증설은 계속되었다.

1920년대에 들어와서 대두공장은 급속하게 증가했고, 급기야 연합회에 가입하지 않고 마음대로 생산능력을 증가시키는 대두공장들이 생겨나기 시작했다. 연합회 회원 간에는 제한을 통해 증설이 억제되고 대두가공품의 수급이 조절되었다고 해도 비회원에게까지 구속력을 갖지는 못했다. 회원들은 연합회에 가입하지 않은 대두공장에 대해서는 관동청이 허가증을 발급해주지 말 것을 청원하기도 했다.[23] 그러나 이는 효과적으로 통제되지 못했고 비회원들이 제조능력을 증가시킴에 따라 회원들은 자신의 이익이 심각하게 침해당하고 있다고 느끼게 되었다.

따라서 회원들도 비밀리에 생산액과 기계를 증설하여 제조능력을 증가시키기 시작했다.[24] 특히 1921년 4월 대련중요물산교역소가 기준화폐로 '초표鈔票' 대신 '금표金票' 사용을 공포한 이후[25] 이러한 현상은 두드러

---

22) 『滿洲特產物取引指針』, 173쪽; 刁聲鶴, 「東三省之豆業」, 『商學期刊』 4, 1930.
23) 「油坊請維持營業」, 『盛京時報』 1923.8.7.
24) 『滿洲特產物取引指針』, 175쪽.

졌다. 금표로 기준화폐가 정해진 이후 조선은행 등의 대출 후원으로 인해 대두공장이 급증하는 사태가 발생했기 때문이다.[26] 연합회 회원이 아닌 경우에 이러한 경향이 심했고 회원인 경우에도 비밀리에 기계를 증설하고 제조 능력을 현저하게 증가시켰다. 그 실태는 다음과 같다.

**|도표 1|** 1921-1922년도 대련유방연합회 회원, 비회원의 제조능력 증가 실태

| 연 월 | 회원 구분 | 일일 두병 제조능력(편) |
|---|---|---|
| 1921.6 | 회원 56호 | 114,000 |
| | 비회원 2호 | 8,000 |
| 1922.6 | 회원 57호 | 185,000 |
| | 비회원 15호 | 40,168 |

* 출처: 南滿洲鐵道株式會社庶務部調査課, 『滿洲に於ける油坊業』, 76쪽.

1921년에서 1922년 1년 사이에 회원 수는 56호에서 57호로 1호 증가했음에도 불구하고 제조능력에서는 114,000편에서 185,000편으로 증가했다는 것은 회원들이 기계 증설 등을 통해서 생산액을 증가시켰다는 것을 의미했다. 한편, 비회원이 2호에서 15호로 증가했다는 것은 연합회 규약의 구속력이 없었던 비회원 쪽에서 증설이 많았다는 것을 알 수 있다. 제조능력도 8,000편에서 40,168편으로 증가를 보이고 있다. 이러한 경향으로 인해 연합회의 단결력은 심각한 손상을 입었다. 연합회의 억제책에도 불구하고 두유와 두병 수요의 격증에 따른 이익을 획득하기 위해 대련의 각 대두공장들은 점차 회규를 준수하지 않아 연합

25) 대련중요물산교역소의 기준화폐 논쟁에 대해서는 손승희, 「20세기 초 중국 동북의 대두 거래관행과 일본 교역소의 설립」, 『중국근현대사연구』 62, 2014.6, 31-33쪽; 松重充浩, 「植民地大連における華人社會の展開-1920年代初頭大連華商團體の活動を中心に」, 124-129쪽 참조.

26) 南滿洲鐵道株式會社庶務部調査課, 『滿洲に於ける油坊業』, 1924, 737쪽.

**|도표 2| 대련 대두공장 수의 변화**

| 연도 | 공장수 | 자본금 | 두병 연생산액 |
|---|---|---|---|
| 1915 | 56 | 3,422,700 | 16,705,000 |
| 1916 | 57 | 3,412,700 | 19,126,000 |
| 1917 | 57 | 3,527,000 | 25,106,000 |
| 1918 | 57 | 3,431,000 | 21,434,000 |
| 1919 | 60 | 3,555,000 | 27,934,000 |
| 1920 | 62 | | 25,756,000 |
| 1921 | 62 | 10,996,000 | 29,274,000 |
| 1922 | 79 | | 26,918,000 |
| 1923 | 89 | 10,293,500 | 32,226,000 |

* 출처: 『滿洲に於ける油坊業』, 77쪽과 「大連油坊業史略」, 『遼寧文史資料』 26(遼寧工商), 遼寧人民出版社, 1989, 83쪽에 의거하여 작성.[27)]

회의 통제 억제책은 사실상 유명무실하게 되었던 것이다. 대두공장의 수도 |도표 2|에 나타난 것같이 이전에 비해 1921-1923년 사이에 급증했다는 것을 알 수 있다.

그 결과 연합회는 점차 '운수의 편리를 도모하고 기타 단체와의 교섭을 담당'하는 기관의 역할 밖에는 할 수 없었다.[28)] 대두가공품의 수급조절을 통해 동업조직의 생산과 영업을 조정한다는 연합회의 원래 기능은 상실되었다. 회원, 비회원을 막론하고 생산량과 제조 능력의 증가는 수요와 공급의 불균형을 초래했고 극심한 경쟁 속에서 경영이 곤란한 대두공장은 도산하기에 이르렀다. 따라서 연합회는 이러한 상황을 쇄신하고 대련 대두공장을 망라하여 결속력이 있는 조직이 되고자 시도했다. 이러한 노력의 결실이 바로 1923년 〈대련유방연합회 규약〉의

27) 전자는 상업회의소연보에 의거했다고 출처를 밝히고 있지만 후자는 밝히고 있지 않은데, 두 자료는 대두공장 수, 두병의 연생산액에서 거의 일치한다.

28) 刁聲鶴, 「東三省之豆業」, 『商學期刊』 4, 1930.

개정이었던 것이다. 1923년 당시 회장은 일상 후루사와 조사쿠였다.

새로 개정된 〈대련유방연합회 규약〉은[29] 총 52조로 구성되어 있으며, 영업항목, 회원 자격, 임원, 회계, 탈퇴·제명 및 해산의 다섯 부분으로 나뉘어 있다. 이중 가장 중요한 목적은 노동자의 급료 통일, 노동자의 쟁탈 금지, 출자 및 대두공장의 신설을 제한한다는 것이었다. 대두공장을 신설하기 위해서는 공장 부지가 필요했는데 대련의 토지는 모두 관청의 구매 허가를 필요로 했다. 따라서 연합회는 관동청 민정서장이 신설 대두공장의 토지 구매를 제한적으로 허가하도록 함으로써 대두공장의 신설을 억제하고자 했다.[30] 이는 관청의 힘을 빌려 목적을 관철하고자 한 것이었고 이를 통해 연합회 회원들은 배타적인 독점권을 유지하고자 했던 것이다.

연합회의 설립 취지에 맞게 대두공장의 설립은 억제되었고 대두공장이 연합회에 가입하는 조건도 상당히 까다로웠다. 일단 회원이 되고자 하면 일정한 조건이 충족되어야 했다. 회원의 자격은 대련에서 두유와 두병을 제조하는 사업장을 가지고 영업을 하는 자에 한했다. 그 조건으로 회원 2인 이상의 소개장이 필요했고 자산부채 명세서, 제조 능력, 기타 필요한 서류를 첨부하여 신청하고 연합회 위원회의 승인을 받아야 했다. 연합회의 승인이 없으면 공장 부지를 구입할 수가 없었다. 이

29) 제3조의 영업항목에는 연합회의 주요 임무를 나열하고 있는데 다음과 같다. 1) 제조방법의 개선을 도모한다. 2) 거래방법의 개선을 도모한다. 3) 대두공장에 필요한 석탄을 배급한다. 4) 대두공장 노동자의 급료를 통일한다. 5) 회원 간 노동자의 쟁탈을 방지한다. 6) 생산을 조절한다. 7) 원료와 제품의 수요 공급 상태를 조사한다. 8) 회원 간에 발생하는 분쟁을 중재 조정한다. 9) 관공서의 자문에 응한다. 10) 기타 본 목적 달성에 필요한 업무를 한다. 이하 大連油坊聯合會 규약내용은 「大連油坊聯合會規約」(1923년 10월 개정), 『滿洲に於ける油坊業』, 737-742쪽에 의거.

30) 「大連之油坊業」, 『中外經濟週刊』 134, 1925.

러한 과정을 거쳐 연합회의 승인이 나면 보증금을 납부해야 했는데, 보증금은 두유와 두병의 제조 능력에 비례하여 액수가 정해졌다.[31] 이러한 조항들은 1918년에 창립되었던 하얼빈유방동업공회哈爾濱油坊同業公會의 규약과 비교해 볼 때 상당히 엄격한 제한이었다. 하얼빈유방동업공회 규약에는 동업자로서 "본회의 취지에 찬성하고 회비를 부담하고 회규를 준수하는 자는 입회할 수 있다"고 규정되어 있을 뿐이었다.[32] 따라서 연합회가 배타적인 이익을 독점하고 있다는 당시 비판 여론으로부터[33] 자유로울 수 없었다.

대두공장의 신설을 제한하며 노동자의 임금을 통일하고 노동자 쟁탈을 금지한다는 〈대련유방연합회 규약〉의 이러한 통제조치는 중국 전통적 동업조직인 행회行會의 행규行規에서 보편적으로 나타났던 현상이다. 자유경쟁을 억제하고 통제를 통해 동업질서를 유지하겠다는 발상은 행회적 잔재라고 할 수 있을 것이다. 반면 회장, 부회장 선출에 대한 규정, 회장의 권한에 대한 감독 기제가 갖추어있지 않은 등 근대적이어야 할 규정들은 소략하거나 규정되어 있지 않았다. 예를 들어 회장의 권한에 대한 조항은 있지만 회장의 권한을 감독하는 기제가 없으며, 회장, 부회장 선출 방법 등에 대한 구체적 조항도 없고 임기도 정해져 있지 않았던 등 상당한 임의성이 내포되어 있었다. 특히 회원의 90%가 화상

---

31) 예를 들어, 1일 주야의 제조 능력이 두병 1백매 혹은 그 미만인 경우는 50元의 보증금을 납부했다. 또한 회원은 보증금 외에 회비도 납부했는데 그 액수 역시 제조능력에 따라 정해졌다.

32) 하얼빈에도 대련유방연합회와 비슷한 대두가공업 동업조직인 哈爾濱油坊同業公會가 존재했다. 당시 하얼빈의 42개 대두 공장 중 26개의 공장이 가입했다. 그 규약은 滿鐵北滿經濟調查所, 『北滿に於ける各種工業の現狀』, 1938, 152-156쪽에 수록되어 있다.

33) 『滿洲特産物取引指針』, 174쪽.

이었는데도 불구하고 10%밖에 되지 않는 일상 중에서 회장이 선출되었다는 것도 분명 만철이 그 배후에 있었기 때문이었을 터이지만, 그것을 가능하게 했던 것도 이러한 연합회 규약의 임의성 때문이었다. 이러한 임의성까지 염두에 둔다면 연합회의 성격은 행회가 동업공회로 전환되는 과도기적인 성격이었다고 볼 수 있을 것이다.[34] 다만 동업공회적인 근대적 성격보다는 행회적인 통제와 대두상품 가격, 노동자 임금 통일 등에 더욱 주안점을 두었던 것으로 보인다.

이상과 같이 1923년 대두가공업 동업조직의 결속을 통해 생산과 수급을 조절한다는 명목으로 개정을 시도했던 〈대련유방연합회 규약〉은 규약 자체는 엄격하게 규정되어 있었지만 그 효과는 별로 두드러지지 않았던 것으로 보인다. 결국 1924년 4월 9일 연합회 총회가 대두가공업의 심각한 부진을 이유로 3개월간 각 대두공장의 제조능력을 3분의 1로 제한한다고 결의하기에 이르렀던 것은[35] 그러한 상황을 짐작케 한다. 이 결정을 회원들 간의 '맹약'으로 정하여 공동 준수할 것을 결의함

34) 기존연구에서 전통적인 행회조직과 근대적인 동업공회와의 차이점을 공통적으로 지적하고 있는 부분을 참고하여 분석했다.(朱英, 「近代中國同業公會的傳統特色」, 『華中師範大學學報』 2004-3; 朱英, 「中國傳統行會在近代的發展演變」, 『江蘇社會科學』 2004-2; 宋鑽友, 「從會館, 公所到同業公會的制度變遷-兼論政府與同業組織現代化的關係」, 『檔案與史學』 2001-3; 彭南生, 「近代工商同業公會制度的現代性芻論」, 『江蘇社會科學』 2002-2; 彭南生, 「近代中國行會到同業公會的制度變遷歷程及其方式」, 『華中師範大學學報』 2004-3; 馬敏, 「中國同業公會史硏究中的幾個問題」, 『理論月刊』 2004-4 등)

35) 1924년 4월 9일자로 결의한 사항은 다음과 같다. 제1조, 본회 회원은 2조에서 규정한 기간 동안 두병을 각자 제조능력의 3분의 1을 초과하여 생산할 수 없다. 제2조, 제한 실행기간을 1924년 4월 12일부터 동년 7월 31일까지로 하며 이를 4기로 나눈다. 회원은 각 기간 중 제한 능력 범위 내에서 임의의 시기에 제조할 수 있다. 제3조, 각 회원은 제조능력을 양도할 수 없다.(「大連油坊縮減製産」, 『盛京時報』 1924.4.17)

으로써 대두상품의 수요와 공급을 조절하고자 했던 것이다. 그러나 "이상의 조치로 목적을 달성하지 못할 때는 다시 협의하여 제한을 한층 강화하거나 전체 휴업 등의 조치를 취할 수 있다"는 단서 조항이 달린 것을 보면 대두가공업에 대한 통제정책이 그다지 낙관적이지 않았다는 것을 알 수 있다.

연합회 회원들의 가입 상황을 살펴보면, 1923년 현재 대련 대두공장 수는 88-89호이며 그중 많을 때는 95%에 해당하는 84호가 연합회에 가입되어 있었다.[36] 그중 대련 부두 가입자는 51호이며 1일 두병 제조능력은 192,400편이었다. 소강자는 26호로 1일 두병 제조능력은 76,800편이었으며 동사하구東沙河口는 7호 24,100편이었다. 이밖에 연합회에 가입되어 있지 않은 회원은 4호로 두병의 1일 제조능력은 13,600편이었다.[37] 이중에서 중일 합작 혹은 일본인 경영 회원은 10호, 중국인 경영은 78호로 화상 경영이 총수의 89%에 달했고 제조능력도 85%를 차지했다. 이렇듯 비록 소수의 일상이 만철과 협력하여 대련 대두가공업계와 연합회 내에서 주도적인 역할을 했다고 하더라도 회원 중 화상 대두공장의 비중이 90% 가까이 되었다는 사실은 연합회 내부에서 화상들이 결코 무시될 수 없는 존재였다는 것을 말해준다.

연합회의 회원 가입은 강제성을 띠지는 않았다. 그러나 당시 신문잡지에는 "1923년 6월부터는 대련의 각 대두공장이 (연합회에) 모두 가입하여 회원이 되었다"거나 대련의 각 대두공장이 "앞 다투어 가입했

36) 「大連油坊業史略」(83-87쪽)에 의하면 1923년 현재 대련 대두공장 수는 89호이며 그중 화상은 78호, 일상은 9호, 중일 합작은 2호이다. 이는 『滿洲に於ける油坊業』(78-82쪽)와 『滿洲特産物取引指針』(175-183쪽)에서 제시하는 수와도 거의 일치한다.

37) 『滿洲特産物取引指針』, 182쪽.

다"는[38] 기록이 보인다. 상술했듯이 1923년은 〈대련유방연합회 규약〉의 개정을 통해 대두가공업의 결속과 보호를 다짐으로써 대두가공업의 일대 전환을 시도했던 해였다. 대두공장의 수도 가장 많았고 대두가공업에 있어서도 전성기였다고 할 수 있다. 그렇다고 해도 연합회의 통제력이 상실되어 독점적 이익의 향유가 불가능해진 대두공장들이 자진해서 연합회에 가입했다는 것은, 최소한 연합회에 가입함으로써 실질적인 이익을 확보할 수 있는 경우에만 가능했을 것으로 보인다. 그 실질적인 이유는 무엇이었는지 〈대련유방연합회 석탄배급 규약〉과 〈대두공장 노동자 고용규약〉을 분석해볼 필요가 있다.

〈대련유방연합회 석탄배급규약〉은 연합회의 석탄 공동구매와 분배에 관한 규약이다. 대두공장에는 두유와 두병을 제조하기 위한 석탄이 필요했는데 이것을 연합회가 공동구매하여 배급하면 저렴한 가격으로 구입할 수가 있었다. 따라서 연합회는 회원들의 신청을 받아 각 대두공장에서 필요로 하는 공업용 석탄을 만철로부터 공동구매하여 이를 회원들에게 분배했던 것이다. 이것이 바로 1923년 10월에 개정된 〈대련유방연합회 석탄배급규약〉이었다. 만철은 이를 위해 연합회 내에 석탄배급부를 특설했다. 석탄배급부에는 8명의 위원이 상시하며 배급에 관한 모든 결정과 사무를 담당했다.[39]

만철의 여러 사업 중 고수익을 창출했던 것은 철도와 광산이었다. 철도 수입은 주로 석탄과 대두의 수송이었는데, 철도 운임 수익 다음이

38) 「大連之油坊業」, 『中外經濟週刊』 134, 1925; 刁聲鶴, 「東三省之豆業」, 『商學期刊』 4, 1930.

39) 〈大連油坊聯合會石炭配給規約〉은 사무소와 저탄장, 석탄 구입 방법, 배급, 할인 및 수수료 규정 등 19조와 부칙 3조로 구성되어 있다.(『滿洲に於ける油坊業』, 761-766쪽에 수록)

바로 무순탄광으로부터의 석탄수송이었다.[40] 무순탄광에서 생산되는 석탄은 만철회사 자체에서 필요로 하는 석탄을 공급하는 것 외에 동북 현지에서 판매되거나 해외로 수출되었다. 만철은 동북현지 석탄 판매에 심혈을 기울였고 그 결과 현지 판매가 점차 만철 석탄 판매의 중심 사업이 되었다. 이렇게 만철은 석탄 판매를 직접 경영함으로써 동북의 연료시장을 독점했다.[41] 따라서 대련 대두공장에서 필요로 하는 대량의 석탄은 만철 현지 판매의 중요한 일부분이 되었다. 연합회에서는 회원들에게 할인된 가격으로 대두공장에 석탄을 공급했고 만철은 연합회를 통해 대량의 고정적인 석탄 판매 수입을 올렸던 것이다. 사실 연합회는 성립초기부터 화상의 철도 운임과 창고 문제 등으로 만철과 교섭했고 석탄공급부를 두어 대량으로 석탄을 염가로 공동구매하여 회원들에게 보급한 바 있었다. 이미 이전부터 시행해오던 이러한 제도가 회장이 일상으로 바뀐 후에는 관동청과 더욱 밀착하게 되었던 것으로 보인다. 화상 회원들은 연합회가 이미 관동청의 식민통치 기구로 변질되었다고 인식했기 때문이다.

만철로부터 할인된 가격으로 석탄을 구입할 수 있게 되었던 것은 회원들에게도 이익이 되었다. 연합회의 1년 석탄 구입고가 5천톤 이상일

---

40) 고바야시 히데오 지음, 임성모 옮김, 『滿鐵-일본제국의 싱크탱크』, 산처럼, 2004, 92쪽.

41) 석탄은 군대, 관청에 직접 판매되는 것 외에는 위탁판매 방식으로 취급되었는데 1908년도에 三井洋行에 위탁 판매했던 석탄이 현지 판매 석탄의 50.8%나 되었다. 그러나 만철은 동북의 석탄을 장악하기 위해 직접 경영의 방침을 확정하고 1908년 11월 봉천에, 1909년 營口, 四平街에, 1910년 遼陽, 旅順, 長春, 本溪湖에, 1912년 安東에, 1914년 하얼빈에, 그 후 대련, 길림, 撫順 등에도 판매소를 설립했으며, 각지에 석탄 저장고도 설치했다. 그 결과 위탁판매의 비율이 1911년에는 29.8%로 감소했다.(蘇崇民著, 山下睦男, 和田正廣, 王勇譯, 『滿鐵史』, 葦書房, 1999, 235쪽)

경우는 1톤당 50전錢의 할인을 받고 2만톤을 초과하는 경우 1톤당 80전의 할인을 받았다. 따라서 연합회는 1년 구입고가 2만톤을 초과할 수 있도록 각 회원들에게 장려했던 것으로 보인다. 그 결과 1922년 12월부터 1923년 6월말까지 배급고가 32,698톤에 달했다.[42] 이것이 바로 대련의 대두공장이 연합회에 가입했던 중요한 이유 중의 하나였던 것이다. 연합회가 회원에 대한 구속력이 크지 않으면서도 회원으로서의 이익을 누릴 수 있다는 점이 오히려 회원들에게 연합회가 필요했던 이유가 아니었을까. 따라서 연합회는 석탄의 공동구매에 대해 만철과 교섭했고 이에 대한 규정을 〈대련유방연합회 석탄배급규약〉으로 명문화했다. 방법은 석탄의 공동구매를 원하는 회원은 계약서에 1개월 동안 필요한 석탄의 양을 신청하고 비용은 1개월 반 동안 필요한 석탄의 대가만큼을 지불했다. 반개월의 대가는 일종의 계약 보증금으로 만철에 제공했던 것인데 이러한 일체의 사무를 연합회가 담당했던 것이다.

다음은 〈대두공장 노동자 고용규약〉이다. 이는 대두가공업 공장 노동자 관리 규약이다. 대두가공업이 발달하면서 대규모의 노동자들이 필요했고 대두공장의 열악한 현실은 노동쟁의가 일어나는 계기가 되었다. 대부분의 대두공장 노동자들의 쟁의 발생원인은 급여인상 요구였다.[43] 특히 1923년은 대두공장 노동자들의 파업이 집중적으로 발생했던 해였다. 예를 들어, 대련 군용지구에 있던 대련유지공업주식회사에서 1923년 3월 2일 화공華工 18명에 의해 파업이 발생하여 5일간 지속되었다. 1923년 5월 2일에는 소강자 미츠이물산三井物産에서 경영하는 산다이리유방三大利油坊에서 임금문제로 쟁의가 발생하여 40여명의 화공

42) 『滿洲特産物取引指針』, 222쪽.
43) 「大連之油坊業」, 『中外經濟週刊』 134, 1925.

이 파업에 참가했다. 또 복순후유방福順厚油坊에서도 70명의 화공이 1923년 5월 4일 임금인상을 요구하며 쟁의를 일으킨 바 있다. 1923년 5월 4일 소강자 닛카유방日華油坊에서도 30명의 화공이 실업수당을 요구하며 파업을 일으켰다.[44] 복순후유방을 제외하면 노동쟁의는 모두 일상 대두공장에서 발생했다는 것을 알 수 있다. 대두공장의 노동자들이 대부분 화공이었고 노동쟁의 발생 시기도 5·4운동 기념일 전후였다는 것은 노사 간의 계급적 갈등 이외에 민족적 갈등도 있었다는 사실을 말해준다.

1923년 1년 동안 대두공장 노동자들의 파업이 집중적으로 발생했던 것이 1923년 대두공장 노동자에 대한 규약을 개정하게 된 원인이었던 것이다. 즉, 〈대련유방연합회 규약〉 제3조에 의거하여 대두공장 노동자의 임금을 통일하고 숙련된 노동자의 쟁탈을 방지하기 위해 1923년 5월 7일 임시총회에서 회원 상호간에 〈대두공장 노동자 고용규약〉이[45] 합의되었다. 그 내용을 보면 각 대두공장은 현재 고용하고 있는 노동자의 명단을 작성하여 연합회에 제출하고 회원 간에 노동자의 쟁탈을 엄금한다고 규정하고 있다. 이것은 당시 대련 대두공장 노동자의 고용상황을 파악하고자 하는 의도였다. 뿐만 아니라 해고된 노동자의 명단은 물론 만일 '불량한' 노동자가 있으면 연합회에 이를 해고할 뜻

44) 대련 이외의 도시에서도 대두공장 노동자들의 파업이 있었다. 營口에서는 1923년 4월 27일 小寺油坊에서 임금인상을 요구하며 쟁의가 발생했으며, 1923년 6월 12일 또 小寺油坊에서 휴업수당을 요구하는 화공들의 파업이 발생했다. 開原 만철부속지 대두공장에서도 임금인상 문제로 1923년 4월 28일 37명의 華工에 의해 쟁의가 발생했다.(『滿洲に於ける勞動爭議(上)』, 亞細亞パンフレット刊行會, 1927, 205-208쪽)

45) 〈油工雇傭中合規約〉은 총 11조로 구성되어 있다.(『滿洲に於ける油坊業』, 766-769쪽에 수록)

을 서면으로 제출함으로써 회원들이 다시 이를 고용하지 않도록 한다는 것이었다. 이는 연합회가 판단하는 '불량한' 노동자는 대련 대두가공업계에서 더 이상 활동할 수 없도록 하기 위한 조치였던 것이다. 또한 노동자에게 '공조工照'를 발급해 줌으로써 대두공장들 간에 노동자에 대한 정보를 교환하고 노동쟁의가 발생했을 때 회원들 간에 공동으로 대응, 관리하고자 했다. 특히 일상 대두공장의 화공에 대한 정보 공유의 차원에서도 이 규약이 개정되었던 것이다.

대련의 대두공장 노동자들에게 발급되었던 '공조'는 개별 대두공장 노동자들의 관리와 통제에도 활용되었다. 노동자들이 만일 다니던 대두공장을 사직하게 되면 '공조' 이면에 그 사실을 기재하여 다른 대두공장에 가더라도 기록을 참고할 수 있도록 했다. 만일 노동자가 다른 대두공장에 취직을 하고자 하면 1개월 동안의 시간을 주어 다른 대두공장을 찾도록 하고 만일 1개월을 넘기게 되면 다시 원래의 대두공장으로 복귀하는 것만이 가능하다고 규정하고 있었다. 이러한 사실들은 〈대두공장 노동자 고용규약〉이 대두공장 간의 노동자 쟁탈전을 방지하기 위한 것뿐 아니라 개별 화공들을 상당히 엄격하게 통제하기 위한 규약이었다는 것을 짐작케 한다.

즉 연합회가 대두제품의 수급조절의 역할을 할 수 없고 구속력도 떨어지는 상황에서도 회원들에게 연합회가 필요했던 실제적인 이유는 대두공장이 연합회의 이름으로 석탄을 공동구매하기 위한 것이었고, 다른 하나는 대두공장 노동자에 대한 관리와 통제를 효율적으로 하기 위한 것이었다고 할 수 있다.

## 2. 대련유방연합회의 만철 혼합보관제도에 대한 저항

### (1) 두병 혼합보관제도에 대한 불만

석탄의 배급과 대두공장 노동자 관리의 편의성을 제공한다는 점에서 연합회는 회원들에게 필요한 존재였다. 한편 만철에게도 연합회는 없어서는 안 되는 존재였다. 더욱이 만철의 혼합보관제도混合保管制度(이하 혼보)의 실시에서 연합회의 존재는 필요 불가결했다. 혼보제도는 만철역에서 대두大豆, 두병豆餠, 두유豆油에 대한 검사와 등급분류를 하는 것이었다.[46] 이를 위해 만철이 연합회 회원을 일일이 상대하는 것은 번거로운 일이었다. 따라서 이를 대행해주는 기관이 필요했는데 그 역할을 담당했던 것이 연합회였다.[47]

혼보제도의 실시는 일본의 동북정책의 일환이었다. 일본은 철도를 통해 동북을 경영한다는 방침을 세워놓고, 대련을 국제 항구로 조성하여 대련 중심의 물류와 수송체계를 구축하고자 했다. 이것이 소위 '대련중심주의'이다. 즉 대련으로 운송되는 화물에 대해 상업, 금융, 수송상의 편의를 제공한다는 것이었는데 그 중요한 내용 중의 하나가 혼합보관제도의 실시였다.[48] 동북의 특산물 대두는 흉·풍작 뿐 아니라 구미나 일본으로의 수출 상황에서도 상당한 영향을 받았기 때문에, 대두 수급의 안정을 도모한다는 명목으로 만철은 대두를 흡수하여 대련항을

46) 程志政譯, 「南滿鐵道之貨物混合保管制度」, 『鐵道』 6-2, 1935.

47) 王宏經, 「大連錢糧兩交易所及餠豆混合保管制」, 『銀行週報』 19, 1937. 그 외에도 연합회는 만철 기술연구소, 중앙시험소와 협력하거나 만철 沙河口공장 일부에 대두가공업 시험공장을 신설하여 제조방법의 개량을 모색하는 등 만철의 대리기관 혹은 보조기관으로서의 역할에 충실했다.

48) 金子文夫, 『近代日本における對滿洲投資の硏究』, 113-114쪽.

통해 수출함으로써 이를 통제하고자 했다. 이를 위해서는 대두제품의 대련 집중화가 필요했고 품질 보증을 위한 상품화도 필요했는데 그것이 바로 혼보제도의 실시였다. 만철은 혼보의 대두에 대해 출고할 때 1구口(350대袋)에 15원의 장려금을 지급하고 보관료, 운임 할인 등의 혜택을 제공했다. 혼보제도에 기탁하지 않는 경우에는 이러한 혜택을 부여하지 않았을 뿐더러 별도의 수수료를 징수함으로써 동북의 대두가 대련에 집중될 수 있도록 했다.[49)]

만철은 이 혼보제도에 대해 "만주산업 경제계는 물론 만철의 수송과 보관상에 상당한 효율과 공적을 남겼다"고 평가했다.[50)] 그러나 만철의 혼보에 대한 극찬과는 달리 연합회 화상들은 혼보제도를 반대했다. 대련의 어느 유력한 연합회 화상 회원은 "혼보라는 말만 들어도 혐오한다"고[51)] 말할 정도로 혼보제도에 대해 상당한 불만을 가지고 있었다. 화상이 혼보를 그토록 반대했던 이유는 무엇이었는지 당시 이미 실시되고 있던 두병과 대두 혼합보관제도를 살펴보기로 한다.

대두, 두병, 두유는 그 성질과 거래습관에 따라 혼보 조건도 달랐다. 혼보는 만철연선 주요역과 대련 부두에서 행해졌는데, 검사와 계량을 통과한 대두제품이 만철 창고에 수용되면 창하증권이 발행되었다. 만철연선에서 기탁한 현품이 출고역인 대련역에 도착하지 않아도 이 창하증권을 이용하여 수시로 대두제품을 수령할 수 있었다.[52)] 창하증권의 사용이야말로 혼보를 실시함으로써 얻을 수 있는 가장 큰 편리성이

49) 蘇崇民著, 山下睦男, 和田正廣, 王勇譯, 『滿鐵史』, 86쪽.
50) 南滿洲鐵道鐵道部貨物課編, 『混保十五年史』, 1936, 18쪽; 南滿洲鐵道, 『南滿洲鐵道株式會社事業概況』, 1921, 27쪽.
51) 「大連油坊業全體反對豆油混保」, 『滿洲報』 1923.6.20.
52) 南滿洲鐵道鐵道部貨物課編, 『混保十五年史』, 22쪽.

었다. 혼보를 위한 검사와 등급의 분류에는 만철에서 파견된 검사원 1명과 연합회에서 파견한 입회 검사인 1명이 각각 참여했다.[53] 이때 연합회 소속 입회 검사인은 연합회 회원의 이익을 대변하는 대표자로서 검사와 등급 분류에 대한 감시자 역할도 했다.[54]

대두, 두병, 두유 중 혼보제도가 가장 먼저 실시되었던 것은 두병에 대한 것이었다. 두병의 혼보는 1913년 12월 1일부터 대련산 두병에 대해 강제적으로 실시되었다. 두병은 주로 일본으로 수출되어 일본 농가의 비료로 사용되었는데, 1929년 현재 대련 전체 두병의 81%가 일본으로 수출되었다.[55] 따라서 일본 농가의 필요에 따라 대두보다도 먼저 두병의 혼보제도가 실시되었던 것이다. 뿐만 아니라 두병의 혼보비율은 상당히 높았다. 대두는 1929년 대련 총 출고량의 43%만이 혼보에 기탁했고 비율은 점차 감소하는 추세였다. 그러나 두병은 같은 시기 혼보 기탁이 84%나 되었다. 결국 두병의 혼보 비율이 높았던 것도 역시 두병의 수요지인 일본의 필요에 의해 두병이 규격화되고 상품화되었기 때문이었다.[56]

---

53) 『滿洲に於ける油坊業』, 339쪽.

54) 모든 두병은 제조자의 도장을 찍어 실제 소비자에게 제공하고 만일 모래가 포함되어 있을 경우 만철에 소송을 제기하면 만철은 해당 대두공장에 대해 1-2주 입고를 금지하는 권한으로 이러한 두병을 제조한 대두가공 공장을 징계했다.(王宏經, 「大連錢糧兩交易所及餅豆混合保管制」, 『銀行週報』 19, 1937) 두병에 모래를 넣어 제조한 元發盛油坊에 대해 연합회에서 회의를 개최하여 징계조치를 내렸다는 내용이 보인다.(「大連油坊業聯合會開會」, 『銀行月刊』 8-4, 1928)

55) 반면 대련 출고 대두는 일본으로 가는 경우가 적어 1929년 현재 전체 대두 수출량의 27%에 불과했다.(滿鐵調査課, 『大連に於ける特産物の取引及採算』, 1931, 74쪽)

56) 그러나 남만주 대두제품 중 가장 수출이 많았던 두병은 일본에서 硫安(황산암모늄)이 두병 대신 비료로 보급되면서 그 수요가 감소했다. 한편, 동북산 두유를 많이 수입했던 유럽이 1차 대전 이후 자국의 油脂工業 보호를 목적으로 두유 수입에 대한 관세를 인상하자 동북산 두유의 수입은 둔화되었고, 반면 원료 대두의 수

이러한 두병의 혼보제도는 주로 대련에서 이용되었고 다른 지역에서는 거의 이용되지 않았다. 1929년의 각 지역의 두병 혼보 수량을 비교하면 다음과 같다.

**|도표 3|** 1929년 각 지역의 두병 혼보 수량 비교

(단위: 미국 톤)

| 수기 지역 | 대련 | 영구 | 안동 | 만철연선 |
|---|---|---|---|---|
| 혼보 수량 | 712,079 | 0 | 201 | 15,403 |

* 출처: 滿鐵調査課, 『大連に於ける特産物の取引及採算』, 1931, 75쪽.

영구營口나 안동安東은 거의 이용되지 않았다고 할 수 있고 만철연선도[57] 대련에 비하면 미미한 수준이었다. 영구에서 두병의 혼보가 거의 실시되지 않았던 것은 영구의 대두공장은 만철역에서 거리가 멀어 두병을 만철 창고까지 운반하여 혼보에 기탁하는 것 보다는 차라리 일반화물로 대두공장과 가까운 부두에서 선적하는 것이 유리했기 때문이다.[58] 한편, 개원 등 만철연선산 두병은 중량에 있어서 대련산/영구산(실제로는 대부분 대련산)보다 0.5근 더 많도록 했는데 이것은 시간이 지나면서 중량이 감소하는 것을 감안하기 위한 조치였다. 그러나 만철연선산에는 흑선을 그어 대련산과 구분함으로써 차별적인 의미를 가지

입이 증가했다. 따라서 1928년부터는 동북의 두병과 두유의 수출은 감소한 반면 대두의 수요가 급증하게 되어 대조를 이루게 되었다.(金子文夫, 『近代日本における對滿洲投資の硏究』, 近藤出版社, 1991, 315-316쪽, 324쪽) 이에 따라 두병과 두유를 제조하는 대련 대두공장의 타격은 컸다.

57) 만철연선산이란 대련을 제외한 개원, 공주령, 사평가 등 만철연선 역으로 수송되어 오는 주변지역의 대두제품을 모두 포함한다.

58) 『大連に於ける特産物の取引及採算』, 78쪽.

**|도표 4|** 대련의 혼보 두병 입고량 산지별 비교

(단위: 미국 톤, %)

| 연도 | 대련산 두병 | | | | | | 만철연선산 두병 | | 합 계 | |
|---|---|---|---|---|---|---|---|---|---|---|
| | 대련 대두공장 기탁 | | 대련 도착 후 기탁 | | 계 | | | | | |
| | 수량 | 비율 | 수량 | 비율 | 수량 | 비율 | 수량 | 비율 | 수량 | 비율 |
| 1921 | 776,223 | 75 | 263,884 | 25 | 1,040,107 | 100 | 493 | 0 | 1,040,600 | 100 |
| 1922 | 995,127 | 79 | 269,749 | 21 | 1,264,876 | 100 | 168 | 0 | 1,265,044 | 100 |
| 1923 | 740,048 | 65 | 395,398 | 35 | 1,135,446 | 100 | 68 | 0 | 1,135,514 | 100 |
| 1924 | 784,586 | 61 | 511,980 | 39 | 1,296,566 | 100 | | 0 | 1,296,566 | 100 |
| 1925 | 1,114,900 | 88 | 150,693 | 12 | 1,265,593 | 100 | | 0 | 1,265,593 | 100 |
| 1926 | 1,123,341 | 94 | 67,108 | 6 | 1,190,449 | 100 | | 0 | 1,190,449 | 100 |
| 1927 | 648,870 | 88 | 89,544 | 12 | 738,414 | 100 | | 0 | 738,414 | 100 |
| 1928 | 483,189 | 76 | 155,528 | 24 | 638,717 | 100 | | 0 | 638,717 | 100 |
| 1929 | 603,134 | 85 | 108,945 | 15 | 712,079 | 100 | | 0 | 712,079 | 100 |

* 연도는 당해연도 10월부터 다음해 9월까지

* 출처: 『大連に於ける特産物の取引及採算』, 77쪽.

고 있었다. 따라서 만철연선 대두공장들은 만철연선산을 그대로 수출하는 것이 아니라, 대련산과 동일한 품질의 두병을 제조하여 이를 대련으로 보내 혼보에 기탁한 후 수출하는 경우가 대부분이었다. 이러한 사실은 |도표 4|의 대련 혼보 두병의 입고량 산지별 비교표를 통해서도 분명히 드러난다.

대련에서 수출되는 두병의 최소 60%이상이 대련산이지만 그 나머지는 만철연선에서 생산된 것으로 대련에 도착한 후 혼보에 기탁한 것이라는 사실을 알 수 있다. 뿐만 아니라 만철연선산을 그대로 수출하는 수량은 극히 적었다는 것을 알 수 있다.

그러나 영구산, 대련산, 만철연선산으로 구분하는 이러한 방식은 원래 만철이 추구하던 혼보제도 방식은 아니었다. 왜냐하면 혼합보관이란 특정 지역의 특산물이 아니라 각 산지에서 기탁한 것을 전부 동일품종으로 간주하여 이것을 기탁자의 요구에 따라 각 지역에서 자유롭

게 출고한다는 것이었기 때문이다. 그렇게 되면 특산물의 거래나 수송에서 큰 효율을 기대할 수 있다는 것이었다. 따라서 만철은 영구산, 대련산, 만철연선산의 구별을 없애는 두병의 공동 혼합보관제도의 실시를 추진할 계획을 세우고 있었다. 그러나 이것은 대련 대두공장의 입장을 고려하지 않은 조치였기 때문에 연합회 화상 회원들은 이에 대해 결사반대했다. 왜냐하면 만철연선산 두병은 대련산 두병에 비해 그 품질이 열악하고 제품이 통일되어 있지 않았기 때문이다.

연합회 회원들은 두병의 공동 혼보제도에 대해 대련에서 검사되는 두병의 합격률을 근거로 제시하며 반대의 뜻을 분명히 했다. 1922년 1월부터 1923년 4월까지 1년 4개월의 상황을 보면, 대련 시내에서 반입된 두병 총수는 42,879,495편이고 만철연선에서 생산되어 대련 도착 후 혼보에 기탁한 두병의 수는 12,145,600편이었다.[59] 그중에 불합격품은 다음과 같다.

**|도표 5|** 대련 시내 반입 두병과 대련 도착 후 혼보 기탁 불합격량

| | 대련 시내 반입(편) | 대련 도착 후 혼보 기탁(편) |
|---|---|---|
| 중량 불합격 | 173,360 | 172,300 |
| 품질 불합격 | 16,300 | 186,600 |
| 합계 | 589,660 | 378,900 |

* 출처: 「豆餠共同混保-大連特産商一律反對」, 『滿洲報』 1923.6.22.

품질 면에서 대련산은 합격품 42,879,495편 중 불합격품은 16,300편으로 0.04%에 불과했지만 도착 후 혼보품은 12,145,600편 중 186,600편, 즉 1.54%가 불합격이었다. 이는 만철연선산 두병이 대련산에 비해



59) 「豆餠共同混保-大連特産商一律反對」, 『滿洲報』 1923.6.22.

그 품질이 열악하다는 증거였다. 연합회 화상 회원의 입장에서는 이렇게 열악한 만철연선산이 대련산과 동일한 등급으로 취급받는 것은 인정할 수가 없었다. 대련산과 만철연선산을 구분하여 저렴한 가격으로 만철연선산을 구입할 수 있다면 구태여 반대할 이유도 없지만 품질이 다른 제품을 동일하게 취급하는 것에 대해서는 반대할 수밖에 없었다.[60] 따라서 우수한 품질의 대련 대두공장 대두제품이 품질이 떨어지는 만철연선산과 동일한 가격으로 취급된다면 대련 대두제품의 우월성은 사라지게 되는 것이었기 때문에 연합회 회원들은 두병의 공동 혼보 실시를 반대했던 것이다.

### (2) 대두 혼합보관제도와 동북 고유 습관과의 충돌

대두 혼보제도는 1919년 12월부터 실시되었다. 대두 혼보제도의 검사와 계량은 대두와 함께 대두를 담는 용기인 마대에 대해서도 이루어졌다. 마대는 전부 만철에서 준비하고 기탁자로부터 사용료를 징수했다.[61] 상술한대로 검사와 계량은 만철에서 파견된 검사원과 연합회에서 파견된 입회 검사원이 함께 했다. 각 마대에는 수입년월일, 등급, 기탁자명, 검사나 계량 취급자명을 기입한 종이쪽지를 부착하여 책임소재를 명확하게 했다. 이에 대해 대련 특산물 3단체인 대련교역소중요물산교역인조합, 만주중요물산동업조합, 연합회에서 검사원을 상주시키고 각지에 적당한 인원을 배치하거나 순회함으로써 검사 계량이 정확한지를 확인했다.[62] 혼보 대두의 출고역은[63] 대련 부두 외에 9개 역이었지만

60) 대련 대두공장의 반대에도 불구하고 결국 만철은 1931년 1월 1일부터 산지별 두병을 폐지하고 대련, 영구, 만철연선산을 동일품으로 취급하는 공동혼보제도를 실시하기 시작했다.(『大連に於ける特産物の取引及採算』, 78쪽)

61) 南滿洲鐵道鐵道部貨物課編, 『混保十五年史』, 22쪽.

출고 총량의 99%는 대련 부두를 통해서였다. 그러나 대련의 혼보 대두 이용 출고량은 다음과 같이 점차 감소하는 경향을 띠었다.64)

**|도표 6| 대련항 대두 혼보 비율**

| 연도 | 혼보 비율(%) | 연도 | 혼보 비율(%) |
|---|---|---|---|
| 1920 | 68 | 1925 | 72 |
| 1921 | 97 | 1926 | 78 |
| 1922 | 86 | 1927 | 60 |
| 1923 | 84 | 1928 | 48 |
| 1924 | 74 | 1929 | 43 |

* 출처: 『大連に於ける特産物の取引及採算』, 14쪽.

이와 같이 대두혼보 비율이 하락한 것은 무엇 때문이었을까? 만철이 혼보제도를 상당히 효율적인 것으로 평가하는 데 비해 연합회의 화상 회원들은 정반대의 평가를 하고 있다는 점에 유의할 필요가 있다. 화상 회원들은 만철에서 실시하는 대두 혼보의 대두 등급 검사가 종전에 시행되던 화상의 고유한 대두 품질검사와 다를 뿐 아니라 전혀 효율적이지 않다고 불만을 드러냈기 때문이다.

만철이 대두혼보제도를 시행하기 전 대두의 검사는 대두공장이나 특산상이 대두에 관한 지식과 경험이 풍부한 전문적인 직원을 두어 대두를 육안으로 선별하여 구매하는 것이었다. 대두는 유성油性이 많은 정도나 건습乾濕 정도를 가지고 판별하는 것이 보통이었다. 그 품질 정도

62) 『混保十五年史』, 23쪽.

63) 대두의 混保 受寄驛은 대련부두, 小崗子, 遼陽, 奉天, 新臺子, 鐵嶺, 開原, 昌圖, 雙廟子, 四平街, 郭家店, 公主嶺, 範家屯, 長春, 營口, 撫順, 本溪湖였다. 出庫驛은 대련부두, 小崗子, 普蘭店, 奉天, 開原, 四平街, 公主嶺, 長春, 營口, 安東이었다.(『大連に於ける特産物の取引及採算』, 12쪽)

64) 「各驛大豆混合保管減少」, 『滿洲報』 1923.6.20.

는 상하 각 등급에 따라 3, 4각角의 가격 차이를 두었고 여러 등급으로 세밀하게 나뉘어 있었다. 그러므로 매일 현물시장에서 각 대두공장이나 특산상, 양잔에 고용된 전문 직원이 대두의 유성과 건습 정도를 꼼꼼히 따져서 대두를 매입하는 것이 일반적이었다.

그러나 만철이 대두혼보를 실시하면서 이러한 절차와 방법을 상당히 단순화 시켰다. 즉 대두의 품질을 3등으로 구분하여 특등特等, 평격平格, 하격下格으로 나누었다. 그런데 한 등급에 5분分의 가격차를 두었지만 대두의 품질과 가격과의 관계가 명확하지 않았다. 일단 만철의 대두 등급 검사는 대두의 유성 정도나 건습 정도를 따지지 않고 오직 껍질의 색깔과 명암의 정도, 혹은 입자의 크기로만 판별했다. 즉 크고 둥근 것은 특등이고 작고 납작한 것은 하격이었다.[65] 그렇기 때문에 만철에서 특등으로 판별한 대두에서 착유한 두유가 반드시 좋다는 보장이 없었다. 특등 대두에서 착유한 두유가 하격으로 판정받을 수도 있었고 하격 대두에서 착유한 두유가 특등 두유로 판정받는 경우도 있었기 때문이다. 따라서 화상 회원들은 만철의 대두 등급검사는 '혼란하기 이루 말할 수가 없다'고 평가 절하했다.[66]

대두에서 질 좋은 두유와 두병을 생산해야 하는 대두가공업자들은 만철의 혼보 대두 등급검사에 심각한 문제가 있다고 인식했다. 이에 비해 만철연선 대두공장은 각각 오랜 경험을 통해 출유량이 많은 대두를 선택하여 구입할 수 있었는데, 대두 혼보제도가 강제로 실시되었던 대련에서는 그러한 선택을 할 수 없었다. 혼보제도에 합격한 대두는 출유량과는 별 상관이 없었기 때문에 연합회 화상 회원들은 이런 점에서

65) 「大連油坊業全體反對豆油混保」, 『滿洲報』 1923.6.20.
66) 「大連油坊業全體反對豆油混保」, 『滿洲報』 1923.6.20.

혼보제도가 대련 대두공장에 불리하고 심지어는 상당한 손해를 입는다고 인식했다.

혼보제도는 제품의 검사와 보관을 통합한 제도였기 때문에 보관에 있어서도 '돈적囤積'과 혼합보관을 비용 면에서 비교해볼 수 있다. 혼보제도의 이점은 혼보에 기탁하면서 받게 되는 창하증권을 금융시장에서 편리하게 활용할 수가 있다는 점이었다. 그럼에도 불구하고 혼보와 일반보관을 자유롭게 선택할 수 있었던 만철연선 대두가공업자들은 혼보를 하기 보다는 대두공장이나 양잔의 원내에 '돈적'으로 보관하는 경우가 많았다. '돈적'으로 하면 혼보보다 금리가 훨씬 저율이었기 때문에 혼보의 보관료에 비해 저렴했다. 다음 표는 만철연선 개원역에서 대두를 혼합보관 했을 때의 비용과 금리를 계산한 것이다. 장기보관을 했을 때 금리가 높아짐으로써 비용이 상당히 증가한다는 것을 알 수 있다.

**|도표 7|** 개원역의 대두 혼합보관 비용

(단위: 錢)

| 기간 | 혼합보관료 | 금리 | 합계 |
|---|---|---|---|
| 1개월 | 2.02 | 4.50 | 6.52 |
| 2개월 | 5.08 | 9.00 | 14.08 |
| 3개월 | 8.14 | 13.50 | 21.64 |
| 4개월 | 12.18 | 18.00 | 30.18 |
| 5개월 | 16.22 | 22.50 | 38.72 |
| 6개월 | 20.26 | 27.00 | 47.26 |

* 출처: 南滿洲鐵道株式會社商工課編, 『滿洲特産物取引指針』, 大連滿蒙文化協會發行, 1924, 11쪽.

즉 6개월 돈적 보관하면 대두 100근에 30전을 지불하면 되지만 혼합보관 대두는 위의 표에 나타난 것과 같이 47전을 지불했기 때문에 그 차액은 17전이나 되었다. 따라서 혼합보관보다는 종전의 습관대로 돈적보관이 유리했다. 특히 동북은 날씨가 건조하기 때문에 특별한 창고

시설을 갖추지 않고 양잔의 원내에 대두를 돈적하는 것만으로도 장기간 저장에 문제가 없었기 때문이다. 혼보제도를 이용함으로써 얻게 되는 창하증권의 편리성에도 불구하고 화상들은 종래의 방식대로 돈적을 사용하여 비용을 절감하는 것을 선호했던 것이다.

연합회 화상 회원들은 각종 혼보 비용의 증가를 감수하면서도 만철연선에 비해 좋은 품질의 대두제품을 생산하여 그 명성을 유지하는 것으로 차별성을 갖고 있었다. 그러나 그렇다고 할지라도 대련 대두공장은 만철연선 대두공장에 비해 불리한 점이 많았다. 만철연선에서는 대련과 만철연선의 대두 시세를 비교하여 어느 쪽에서 매각할지 선택할 수 있었다. 즉 대두의 출하기가 가까워지면 만철연선의 대두 시세가 높아져 대련보다 비싸게 판매할 수 있었기 때문에 만철연선의 시세로 매각하는 것이 유리한 경우가 많았다. 따라서 구태여 대련으로 보내어 혼보에 기탁하는 것보다 주변 지역에 고가로 매각하는 것이 더 유리할 수 있었다. 이러한 상황은 장춘, 개원, 철령, 영구, 하얼빈 등도 동일했다. 그러나 강제 대두 혼보제도가 실시되었던 대련 대두공장에게는 이러한 선택의 여지가 없었다.

또한 만철연선의 대두공장에서는 두병이나 두유에 대해 '비자飛子'(일종의 증권) 거래를 하고 1주일 혹은 1개월 정도 후에 현품을 수수하는 경우가 많았기 때문에 이 기간 동안 이자를 얻는 등의 수익이 있었다. 그러나 대련에서는 비자거래 습관이 없이 교역소에서 거래되었고, 특히 선물거래에서는 매입한 두병을 다시 매매할 경우 매매 쌍방에 보증금을 납부하도록 했기 때문에 거래비용이 증가했다. 뿐만 아니라 대련 대두공장에는 제조 판매세, 영업세, 교역세 등 2중 3중의 세금이 부과되었고 그 경비의 과중은 연합회 화상 회원들을 곤란하게 했다.[67] 말하자면, 혼합보관제도가 보다 합리적이고 편리함이 있다고 할지라도 대련 대두공장의 입장에서는 그 비용이 종전보다 훨씬 증가했던 것이다.

연합회 화상 회원들로서는 이전의 습관대로 대두를 매매, 보관해도 전혀 문제가 없는데도 불구하고 적지 않은 추가비용을 지불하면서까지 혼합보관을 실시할 이유는 없었다. 오히려 마차수송에 의해 출하되는 대두를 거래할 수 있었던 만철연선의 대두공장에 비해 불리하고 자신들이 실질적으로 큰 경제 손실을 입는다고 인식했다. 대두공장이 지불하는 비용은 모두 만철의 수입이 되었다.

### (3) 두유 혼합보관제도 실시에 대한 저항

만철은 두병, 대두 혼합보관제도 실시에 이어 두유혼합보관제도를 실시하고자 했다. 원래 두유 혼합보관제도는 두병이나 대두보다 먼저 1912년 대련 부두에서 시도되었지만 실패한 바 있었다. 만철은 1923년 다시 한 번 두유에 대한 혼합보관을 실시하고자 특산물 관련 각 단체로 구성된 혼보연구위원회混保硏究委員會를 조직하고 이에 대해 논의하도록 했다. 만철의 입장에서는 두병, 대두에 대한 혼합보관제도처럼 강제로 실시하고 싶었지만 표면적으로 최소한의 동의는 거쳐야 했다. 그래서 두유혼보연구회를 조직하여 토의를 거쳐 대련 대두공장을 설득하고자 했다. 그러나 의외로 연합회 회원들은 두유혼보 실시에 냉담했다. 연합회는 자체적으로 임원회를 열어 두유 혼보제도에 대해 논의한 끝에 두유혼보를 연구할 필요도, 이 연구회에 위원을 선임하여 파견할 필요도 없다는 결론을 내렸다.[68] 논의조차 필요하지 않다는 의미였다.

1923년 3월 4일 개최되었던 제1차 두유혼보연구회에서 연합회는 이

---

67) 『滿洲特産物取引指針』, 217-219쪽.
68) 「豆油混保事件誌聞-古澤丈作談話不以此事爲然」, 『滿洲報』 1923.3.2.

러한 반대 입장을 강력하게 피력했다. 연합회 화상들은 대두와 두병혼보의 강제 실시로 인해 입게 되었던 손실과 불합리한 점을 조목조목 예를 들며, 이미 실시되고 있는 대두와 두병에 대한 혼보는 어찌할 수 없지만 이를 거울삼아 두유혼보 만큼은 절대 찬성할 수 없는 입장이라는 것을 분명히 했다. 이는 혼합보관제도 실시의 효과를 자화자찬하던 만철의 태도와는 사뭇 다른 것이었다. 만철 운수화물 주임은 연합회 회원들의 동의를 얻어내고자 하는 것일 뿐 절대 강제로는 실행하지 않는다는 것을 천명했다. 그러면서도 두유혼보 문제는 '시대의 요구이기 때문에 조만간 반드시 실행되어야 한다'고 강조했고, 이 문제는 '대두공장의 독점적인 사업이 아니'라는[69] 말로 만철의 의도를 드러냈다.

상술했던 창하증권 이용의 편리성 이외에도 이미 실시되고 있던 대두, 두병의 혼합보관제도에 편리한 점이 전혀 없었던 것은 아니었다. 예를 들어 혼합보관을 하게 되면 이전에는 대두공장이나 양잔이 따로 대두나 두병을 원내에 보관해야 했지만 혼합보관을 하면 창고가 만철역으로 단일화되어 시설을 절약하는 측면이 있었고 화재나 방범 등에도 효율적으로 대응할 수 있었다.[70] 그러나 연합회 화상 회원들이 느끼는 단점은 장점보다 훨씬 컸다.

그렇다면 연합회 회원들이 왜 이렇게 결사적으로 두유혼합보관제도를 반대했던 것일까? 그 이유는 첫째, 대두공장들은 이미 모두 자체적으로 두유 저장고를 보유하고 있어, 만철이 대련부두에 두유혼보를 위한 저장고를 설치한다면 현재 각 대두공장이 소유하고 있는 저장고는 쓸모없게 될 것이기 때문이었다. 둘째, 비용이 많이 들 것이라는 예상

69) 「豆油混保滿鐵解釋」, 『滿洲報』 1923.3.4.
70) 「大連油坊業全體反對豆油混保」, 『滿洲報』 1923.6.20.

때문이었다. 두유에 대한 혼보를 실시하기 위해서는 대규모의 유조탱크를 설치해야 하기 때문에 만철에서 하든 다른 기업에서 하든 거액의 투자를 필요로 했다. 그 비용이 고스란히 대두나 두병에 전가되어 매매가가 앙등할 것이라는 우려였다. 셋째, 혼보 검사를 위해서는 두유를 만철 부두로 옮겨와야 하는데, 합격품은 그렇다 해도 불합격품의 경우 다시 원래의 장소로 옮겨야 하기 때문에 번거롭다는 것이었다.[71] 원래 전통적인 두유의 거래방법은 대두공장의 원내에서 성사되는 것이었다. 양잔이나 특산상이 대두공장의 원내에 설치되어 있는 저장고에서 두유의 품질을 확인하고 자신이 가져간 용기(유롱油籠)에 두유를 담아가는 방법이 사용되었다.

당시 두유혼보제도의 실시 문제는 대련 특산계의 큰 관심거리였기 때문에 이를 둘러싸고 특산물 관련 각 단체들은 자체적인 회의를 개최하여 논의했다. 만주특산상동업조합에서는 1923년 6월 8일 만주특산상회의를 개최하여 논의했지만 결론을 내지 못하고 6월 20일 다시 회의를 열기로 결정했다.[72] 1923년 6월 9일에는 특산물교역인조합, 수출업조합, 중요물산동업조합, 교역소신탁주식회사, 연합회, 만철 등이 참여하는 제2차 두유혼보제도 회의가 개최되었지만[73] 연합회의 반대에 부딪혀서 역시 결론을 내지 못했다.

연합회에서도 1923년 7월 21일 자체적으로 이와 관련된 제3차 회의

71) 「豆油混保事件誌聞-古澤丈作談話不以此事爲然」, 『滿洲報』 1923.3.2.

72) 「特産商之大會議」, 『滿洲報』 1923.6.8.

73) 참석자는 교역인조합(瓜穀, 鈴木, 福順厚), 수출업조합(三菱, 湯淺, 日淸), 중요물산동업조합(東永茂, 小寺, 照井), 교역소신탁회사(木田), 유방연합회(合聚厚, 成裕昌, 晉豊, 達昌), 만철(築島, 平田, 小林, 管野, 市川, 高橋, 小澤, 黑田, 渡邊, 中尾, 池部, 中島)이다.(「豆油混保之計劃-第二回實行形委員會之情」, 『滿洲報』 1923.6.9)

를 개최하여 대두가공업자의 곤란한 상황과 두유혼보에 대한 반대 의사를 다시 한 번 피력했다.[74] 연합회 화상 회원인 복순의유방福順義油坊 방목당은 다음과 같이 언급했다. "(대두공장의 반대에도 불구하고) 만철당국은 대두가공업 제3차 회의를 개최한다고 한다. 그러나 (대련) 대두공장에 아무런 이익이 없는 한 결코 찬성하지 않을 것이다. 만철이 대두가공업에 대해 조금이라도 편익을 주지 않는다면 백번을 개회해도 아무 효과가 없을 것이다."[75] 이 말은 두유 혼보에 대한 강력한 저항을 의미하는 것으로 화상 회원들의 입장을 대변하는 것이었다.

결국 만철은 연합회를 설득하는데 실패했다. 연합회가 결사반대했음에도 불구하고 만철은 실시를 강행하고자 하는 뜻을 내비쳤고[76] 만철은 추출 두유를 제외한 압착두유에 대해 대두, 두병과 같이 두유에 대한 혼보제도를 실시하기에 이르렀다. 그러나 실시 시기가 이에 대한 논의가 한창이었던 1923년이 아니라 1927년부터였다. 이는 연합회 화상들의 반대로 인해 계속 실시 시기가 늦춰졌던 결과였다.

두유 혼보의 수기역은 대련 부두, 철령鐵嶺, 개원開原, 사평가四平街, 공주령公主嶺, 장춘長春, 영구營口, 안동安東이었고, 출고역은 오로지 대련이었다. 두유는 대두, 두병과 달리 액체이기 때문에 혼보를 하기 위해서는 반드시 저장 탱크를 설비할 필요가 있었다. 1926년 만철은 대련 부두에 1500톤 들이 두유 저장탱크 12대를 설치하고 1927년 4월부터 두유에 대한 혼합보관제도를 실시했다. 유조탱크에서 파이프를 통해 두유를 직접 기선에 선적하는 방법이 사용되었다. 그러나 두병이나 대두의 혼보처럼 강제성을 띤 것이 아니었기 때문에 성적은 극히 저조했다.

---

74) 「油房界困境與豆油混保-福順義油坊主人龐睦堂氏談」, 『滿洲報』 1923.7.21.
75) 「油坊界困境與豆油混保-福順義油坊主人龐睦堂氏談」, 『滿洲報』 1923.7.21.
76) 「豆油混合保管之實現難」, 『滿洲報』 1923.9.16.

1927-1929년 당시 대련 두유 총 수이출량에 대한 혼보두유의 출고량을 보면 다음과 같이 11-22%에 불과했다.

**|도표 8|** 대련 두유 수이출량에 대한 혼보출고량 비교

(단위: 미국 톤)

| 연도 | 수이출량 | 혼보 출고량 | 혼보출고량 비율 |
|---|---|---|---|
| 1927 | 97,713 | 10,260 | 11% |
| 1928 | 100,933 | 21,740 | 22% |
| 1929 | 132,219 | 16,998 | 13% |

* 해당연도 10월부터 다음해 9월까지
* 출처: 『大連に於ける特産物の取引及採算』, 106쪽.

이렇게 두유혼보 이용률이 부진했던 것은 중국 내지로 이출되는 두유에 대해서는 혼보가 거의 이용되지 않았기 때문이다. 당시 동북산 두유의 국외 수출은 대부분 대련항을 통해서 이루어졌는데 그 비율은 적을 때는 69%, 많은 때는 93-94%였다. 그 목적지는 주로 유럽이나 미국이었다.[77] 두유의 국내 이출의 경우, 영구, 안동을 통해서 이출되는 비율도 상당했지만 대련으로 이출되는 비율은 여전히 높았고, 이는 점점 강화되는 추세였다.[78] 다음 표에 나타난 것처럼 1927-1928년의 대련항 두유 수이출량 중 국내 이출비율은 50% 전후를 차지할 정도였다.

77) 1920년까지는 구미로 수출되는 두유의 100%가 대련항을 통해서 이루어졌지만 1921년부터는 블라디보스톡항을 통해서 수출되는 두유가 점차 증가하여 1923년에는 35%를 기록했다. 그러나 1927년부터 블라디보스톡으로 동행하여 수출할 경우 부과세가 징수되었기 때문에 1928-29년에는 대련으로 남행하여 수출하는 두유가 증가하여 다시 93-94%의 비율을 보이게 되었다.(『大連に於ける特産物の取引及採算』, 96-104쪽)



78) 동북 두유의 국내 이출 비율은 다음과 같다.(단위 %)

### |도표 9| 대련항 두유 수이출량

(단위: 미국 톤, %)

| 연도 | 국내 이출 | | | | 유럽 수출 | | 기타 수출 | | 총액 | |
|---|---|---|---|---|---|---|---|---|---|---|
| | 기선선적 | 정크선적 | 합계 | 비율 | 수출량 | 비율 | 수출량 | 비율 | 수출량 | 비율 |
| 1912 | 19,083 | 3,155 | 22,238 | 58 | 11,856 | 31 | 4,378 | 11 | 38,472 | 100 |
| 1913 | 7,895 | 1,106 | 9,001 | 22 | 27,679 | 66 | 5,067 | 12 | 41,747 | 100 |
| 1914 | 6,362 | 3,132 | 9,495 | 17 | 33,908 | 58 | 14,625 | 25 | 58,028 | 100 |
| 1915 | 471 | 2 | 473 | 1 | 32,181 | 43 | 42,180 | 56 | 74,834 | 100 |
| 1916 | 1,390 | 425 | 1,815 | 2 | 3,092 | 4 | 72,636 | 94 | 77,543 | 100 |
| 1917 | 128 | 3,781 | 3,909 | 3 | 56 | 0 | 137,167 | 97 | 141,132 | 100 |
| 1918 | 5,725 | 1,549 | 7,274 | 5 | 42,792 | 28 | 103,495 | 67 | 153,561 | 100 |
| 1919 | 5,658 | 4,350 | 10,008 | 8 | 51,928 | 42 | 61,097 | 50 | 123,033 | 100 |
| 1920 | 17,074 | 18,180 | 35,254 | 30 | 62,582 | 53 | 20,056 | 17 | 117,892 | 100 |
| 1921 | 7,971 | 9,297 | 17,268 | 16 | 85,301 | 77 | 8,162 | 7 | 110,731 | 100 |
| 1922 | 6,180 | 10,358 | 16,538 | 12 | 94,606 | 70 | 24,175 | 18 | 135,319 | 100 |
| 1923 | 3,105 | 5,209 | 8,314 | 9 | 75,423 | 84 | 5,885 | 7 | 89,622 | 100 |
| 1924 | 3,657 | 6,899 | 10,556 | 10 | 86,354 | 81 | 9,898 | 9 | 106,808 | 100 |
| 1925 | 6,644 | 10,487 | 17,131 | 13 | 100,440 | 75 | 15,588 | 12 | 133,159 | 100 |
| 1926 | 6,312 | 10,296 | 16,608 | 11 | 120,436 | 84 | 6,960 | 5 | 144,004 | 100 |
| 1927 | 27,283 | 20,248 | 47,531 | 49 | 42,467 | 43 | 7,717 | 8 | 97,715 | 100 |
| 1928 | 28,469 | 25,089 | 53,558 | 53 | 32,654 | 32 | 14,721 | 15 | 100,933 | 100 |
| 1929 | 9,745 | 5,068 | 14,813 | 11 | 109,488 | 83 | 7,918 | 6 | 132,219 | 100 |

* 기타 지역은 일본, 미국, 남양지역 등으로 미국의 비중이 가장 높다.
* 출처: 『大連に於ける特産物の取引及採算』, 93-104쪽에 의해 작성.

이렇게 중국 국내로 이출되는 것은 주로 식용으로 사용되었고 기선이나 정크선(소형범선)에 의해 중국 내지의 각 수요지로 직송되었다. 따라서 수송시에도 대부분 종래의 습관대로 양잔이나 특산상이 '유롱油

| 연도 | 대련 | 영구 | 안동 | 계 | 연도 | 대련 | 영구 | 안동 | 계 |
|---|---|---|---|---|---|---|---|---|---|
| 1912 | 51 | 44 | 5 | 100 | 1921 | 34 | 38 | 28 | 100 |
| 1913 | 38 | 57 | 5 | 100 | 1922 | 32 | 35 | 33 | 100 |
| 1914 | 34 | 54 | 12 | 100 | 1923 | 27 | 38 | 35 | 100 |
| 1915 | 4 | 86 | 10 | 100 | 1924 | 28 | 47 | 25 | 100 |
| 1916 | 12 | 56 | 32 | 100 | 1925 | 40 | 25 | 35 | 100 |
| 1917 | 23 | 67 | 10 | 100 | 1926 | 36 | 30 | 34 | 100 |
| 1918 | 33 | 42 | 25 | 100 | 1927 | 64 | 21 | 15 | 100 |
| 1919 | 36 | 52 | 12 | 100 | 1928 | 75 | 12 | 13 | 100 |
| 1920 | 53 | 26 | 21 | 100 | 1929 | 51 | 23 | 26 | 100 |

* 출처: 滿鐵調査課, 『大連に於ける特産物の取引及採算』, 98-99쪽.

籠'을 가지고 와서 두유를 담아가는 방법이 사용되었다. 대두공장에서 두유를 거래할 때도 혼보의 규격품으로 기준을 정하는 것이 아니라 화상들의 습관에 따라 '보통 정도의 품질'이면 거래가 성사되었다. 사실 대련 부두에 설치되어 있는 혼합보관 유조탱크에서 두유를 포장, 운반, 선적하는 것은 오히려 불편이 많았다. 때문에 영구나 안동에서는 물론이고 대련에서도 종래의 습관대로 기선이나 정크선에 선적하여 발송하는 방법이 채택되었다.[79] 대련교역소에서 거래되는 두유의 현물, 선물거래에서도 혼보의 규격은 무시되었고 습관적으로 '보통의 평균 품질'로 거래되었다. 취급업자도 혼보품을 인도해야 하는 의무도 없었을 뿐 아니라 이를 유럽으로 수출해도 하등의 문제가 없었기 때문에 연합회 화상 회원들에게 있어서 두유혼보제도는 거의 이용되지 않았던 것이다.

그러나 연합회 회원들이 두유혼보에 반대했던 것과 달리 만철연선 대두공장은 만철의 두유혼보제도를 찬성했다. 그 이유는 대련 대두가공업자와 입장이 달랐기 때문이다. 만철연선에서 생산된 두유를 대련으로 운반하여 계속 매매를 하고자 한다면 수수료가 상당한 액수에 달했다. 만일 두유혼보제도가 실시되어 두유가 생산지인 만철연선에서 혼보에 기탁된다면 이러한 불편은 제거될 것이고, 그것이 출고역인 대련에 도착하기도 전에 증권으로 거래할 수 있었다.[80] 그렇게 되면 만철연선 대두공장은 크게 편리하고 비용이 절감되지만, 반대로 대련만이 가지고 있던 우월성과 편리성은 사라지게 되는 것이었다. 따라서 연

---

79) 중국 내지로 이출되는 두유는 기선에 선적되거나 중국식 정크선적으로 수송되었다. 대련항에서는 기선 이용 비율이 우세한 편이었지만 정크선 이용 또한 적을 때는 20-30%, 많은 때는 50-60%나 되었다.(『大連に於ける特産物の取引及採算』, 101-102쪽)

80) 『滿洲特産物取引指針』, 217쪽.

합회 화상 회원들은 결사반대했다.[81)]

한편, 두유혼보제도 실시에 대해 연합회의 일상 회원들도 화상의 견해에 찬성했던 면을 간과할 수 없다. 만철은 비밀리에 대련 대두공장의 혼보제도에 대한 견해를 조사하여 그 목적을 달성하고자 했다.[82)] 그 회유 대상은 우선 일상 회원들이었다. 그러나 일본인 대두 가공업자, 특산상 등도 화상과 같은 입장에 서 있었다. 대련의 일본인 대두공장은 소수였지만 산타이유방三泰油坊, 미츠비시유방三菱油坊, 닛신제유주식회사日清製油株式會社 등 대부분은 일본 재벌이 설립한 대두공장이었다.[83)] 닛신제유주식회사의 사장이자 연합회 회장인 후루사와 조사쿠는 두유 혼보연구위원회에 참석하여 연합회의 대표로서 연합회 회원 '전부(특히 화상)'가 혼보에 반대한다는 의견을 피력한 바 있다. 그러나 후루사와 조사쿠 개인적으로는 노골적인 반대가 곤란했던 것으로 보인다. 1923년 3월 2일 『만주보滿洲報』에 실린 다음과 같은 기사를 보면, 두유 혼합보관제도의 실시에 대해 찬성도 할 수 없고 반대도 할 수 없는 그의 애매한 입장이 잘 나타나 있다.

---

81) 그러나 대련 대두공장은 대련까지 포함하는 만철의 전면적인 두유혼보제도의 실시는 결사반대했지만 만철연선의 각지 대두공장에서 두유 혼보를 실시하는 것까지 반대하지는 않았다.(「大連油坊業全體反對豆油混保」(續), 『滿洲報』 1923.6.22)

82) 「大連油坊業全體反對豆油混保」(續), 『滿洲報』 1923.6.22.

83) 三井企業은 동북에 시멘트, 제분, 대두공장, 석탄액화공업, 광업, 방적업 등 각종 분야에 직·간접으로 투자했다. 특히 대두무역을 중심으로 대두공장을 소유하고 있었는데 三井物産이 설립한 대두공장은 三泰油坊이었다. 三泰油坊은 東永茂의 점주 潘玉田과 합병하여 1907년 영구에 설립하고 사업장을 대련에 두었다. 三菱企業도 동북에서 대두무역으로 성장했는데 三菱油坊을 소유하고 있었다. 日清製油株式會社는 大倉財閥이 1907년 설립한 것으로 본점은 동경에 있었다. 日清製油株式會社는 三泰油坊, 三菱油坊과 더불어 동북 최대급 대두공장이었다.(滿洲經濟社, 『滿洲企業の全面的檢討』, 1942, 114쪽, 121쪽, 130쪽; 鈴木邦夫編著, 『滿洲企業事硏究』, 日本經濟評論社, 2007, 186-215쪽)

(두유 혼보의) 편리함이 많기는 하지만 주변의 상황을 관찰하고 미루어 짐작해보면 혼보를 실행할 시기는 아니다. 혼보의 목적은 화물을 완전히 포장하는 것이다. 출발은 만철이 이를 위해 유조탱크를 건조하여 화주貨主에게 대여해줌으로써 그것(두유-필자)을 용이하게 전달한다는 것이다. 그런데 사실 수출에는 소수의 일본상인만이 이에 해당된다. 일본 대기업 중이 혼보제도에 찬성하는 자가 있을 것 같지만, 유조탱크 건조에 찬성하는 자를 그 배후에서 철저하게 관찰해보면 일본 대기업은 혼보에 찬성하는 자가 없는 것 같다. 나 개인적으로도 만철의 저장유조탱크 건설에 내심 찬성하지는 않시만 이를 깊이 생각해보면 찬성을 표하지 않을 수 없다. 그러나 편협한 생각만으로는 알 수 없다.[84)]

그의 말처럼 일본 대기업들은 두유 혼보에 찬성하지 않았다. 급기야 1925년 3월에는 미츠이물산三井物産을 시작으로 일본 수출 4대 기업이 두유혼보의 실시를 유예해 줄 것을 만철에 청원하기도 했다.[85)] 그러나 상술한대로 1927년 결국 두유 혼보제도가 강행되었다. 혼보 두유의 거래는 연합회 일부 일상 회원에 한했고, 연합회 화상 회원들은 반대의 최선봉에 서 있었기 때문에 혼보에 기탁된 두유는 주로 만철연선산이었다.[86)] 사실 두유 혼보는 국내 이출을 위한 것이 아니라 국외 수출을 겨냥해서 도입한 제도였다. 그럼에도 불구하고 실질적으로 두유 수출의 대표 기업인 미츠이물산조차도 이 두유혼합보관제도를 이용하지 않았다. 미츠이물산은 혼보 실시 이전부터 이미 만철과 동일한 용량의 유조탱크 7대를 보유하고 있었기 때문에 만일 두유 혼보가 실시되면 이것은 무용지물이 된다는 것을 의미했다.[87)] 다음은 대련 두유 탱크별

84) 「豆油混保事件誌聞-古澤丈作談話不以此事爲然」, 『滿洲報』 1923.3.2.
85) 「豆油混保た關し請願の件」, 『現代史資料(32)滿鐵(2)』, みすず書房, 1966, 200쪽.(岡部牧夫, 「'大豆經濟'の形成と衰退-大豆をとおして見た滿鐵」, 岡部牧夫編, 『南滿洲鐵道會社の硏究』, 日本經濟評論社, 2008, 41쪽에서 재인용)
86) 『混保十五年史』, 205쪽.
87) 『大連に於ける特産物の取引及採算』, 110쪽.

수출량을 나타낸 것이다.

**|도표 10|** 대련의 산적散積 두유 탱크별 수출량

(단위: 미국 톤, %)

| 탱크별 | 1928 | | 1929 | |
|---|---|---|---|---|
| | 수량 | 비율 | 수량 | 비율 |
| 만철혼보(합격) | 21,404 | 40 | 16,905 | 15 |
| 만철혼보(불합격) | 7,395 | 14 | 27,255 | 24 |
| 三井物産 | 18,171 | 34 | 61,253 | 54 |
| 豊年製油 | 6,718 | 12 | 7,635 | 7 |
| 계 | 53,688 | 100 | 123,048 | 100 |

* 출처: 『大連に於ける特産物の取引及採算』, 110쪽.

위의 표를 통해 미츠이물산과 호넨제유豊年製油의 탱크를 통해 수출되는 두유의 비중이 상당히 컸다는 것을 알 수 있다. 그러나 일상도 만철의 혼보를 이용했던 것이 아니라 자체 내의 두유 탱크를 이용해서 수출했다. 연합회의 일상도 화상이 반대했던 것과 동일한 이유로 두유 혼보의 실시를 반대했던 것이다. 이것은 만철의 의도와는 배치되는 것이었다. 사실 |도표 9|에 의하면 두유의 수출량은 항상 15만톤 미만이었는데 이 정도를 위해 대련 부두에 거액을 들여 유조탱크를 설치한다는 것은[88] 합리적인 일이 아니었다. 따라서 동북에 진출한 일본 재벌들은 유조탱크 비용 제공에 소극적인 자세를 취했다. 다만 인적으로 물적으로 만철과 긴밀한 관계에 있었던 연합회 일상 회원들이 만철의 혼보 정책에 노골적으로 반대하는 것은 곤란했다. 그러나 현실적으로 나타난 양상은 일상 회원들의 두유 혼합보관제도에 대한 반대 의사를 그대로 드러내는 것이었다.

88) 「豆油混保事件誌聞-古澤丈作談話不以此事爲然」, 『滿洲報』 1923.3.2.

이상과 같이 연합회 회원들의 선택은 지극히 실리적이었다. 일상 회원들은 동북에 진입할 때부터 만철과의 긴밀한 관계를 유지하고 있었던 것이 사실이지만, 두유 혼보제도를 이용하기 보다는 자체적으로 보유하고 있던 유조탱크를 사용했다. 연합회의 회원은 아니지만 만철연선의 대두공장들이 생산지에서 두유 혼보를 실시하는 것을 환영했던 것도 그것이 그들에게 이익을 주었기 때문이었다. 반면 연합회의 화상 회원들은 두유 혼보의 실시를 극렬 반대했다. 그것은 두유 혼보제도가 전통적인 상관습에도 맞지 않을 뿐더러 비용의 증가가 예상되었기 때문이다. 이들은 적극적으로 만철에 저항하면서 종전과 같이 '유롱'에 두유를 담아서 거래하는 고유의 상관습을 고수함으로써 자신들의 이익을 지키고자 했다. 그러나 화상은 중국의 상관습을 무조건 지켜야 하는 '전통'으로 받아들이지는 않았다. 그것이 합리적이지 않다고 생각될 때는 합리적인 면을 추구하는 경향이 있었다. 반대로 '근대'라는 외피를 쓰고 불합리한 면을 강요받을 때는 '상관습의 유호維護'가 자신들 주장의 정당성 논리로 작용하는 측면이 있었다.

한편, 일본의 입장에서는 혼보제도의 순조로운 실시에 예상외의 제동이 걸린 셈이었다. 일본은 만철을 중심으로 철도를 통한 동북경영을 표방하고 있었다. 1920년대 동북의 대두 생산량은 이미 세계 대두 생산량의 절반을 넘어서고 있었고, 동북에서 생산되는 대두제품을 만철을 통해 대련역으로 수송하고 이를 다시 대련항을 통해 일본이나 구미로 수출함으로써 세계 대두시장을 장악할 수 있는 길이 열리게 되었다. 따라서 남만주철도의 종점에 위치한 대련을 만철의 물류와 수송체계의 거점으로 삼는다는 것이 그 기본 정책이었다. 이에 따라 대련항을 국제항구로 확장하고 물류를 대련에 집중시키기 위해 항만, 교역소, 금융, 수송 등등 가능한 한 모든 편의와 시설을 대련항에 집중 제공했던 것이다.

일본이 이토록 대련에 집착했던 이유는 영구와 같은 동북의 다른 전통 도시들은 일본이 동북을 지배하기 이전에 이미 상업이나 무역으로 융성했고 중국 내지와의 관계가 밀접했기 때문에 일본에 대한 민족적 저항을 우려했던 측면이 있었다. 이에 비하면 대련은 러시아와 일본에 의해 새로 개발된 탓에 초기에는 그런 민족적 정서가 상대적으로 약했다. 따라서 만철은 일상이 대련의 상업과 무역의 주도권을 잡고, 대련이 동북과 일본 내지를 직결시키는 동북의 중심지가 될 수 있도록 적극적인 지지와 후원을 아끼지 않았다. 이러한 대련중심주의의 기조에 따라 상품화, 규격화된 대두제품을 대련에 집중시켜 일률적으로 만철의 통제하에 두기 위해 실시되었던 것이 혼합보관제도였다.

그러나 현지 상황을 충분히 고려하지 않고 추진되었던 만철의 혼합보관제도는 뜻하지 않은 복병을 만나게 된 것이었다. 연합회 구성원의 대다수를 차지하는 화상의 입장을 도외시했던 만철의 밀어붙이기식 두유혼보의 실시가 화상의 강력한 저항으로 나타났던 것이다. 연합회 내부에는 어느 정도 동업조직으로서의 동질성과 결속력이 있었기 때문에 민족적 갈등 요소가 적었다 해도 화상들에 의한 상업적 저항은 결코 무시될 수 없는 것이었다. 만철은 이 혼합보관제도에 대해 동북 산업경제계는 물론 만철의 수송과 보관상에 상당한 효율을 가져왔다고 자화자찬했지만, 실제로는 일본으로 수출하기 위한 두병의 혼보 이외에는 큰 효과를 보지 못했다. 화상의 상관습에 부합하지 않았던 대두의 혼보는 그 비율이 점차 줄어드는 추세였고, 두유의 혼보는 화상의 반대와 일상의 비협조로 실시 자체가 무력해졌다. 대두, 두병, 두유에 대한 혼보제도를 실시함으로써 동북의 대두제품에 대한 일원적 통제를 하고자 했던 만철의 의도는 두유 혼보 실시의 저조로 인해 차질을 빚게 되었던 것이다.

## [부록] 대련 대두공장 경영 상황

(1923년 10월 현재)

| 대두공장명 | 개설 연월 | 소재지 | 국적 | 경영자 | 자본금(元) | 1일 제조 능력(片) | 연생산 두병량(톤) | 직공수 | |
|---|---|---|---|---|---|---|---|---|---|
| | | | | | | | | 중 | 일 |
| 日清製油株式會社 | 1907.3 | 市川地 | 日商 | 古澤丈作 | 3,750,000 | 7000 | 266,000 | 370 | 22 |
| 三泰油坊 | 1907.5 | 市川地 | 日商 | 廣瀨金藏 | 300,000 | 5000 | 1,082,000 | 143 | 11 |
| 小寺油坊 | 1909.7 | 市川地 | 日商 | 小寺壯吉 | 300,000 | 4200 | 713,000 | 135 | |
| 加藤油坊 | 1911.10 | 市川地 | 日商 | 光井直輔 | 10,000 | 4200 | | | |
| 大連油脂工業株式會社 | 1920.7 | 市川地 | 日商 | 岡田徹平 | 1,000,000 | 4500 | 726,000 | 173 | 14 |
| 三菱油坊 | 1921.12 | 市川地 | 日商 | 三島清一 | 400,000 | 3000 | 529,000 | 91 | 19 |
| 和盛利油坊 | 1912.1 | 市川地 | 中日合作 | 石本鏆太郎 | 30,000 | 4000 | | | |
| 成裕昌油坊 | 1913.11 | 市川地 | 華商 | 安惠民 | 150,000 | 6400 | 844,000 | 102 | 5 |
| 聚成祥油坊 | 1913.2 | 市川地 | 華商 | 夏鳳儀 | 50,000 | 4000 | 539,000 | 66 | 2 |
| 東永茂油坊 | 1910.4 | 市川地 | 華商 | 李升海 | 50,000 | 4000 | 706,000 | 135 | 2 |
| 天興福油坊 | 1907.12 | 市川地 | 華商 | 邵乾一 | 20,000 | 4000 | 513,000 | 110 | 2 |
| 福元油坊 | 1909.8 | 市川地 | 華商 | 王梓封 | 50,000 | 4000 | 624,000 | 70 | 2 |
| 乾聚和油坊 | 1913.2 | 市川地 | 華商 | 孫廣甫 | 70,000 | 3000 | 617,000 | 80 | 3 |
| 福順厚油坊 | 1909.9 | 市川地 | 華商 | 周維禎 | 100,000 | 6000 | 707,000 | 131 | 6 |
| 新順洪油坊 | 1909.12 | 市川地 | 華商 | 李墨園 | 80,000 | 5000 | 681,000 | 64 | 2 |
| 萬慶昌油坊 | 1910.9 | 市川地 | 華商 | 林尙梅 | 50,000 | 4400 | 698,000 | 70 | 4 |
| 萬慶昌支店 | | 市川地 | 華商 | | | 4000 | | | |
| 豊成油坊 | 1909.11 | 市川地 | 華商 | 張愼五 | 23,000 | 3000 | 572,000 | 92 | 2 |
| 升源油坊 | 1913.12 | 市川地 | 華商 | 徐聽壽 | 100,000 | 5000 | 381,000 | 83 | 3 |
| 忠興福油坊 | 1919.8 | 市川地 | 華商 | 邵尙忠 | 25,000 | 4000 | 745,000 | 64 | 4 |
| 同聚厚油坊 | 1909.1 | 市川地 | 華商 | 林培基 | 105,000 | 4000 | 430,000 | 63 | 2 |
| 裕成東油坊 | 1909.9 | 市川地 | 華商 | 張玉璞 | 80,000 | 3000 | 426,000 | 65 | 1 |
| 同聚永油坊 | 1913.2 | 市川地 | 華商 | 孫殿賓 | 60,000 | 3000 | 368,000 | 55 | 2 |
| 和生祥油坊 | 1910.10 | 市川地 | 華商 | 賴紹三 | 123,000 | 2000 | 311,000 | 70 | 1 |
| 義順牲油坊 | 1913.12 | 市川地 | 華商 | 焦祝三 | 40,000 | 5000 | 570,000 | 78 | 2 |
| 德聚澧油坊 | 1913.12 | 市川地 | 華商 | 林竹亭 | 40,000 | 3000 | 478,000 | 85 | 3 |
| 振成油坊 | 1911.2 | 市川地 | 華商 | 張松山 | 80,000 | 1500 | 273,000 | 75 | 2 |
| 忠盛和油坊 | 1909.11 | 市川地 | 華商 | 叢人綱 | 80,000 | 4500 | 566,000 | 45 | 2 |
| 雙聚福油坊 | 1909.11 | 市川地 | 華商 | 安承生 | 35,000 | 2500 | 338,000 | 60 | 4 |
| 大生蔚油坊 | 1911.3 | 市川地 | 華商 | 李桐軒 | 50,000 | 3000 | 372,000 | 63 | 1 |
| 裕豊泰油坊 | 1914.3 | 市川地 | 華商 | 高廷臣 | 60,000 | 4200 | 475,000 | 80 | 5 |
| 恒昌公油坊 | 1910.0 | 市川地 | 華商 | 王應古 | 50,000 | 3000 | 397,000 | 39 | 1 |
| 達昌油坊 | 1911.10 | 市川地 | 華商 | 接香廷 | 50,000 | 4500 | 377,000 | 70 | 3 |
| 同泰油坊 | 1909.10 | 市川地 | 華商 | 薑西亭 | 50,000 | 2500 | 395,000 | 40 | 1 |
| 裕豊成油坊 | 1918.9 | 市川地 | 華商 | 李獻甫 | 60,000 | 3000 | 474,000 | 52 | 1 |
| 同聚洽油坊 | 1913.2 | 市川地 | 華商 | 林坦基 | 40,000 | 2000 | 353,000 | 40 | 3 |
| 福聚恒油坊 | 1913.2 | 市川地 | 華商 | 孫鉅卿 | 20,000 | 3000 | 274,000 | 39 | 3 |
| 恒升油坊 | 1909.11 | 市川地 | 華商 | 曲德民 | 50,000 | 3000 | 192,000 | 30 | 3 |
| 成德油坊 | 1913.2 | 市川地 | 華商 | 劉鴻絲 | 10,000 | 2500 | 224,000 | 40 | 1 |
| 天和成油坊 | 1916.11 | 市川地 | 華商 | 孫吉庵 | 15,000 | 2500 | 460,000 | 74 | 6 |
| 萊永福油坊 | 1915.9 | 市川地 | 華商 | 姚桂軒 | 15,000 | 4000 | 204,000 | 49 | 2 |
| 政興利油坊 | 1915.11 | 市川地 | 華商 | 蘇培鴻 | 100,000 | 2000 | 319,000 | 36 | 1 |
| 裕泰油坊 | 1917.2 | 市川地 | 華商 | 於一桂 | 30,000 | 2500 | 472,000 | 90 | 6 |
| 玉昌合油坊 | 1909.8 | 市川地 | 華商 | 李果本 | 30,000 | 3000 | 381,000 | 70 | 2 |
| 東亞油坊 | 1921.11 | 市川地 | 華商 | 黃瀛東 | 150,000 | 4000 | 563,000 | 70 | 10 |
| 和泰油坊 | 1921.10 | 市川地 | 華商 | 袁祉慶 | 250,000 | 4000 | 676,000 | 60 | 4 |
| 和泰支店 | | 小崗子 | | 衛一臣 | | 2000 | | | |

| 대두공장명 | 개설 연월 | 소재지 | 국적 | 경영자 | 자본금(元) | 1일 제조 능력(片) | 연생산 두병량(톤) | 직공수 | |
|---|---|---|---|---|---|---|---|---|---|
| | | | | | | | | 중 | 일 |
| 萬義長油坊 | 1922.10 | 甲川地 | 華商 | 林善齊 | | 6000 | 374,000 | 40 | 18 |
| 中日油坊 | 1921.11 | 甲川地 | 華商 | 林鳳翔 | 150,000 | 5000 | 547,000 | 90 | 6 |
| 大信油坊 | 1921.12 | 甲川地 | 中日合作 | 石田榮藏 | 200,000 | 4000 | 290,000 | 59 | 3 |
| 福興油坊 | 1921.10 | 甲川地 | 華商 | 安立義 | | 4000 | 172,000 | | |
| 晉豊油坊 | 1912.11 | 小崗子 | 華商 | 牛作周 | 200,000 | 5500 | 738,000 | | |
| 政記油坊 | 1908.11 | 小崗子 | 華商 | 張本政 | 75,000 | 5000 | 764,000 | | |
| 同聚祥油坊 | 1910.11 | 小崗子 | 華商 | 孫希謙 | 30,000 | 5000 | 560,000 | | |
| 安惠棧油坊 | 1909.11 | 小崗子 | 華商 | 許億年 | 35,000 | 2100 | 380,000 | | |
| 亨祥裕油坊 | 1909.2 | 小崗子 | 華商 | 趙謹堂 | 35,000 | 3000 | 444,000 | | |
| 福順義油坊 | 1919.10 | 小崗子 | 華商 | 龐志方 | 50,000 | 8000 | 496,000 | | |
| 裕增和油坊 | 1911.10 | 小崗子 | 華商 | 王學賓 | 50,000 | 3000 | 430,000 | | |
| 福順厚支店 | 1919.9 | 小崗子 | 華商 | 劉福笙 | 50,000 | 1700 | 382,000 | | |
| 義興福油坊 | 1910.5 | 小崗子 | 華商 | 閻明軒 | 20,000 | 2500 | 246,000 | | |
| 廣永茂油坊 | 1912.11 | 小崗子 | 華商 | 武維恭 | 30,000 | 3200 | 361,000 | | |
| 怡順東油坊 | 1910.12 | 小崗子 | 華商 | 方德宣 | 20,000 | 3000 | 463,000 | | |
| 德興成油坊 | 1912.9 | 小崗子 | 華商 | 張嚴甫 | 30,000 | 3000 | 62,000 | | |
| 成順和油坊 | 1912.4 | 小崗子 | 華商 | 劉金銘 | 30,000 | 3000 | 462,000 | | |
| 公成玉油坊 | 1906.3 | 小崗子 | 華商 | 薑宣春 | 20,000 | 2000 | 259,000 | | |
| 泰來油坊 | 1909.11 | 小崗子 | 華商 | 周承武 | 20,000 | 3000 | 600,000 | | |
| 泰來油坊支店 | 1923.1 | 小崗子 | 華商 | 周承武 | | 2000 | | | |
| 義祥油坊 | 1914.10 | 小崗子 | 華商 | 曲志雲 | 40,000 | 3400 | 426,000 | | |
| 天興福支店 | 1923.1 | 小崗子 | 華商 | 邵乾一 | | 4000 | 320,000 | | |
| 新順興油坊 | 1923.2 | 小崗子 | 華商 | 李墨園 | | 2000 | 158,000 | | |
| 雙盛油坊 | 1921.11 | 小崗子 | 華商 | 高學志 | | 6000 | 293,000 | | |
| 忠興厚油坊 | 1921.11 | 小崗子 | 華商 | 楊馨五 | | 3000 | 195,000 | | |
| 怡順成油坊 | 1922.12 | 小崗子 | 華商 | 於文和 | | 4000 | 452,000 | | |
| 穰穀油坊 | 1922.12 | 小崗子 | 華商 | 王學海 | | 1000 | 42,000 | | |
| 成順德油坊 | 1921.12 | 甲川地 | 華商 | 劉治琇 | | 4000 | 313,000 | | |
| 興業油坊 | 1921.9 | 甲川地 | 華商 | 孫香山 | 50,000 | 2400 | 313,000 | | |
| 瑞祥油坊 | 1922.9 | 甲川地 | 華商 | 石王田 | 20,000 | 1000 | 145,000 | | |
| 聚昌油坊 | 1922.10 | 甲川地 | 華商 | 王治漢 | | 1000 | 74,000 | | |
| 忠盛和支店 | | 甲川地 | | 叢人綱 | | 1500 | 68,000 | | |
| 이상 연합회 회원 총 79호 | | | | | | | | | |
| 大連製油株式會社 | 1920.1 | 崇山屯 | 日商 | 金子隆二 | 3,000,000 | 5000 | | | |
| 日華油坊 | 1920.4 | 小崗子 | 日商 | 北村太郎 | 1,000,000 | 2000 | 260,000 | | |
| 成裕昌支店 | 1921.11 | 甲川地 | 華商 | 安惠民 | | 3000 | 87,000 | | |
| 益和油坊 | 1921.11 | 小崗子 | 華商 | 陳子禎 | | 3000 | | | |
| 義成泰油坊 | 1921.12 | 小崗子 | 華商 | 穆方運 | | 4000 | | | |
| 益祥油坊 | 1921.12 | 小崗子 | 華商 | 滕國祥 | | 3000 | | | |
| 錦元油坊 | 1922.2 | 小崗子 | 華商 | 郭萬元 | | 2000 | | | |
| 吉祥油坊 | 1922.9 | 小崗子 | 華商 | 薛古東 | | 2000 | | | |
| 慶升油坊 | 1921.3 | 小崗子 | 華商 | 孫文慶 | | 1200 | | | |
| 鈴木油坊 | 1915 | 寺兒溝 | 日商 | 鈴木商店 | 500,000 | | | 82 | 2 |
| 이상 연합회 미가입 총 10호 | | | | | | | | | |
| 합계 89호 | 화상 78호 일상 11호(중일합작 2호 포함) | | | | | | | | |

* 출처: 『滿洲に於ける油坊業』, 77-82쪽, 「大連油坊業史略」, 83-87쪽에 의거하여 작성. 양자의 내용이 다를 경우 대두공장 명칭, 소재지, 경영자, 1일 제조 능력, 직공수는 『滿洲に於ける油坊業』에, 개설연도, 국적, 자본금, 연생산 두병량은 「大連油坊業史略」에 따름.

# 2

# 상업 관행과 근대 동북사회

# 봉천의 상업과 중국 상인의 동향

_ 김희신

근대 동북사회구조의 변화를 이해하는 세 가지 키워드는 이민, 개방, 그리고 철도였다. 동북의 각 주요 도시들도 긍정적이든, 부정적이든 이들 세 가지 요소로부터 도시발전의 추동력을 얻었다고 해도 과언이 아니다. 각 도시에 이들 요소가 복잡하게 작용하여 사회구조로 현재화되었고, 그 구체적인 발전상황은 도시마다 차이가 있었다. 다양한 지역적 차이를 염두에 둔다면 각 도시환경과 구조, 그 특징을 좀 더 분명히 할 필요가 있다. 본고는 만주국 수립이전 동북지역정권의 중심이며, 근대 동북발전의 축소판이라 할 수 있는 도시 봉천奉天에 주목하고자 한다. 여기서 주요한 관심은 봉천의 도시화과정 자체가 아니라 도시화과정에서 형성된 '복합적' 도시구조가 상업무역과 중국 상인의 존재양태에 어떠한 영향을 미쳤는가의 문제에 있다.[1] 실제 봉천의 발전은 행정을 전

* 이 글은 『중국근현대사연구』 제60집(2013.12)에 게재된 필자의 원고를 수정하여 본 총서체제에 맞게 재편집한 것이다.

혀 달리하는 정치권력에 의해 각각 주도되었다. 이를 대하는 중국 상인들의 의식과 행동 속에는 현실적 이해관계뿐만 아니라 각 정치권력 전반에 대한 태도도 직접적으로 반영되므로 이 점 역시 관심대상이다.

우선 전통적인 도시 중심이었던 성내城內가 상부지商埠地, 만철부속지滿鐵附屬地의 성립으로 인해 확대 발전되어 간 과정과 그 의미에 대해 검토한다. 그리고 만주국 수립이전, 특히 1920년대 후반 봉천의 상업무역 상황과 상거래 유통의 특징에 대해 분석한다. 마지막으로 도시공간 내 중국인 상점분포와 상회의 존재양태를 구체적으로 분석하여 중국 상인의 동향을 파악하고자 한다. 이로써 봉천의 도시발전과정에서 중국 상인들이 어떻게 적응하고, 확대발전할 수 있었는지, 더 나아가 정치권력과는 어떠한 관계에 있었는지 그 일면을 드러낼 수 있기를 기대한다.[2)]

---

1) 만주국의 수립이 수도변경을 포함하여 중국동북 사회 전체에 커다란 변화를 초래했다는 사실은 주지하는 바이다. 현재까지 만주국 수립 이전 도시봉천의 중국 상인에 대한 전론적인 연구는 드물고, 남만주 일반 혹은 일부 부속지 관련 연구의 일환으로 진행되어 왔으며 대체로 다음과 같은 연구가 있다. 大野太幹, 「滿鐵附屬地居住華商に對する中國側稅捐課稅問題」, 『中國研究月報』 59-9, 2005; 大野太幹, 「滿鐵附屬地華商と沿線都市中國商人-開原・長春・奉天各地の狀況について-」, 『アジア經濟』 47-6, 2006; 上田貴子, 「近代中國東北地域に於ける華人商工業資本の研究」, 大阪外國語大學 博士學位論文, 2002; 上田貴子, 「奉天-權力性商人と糧棧」, 安富步・深尾葉子 編, 『「滿洲」の成立』, 名古屋大學出版會, 2010; 張曉紅, 「兩大戰間期奉天における綿絲布商とその活動」, 『經濟學研究』 77(4), 2011 등.

2) 『滿洲華商名錄』(奉天興信所, 1932, 이하 『名錄』으로 표기)을 기본 자료로 이용하여 분석을 시도하였다. 총13개 업종, 302개 봉천시 소재상점 가운데 은행, 양말공장, 서적문방구, 잡류공장 및 보류 등으로 분류된 5개 업종을 제외한 총8개 업종, 233개 상점을 분석대상으로 삼았다.

## 1. 근대도시의 형성과 상업공간의 확대

봉천이라 부르는 도시 공간은 청초 황궁皇宮과 봉천부奉天府가 있었던 지역에서 유래한다. 청말 이후 봉천은 한족 이주인구의 급격한 증가, 통상지로의 개방, 철도의 부설과 함께 도시근대화 과정에서 도심을 구성하는 세 개의 공간, 즉 봉천성내奉天城內, 상부지商埠地, 만철부속지滿鐵附屬地로 확대, 발전해 갔다.3)

|도표 1| 봉천 도심 공간: 성내 · 상부지 · 만철부속지

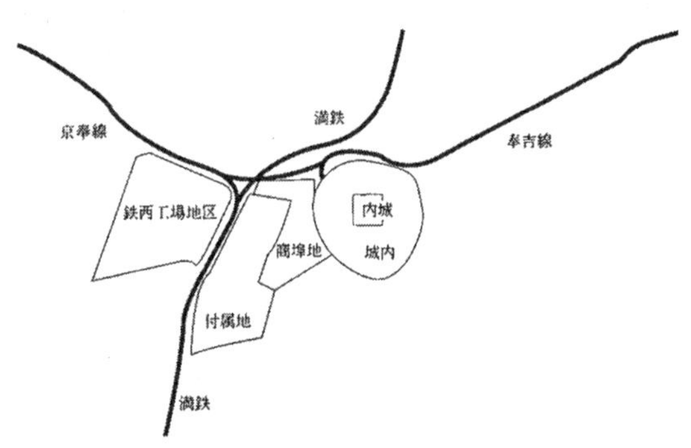


* 출처: 塚瀨 進, 「奉天における日本商人と奉天商業會議所」, 波形昭一 編著, 『近代アジアの日本人經濟團體』(同文館, 1997), 118쪽.

우선 봉천성奉天城은 가장 오랜 역사를 가진 만주족의 옛 터전으로 내성內城과 외성外城으로 이루어져 있다. 내성은 벽돌로 쌓아 만든 정방형의 성벽으로 둘러싸여 있고, 성벽의 동서남북 각 면에는 각각 대·소 두 개의 문門, 즉 소동小東, 대동大東, 소서小西, 대서大西, 소남小南, 대남大

3) 西澤泰彦, 『圖說「滿洲」都市物語』(河出書房新社, 2006), 74-75쪽 및 95-98쪽; 奉天市公署, 『奉天市公署要覽』(奉天市公署總務處調査科, 1937), 8-9쪽.

南, 소북小北, 대북大北 등 8개의 문이 있어 외부와의 교통에 이용되었다. 그리고 각 문을 통하는 동서남북의 도로를 주요 대가大街로 하여 바둑판 모양의 정자형井字形 도로가 성내를 관통한다. 한편 내성을 둘러싸고 바깥쪽에 있는 외성은 내성과는 달리 타원형의 토성土城으로, 외성 벽에는 내성 8개 각 문과 도로의 연장선에 관關을 설치하고 변문邊門이라 불리던 8개의 문이 있다.

**|도표 2|** 봉천시 내·외 성문의 위치와 명칭

| 성곽 | 문 위치 | 內城 | 外城 |
|---|---|---|---|
| | | 門 명칭 (속칭) | 關 명칭 (속칭) |
| 東面 | 北 | 內治 (小東門) | 小東關 (小東邊門) |
| | 南 | 撫邊 (大東門) | 大東關 (大東邊門) |
| 西面 | 北 | 外攘 (小西門) | 小西關 (小西邊門) |
| | 南 | 懷遠 (大西門) | 大西關 (大西邊門) |
| 南面 | 西 | 天佑 (小南門) | 小南關 (小南邊門) |
| | 東 | 德盛 (大南門) | 大南關 (大南邊門) |
| 北面 | 西 | 地裁 (小北門) | 小北關 (小北邊門) |
| | 東 | 福勝 (大北門) | 大北關 (大北邊門) |

* 출처: 外務省, 『南満ニ於ケル商業』(金港堂書籍, 1907), 241-242쪽.

성城의 중심에는 청 초기의 황궁이 있고, 고루鼓樓와 종루鐘樓가 소서문小西門에서 소동문小東門으로 통하는 사평가四平街에 위치해 있다. 청대 팔기八旗의 거주지였던 내성에서도 가장 번화한 곳은 바로 사평가(현재 중가中街)라 부르는 곳이었다. 이 거리는 상업지로 발전하여 오랜 전통을 지닌 점포가 많았고, 청말 이후에는 한족 상공업자의 터전으로 변화되었다. 스코틀랜드인 의사 크리스티가 『봉천삼십년奉天三十年』이란 저서에서 "1905년 이전에는 단층 건물뿐"[4]이라 묘사했던 성내에 1905년

4) 杜格爾德·克裏斯蒂 著, 張士尊·信丹娜 譯, 『奉天三十年(1883-1913): 杜格

성경장군盛京將軍 조이손趙爾巽이 3층의 학무공소學務公所를 신축한 이후 점차 2-3층의 서양풍 근대 건축물로 학교나 관청이 들어서게 되었다. 민국 성립 이후, 특히 봉천성내 최대의 번화가였던 사평가에는 4층 건물의 길순사방吉順絲房이라는 상점을 시작으로 3-4층의 상점이 건축되었다. 장작림이 봉천의 실권을 장악하고 난 후 1920년대 봉천성내에 시정공소市政公所를 설립하고 도로 정비, 상하수도 건설, 민간건축 관리 등 대규모 도시 개조를 시작했다.[5] 당시 성내는 시공서市公署, 성공서省公署, 제1군관구軍管區, 시상회市商會 등 행정기관이 집중적으로 소재하는 동북 정권의 핵심공간이었다. 또 백화점, 대상점, 은행, 회사 등이 들어서 있어 상업도시로서의 면목을 잘 보여주었다.

다음으로 봉천성奉天城 서쪽에는 외국인에게 자유로운 상업 활동 지역으로 개방되어 상부지라 불리던 지역이 연접해 위치한다. 봉천 상부지 개방의 역사는 1903년 체결된 중·미 〈통상행선속정조약通商行船續訂條約〉과 중·일 〈통상행선속약通商行船續約〉에 기초하여 "성경성盛京省의 봉천부奉天府와 안동현安東縣 두 곳을 중국 스스로 통상지로 개방한다"는 내용에서 시작된다.[6] 이 조약 체결 이후 봉천은 1909년 5월 중국인과 서양인이 잡거하는 공공의 통상장으로 정식 개방되었다. 개방이 순조롭게 진행되었던 것은 아니며 정식 개방까지는 러일전쟁의 발발, 그리고 개방 조건을 둘러싼 중국과 미국·일본영사의 의견대립 등으로 인

---

爾德·克裏斯蒂的經歷與回顧』[原題: *Thirty years in Moukden, 1883-1913: Being the experiences and recollections of Dugald Christie*, C.M.G](湖北人民出版社, 2007), 11쪽.

5) 西澤泰彦,『圖說「滿洲」都市物語』, 89-90쪽.

6) "…… 將盛京省之奉天府又盛京省之安東縣二處地方由中國自行開埠通商 ……", 〈(中美)通商行船續訂條約〉(광서29년8월18일) 第12款; 〈(中日)通商行船續若(광서29년8월18일)〉 第10款(王鐵崖,『中外舊約章滙編』 2冊, 1982), 187쪽; 194쪽.

해 6년이란 기간이 소요되었다.[7] 특히 봉천 '상부지'에 대한 의미 해석 문제는 각국과의 개방교섭과정에서 주요한 쟁점 사항 중 하나였다. 중국 측에서 말하는 봉천 상부지는 중국이 별도로 정한 상부국商埠局 관할 지역을 의미했다. "성내의 토지는 협소해서 중국의 행정 각 관청에 필요한 토지조차 부족한 상태이므로 외국인이 임대할 만한 토지는 전혀 없다"고 하여 성내는 상부지로 간주하지 않았다. 반면 각국은 봉천개방의 근거가 되는 1903년 체결 조약과 1905년 12월 중·일 〈회의동삼성사의정약會議東三省事宜正約〉 '부약附約' 제9관에 기초하여 상부지는 조약 성립 당시의 '봉천부'를 가리키며, 상부지 구획 및 관리에 각국이 참여할 것을 주장하였다.[8] 상부지 개방에 관한 수차례의 교섭은 난항을 거듭하다 일시 중지되었는데, 중국측에서 천진·상해의 외국인토지임대방법을 모방하여 1908년 〈봉선성성자개상부총장奉天省城自開商埠總章〉을 공포하고 독자적으로 개방하였다. 〈상부총장商埠總章〉에서의 상부지 구역은 성정부 소재지의 서쪽 성곽 너머에 위치하는데, 동쪽으로는 서쪽 성곽에 이르고 서쪽으로는 만철부속지 및 철도에 이르는 구역이다.(제2조) 즉 외성곽의 소서변문小西邊門과 만철부속지의 중간 지역을 가리키

7) 그 이유는 대체로 다음과 같다. 첫째 중국이 '自開商埠'를 주장했던 반면 미국은 租界 설립을 요구했다. 둘째 중국이 구획, 관리 등 주권을 갖는다고 주장한 반면 미국은 관리를 파견해서 "논의"에 참여해야 한다는 것이다. 셋째 중국의 '開埠'는 봉천의 획정된 어떤 특정 지역을 의미한다고 주장한 반면, 미국은 奉天府城 전체로 지정해야 한다는 것이다. 넷째 중국은 개항이후 모든 외국인이 지정된 통상지 내에서 거주, 상업에 종사하길 희망했고, 미국은 제한이 없이 城內·外, 界內·外를 불문하고 거주, 상업 활동할 수 있길 요구했다.(張偉·胡玉海 編著, 『瀋陽三百年史』, 遼寧大學出版社, 2004, 154-155쪽)

8) 〈會議東三省事宜正約〉(附約: 第9款), 王鐵崖, 『中外舊約章滙編』 2冊, 341쪽. 교섭 관련자료 및 교섭과정에 대해서는 南滿洲鐵道株式會社(이하 滿鐵), 『滿洲に於ける支那の特殊關稅制度』(1928), 125-148쪽을 참조.

며, 성내는 포함되지 않는다. 또 개방지역으로서 상부지의 관리권은 상부국이 성장공서省長公署의 명을 받아 처리하도록 하였다.(제4조)[9] 이에 대해 미국 등이 삭제, 변경해야 할 몇 가지 의견을 제시했으나, 중국 측에서는 봉천이 이미 개방되었음을 알리고, 〈외인조지장정16조外人租地章程16條〉를 공포하였다. 결국 '상부지'는 재차 그 해석문제를 둘러싸고 쟁점화 할 소지를 남긴 채 개방되었다

중국 측이 설정하여 개방한 상부지는 만철과 그 부속지를 북·동·남 세 방향에서 감싼 초승달 형상으로 정계正界(북정계北正界와 정계正界로 구분), 부계副界, 예비계豫備界 등 세 지역으로 나누어 구획되었다. 정계(|도표 3|내 2번)는 성내와 만철부속지의 사이에 있다. 정식 개방된 이후에는 과거 봉천 외성에 중국인 가옥을 구입하거나 임대해 쓰고 있던 각국 영사관이 이곳에 영사관 건물을 신축했다. 영미연초공사英美煙草公司나 홍콩상해은행香港上海銀行 등 외국 기업도 진출하여 동북의 독점을 노리던 일본 기업과 경쟁하기 시작했다. 또한 봉천상부국이 도로 등 시가지를 정비하면서 관청의 제약이 많았던 성내에서 주거를 옮긴 외국인도 증가했다. 특히 일본인은 부속지의 시가지 정비가 완성되기 전까지 이곳에 주로 거주했다. 중국군벌이나 재지의 유력자들도 경쟁적으로 이곳에 토지를 구입하고 고급주택을 건축함으로써 상부지에도 주택가와 대상점가가 형성되기 시작했다. 반면 북정계(정계의 북단, 1번)와 부계(3번)에는 주로 일반주택가와 중소자본의 상업구역이 위치했다. 특히 1920년대 장작림이 상부지의 토지상실을 막고 만철부속지와 경쟁

---

9) 〈奉天省城自開商埠總章〉, 『滿洲に於ける支那の特殊關稅制度』(1928), 140쪽; 〈奉天各商埠租地簡章〉(광서34년3월14일), 王鐵崖, 『中外舊約章滙編』 2冊, 487-489쪽; 〈奉天商埠局暫行章程〉(日文), 奉天商業會議所, 『奉天經濟二十年誌』(1927), 156쪽.

하려는 목적으로, 상업 자본을 흡수하여 북정계에 북시장北市場을, 부계에 남시장南市場을 세웠다. 북시장은 청대 실승사묘회實勝寺廟會를 기초로 하여 다양한 업종, 예를 들어 식당, 찻집, 극장, 상점, 연관煙館, 기관妓館 등이 모여 있어 지방 특유의 소비 공간이 되었다. 남시장도 기능상 북시장과 유사하고 음식점, 서비스업, 오락업이 주를 이루었다. 이러한 남·북시장의 발전은 상부지 경제를 크게 번영시킨 기초가 되었다. 그리고 부계의 서남쪽에 위치한 예비계(4번)는 1931년 만주사변 이후 부속지로 편입되어 일본의 식민공간이 되었다.10)

**|도표 3|** 상부지 각계各界 및 만철부속지

* 출처: 王鶴·董韋, 「中日對峙背景下的自主城市建設-近代瀋陽商埠地研究」, 『現代城市研究』 63(2010), 64쪽.

10) 王鶴·董韋, 「中日對峙背景下的自主城市建設-近代瀋陽商埠地研究」, 『現代城市研究』 63(2010), 63-66쪽.

상부지 서쪽에 연접하여 위치한 만철부속지는 러일전쟁 이후 러시아로부터 동청철도東淸鐵道 대련大連-장춘長春 구간의 철도경영권과 '철도용지'(선로 양측에 설정된 띠 모양의 토지와 각 철도역 앞의 시가지 경영용 토지)를 인계받았던 것에 기초하여 확대발전해 간 공간이었다.[11] '철도용지'라는 기이한 지배형태를 처음으로 연출해 낸 러시아는 동북지배에 적극 관여하였지만 하얼빈哈爾濱-여순旅順간 철도를 건설할 당시에는 봉천을 중시하지 않았다. 봉천에 철도역을 건설하기는 했지만 하얼빈과 같은 거대한 철도부속지를 설정하지는 않았다. 러시아와 달리 일본은 봉천을 줄곧 동북의 중심으로 인식하였고, 만철 및 부속지 특권을 이용하여 봉천에 각종 기구를 설치하고 군대를 주둔시켰다. 만철도 '철도용지'를 인수받은 이후 그것의 중대한 의미를 즉시 깨달았다. '철도용지'였던 명칭도 '철도부속지'로 변경하고 만철 최대의 '철도부속지'로 확대 설정하였다. 그리고 1909년부터 대대적인 시가지 건설에 착수하였다.[12]

---

11) 만철 연선 철도역의 특징을 유형화하면 ①전통 도시와 만철부속지가 인접한 봉천, 장춘, 요양, 철령 등 역, ②전통 도시와 만철부속지가 떨어져 있는 開原, 四平街, 昌圖, 蓋平, 海城 등 역, ③만철부속지가 생기기 이전에 도시가 없었던 公主嶺, 普蘭店 역 등 세 종류로 나눌 수 있다.(塚瀨 進, 『中國近代東北經濟史硏究:鐵道敷設と中國東北經濟の變化』, 東方書店, 1993, 100-101쪽)

12) 러시아가 하바롭스크나 블라디보스토크처럼 기존의 도시에 구애받지 않고 새로운 도시를 건설했듯이 동북에서도 하얼빈이나 대련과 같은 새로운 도시 건설에 집중하였다. 의화단 사건이 발생하자 러시아는 철도 보호를 구실로 봉천에서 군정을 실행했지만 봉천에 건설한 건물은 驛舍 외에 兵舍나 관측소 같은 군사시설에 불과했다.(尾形洋一, 「奉天驛の驛位置から見た瀋陽の都市構造」, 『近代中國硏究彙報』 23, 2001, 25-31쪽) 철도부설의 용지설정교섭을 표면화하여 용지취득에 대한 재량권을 얻었지만 흑룡강성에서처럼 극단적인 용지취득의 자세를 보이지는 않았고 역 주변에 주둔군을 위한 용지를 확보하는 정도였다.(奉天省鐵路交涉總局章程(1920.04.20)〉, 王鐵崖 編, 『中外舊約章滙編』 2冊, 42-44쪽; 張偉·胡玉海, 『瀋陽三百年史』, 139-151쪽) 만철부속지가 1936년 만주국에 '반환'될 때까

시가市街는 봉천역을 중심지점으로 해서 철로에 평행하는 철로대가鐵路大街(이후 궁도정宮島町으로 개명, 현재 승리가勝利街의 북쪽과 시부대로市府大路), 봉천역 정면에서 직선으로 연장된 심양대가瀋陽大街(이후 천대전통千代田通, 현재 중화로中華路), 그리고 이 두 대가大街가 교차되는 봉천역을 꼭지점으로 하여 동북방향으로 비스듬하게 뻗어있는 소덕대가昭德大街(이후 낭속통浪速通, 현재 중산로中山路) 등 3대 도로를 축으로 방사형의 대소 도로가 나 있다. 소덕대가의 중심에는 원형광장(현재 중산中山광장)이 만들어졌고 봉천역전과 함께 시민생활의 중심인 상업중심으로 정비되었다. 이상 세 개의 대로(철로, 심양, 소덕대가)는 만철부속지와 상부지, 봉천성내를 연결하는 도로로 중요한 작용을 하였다.[13] 만철의 적극적인 시가지 건설을 통해 1920년대 부속지는 거주 및 상업 공간으로 기능을 정비해 갔다. 한 통계에 의하면 1908년 부속지내 일본인 인구가 981명이었던 것이 1924년에는 16,777명으로 크게 증가했다고 한다.[14] 만철에서 1907년 〈부속지거주자규약附屬地居住者規約〉을 제정하여 규약을 준수하기만 한다면 국적을 불문하고 부속지에 거주할 수 있도록 했기 때문에 부속지는 중국인이 합법적으로 거주 및 상업 활동이 가능한 공간이기도 했다. 반면 일본은 부속지에 대해 줄곧 배타적 행정권의 행사를 주장해 왔고, 부속지 거주 중국인에 대한 봉천지방정권의 과세권은 부정되었다.[15] 일본은 봉천에서 만철 기구, 영사관, 관동군

---

지 만철이 행정권을 행사했다.(大野太幹, 「滿鐵附屬地居住華商に對する中國側稅捐課稅問題」, 2005, 38쪽)

13) 西澤泰彦, 『圖說「滿洲」都市物語』, 92-94쪽.

14) 大野太幹, 「奉天附屬地華商商務會の活動」, 『アジア經濟』 45-10(2004), 55쪽.

15) 부속지내 직접 과세가 불가능했던 봉천지방정권은 차선책으로 부속지와 중국측 행정지역의 경계선에 稅捐局을 세우고, 부속지 출입 물품에 과세하는 방법을 취했다. 다만 부속지의 모든 경계를 감독하는 것이 불가능했기 때문에 탈세도 많았다.(大野

등 경제, 정치외교, 군사가 결합된 식민 통치의 틀을 만들어냈고, 부속지는 이 구조를 통해 통치되는 일본의 식민공간이었다.[16)]

**|도표 4| 봉천시 구역별 중국인수 및 총인구수**

(단위: 명)

| 구역 / 년도 | 城內 중국인 (%) | 商埠地 중국인 (%) | 城內·商埠地 총인구 (외국인포함) | 附屬地 중국인 (비율: %) | 附屬地 총인구 (외국인포함) |
|---|---|---|---|---|---|
| 1921 | 234,523(98.8) | | 237,288 | 7,815(27.7) | 28,255 |
| 1922 | 232,967(98.9) | | 235,528 | 8,505(27.2) | 31,254 |
| 1923 | 226,601(87.6) | 29,219(11.3) | 258,734 | 9,661(27.9) | 34,618 |
| 1924 | 230,290(86.5) | 33,244(12.5) | 266,321 | 11,671(29.9) | 39,008 |
| 1925 | 236,761(86.6) | 33,747(12.3) | 273,475 | 13,966(31.7) | 44,126 |
| 1931 | 300,528(84.9) | 47,678(13.5) | 353,967 | 21,719(47.1) | 46,158 |
| 1932 | 282,641(83.6) | 50,873(15.1) | 337,916 | 16,675(34.8) | 47,879 |

* 출처: 1921-1925년은 滿鐵, 『奉天に於ける商工業の現勢』(1927), 14-16쪽; 1931년(1월말 통계)은 滿鐵, 『奉天』(1931.04); 1932년(12월말 통계)은 『奉天』(1933.04)을 참조.

---

太幹, 「滿鐵附屬地居住華商に對する中國側稅捐課稅問題」, 2005, 30-32쪽)

16) 만철은 '정부명령서'를 근거로 부속지에서 부속지내의 토목, 위생, 교육, 기타 시설을 경영할 의무가 있었던 것과 동시에, 그 거주자에 대해 회사 제 규칙의 준수, 공공비용의 부담을 강제할 권리가 부여되었다. 부속지에 관한 사무를 담당할 회사의 지방기구는 '지방사무소'였고, '奉天地方事務所'가 담당하는 사무내용은 다음과 같다. 1)공비의 부과징수, 2)건축물의 사용료 및 기타 수수료의 징수, 3)거주, 이전, 출산, 사망 신고에 관한 사무, 4)토지대여 및 제 증명의 취급, 5)상하수도의 설비 및 급수사무, 6)소학교, 보습학교, 유아운동장에 관한 사무, 7)위생, 경비에 관한 사무, 8)묘지, 화장장, 도축장에 관한 사무 등이다. 한편 부속지 경찰권 및 사법권은 關東廳 산하의 關東奉天警察署와 總領事館이 각각 관할하였다.(奉天商業會議所, 『奉天經濟二十年誌』, 1927, 81쪽; 147-149쪽; 172-176쪽; 181-186쪽) 한편 만철부속지를 지키는 것은 철도수비대였다. 포츠머스 조약의 추가약관에 의해 일본은 만철연선에 1킬로미터당 15명의 수비병을 둘 수 있었다. 1907년 3월에 만철이 궤도를 국제표준궤도로 수정하고, 본격적으로 영업을 시작하면서 철도를 지키기 위한 독립수비대 6개 대대를 조직하여 철도와 부속지 경비를 담당하게 하고, 그 사령부는 公主嶺에 두었다. 이 수비대는 1919년 4월 관동군사령부가 창설되면서 흡수되었다.(고바야시 히데오 著, 임성모 역, 『滿鐵: 일본제국의 싱크탱크』, 2004, 산처럼, 56쪽)

## 2. 상업무역과 상거래 유통

봉천은 청대 이후 동북지역의 정치 중심도시였다. 정치적 중심지였기 때문에 봉천에서 각지로 통하는 도로가 정비되어 있었고, 이 도로를 통해 교역도 왕성하게 이루어졌다. 러일전쟁 이후 봉천에 만철부속지와 상부지가 설정되면서 인구는 더욱 증가했으며, 만철선滿鐵線・안봉선安奉線・경봉선京奉線・심해선瀋海線 등이 개통되면서 봉천은 사통팔달의 교통 요지가 되었다.[17]

동북각지 물자의 주요한 집산지였던 봉천의 상업은 본질적으로 육로 중심의 중계무역에 있다. 전통적으로 수출품은 농산물, 농산물가공품, 산지산물과 모피 등 특산물이 주를 이루고, 수입품은 거주 인구가 증가함에 따라 면사포, 면직물, 잡화 등의 외국 수입품, 그 중에서도 특히 일본제품의 수입이 많다. 만철 개통이후 연선의 각 철도역으로 특산물 집산지가 분산됨에 따라 이러한 상업중심지로서의 기능은 저하되었다. 그러나 봉천은 청조의 발상지였기 때문에 현임 관리가 아니더라도 유력인사들이 많이 거주하는 등 동북최고의 인구를 보유한 도시였다. 따라서 각종 상품이 집산하고, 당지에서 소비되는 국내・외 물자도 많았다.[18] 만철 봉천역의 화물량의 내역을 보면 발송량은 그다지 증가하지 않았음에 비해 도착수량은 대련 다음으로 많았다. 이것은 만철 개통 이후 봉천이 수출품인 특산물의 발송 역으로는 그다지 큰 의미를 가지지 못했지만 수이입제품의 소비지로서는 여전히 중요한 도시였다는 것을 보여준다.[19]

---

17) 塚瀨 進,『中國近代東北經濟史硏究』(1993), 95쪽.
18) 外務省,『南滿洲ニ於ケル商業』(金港堂書籍, 1907), 242-245쪽.
19) 塚瀨 進,『中國近代東北經濟史硏究』(1993), 101쪽.

**|도표 5|** 1927-36년대 봉천 수(이)출·입 무역액

(단위: 천원)

| 년도 | 수(이)출액 | 수(이)입액 | 합계 | 년도 | 수(이)출액 | 수(이)입액 | 합계 |
|---|---|---|---|---|---|---|---|
| 1927 | 75,000 | 152,100 | 227,100 | 1932 | 54,050 | 84,400 | 108,940 |
| 1928 | 59,650 | 122,040 | 181,690 | 1933 | 88,250 | 134,300 | 188,880 |
| 1929 | 53,640 | 110,290 | 163,930 | 1934 | 107,610 | 184,930 | 292,540 |
| 1930 | 38,250 | 65,820 | 104,070 | 1935 | 144,390 | 259,940 | 404,330 |
| 1931 | 21,490 | 34,600 | 56,090 | 1936 | 169,310 | 274,500 | 443,820 |

* 출처: 奉天商工會議所, 『奉天經濟三十年史』(1940), 417쪽.

|도표 5|에서 볼 수 있듯이 수(이)입액 초과의 무역형태를 보이는 봉천의 상업은 만철 설립 이후 대련이나 하얼빈 등과 나란히 동북 최대의 소비도시로, 한편으로는 수이입 물자의 국내배급의 중심으로 번영하였다. 봉천의 무역상품은 근대 상업의 발전과정에서 변화가 있었지만 만주사변 직후 수요의 측면에서 보면 면사포류가 대세이며, 수출상품만으로는 특산물이 단연 중요한 위치를 차지한다. 수입 상품 가운데 년年 1천만 원 이상의 무역액을 유지하는 상품으로는 면사, 면포, 견직물, 잡화, 연초, 기계금속류 등을 들 수 있다. 한편 수출 상품은 당시 봉천 시장의 성질상 배후지 및 연선 각지로의 재수출로 간주해야 할 것이 대부분이다. 국외로 수출할 만한 것은 특산물 및 모피류뿐이고, 나머지는 모두 국내 각지로 배급되었다.[20] 이와 같은 중계무역을 중심으로 한 봉천의 상업적 특성을 염두에 두고 크게 사방絲房, 면사포棉絲布, 잡화雜貨 등 수이입 무역유통업과 양곡거래점(양잔糧棧), 양조업(소과燒鍋), 산지산물 및 모피류(산화세피山貨細皮) 등 특산물 취급업으로 나누어 봉천의 상업시장과 유통에 대해 구체적으로 살펴보면 다음과 같다.

20) 奉天商工會議所, 『奉天經濟三十年史』(1940), 427-428쪽.

### (1) 수이입 무역유통업

『명록名錄』에서 사방, 면사포, 잡화 등 업종으로 분류된 각 상호의 취급물품을 살펴보자. 사방자絲房子는 국내외잡화라 병렬하여 명칭을 사용하고 있으면서 대부분이 생사 및 백화 도소매, 잡화, 면포 등을 주요 영업품목으로 기재하고 있다. 면사포는 면사포만을 취급하는 상점도 있지만 면사포, 인조견포, 모직물을 함께 취급하거나 각종 잡화를 함께 더해 취급하는 것이 일반적이다. 반면 잡화포는 국내외삽화를 주로 취급하는 경우가 대부분이지만 면사포를 함께 취급하는 상호도 눈에 띤다.[21] 이렇게 보면 실제 사방이나 면사포점에서 판매하는 품목이 각종 면포류, 주단에서부터 각종 잡화를 거의 구비하고 있어서 모두 잡화점이라 할 수 있다. 봉천에서 '사방'이란 명칭은 원래 단순히 생사와 견사만을 판매하기 위한 것이었지만 점차 각종 잡화를 함께 취급했음에도 여전히 사방이란 명칭을 답습해서 썼고 사방이란 곧 잡화점의 의미로 통용되었다.[22]

잡화의 종류는 최고가의 장식품에서부터 저렴한 일상용품에 이르기까지 다양하다. 봉천은 소비도시로 다양한 일용품을 필요로 했고, 이 일용품은 동북 및 국내생산제품에 의해 대체되는 것이 적었기 때문에 외국제품, 특히 일본제품의 수요가 매우 컸다. 1907년 단계에 국내외잡화는 남중국산 및 외국산을 상해上海와 영구營口를 통해 사들이는 것이 일반적이었는데, 상해에서의 직접 구입이 저렴했기 때문에 매년 상해에서의 구입액이 점차 증가하는 경향이 있었다.[23] 한편 1차 대전 이후

21) 『名錄』, 57쪽.

22) 外務省, 『南滿洲ニ於ケル商業』(1907), 259-260쪽.

23) 外務省, 『南滿洲ニ於ケル商業』(1907), 260-261쪽; 塚瀨 進, 「奉天における日本商人と奉天商業會議所」, 波形昭一, 『近代アジアの日本人經濟團體』(同文館, 1997), 126쪽.

상해 등 국내의 공업발달로부터 중국제품이 점차 일본제품을 대체해 가는 추세에 있었다. 일본제품을 수입할 경우 봉천에서 일본과의 무역은 주로 일본상인에 의해 장악되었다.

**|도표 6|** 봉천시 수입잡화상점(중국상점)의 상품구입처 분포상황(1931년)

(단위: 상점수)

| 업종(상점수) \ 구입처 | 大阪 | 상해 | 천진 | 영구 | 북평 | 안동 | 대련 | 봉천 | 기타 |
|---|---|---|---|---|---|---|---|---|---|
| 사방·잡화(61) | 37 | 50 | 29 | 16 | 10 | 9 | 7 | - | 13 |
| 잡화포(56) | 56 | 53 | 15 | 14 | 17 | 2 | 3 | | 8 |
| 면사포(42) | 38 | 30 | 23 | 17 | 7 | 6 | 4 | 13 | 4 |

* 출처: 『名錄』, 4-89쪽에 의거하여 작성.

|도표 6|은 1931년 봉천에서 수입 잡화를 취급하던 중국 상점들의 상품구입처 분포상황을 나타낸 것인데, 두 가지 점에 대해 주목할 필요가 있다. 첫째 업종을 불문하고 조사상점의 압도적인 다수가 일본 오사카大阪에서 직접 상품을 수입하고 있다는 점이다. 이는 기존에 일본상인의 수중에 장악되어 있던 면사포, 잡화 등 일본제품의 거래무역 실권이 점차 중국 상인에게 옮겨가고 있음을 의미했다.

일본상품의 직수입 증가와 관련해서는 몇 가지 측면에서 그 원인을 설명할 수 있다. 우선 1926년 9월 가치가 급락했던 봉천표奉天票[24]의 신용유지를 위해 봉천당국이 중국 상인에게 일본의 금표金票 사용을 엄금

24) 봉천표란 장작림정권하에서 동삼성관은호, 중국·교통 두 은행의 奉天分號가 각각 발행한 은행권을 의미한다. 본래 은본위제에 기초한 태환권으로 발행되지 않았고, 公法上 일종의 어음으로 간주되었다. 봉천표가 봉천성에서는 반강제적으로 조세공과 등의 지불에 사용되었지만 길림, 흑룡강성 등에서는 별종의 통화가 법폐로 사용되었다. 기본적으로 불환지폐였기 때문에 가격 동향에는 경제적 요인과 함께 장작림 정권의 정치적 상황에 의해서도 큰 영향을 받았다.(村田眞昭, 「奉天票暴落問題と日本」, 『國學院雜誌』 97-9, 1996, 13쪽; 塚瀨 進, 『中國近代東北經濟史硏究』, 1993, 111-112쪽)

함으로써 종래 중국 상인과 금金 기준으로 (현물) 거래를 해왔던 일본인 면사포상이나 잡화상과는 거래를 계속하기 어려웠다. 총상회에서는 금 기준으로 거래한 위반자는 총살, 가볍게는 투옥 혹은 거래액의 90%를 벌금으로 처리한다고 고지했다.[25] 그 결과 중국 상인중에는 봉천에서 활동하던 일본상인을 경유하지 않고 직접 오사카 가와구치川口에 주문하는 경우가 많아졌다. 1926년 이후 잡화류의 거래는 중국 상인이 70%, 일본 상인이 30%를, 면사포는 중국 상인이 50% 이상을 장악했다.[26] 1926년 10월 봉천표 신용유지 정책이 성과를 거두지 못한 채 철폐되었지만 일본수입상품 '거래 경로의 대변화'라는 흐름이 1931년 시점까지 지속되었던 것은 무슨 이유일까.

일본에서의 직수입거래는 일단 일본 수입상을 통해 구입하는 것보다도 중개업자들의 치열한 판매경쟁 속에서 좀 더 유리하게 구매할 수 있다는 장점이 있었다. 직수입시 거래는 모두 금본위金本位였기 때문에 외환 시세의 변동에 따른 위험의 부담을 피할 수 있다는 점도 유리했다. 더욱 중요한 것은 오사카 가와구치에서 활동하던 화상의 존재였다. 당시 가와구치에 소재한 건생잔乾生棧, 태동양행泰東洋行, 공순잔公順棧 등 20여개 화상의 행잔行棧이 봉천상인의 수입거점이 되었다. 이들 각 상점은 적게는 한 개, 많게는 수십 개에 달하는 봉천의 상점과 거래 관계를 맺었다.[27] 봉천에서 중국 상인이 일본상품을 구입할 때는 모두 현

25) 「奉天總商會爲議定挽救錢法毛荒五條辦法給各分會通知(1926.08.04)〉, 『奉系軍閥檔案史料滙編 5』(江蘇古蹟出版社・香港地平線出版社, 1990, 이하 『奉系檔案』으로 표기), 581-582쪽; 奉天商業會議所, 『奉天經濟二十年誌』, 1927, 829-831쪽; 846쪽.

26) 奉天商業會議所, 『奉天經濟二十年誌』(1927), 404-405쪽.

27) 行棧은 일종의 여관인 客棧의 성질을 가지는데, 동북지역 등에 본점을 가진 무역상의 출장원이 行棧내에 상주하며 상품을 구매할 수 있었다. 行棧의 영업주는 客이 귀국 중이거나 할 때 해당 상점을 위해 구입으로부터 적재운송에 이르기까지 대리업무를 했다는 점에서 일반 客棧과 전혀 그 내용이 다르다. 이는 川口 화상

금거래를 했지만, 오사카 가와구치 화상과의 직거래에는 1개월에서 6개월의 지불연장이 허용되었다.[28] 중국 상인들은 상거래상의 이익이나 편리성뿐만 아니라 오사카의 화상이 구축해 놓은 상업적 기반을 근거로 동북 봉천-일본 오사카라는 그들만의 무역네트워크를 구축함으로써 안정적으로 물품을 조달하고 일본상인에 대항하는 것이 가능했다.

1931년 오사카에서 직수입 거래를 했던 131개 봉천 상점 가운데 오사카 소재의 도요면화東洋棉花, 다케무라양행竹村洋行, 에준양행永順洋行 등 일본 상사를 통한 거래가 전혀 없었던 것은 아니다.[29] 다만 더 많은 상점들이 가와구치 화상과 거래하여 일본의 잡화를 직수입했다. 이 때 봉천의 중국 상인들은 비용을 줄이기 위해 유력상점의 경우 오사카에 상시 혹은 일시적으로 '노객老客(작객作客, 구객購客이라고도 함)'이라 불렀던 출장원을 파견하거나 오사카의 화상을 통해서 거래했다.[30] 1925년 오사카 만철 주재원의 보고에 의하면 오사카에 머무는 화상 가운데 192명의 출장원이 하얼빈, 대련, 영구, 봉천, 장춘, 안동, 훈춘 등지에서 파견되었다고 한다. 그 중 하얼빈이 가장 많은 97명이고, 봉천 30명, 안동 17명, 훈춘 16명, 대련・영구 각 14명 등이었다.[31] 한편 다른 지역의 중국 상인과 마찬가지로 오사카에 독립된 점포를 두는 경우는 거의 드물지만, 오사카 거래처에 봉천 소재 잡화포와 동일한 상호의 명칭이 등장하는 장원호長元號나 천익상天益祥의 경우 직접 점포를 개설하여 직수입을 한 것으로 짐작된다.[32] 이외의 방법으로는 길순창吉順昌과 같은

---

의 매우 독특한 점이었다.(張曉紅, 「兩大戰間期奉天における綿絲布商とその活動」, 2011, 73쪽; 75쪽)

28) 張曉紅, 「兩大戰間期奉天における綿絲布商とその活動」(2011), 74-75쪽; 柳澤遊, 「1920年代'滿洲'における日本人中小商人の動向」, 『土地制度史學』 92(1981), 7쪽.

29) 『名錄』, 9쪽; 11쪽; 17-18쪽; 32쪽; 38-39쪽; 57-58쪽; 60쪽; 67쪽; 69쪽; 74-76쪽.

30) 『名錄』, 38-39쪽; 44쪽; 46-47쪽; 51-52쪽; 62-63쪽.

31) 滿鐵, 『對滿貿易の現狀及將來』 中卷(1927), 359-360쪽.

32) 『名錄』, 50-51쪽; 62쪽.

봉천의 유력상점이 태산상太山祥이란 상점의 직수입을 대행한 사례도 확인된다.[33]

**|도표 7|** 오사카의 주요 화상과 봉천의 수입상(1931년)

| 大阪 화상점포 | 업종 | 거래한 봉천상점 |
|---|---|---|
| 泰東洋行 | 사방자・잡화 | 天合利, 吉順昌, 天增福, 裕泰盛, 福成泰, 永利源, 利順永, 德興和, 興隆豊, 大興隆, 廣泰德, 恒祥久, 永源德 |
| | 면사포 | 中順公, 義和成, 益豊商店, 興泰號, 東源布莊, 至誠永, 增順永, 天成永, 天增洪 |
| | 잡화 | 志成謙, 永昶號, 益記洋行, 福順恒, 天德成, 德興成, 裕豊厚 |
| 德聚和 | 사방자・잡화 | 洪順盛, 興順利 |
| | 면사포 | 慶昌德, 增順興 |
| | 잡화 | 志成謙, 全興竣 |
| 德順合 | 사방자・잡화 | 洪順盛 |
| | 면사포 | 志仁成 |
| | 잡화 | 廣昌源, 信增祥, 四合堂 |
| 乾生棧 | 사방자 | 吉順昌, 吉順絲房, 謙祥泰, 裕泰東, 謙祥恒, 興順利, 同興元, 源豊東, 德興源, 廣泰德, 增發鈺, 福勝公 |
| | 면사포 | 同順祥, 恒聚成, 益豊商店, 裕豊德, 巨順成, 隆記洋行, 恒順西, 同德永, 雙裕恒, 同義成, 增順永, 福盛興, 長興隆, 德義祥, 天合祥, 源順興, 廣昌源 |
| | 잡화포 | 恒聚成, 春發長. 允隆久, 全順成, 同增利, 恒發成, 信元慶, 信成祥, 全興竣, 永和堂, 永興東, 福慶祥, 世義順, 長元號, 吉祥甡, 德聚和, 福隆順, 滙泉遠德記, 興盛東, 義增厚, 德益興, 隆記洋行, 同益興, 大順永, 福盛興, 義泰永 |
| 公順合 | 사방자・잡화 | 泰和商店, 謙祥源 |
| | 면사포 | 協順東, 同慶號, 雙裕恒 |
| | 잡화 | 寶聚元 |
| 德順和 | 사방자・잡화 | 謙祥泰, 裕盛東, 興隆豊 |
| | 면사포 | 中順公, 義和成 |
| | 잡화 | 同增利, 鄉嬛室, 世義順, 源昇東 |
| 恒昌德 | 사방자・잡화 | 阜豊東, 永興和 |
| 公玉棧 | 사방자・잡화 | 阜豊東, 興泰號 |
| 德昌裕 | 사방자・잡화 | 興順義, 興順西 |
| | 면사포 | 正記布莊 |
| | 잡화 | 永昶號, 四合慶, 益記洋行, 慶泰和, 德興成 |
| 公順棧 | 사방자・잡화 | 德興和, 興茂厚, 中順昌, 恒祥久 |
| | 면사포 | 德順成, 福盛興, 天增順, 長興隆, 裕慶德 |
| | 잡화 | 全順成, 德源永, 敦慶祥 |
| 德盛永 | 면사포 | 興泰號, 東川永, 德泰永 |
| 東順茂 | 면사포 | 榮興昌, 乾元厚, 東德昌, 信成興 |
| 裕順和 | 잡화 | 志成信, 義順德, 錦成泰 |
| 福勝興 | 잡화 | 慶隆泰, 志雲翔, 義增厚 |

* 출처: 『名錄』, 4-89쪽에 의거하여 작성.



33) 『名錄』, 86쪽.

둘째 다른 업종과 달리 면사포를 취급하는 42개 상점 가운데 13곳의 상점이 봉천 당지에서 취급물품을 조달하고 있다는 사실이다. 13개 상점의 봉천내 물품구매상황을 보면, 11개 상점이 도요면화東洋棉花, 에준양행永順洋行, 미츠이양행三井洋行 등 봉천 소재의 일본수입상과 거래가 있으며, 중순공中順公, 흥태호興泰號, 동덕영同德永, 덕흥화德興和 등 4개 상점이 봉천방사창奉天紡絲廠과 거래가 있다.[34] 봉천방사창은 1923년 10월 개설된 반관반민半官半民의 직포겸영 방적공장이다. 설립목적은 국산품 제조에 의한 수입대체를 계획하여 일본 면사포의 수입량을 줄이는데 있었다.[35] 모든 상점이 복수의 거래처를 갖는 것이 일반적인 상황에서 42개 상점가운데 4개 상점만이 봉천방사창에서 생산된 면제품을 취급하고 있었다는 점은 수입대체라는 측면에서 현저한 성과를 이루었다고 평가하기에는 한계가 있을 수 있다. 다만 4개의 상점가운데 덕흥화는 1924년부터, 중순공은 1928년부터 봉천방사창의 위탁을 받아 생산된 면사포를 대리판매 했다는 점에 주목할 필요가 있다.[36] 그 유통의 규모를 가늠할 수는 없지만 당시 봉천과 그 배후지에서 소비되는 면제품이 온전히 수(이)입면포에 의한 것은 아니며, 봉천에서도 수이입된 면포를 대체할 만한 면제품 생산의 일정한 발전이 있었음을 보여주는 것이기도 하다.[37]

이렇게 국내외에서 수입된 물자는 대체로 다음 세 가지 형태의 판로

34) 『名錄』, 67쪽; 70쪽; 75-76쪽.

35) 김희신, 「중국동북지역의 기업지배구조와 기업관행-1920년대 봉천방사창을 중심으로」, 『중앙사론』 40(2014), 137-139쪽.

36) 『名錄』, 21-22쪽; 67쪽. 이외에도 『名錄』내 '양말 공장'으로 분류된 14개 공장 가운데, 7개의 양말 공장이 방사창에서 직접 원자재를 공급받고 있다.(『名錄』, 131-136쪽)

37) 張曉紅, 「1920年代奉天市における中國人綿織物業」, 『歷史と經濟』 194, 2007.

를 갖는다. 첫째 봉천 및 인근 지역으로 판매되는 것이 대부분이었다. 둘째 일부는 심해로瀋海路, 만철滿鐵, 안봉로安奉路, 태산로奉山路, 사조로四洮路 각 철도연선을 따라 동북 전역으로 재수출되었다. 이 경우 주로 상품구입을 위해 봉천의 유력상점에 상주하던 각지의 구객購客에게 판매되었다.[38] 그 외에 점원의 출장판매, 통신판매, 지점설치 등의 방법으로도 각지로 판매되었다. 잡화포를 경영했던 '돈경상敦慶祥'의 경우, 하얼빈 20여개 현縣의 구매자들이 상주하며 물건을 구입했다고 한다.[39] 셋째 일부 면화, 면포 등은 봉천성과 길림성의 군용피복창에 직접 공급되었다.[40]

### (2) 특산물 거래업

동북에서 집하되는 농산물은 대두, 고량이 주를 이루며 나머지는 조, 팥, 옥수수 등이다.[41] 사실 봉천은 만철 개통이전에는 유명한 특산물집산지로 시장이 매우 번성하였다. 개통 이후에는 봉천을 경유하지 않아도 농촌의 인근 각 철도역을 통해 교역이 가능하게 되었기 때문에 특산물 집산지로서 기능은 쇠퇴하였다. 1920년대 일본의 '봉천취인소奉天取引所'(부속지 소재, 1920년 10월 개설), 중국의 '봉천성성교역보증소奉天省城交易保證所'(성내 소재, 1920년 1월 개설, 1924년 폐쇄) 및 '봉천화폐교역장奉天貨幣交易場'(1925년 개설)에서는 특산물의 매매는 없고 화폐만 거래되었다.[42] 봉천취인소에서 특산물거래가 시작된 것은 심해선瀋海線이

38) 『名錄』, 17쪽; 23쪽; 42쪽; 46쪽; 53-55쪽; 62-63쪽; 65-67쪽; 82쪽; 86-87쪽.
39) 『名錄』, 65-66쪽.
40) 『名錄』, 24-25쪽; 78-79쪽; 81쪽; 85-86쪽; 88쪽.
41) 이화승, 「청대 동북지역의 상점조직에 관한 연구」, 『명청사연구』 12(2000), 122쪽의 각주 26.

개통되어 해룡海龍 지방에서 생산된 특산물이 봉천시장으로 나오기 시작한 1931년 3월부터였다.[43] 동북지역의 특산인 대두의 경우 봉천 인근의 생산량은 많지 않았고, 대규모 거래도 없었다. 그나마 농산물 집하, 보관, 판매를 주요 업무로 하는 양잔대리점이 유지되는 정도에 불과했다. 봉천의 양잔에 집하된 농산물은 주로 봉천시 부근의 각 촌락이나 만철, 심해로, 사조로, 봉산로, 안봉로 등 각 철도 연선의 각 생산지로부터 봉천 성내까지 짐마차로 반입되었다. 이 때 각 곡물생산지에 대리점을 두거나 거래가 이루어지는 가을에 점원을 파견하여 구입해 왔다.[44]

봉천 양잔에 집하된 농산물은 대체로 다음 세 가지 형태의 판로를 갖는다. 첫째 봉천 당지에서 소비되는 것이 대부분이며, 주로 봉천 소재의 각 양곡도매상糧行이나 당지 일본상인(조선특산물상 포함)에게 판매되었다. 둘째 중개무역 도시라는 봉천시장의 성질상 각지로 재수출되었다. 주로 대련, 영구, 안동에서 파견되어 온 객상客商, 즉 양곡상, 제유업자, 국내외 각 수출상, 양조업자에게 판매되며, 아주 일부지만 하북성 임유臨楡 등으로 판매되기도 하였다. 대량은 아니지만 구입한 농산물을 직접 포장하여 짐마차를 이용하여 대련, 영구, 안동 등지에 가서 매각을 꾀하는 경우도 있다.[45] 셋째 봉천군용양미창奉天軍用糧米廠

42) 봉천을 제외한 개원, 공주령, 사평가, 장춘 등 부속지와 대련의 일본측 거래소에서는 화폐거래와 함께 특산물 거래가 함께 이루어졌다. 이상 부속지가 대두 등 동북 특산물의 집산지로 성장한 것과는 대조적이다.(郭志華, 「1920年代後半東三省における'奉天票問題'と奉天軍閥の通貨政策の轉換」, 『アジア經濟』 52-8, 2011, 9쪽)

43) 塚瀨 進, 「奉天における日本商人と奉天商業會議所」, 『近代アジアの日本人經濟團體』(1997), 126쪽.

44) 『名錄』, 116-117쪽; 128쪽.

45) 『名錄』, 125쪽.

이나 각 기근구휼기관 및 구매위원회 등이 참여하는 식량 경매사업에 참여하는 경우이다.[46]

한편 고량과 대두 등 농산물을 이용한 농산물 가공업으로서 제유업油坊, 양조업燒鍋은 동북의 중요한 산업 중 하나였다. 제유업은 대두를 집하하여 착유하는 것이며, 그 생산물인 두박豆粕이나 두유豆油는 1차대전 이후부터 1920년대 전반까지 동북지역에서 중요한 수출품의 하나였다. 그러나 1920년대 후반부터 밀어닥친 불황 때문에 봉천의 제유업 자체가 부진하여 대부분 휴업상태에 있었고, 『명록』에도 제유업은 별도의 업종으로 분류되지 않았다. 양조업의 경우 동북의 추운 기후나 열악한 노동 환경 속에서 잠시나마 휴식을 취할 수 있었던 유일한 기호품이었다. 천성주점天成酒店, 만융합萬隆合, 만융천萬隆泉 등은 봉천의 가장 오래된 양조 상점이다. 만주사변 이후에도 여전히 영업을 계속하고 있었지만, 이런 상점조차도 1926년 동북지역정권이 주류특세酒類特稅를 새롭게 징수하기 시작하면서 자산의 손실 및 영업 이익의 부진을 면치 못하게 되었다.[47] 전반적으로 제유업이나 양조업은 재래의 방법을 사용하여 지방의 수요를 충족시키는 정도에 불과하여 점차 쇠퇴하는 상황이었다.[48] 농산물 가공판매업은 처음에는 전문적 영업을 했지만 시장 상황의 변화에 따라 잡화포나 양잔 등을 겸영하여 각 업종의 불경기에는 다른 업종을 통해 손실을 보충하기도 했다. 예를 들어 양잔이

---

46) 『名錄』, 116-118쪽; 121-123쪽; 126쪽.

47) 『名錄』, 110-112쪽.

48) 1737년 봉천에 문을 연 天成酒店은 東北의 고량을 원료로 한 최초의 양조장이었으며, 1798년에는 萬隆合, 萬隆泉 등 봉천에만 4백여 곳이 번성하였다고 한다. (이화승, 「청대 동북지역의 상점조직에 관한 연구」, 『명청사연구』 12, 124쪽) 반면 1932년 『名錄』에는 12개, 1933년 『奉天市商業彙編』(奉天市商會)에 8개의 燒鍋 상호가 있다고 기재하고 있는 것은 양조업의 쇠퇴를 직접적으로 반영한다.

풍부한 자금력으로 구매한 농산물을 직접 가공하거나[49] 잡화포에서 신용이 있는 농가에 잡화를 외상판매를 하고, 가을·겨울철 농민으로부터 직접 농산물을 구매하여 외상판매대금을 상쇄했다. 겸영은 물류와 자본의 흐름이라는 측면에서 편리함이 있었다.

**|도표 8|** 특산품 취급상점의 판로(1931년)

(단위: 상점수)

| 판로 / 업종 | 봉천 | | 대련 | 영구 | 안동 | 요양 | 임유 | 천진 | 상해 | 북경 |
|---|---|---|---|---|---|---|---|---|---|---|
| | 중국客幇 | 외국상인 | | | | | | | | |
| 산화세피점(8) | | 7 | 4 | 1 | | | | 8 | 8 | 2 |
| 양조(12) | 12 | | 5 | 10 | | 10 | 6 | | | |
| 량잔대리점(26) | 24 | 23 | 26 | 26 | 24 | | 2 | | | |

* 출처: 『名錄』, 89-93쪽; 109-131쪽에 의거해서 작성.

봉천에서 국외로 수출되는 상품은 일부 산지산물과 모피류와 같은 산화세피뿐이었다. 산화세피점의 상품은 주로 길림, 흑룡강의 모피 생산지 및 집산지, 그리고 심해로 연선 각 산화 집산지에서 공급되는데, 일반적으로 점원을 파견하거나 대리점을 통해 구입하고 있다. 구입된 산화세피는 주로 봉천시내의 영국·미국·러시아 등 서양 상인이나 천진·상해 등지에서 온 중국 객방에게 판매되었다. 그 외에 일부 상품은 대련, 북경, 영구, 한구 등지로 직접 판매되었다.

49) 『名錄』, 118-119쪽.

## 3. 중국 상점분포와 상인단체

### (1) 중국 상인과 상점분포

앞에서도 언급했듯이 봉천은 절대적인 거주인구, 그리고 계속 밀려들어오는 유동인구를 수용하고 있어 그 소비력이 왕성하다. 특히 성내는 인구분포에서 전체인구의 98% 이상, 압도적 다수를 차지하는 중국인을 중심으로 거대한 소비구조를 갖는다. 또한 중국 상인 상호간의 강한 결속을 바탕으로 각종 상업관행과 제도가 발전하여 상권이 이미 공고화된 공간이었다.[50)]

『명록』에 기재된 8개 업종, 총 233개 중국인 상점의 위치를 분석한 결과, 55.4%(129개)에 달하는 상점이 내성內城에 분포하고 있다. 외성外城 지역까지 포함할 경우 91%(212개)에 달하는 상점이 성내에 집중되어 있다. 그 중에서도 많은 상점이 내성의 소서문小西門과 소동문小東門을 연결하는 사평가 일대(고루와 종루 일대)에 집중적으로 분포한다. 외성에는 주로 대소서관大小西關, 대소북관大小北關 일대, 즉 성곽 서북쪽 일대에 집중 분포되어 있다. 이 일대는 서쪽으로는 상부지, 만철부속지와 순차적으로 연결되며, 만철·경봉京奉·봉길奉吉 등 철도가 중첩되어 지나는 곳이라는 점에서 상권 형성에 유리한 위치에 있다.

성내에 개설된 각 업종별 분포 상황을 살펴보면 사방, 잡화, 면사포 상점은 내성의 사평가에 집중 분포한다. 사방업이 사평가에 집중된 것

---

50) 수출입 관련업종에 종사하는 일본상인들도 중국 상점과의 거래를 원활하게 하기 위해 부속지가 아닌 성내에 점포를 개설하는 경우가 많았다.(奉天商工會議所, 『奉天經濟三十年史』, 1940, 407-408쪽; 塚瀨 進, 「奉天における日本商人と奉天商業會議所」, 『近代アジアの日本人經濟團體』, 1997, 121쪽)

외에도 외성에 고루 분포되어 있다. 산화세피점은 소북문小北門 및 소북관小北關 일대에, 전포錢鋪는 소서문 및 고루 일대 외에 소서관小西關 및 대·소북관大·小北關 일대에 개설되어 있다. 이에 대해 양조업이나 양잔대리점은 외성에 집중 분포하는 경향이 있다. 양잔이나 양조업은 대두나 고량 등과 같은 곡물의 집하, 보관, 운반, 가공과 관련된 업종이다. 내성은 인구가 조밀하고 지가가 높기 때문에 비교적 넓은 장소를 필요로 하는 이들 업종에게는 적당하지 않다. 특히 양조는 물의 공급도 상점의 위치에 중요한 영향을 미쳤다. 각종 상점이 밀집되어 있는 도시 소비시장으로 활성화되었던 내성을 중심으로 일용잡화를 취급했던 잡화, 면사포, 사방 등 업종이 집중 개설된 것과는 차이가 있다.

**|도표 9|** 주요 업종별 상점 소재지(1931년)

(단위: 상점수)

| 업종 \ 위치 | 성내 | | 商埠地 | 附屬地 | 기타 | 합계 |
|---|---|---|---|---|---|---|
| | 내성 | 외성 | | | | |
| 絲房子 | 33 | 23 | 2 | 3 | | 61 |
| 雜貨 | 52 | 3 | | 1 | | 56 |
| 棉絲布 | 28 | 10 | | 4 | | 42 |
| 山貨細皮 | 3 | 5 | | | | 8 |
| 錢鋪 | 5 | 10 | | 3 | | 18 |
| 藥房 | 6 | 3 | | | 1(미상) | 10 |
| 燒鍋 | | 9 | 2 | | 1(미상) | 12 |
| 糧棧 | 2 | 20 | 1 | | 3(皇姑屯) | 26 |
| **합계 (%)** | **129 (55.4)** | **83 (35.6)** | **5 (2.15)** | **11 (4.7)** | **5 (2.15)** | **233 (100)** |

* 출처: 『名錄』, 4-131쪽에 의거해서 작성.

한편 상부지 및 부속지에 거주하는 중국인수는 성내와 비교하면 아주 적은 수에 불과하지만, 거주 비율은 점차 증가하고 있다. 이것은 중국인의 거주지 또는 중국인상점이 성내를 벗어나 다른 지역, 즉 상부지나 만철부속지로 확장되는 경향을 보이고 있다는 얘기가 된다.

봉천 성내는 거주 중국인이 많고 상업의 역사도 깊은 것에 비해, 상부지는 새롭게 개발 정비되었던 상업지였다. 상부지의 개발은 도심으로 밀려드는 이민 인구의 생존압력 해소를 위한 완충작용을 했고, 더욱이 성내城內와 연접해 있어 성내 공간의 확장으로 인식되었다. 다른 한편으로 상부지는 부속지로 철저하게 제한되었던 일본이 식민 지배를 확대할 수 있는 유일한 공간이기도 했다. 이에 봉천정권은 외국인, 특히 일본 세력의 확장을 제한하고 상부지의 공·상업발전 및 경제경쟁력을 강화하기 위한 대응 전략이 필요했다. 민국초기에는 상부지의 상업 진흥과 외국에로의 이권 유출을 막기 위해 유력한 중국인 상가를 상부지로 이전하거나 혹은 지점 개설을 권유하도록 봉천상무총회奉天商務總會에 요청하였다.[51] 또한 앞서 언급했듯이 1920년대 봉천정권이 일본 부속지와 경쟁하기 위한 상부지 발전전략을 세우고 북시장과 남시장 두 개의 시장을 개설했다. 목적은 외국인에게로의 토지유실을 막고, 중소 상업자본을 흡수하여 상부지의 경제발전 중심으로 삼기 위한 것이었다. 상부지에 중국인 상점의 개설은 기본적으로 상부지 거주 인구의 증가와 상업 번영에 근거하지만, 이와 같은 상부지에 대한 봉천정권의 의도적인 경제발전전략의 영향을 받았던 사실 역시 간과할 수 없다.

51) 「勸業道陳蘭薰爲繁盛奉天商鋪事給商務總會移(1912.09.05)」, 『奉系檔案 2』, 56-57쪽.

**|도표 10|** 상부지 개설 상호(1931년)

| 상호 | 업종 | 소재지 | 개설시기 | 비고 |
|---|---|---|---|---|
| 德順源 | 絲房子 | 북시장 | 1927 | 본점 |
| 五源商店 | 絲房子 | 남시장 | 1930 | 北平 五源綢緞莊의 지점 |
| 永成源 | 當鋪 | 북시장 | 1927 | 奉天 永成源燒鍋의 지점 |
| 同合公 | 糧棧 | 북시장 | 1925 | 본점 |
| 同順長 | 絲房子 | 북시장 | 1924 | 奉天 同興長의 지점 |
| 義豊長 | 絲房子 | 북시장 | 1916 | 奉天 義豊長의 지점 |
| 泰山玉 | 絲房子 | 북시장 | 1918 | 奉天 泰山玉의 지점 |
| 吉祥姓 | 雜貨舖 | 북시장 | 미상 | 奉天 吉祥姓의 지점 |

* 출처: 『名錄』, 27-30쪽; 33-35쪽; 54쪽; 109쪽; 125쪽.

한편 완전한 일본의 식민공간이며 거주 중국인이 많지 않았던 만철 부속지에도 점차 중국인상점수가 증가하고 있다. 다음 몇 가지 사례를 통해 부속지에 중국인상점을 개설하게 된 배경을 살펴보자.

첫째 1927년 홍태호興泰號가 부속지내에 동원포장東源布莊(면사) 지점을 개설하고, 1929년 증발옥增發玉이 항상구恒祥久(사방) 지점을 개업하였다.[52] 이는 당시 성내에서 징수되는 세금이 지나치게 많다고 여긴 상인들이 집단적으로 부속지로의 이전 혹은 지점 개설을 계획한 경우에 해당된다. 1927년 이전에는 성내에 점포를 개설하고 있는 상인이 국내외로부터 수입한 물품을 만철봉천역에서 성내로 반입할 때 '전조단專照單 제도'가 적용되어 통과세(소장세銷場稅)가 면제되었다. '전조단'은 관세납부 완료를 증명하는 이중과세 면제증서이며, '전조단제도'란 전조단을 첨부한 수입화물이 다른 지역의 '상부商埠'로 들어올 때 소장세(일종의 이금, 지방세)가 면제되는 제도이다.[53] 봉천도 이 제도가 적용

52) 『名錄』, 32-33쪽; 74쪽.

53) 당시 중국관세제도에 대한 이중과세면제제도로, 제도 시행 초기 동북에는 다른 지역과 달리 내지에 다수의 개시장이 있지만 商埠에 해관이 설치되지 않은 경우

되었던 지역이었다.

그런데 1927년 봉천지방당국의 세수정책이 변화함에 따라 '상부지'가 아닌 '성내'로 반입되는 국내외 수입물품은 더 이상 '면세'되지 않고, '소장세' 3.3%와 관세부가세(신설) 2.5% 등 적어도 5.8%에 달하는 세금을 납부해야 했다. 사실 기왕에는 성내에도 상부지와 동일하게 이 제도가 시행되어 전조단 부착화물은 그대로 성내로 반입되는 것이 관례였다. 그런데 봉천당국이 재정파탄에 대한 미봉책의 일환으로 과세범위를 확대하고자 이 제도의 폐지를 선언했다. 폐지 시행이 여의치 않게 되자 봉천당국은 재차 '상부지 의미 해석 문제'를 제기하고 중국 상인에 의해 성내로 반입되는 수이입 물품에 대해 과세하고자 하였다. 일본 봉천상업회의소의 조사에 의하면 1년간 봉천성내로 들어오는 화물가격이 약 금金 5천만원정도인데, 그 중 중국 상인이 약 3,500만원을 취급하였다고 한다.[54] 종래 이들 화물이 전부 전조단 부착으로 면세되었을 것

---

가 많았기 때문에 陸運에 관해 규정한 特別免徵重稅制度(洋土客貨運往東三省各埠免重徵專照試辦章程, Manchurians Special Exemption Certificate System), 즉 전조단제도가 동북 각지의 개항과 동시에 시행되었다. 전조단장정이 제정되었던 것은 1909년이지만, 1918년 12월 본격적으로 시행될 때까지 거의 망각된 상태였다. 게다가 상부지역이 실제로는 하등 구속을 받지 않고 전조단 부착화물은 그대로 城內로 반입되었다. 그 가운데 몇 차례 분규가 발생하기도 했지만, 상부지역이 문제시되지 않다가 1926년 10월말 전조단폐지 문제로 인해 상부지 의미 해석과 관련하여 각국과 논쟁이 일어났다. 전조단 및 이중과세 문제와 관련해서는 中山四郎, 「奉天に於ける專照單問題に就て」, 『東亞經濟研究』 11-1, 1927, 114-126쪽; 宮脇賢之介, 「奉天に於ける二重課稅問題とその難點」, 『東亞經濟研究』 11-2, 1927, 47-62쪽; 宮脇賢之介, 「日貨排斥と不法課稅」, 『東亞經濟研究』 11-4, 1927, 90-115쪽; 奉天商業會議所, 『奉天經濟二十年誌』, 1927, 408-422쪽; 滿鐵, 『滿洲に於ける支那の特殊關稅制度』, 1928, 113-155쪽; 滿鐵, 『支那關稅制度綱要』, 1929, 64-66쪽; 大野太幹, 「滿鐵附屬地居住華商に對する中國側稅捐課稅問題」, 2005; 柳澤遊, 「奉天における『奉天票暴落』問題と『不當課稅』問題の展開過程」, 『經濟學研究』(東京大學) 24, 1981.12 등을 참조.

이므로, 봉천당국의 1년간 과세액을 계상하거나 더 나아가 동북전체로 확대된다면 상당한 재원을 확보할 수 있었다. 반면 성내에서 수이입물자를 취급했던 중국 상인에게는 큰 타격이었다. 해당 과세의 폐지를 요청했지만 실현되지 못하자 결국 철도부속지 이전 혹은 지점 개설을 계획하는 상점이 생겨났다. 봉천총상회는 상부지만을 지정하여 전조단제도를 시행하는 이 과세정책이 이익을 꾀하는 상호들의 부속지 이전을 대거 초래하고, 성내 상점은 대부분 도산할 것이라 우려를 표하였다.[55] 부속지에 지점을 가진 성내의 상점은 부속지로부터 수하물을 숨겨 성내로 들여오고, 미납세 상품을 장부에 기재하지 않거나 혹은 내부장부를 작성해서 은폐하는 등 탈세를 시도했다. 이 때문에 항취성恒聚成 등 성내 수입상과 총상회는 성내 소장세 면제를 통해 부속지 상인을 성내로 다시 불러들이도록 재정청에 요구했지만 관철되지 못했다. 1928년 3월부터 8월까지 6개월간에 부속지에 개설된 지점만도 24개에 달한다고 하니 과세정책의 변화가 중국 상인의 부속지 유입을 촉진했던 주요한 원인이었음이 분명하다.[56]

둘째 1917년 성내 소서문내 대가로남大街路南에 개업했던 보성호寶誠號(전포)가 상점의 장부 검열 등을 둘러싸고 지방당국과의 마찰을 회피하기 위해 1930년에 부속지내 낭속통가浪速通街로 점포를 완전 이전한 경우이다.[57] 이는 1920년대 후반 봉천표 폭락에 대한 봉천당국의 단속에서 그 원인을 설명할 수 있다. 봉천표는 대체로 금표 100원에 대해 150

54) 宮脇賢之介, 「奉天に於ける二重課税問題とその難點」(1927), 60쪽.

55) 〈奉天總商會爲請緩行撤銷專照以維商艱事給奉天省長呈(1927.11.01)〉, 『奉系檔案 6』, 618-619쪽.

56) 大野太幹, 「滿鐵附屬地居住華商に對する中國側稅捐課稅問題」(2005), 33쪽.

57) 『名錄』, 103-104쪽.

원 전후를 유지하고 있었지만 1926년에는 단숨에 570원으로 폭락했다. 두 차례의 직봉전쟁에 막대한 군비 지출 외에도 곽송령郭松齡 쿠데타 사건 후 내부 파벌투쟁에 의한 정국 불안이 금융시장에 타격을 주었다. 봉천당국의 각종 대책에도 불구하고 봉천표의 폭락문제를 해결하는 것은 불가능했다. 봉천표 폭락문제는 봉천뿐만 아니라 동북 전체에 악영향을 초래하였다. 봉천당국은 1920년대 봉천표의 가격이 계속 하락하여 물가가 등귀하는 이유에는 시국의 영향도 있지만, 다른 한편으로는 투기를 하는 금융기관의 의심 거래로 인한 것도 크다고 여겼다. 결국 봉천표의 폭락은 전상錢商의 투기 때문이며, 물가의 등귀는 상인의 매점에 의한 것이므로 상인에 대한 단속을 엄격하게 했다. 1926-1927년간 보성호寶誠號와 같이 전포錢鋪, 전초대리점錢鈔代理店을 운영하고 있던 금융업자에 대한 현지조사 등 대대적 단속이 이루어졌고, 금융질서를 교란시킬 경우 처벌하도록 지시했다.[58] 이런 고압적인 정책이 상인의 위법행위를 완전히 단속하는 것은 불가능했고, 치외법권이라는 기회를 틈타 공매매를 통해 부속지에서 폭리를 취하려는 상인이 적지 않았다.[59]

셋째 사방업의 동의합同義合, 신순창新順昌 등은 만철 각 철도역 부근 구매자에게 상품을 편리하게 공급하기 위해 부속지에 상점을 개설하였다. 일반적으로 동북지역의 각 부속지는 만철의 부설과 대련 등 항만도시가 정비됨으로써 중개무역도시라는 물류의 중심이 되었다. 일반적으

58) 「上將軍嚴整錢法」, 『盛京時報』 1926.07.27; 「維持金融方策三志」, 『盛京時報』 1926.08.01; 「各商不買不賣」, 『盛京時報』 1926.08.07; 南平正治, 「奉天錢業公會に就いて-公會を中心としたる奉天錢業界」, 『滿鐵調査月報』 14-1, 1934.01, 127-128쪽.

59) 殷志强, 「近代奉天市の都市發展と市民生活(1905-1945)」(新潟大學大學院現代社會文化硏究科, 博士學位論文, 2012.03), 64-92쪽.

로 일본에서 수입된 상품이 대련 등 항구에 도착하면 만철을 이용해 부속지로 반입되었다. 봉천의 경우는 공고화된 상권과 전조단 제도의 실시 등으로 인해 성내가 여전히 봉천의 상업중심이었고, 상품은 대부분 철도부속지를 거쳐 거대한 소비구조를 갖는 성내로 들어왔다. 그런데 일부 상점들의 거래처는 봉천 성내가 아니라 주로 봉천 부속지와 남만철 연선의 각 철도역 부근이었다. 부속지에 상점을 개설하게 되면 수입 물자를 만철봉천역에서 성내까지 별도로 수송할 필요가 없었다. 성내에 잡화포를 개설하고 있던 동증리同增利가 1927년 동경호同慶號와 동기포장東記布莊을 부속지내 개설했던 사례는 부속지가 가진 교통의 편리성을 직접적으로 반영하였다.[60]

넷째 성내에 소재하는 상점의 분・지점으로 개설된 경우이다. 부속지의 많은 상점이 성내 소재한 상점과 연호聯號 관계를 이루며 상업상, 자본상 성내와 긴밀하게 연계되어 있다. 지점의 부설 이유는 다양하겠지만 앞서 언급한 세 가지 요인이 복합적으로 작용했을 가능성도 있고, 부속지의 번영과 인구증가를 배경으로 한 판로의 확대라는 측면도 간과할 수 없다. 『명록』에서 확인한 바로는 성내의 잡화, 사방, 면사를 취급하는 유력상점에서 부속지에 지점을 세우고 있다.[61] 특히 본점과 하나의 홍장紅帳을 사용하는 연동연재聯東聯財, 즉 분・지점에 해당되는 경우가 많았는데, 이는 자본의 융통이나 손실의 보전 등의 측면에서 성내 본점과 긴밀하게 연계되어 있음을 의미했다.(|도표 11|을 참조)

---

60) 『名錄』, 40-41쪽.

61) 역으로 봉천성내 源豊東(사방)은 1925년 附屬地 千代田通에 분점 源豊盛絲房을 세웠으나 시장이 부진하고 매출이 좋지 않아 1931년 성내 大西關으로 이전하여 源豊盛絲房으로 개명하고 이후 순조롭게 운영되었다.(『名錄』, 20-21쪽; 33쪽)

|도표 11| 만철부속지 상점과 성내 상점과의 관계(1931년)

| 부속지 상점 | | 성내 본점 | | 관계 | 비고 |
|---|---|---|---|---|---|
| 상호명 | 업종 | 상호명 | 업종 | | |
| 長茂商店 | | 春發長 | 잡화 | 본점과 동일 홍장 | |
| 隆源號 | | 允隆久 | 잡화 | 본점과 동일 홍장 | |
| 同慶號 | 면사포 | 同增利 | 잡화 | 본점과 동일 홍장 | 1927년 개설・판매편리 |
| 東記布莊 | | 同增利 | 잡화 | 본점과 동일 홍장 | 1927년 개설・판매편리 |
| 同興絲房 | | 同增利 | 잡화 | 본점과 동일 홍장 | 판매편리 |
| 通聚隆商店 | | 德聚和 | 잡화 | 본점과 동일 홍장 | |
| 隆記商店 | | 福隆順 | 잡화 | 본점과 동일 홍장 | |
| 志雲翔 | | 志雲翔 | 잡화 | 본점과 동일 홍장 | |
| 裕興商店 | | 德興成 | 잡화 | 본점과 동일 홍장 | |
| 興記布莊 | | 興盛東 | 잡화 | 본점과 동일 홍장 | |
| 新昌布莊 | | 中順公 | 면사포 | 본점과 동일 홍장 | |
| 益豊商店 | 면사포 | 裕泰盛絲房 | | | 1929년 개설 |
| 東源布莊 | 면사포 | 興泰號 | 면사포 | 본점과 동일 홍장 | 1927년 개설・과세회피 |
| 恒順西 | 면사포 | 恒興源 | | | 1929년 개설 |
| 祥記棧 | | 天合祥 | 면사포 | 본점과 동일 홍장 | |
| 天和永 | | 天合祥 | 면사포 | 본점과 동일 홍장 | |
| 聚記布莊 | | 正記布莊 | 면사포 | | |
| 同義合 | 사방 | 同義合 | 사방 | 본점과 동일 홍장 | 1919년 개설・교역편리 |
| 恒祥久 | 사방 | 增發鈺 | 사방 | 별도 홍장 작성 | 1929년 개설・과세회피 |
| 永禎祥 | | 和發永 | 사방 | | |
| 敦慶祥 | 잡화 | | | | 1911년 개설 |
| 新順昌 | 사방 | | | | 1929년 개설・과세회피 |
| 東記銀號 | 전포 | | | | 1924년 개설 |
| 長發銀號 | 전포 | | | | 1927년 개설 |
| 寶誠號 | 전포 | | | | 1930년 이전・장부검열회피 |

* 출처: 『名錄』, 4-89쪽에 의거하여 작성.

### (2) 상업공간과 상회

봉천 도시 인구의 증가와 상업공간의 확대는 상업단체의 조직에도 영향을 미쳤다. 봉천경제계에서 영향력이 가장 컸던 것으로 상회商會를 예로 들 수 있다. 주지하듯이 전통적으로 상업을 천시하는 사회인식하에서 중국 상인은 자기 생존의 유지 및 공동 이해의 보호를 위해 상호부조적 의미에서 동향, 동업단체로서 회관會館, 공소公所, 그리고 행회行會

등을 결성했다. 이민 지역이었던 동북도 예외는 아니었고, 더 나아가 도시 전체 상인의 전반적 이익을 대표하고 옹호할 단체의 필요성에서 동북에는 공의회公議會란 명칭을 갖는 자치 단체가 각지에 조직되었다. 이 공의회의 구성원은 동향, 동업단체 등의 대표나 유력 상인으로, 그 세력이 우세했다. 정부 권력이 쇠퇴함에 따라 도시의 행정에도 간여하여 시내 경찰업무의 집행, 세금의 대리 징수, 토목·구제사업 등을 행했다. 또 관청과 상인 사이에서 상업에 관한 관청의 질문에 답하고, 관의 명령 전달 또는 관에 대한 청원, 상사에 관한 중재를 하는 등 자치 행정적 기능이 강화되는 경향이 있었다. 근대화 과정에서 중앙정부는 이러한 수천 년간 내려온 관습에서 벗어나 상업 보호라는 정책으로의 전환을 가져왔다. 이로부터 자치적으로 발생한 공의회 등 상인단체를 개조하여 이를 법적으로 인정하고, 〈상회법商會法〉의 개정에 따라 몇 차례 개조 변경을 거듭해갔다.(|도표 12| 참조)

일반적으로 상회는 상공업의 발달을 도모하고, 또 지방행정관을 보조해서 상공정책을 수행하는 것을 목적으로 한다. 또한 일찍부터 봉천상회 내 화재에 대비하기 위해 소방대가 별도로 조직되었던 것은 물론이며, 상사 분쟁을 해결하기 위해 상사공단처商事公斷處를 조직하는 등 자치적 활동을 기본으로 한다. 이 외의 주목할 만한 것은 봉천지방당국을 위한 세금을 대리 징수했다는 사실이다. 1912년 성省 경찰청에서 경찰관 증원으로 인해 경찰비용이 부족하다고 호소하였고, 재정청에서 상회로 공문을 보내 각 상점에서 점포세(포연鋪捐)를 징수해 올리도록 지시했다. 상회는 각 상점의 자본규모에 따라 20등급으로 나누어 '매월 1등 16원圓, 20등 2각角'을 차등 징수하여 매월 말 징수금을 재정청(사변 후 시정공서市政公署)에 직접 송부하였다. 매년 징수하여 재정청으로 보낸 금액이 약 10만원에 달했고, 민국 수립과 함께 시작된 이 관행은 만주국 수립 직후인 1932년 7월 시정공서령令으로 폐지될 때까지 계속 되었다.[62] 이 관행의 의미는 단순히 지방의 토목 등 기타 사업에 필요한 소액의 경비를 스스로 지출하여 처리하는 정도에 그치지 않는다. 봉천의 상회가 상인에 대해 직접과세권을 행사하고, 혹은 정부를 위해 조세를 대리 징수한 사례였다. 이는 상인단체로서의 봉천 상회와 봉천 당국과의 관계가 어떠했는지를 살펴볼 수 있는 중요한 단서를 제공한다.

한편 중국 〈상회법〉에 기초해서 설립된 상회와는 별도로 만철부속지에도 '상무회商務會'란 이름의 중국 상인단체가 설립되었다. 부속지내 거주 상공업자를 구성원으로 하며, 부속지내에 존재하기 때문에 일본 측 기관인 만철의 지방사무소장地方事務所長, 즉 봉천지방사무소장奉天地方事務所長의 감독을 받고 있었다는 점에서 특징적이다. 상무회도 부속지내의 상공업 발전을 촉진하기 위해 설립되었다는 점에서 성내 상회와 큰 차이가 없다. 그 성립과정은 봉천의 지역 사정에 따라 이러저러한 이유로 중국인이 부속지내로 들어오고, 영업하는 사람들이 증가하면서 유력 동업자를 중심으로 부속지내에도 소규모 회會가 조직되었던 것이다. 특히 청말 동북 각지에 공의회라는 이름으로 상인단체가 개설되었던 관습에 따라 부속지에도 공의회라는 명칭의 단체가 생겨났다. 부속지 경영을 맡았던 만철은 이러한 회의 조직을 조장함으로써 부속지내 중국 상인을 통제하려는 경영방침을 세웠다. 그리고 부속지내의 상공업 발달과 상공업자의 친선 도모를 취지(회사통칙會社通則 제3조)로 1913년 〈회사부속지상무회통칙會社附屬地商務會通則〉을 공포하였다.[63] '부칙附則' 규

62) 〈滿洲國主要商會租稅代徵〉, 『滿洲國に於ける商工團體の法制的地位』(1937), 77쪽.

63) 〈會社附屬地商務會通則(1913.02.01, 社則第16號)〉, 『滿洲國に於ける商工團體の法制的 地位』(1937), 45-47쪽. 만주국 수립 이후에는 1938년 4월 1일 만주국정부가 〈商工公會法〉 규정에 따라 중국 측의 '奉天市商會'와 일본 측의 '奉天商工會議所'를 합병하여 '奉天商工公會'로 합병 개조하였다. '奉天商工公會'가

정에 의해 〈회사통칙〉 시행 이전부터 다양한 명칭으로 존재했던 상무회, 상의회商議會 및 공의회는 1913년 9월 30일 〈통칙〉 시행이후 모두 상무회로 개조하도록 했다. 이에 따라 동북의 부속지상무회 설립 과정은 크게 세 가지 유형으로 분류된다. 중국 상인이 자발적으로 조직했다가 만철의 〈회사통칙〉에 따라 개조된 경우이거나, 혹은 설립 단계부터 〈회사통칙〉에 기초하여 설립된 경우이다. 설립단계부터 〈회사통칙〉에 기초한 것이 많았지만, 이와 관계없이 줄곧 순수한 상인들의 자발적 단체로 존재했던 경우도 있다. 이 〈회사통칙〉은 형식상 일개 회사의 규칙이기 때문에, 설립과정이 어떠했는지를 불문하고 부속지내 중국 상인단체는 모두 법적 근거를 갖는 법인단체가 아닌 사적단체에 불과했다. 다만 만철이 부속지에서 경찰, 사법권을 제외한 행정관할권을 갖고 있었고, 〈회사통칙〉은 실질적으로 법적 규정으로서 상무회에 대해 구속력을 갖는다고 인식되었다.

**|도표 12| 도시 봉천 상회의 연혁**

| 시기 | 명칭 | 임원 | | | 비고 |
|---|---|---|---|---|---|
| | | 년도 | 正·副 | 성명 | |
| 동치 년간 | 奉天公議會 | - | - | - | * 동치말년 東門內 長安寺에 설립<br>* 광서초 16街로 구획, 分會를 설립(소방활동을 책임졌기 때문에 水會라고도 함)<br>; 街의 대소에 따라 街內 會頭 3-8명. |
| 1902 | 奉天商務總會 | 1902 | 總理 | 田子超 | * 農工商部令으로 公議會에서 개조<br>; 16街 會頭를 會員으로 변경<br>; 評議員 8명, 調査員 8명 천거<br>; 商會내 商事公斷處 부설 |
| | | | 協理 | 甘益堂 | |
| | | | 公斷處長 | 沈河淸 | |
| 1905 | 瀋陽商務總會 | 1905 | 總理 | 趙國廷 | * 農商部令으로 변경(〈商會簡明章程(1904)〉에 의거); 商董 60명을 선발; 總會외 城內·外 16개 分會所 분설<br>* 1913년 省令으로 城內 鐘樓 남쪽의 前 奉天府尹署 院 |
| | | | 協理 | 楊化霖 | |
| | | 1908 | 總理 | 孫鼎臣 | |

성립되는 과정에서 '奉天南滿站商務會'도 상회의 각 분회와 마찬가지로 폐지되었다.(焦潤明, 「"九一八"事變前的奉天商會」, 『近代東北社會諸問題研究』, 中國社會科學出版社, 2005, 76-77쪽)

| 시기 | 명칭 | 임원 | | | 비고 |
|---|---|---|---|---|---|
| | | 년도 | 正·副 | 성명 | |
| | | | 協理 | 梁維康 | 址로 이전<br>• 1913.09 공단처장은 商董이 협리 崔立瀛이 겸직하도록 公推, 평의원 16명, 조사원 4명 모두 각 商董이 선발충원 |
| | | 1909 | 總理 | 田子超 | |
| | | | 協理 | 甘益堂 | |
| | | 1911 | 總理 | 孫鼎臣 | |
| | | | 協理 | 崔立瀛 | |
| | | 1913 | 公斷處長 | 崔立瀛 | |
| 1915 | 奉天<br>(省城)總商會 | 1915 | 회장 | 孫鼎臣 | • 1915년 省令으로 변경(〈商會法(1915)〉에 의거)<br>: 總理→會長/ 協理→副會長 |
| | | | 부회장 | 崔立瀛 | |
| | | 1917 | 회장 | 楊玉泉 | |
| | | | 부회장 | 崔立瀛 | |
| | | 1918 | 회장 | 魯宗煦 | |
| | | | 부회장 | 崔立瀛 | |
| | | 1920 | 회장 | 魯宗煦 | |
| | | | 부회장 | 劉愛賢 | |
| | | 1922 | 회장 | 魯宗煦 | |
| | | | 부회장 | 劉愛賢 | |
| 1923 | 奉天商工總會<br>(奉天總商會?) | 1923 | 회장 | 魯宗煦 | • 1923년 省令으로 商工 合組.<br>• 1924.06 16街 分會합병, 城内는 東·西部 分會, 東西南北關은 每關 分會 설치.<br>; 水會는 소방대로 개조<br>; 가을 會場건물 건축 |
| | | | 부회장 | 劉愛賢<br>薛志遠 | |
| | | 1924 | 회장 | 張志良 | |
| | | | 부회장 | 吳寶書<br>趙保安 | |
| | | 1926 | 회장 | 張志良 | |
| | | | 부회장 | 丁廣文<br>劉繼伸 | |
| | | 1927 | 회장 | 丁廣文 | |
| | | | 부회장 | 劉界伸<br>杜乾學 | |
| 1929 | 遼寧<br>(省城)總商會 | 1929 | 회장 | 金恩祺 | • 1929년 奉天省→遼寧省으로 변경, 명칭변경<br>; 同業公會 60여 곳의 성립<br>; 8월 소방대감독이란 명칭 회복<br>; 10월 城内, 各 關 分會所 폐지 |
| 1929 | 遼寧商工總會 | | 부회장 | 盧廣積 | |
| | | | 消防隊 監督 | 李福堂 | |
| 1931 | 瀋陽市商會 | 1931 | 주석 | 金恩祺 | • 〈商會法(1929)〉에 의거, 商會章程 제정<br>; 회원대표가 집행위원 15명, 후보집행위원 7명, 감찰위원 7명, 후보감찰위원 5명 선발<br>; 집행위원이 상무위원 5명을 互選, 집행위원이 상무위원 중 주석 선출<br>; 1931.09.18 사변이후 주석(金恩祺)이 부재, 상무위원이 교대로 會務를 유지 |
| 1932 | 奉天市商會 | 1932 | 회장 | 方煜恩 | • 만주국시기 瀋陽市→奉天市로 변경<br>; 會董 28명을 公擧.<br>; 각 區마다 總商董 1명, 副商董 4명<br>; 상사공단처장은 회장 겸직, 評議長은 會董 劉關一 겸직<br>; 평의원 8명. 조사원 6명은 會董 및 각 구 總·副商董과 각 동업공회주석내 공동추천 |
| | | | 부회장 | 王鳳鳴<br>喬蓋卿 | |

* 출처: 〈奉天市商會沿革概略〉, 『奉天市商業彙編』, 1933.

봉천에 설립된 남만참상무회南滿站商務會의 성립과 활동에 대해서는 불명확한 부분이 많다. 만철의 산업조사자료産業調査資料에 의하면 1922년 7월 동지회同志會의 합의를 통해 자발적으로 조직되었다가 〈회사통칙會社通則〉에 근거해서 1926년 6월 개조된 것으로 조사되었다.[64] 한편 중국 측 당안 자료에 의하면, "해당 회會는 1923년 4월 일본관청에 등록을 신청하여 인가를 받았다"고 기록했다.[65] 이외에도 당시 일본의 각종 보고 및 문헌에서 1918년, 1922년, 1923년, 1926년 등으로 이 상인단체의 설립 혹은 인가 시점에 대해서는 서로 다른 정보를 제공하고 있다.[66] 그 중 해당 상무회가 보내온 문건 내용을 그대로 인용하고 있는 중국측 당안자료가 비교적 신뢰할 만하다. 당안의 내용과 선후 정황에 근거할 때 늦어도 1924년 시점에 '봉천남만참중화상무회奉天南滿站中華商務會'라는 명칭의 상인단체가 부속지 평안통가平安通街에 존재했고, 또한 이보다 이른 시기에 자치적 조직으로 설립되었다가 1920년대 중반 〈회사통칙〉에 의해 개조되었을 가능성이 크다.

64) 〈附屬地商務會一覽表〉, 『滿洲國に於ける商工團體の法制的地位』(1937), 43-44쪽.

65) 「奉天全省警務處爲日站華商會不具備單獨組織商會資格致奉天總商會函(1924.10.13)」, 『奉系檔案 4』, 474-475쪽.

66) 奉天商工會議所, 『奉天經濟三十年史』, 1940; 滿鐵, 『奉天に於ける商工業の現勢』, 1927; 滿洲帝國國務院總務廳情報處, 『省政彙覽(第8輯): 奉天省編』, 1938; 黎赫, 「瀋陽經濟槪況」, 『中東經濟月刊』 7-9, 1931.

**|도표 13| 남만참중화상무회 임원(1923년 5월)**

| 직책 | 성명 | 상호 | 업종 | 직책 | 성명 | 상호 | 업종 |
|---|---|---|---|---|---|---|---|
| 會長 | 祖憲庭 | 悅來棧 | 여관 | 會董 | 馬錫九 | 天聚東 | 여관 |
| 副會長 | 劉漢廷 | 逢源永號 | 정미·전장 | 會董 | 趙壽山 | 振源長 | 銀號 |
| 副會長 | 張治忱 | 公合棧 | 여관 | 會董 | 高奎五 | 公記飯店 | 요리점 |
| 總董 | 魏子陽 | 奉臺旅館 | 여관 | 會董 | 傅雅軒 | 德記錢莊 | 錢莊 |
| 會董 | 李子濟 | 滿洲報社 | 봉천역分社長 | 會董 | 馬欽麟 | 德義園 | 음식점 |
| 會董 | 欒春浦 | 大春當 | 전당포 | 會董 | 於世銘 | - | 요리점 |
| 會董 | 董子衡 | 茂林飯店 | 요리점 | 會董 | 董世德 | - | 요리점 |
| 會董 | 賈連閣 | 興業公司 | - | | | | |

* 출처: 大野太幹, 「滿鐵附屬地居住華商に對する中國側稅捐課稅問題」, 『中國硏究月報』 59-9 (2005), 26쪽.

봉천남만참상무회는 여타 지역의 부속지 상인단체와 비교해 보더라도 가장 늦은 시기에 조직되었다.[67] 그 원인은 다양하겠지만 특산물거래를 중심으로 유력상인의 부속지 유입이 활발했던 여타 지역과 달리 봉천의 상업무역 중심은 줄곧 성내에 있었고, 중국 상인의 부속지 유입이 보다 활발하게 된 것이 대체로 1920년대 중반 이후 시기였다는 점에서 설명할 수 있다. 1923년 봉천남만참중화상무회 성립초기 임원구성을 보면 종사업종이 여관, 요리점, 전장 등 주로 부속지내의 수요를 대상으로 하는 서비스업종이 대부분이며, 자본의 규모가 비교적 큰 상업무역관련 종사자는 없다. 전조단 폐지로 인해 탈세를 기도하여 수입물자를 취급하던 상점이 대거 부속지로 유입하기 시작했던 것은 1927년 이후였다. 1929년 부속지에 면사포점을 개설한 항순서恒順西(성내 항

67) 장춘과 개원에서는 1909-10년간 頭道溝公議會와 開原華商公議會로 조직되었다가 〈회사통칙〉에 따라 상무회로 개조되었다.(〈附屬地商務會一覽表〉, 『滿洲國に於ける商工團體の法制的地位』, 1937, 43-44쪽) 1931년 시점에는 이 외에도 公主嶺, 四平街, 雙廟子, 草河口, 瓦房店, 봉천 등 만철부속지 9곳에 상무회가 존재했던 것으로 확인된다.(『(民國20年)東北年鑑』, 東北文化史, 1931, 1011쪽)

홍원恒興源의 지점)의 경리 우간정於幹庭이 1931년 시점에 남만참상무회 동사董事에 재임하고 있었던 사실은 당시 부속지내 상업사회 내지 부속지상무회 구성상의 변화를 짐작할 수 있는 하나의 단서가 된다.68)

『성경시보盛京時報』 기사에서 봉천상무회 설립의 주된 목적은 악덕 상인의 색출, 객사한 상인의 재산보호, 도산한 상인의 구제, 감독관청과의 교섭, 상업분쟁의 조정에 있다고 기술했다.69) 이러한 자치적, 경제적, 사법적 부분에서의 활동은 상공단체로서의 본래의 역할이며, 그러한 점에서 성내나 부속지를 불문하고 상인단체의 활동 범위는 크게 다르지 않았을 것이다. 상회가 조직내에 상사공단처를 구성하여 상업분쟁의 조정이라는 기능을 수행했던 것처럼 상무회도 상사평의처商事評議處의 설치를 규정하고, 상사공단처 장정을 모방하여 별도로 〈봉천남만참상무회평의처장정奉天南滿站商務會評議處章程〉을 제정하였다. 또한 경제적·사법적 기능의 일환으로 상인(혹은 상호)의 신원보증-법률상의 보증 기능은 아니다-, 즉 중국 특유의 거주민 신분, 자산 상황, 경영 성적 등에 대해 조사, 증명하는 업무를 수행했다.70) 이러한 업무 관행이나 조직적 특징은 새로운 환경에서도 그들의 상업 활동에 지속적으로 영향을 미쳤다. 부속지 상인단체라 해도 중국 상인에게 체질화된 상업관행이나 조직화 방식까지 하루아침에 뒤바꿀 수는 없었다.

다만 봉천의 남만참상무회는 봉천당국으로부터 공적 상업단체로 승인조차 받지 못했다. 여타 지역의 부속지가 상업적으로 특산물 거래와 함께 발달하고 각 지방당국과의 관계가 밀접했던 것과는 달랐다. 1924

68) 『名錄』, 74-75쪽.
69) 「西站商務會成立」, 『盛京時報』 1923.05.12.
70) 〈奉天南滿站商務會章程〉; 〈奉天南滿站商務會評議處章程〉, 『滿洲國に於ける商工團體の法制的地位』(1937), 附錄 119-128쪽; 附錄 131-135쪽.

년 남만참상무회로부터 '만철이 발급한 관방關防'이 찍힌 공문서를 받은 봉천전성경무처奉天全省警務處는 남만참상무회가 '사私 관방'을 사용하여 공문서를 보내고, 통관검사를 면제해 달라고 청한 것에 대해 매우 황당하다는 반응을 보이고 있다. 이러한 반응은 우선 기본적으로 부속지상무회 설립의 근거라 해명했던 〈회사통칙〉이 일개 회사가 제정한 규정에 근거한 것이므로 '만철이 발급한 관방'은 사적私的 도장이라는 인식에 기초한 것이다. 더 나아가 중국의 〈상회법〉에 근거하더라도 봉천에 이미 총상회가 존재하는 이상 단독으로 상회를 조직할 자격이 없음을 분명히 함으로써 '부속지상무회의 법적 근거 없음'을 명확히 한 것이었다. 이로써 해당 회를 법적 근거를 갖는 성내 총상회總商會의 분사무소分事務所로 개조할 수 있도록 총상회에 교섭을 지시하였다.[71] 부속지에 개설한 중국 상점을 중국의 관할구역에 등록하고 분소를 개설하는 것은 아직 선례가 없는 일이었다. 다만 상무회는 인심을 공고히 하고 상인들도 중국의 주권을 망각하지 않고 있다는 것을 분명히 드러낼 수 있으므로 대책을 강구하여 일이 성사될 수 있기를 바란다는 의사를 표명하였다.[72] 총상회는 상무회가 상업 상황의 측면에서는 피차 차이가 없지만 상무회가 있는 곳이 만철 부속지이며, 일의 처리수속이 외국인[일본]의 행정법규와 다소 저촉되는 것이 있을까 우려했다. 이에 개조 부분은 봉천전성상회연합회奉天全省商會聯合會에서 교섭하도록 할 계획임을 봉천경무처에 통지했다.[73] 이후 교섭이 진행되었는지 여부에 대해서는 확

71) 「奉天全省警務處爲日站華商會不具備單獨組織商會資格致奉天總商會函(1924.10.13)」, 『奉系檔案 4』, 474-475쪽.

72) 「奉天南滿站中華商務會爲組設分事務所擬發會員證致張惠霖函(1924.10.16)」, 『奉系檔案 4』, 480-481쪽.

73) 「奉天總商會爲日站華商會歸奉天全省商會聯合會接洽辦理覆警務處函(1924.10.31)」, 『奉系檔案 4』, 496-497쪽.

인할 수 없으나 분사무소로의 개조는 이루어지지 않았다. 봉천당국의 이러한 인식하에서 남만참상무회는 부속지 밖에서 줄곧 공적 기능을 수행할 수 없었다. 물론 성내 상회가 행했던 것과 같은 세금의 대리징수 등 행정적 방면에서의 기능도 없었다.[74] 이렇듯 같은 봉천의 중국상인이라 해도 각기 처한 상황, 특히 영업 공간이 다르며, 성내와 부속지는 도시행정이 분리되어 있어 상인단체의 부차적 기능인 행정적 기능에서의 활동은 분명한 차이를 보여준다. 또 부속지의 발전이 지역마다 다른 양상을 보이고 있고, 이와 관련해서 각 부속지 상무회의 위상과 역할에서도 상당한 차이가 있음에도 주목할 필요가 있다.[75]

한편 『성경시보』 기사에 의하면 1930년 이후 중국동북지방은 세계적인 은가하락에 의한 불황에 빠졌고, 1930년 9월 봉천 부속지 47곳의 중국 상점이 도산했을 뿐만 아니라 더 많은 상점이 거액의 손실을 입었다고 보도되었다.[76] 현재로서는 성내 상점에 비해 봉천부속지의 상점 도산율이나 손실 규모가 어느 정도였는지를 확인할 방법은 없다. 다만 정부가 제공했던 지원 대책에서 부속지 상점은 적극적인 지원대상이 아니었던 것은 분명하다. 1931년 성정부가 제공하는 상업대출에 필요한 담보로 부속지내 토지·건물은 인정되지 않았다. 또 성내 유력 상점

74) 장춘, 개원, 사평가 등의 부속지에서 동북지방정권은 부속지상무회와 협의하여 거래액을 기준으로 하여 매월 정액을 세연국에 납부하는 형식(包稅)으로 과세권을 행사하였다. 이 때 부속지상무회는 부속지 상인에 대한 대리징수를 맡았다.(大野太幹, 「滿鐵附屬地居住華商に對する中國側稅捐課稅問題」, 2005)

75) 만철부속지 가운데 상업이 비교적 발전하고 중국 상인이 유입이 많아 부속지상무회가 설립되었던 곳은 奉天외에도 開源, 長春, 公主嶺, 四平街 등을 들 수 있다. 봉천을 제외한 네 지역은 특산물 집산지로 급격하게 발전한 경우이다.(大野太幹, 「奉天附屬地華商商務會の活動」, 2004; 「滿鐵附屬地華商と沿線都市中國商人」, 2006; 「滿鐵附屬地居住華商に對する中國側稅捐課稅問題」, 2005)

76) 「日站華商經營困難, 秋節之後有半數倒閉」, 『盛京時報』 1930.09.19.

의 보증이나 '공적公的' 상회의 증명서를 제출할 수 없는 경우, 성정부가 요구하는 '상응하는 담보 및 확실한 보증'이 부재하여 상업대출과 같은 재정적 지원도 받을 수 없었다.[77] 남만참상무회가 소속 회원의 신분 및 자산에 관한 증명 또는 보증을 담당하는 기능이 있었다고는 해도 그 권한 범위는 부속지내로 제한되었기 때문이다.

그런데 위에서 언급했듯이 성내 유력 상점의 보증이 있다면 봉천당국의 재정적 지원이 가능했던 것으로 보인다. 철도부속지 상점의 도산 또는 거액의 결손과 관련하여 기존의 연구에서는 남만참상무회에 대한 정부의 불승인 문제뿐만 아니라, 부속지 내 중국 상인이 부속지 밖과의 관계를 단절함으로써 자본의 유연성조차 가질 수 없었다고 평가했다.[78] 이와 관련해서 봉천의 중국인 상공업자를 중심으로 조직된 두 개의 상업단체, 즉 봉천상회와 남만참상무회와의 관계는 분명하게 밝혀진바 없다. 다만 적어도 "봉천 부속지 화상이 봉천 성내를 포함한 부속지 밖 화상과 어떠한 관계도 갖지 않는 화상"이라는 평가에 대해서는 문제를 제기하지 않을 수 없다. 오히려 앞서 언급했듯이 1927년 이후 개설된 부속지 상점은 많은 경우 성내 상점과 연호라는 유기적인 영업조직망을 갖고 있다. 이것은 상업상, 자본상 성내와 긴밀 관계를 유지하고 있다는 것을 의미했다. 봉천성성세연국奉天省城稅捐局이 탈세를 꾀하는 부속지 상점에 대해 성내상점과의 관련성 여부를 철저히 조사하여 성내 상점을 통한 과세 및 처벌 강화를 언명했던 것에서도 양자의 관계는 비교적 명확하다.[79] 부속지 상인들은 봉천당국의 적극적인 보호·관리 대상이 아니었지만, 성내 상점과의 자본관계 및 신용관계를

77) 大野太幹, 「滿鐵附屬地華商と沿線都市中國商人」(2006), 45-46쪽.
78) 大野太幹, 「滿鐵附屬地華商と沿線都市中國商人」(2006), 42-43쪽.
79) 大野太幹, 「滿鐵附屬地居住華商に對する中國側稅捐課稅問題」(2005), 33-34쪽.

가지며 상업상, 자본상 성내와 긴밀한 관계를 유지하는 것이 가능했다. 반면 부속지 밖과의 관계가 단절된 부속지 상점의 경우라면 불황속에서 경영에 더 어려움을 겪었을 것은 분명하다.

## 4. '복합적' 도시구조와 중국 상인의 생존전략

근대도시 봉천은 청의 '봉천부'를 기초로 하여 발전되었지만, 근대동북의 정치경제적 발전 과정에서 성립의 역사가 다르고 관리 경영의 주체가 서로 다른 세 개의 도시공간을 만들어냈다. 봉천성내는 동북정권의 핵심공간이었고, 부속지는 일본의 식민공간이었다. 상부지는 지리공간상 성내로 밀려드는 이민인구의 생존압력을 해소하는 작용을 하며 성내의 연장선상에 있었다. 또한 상부지 토지의 30% 내외가 일본인 명의의 토지이며 부속지의 연장선상이기도 했다. 도시발전 과정에서 봉천은 성내, 상부지, 부속지라는 세 개의 공간으로 분해되었지만 한편으로는 성내 상권을 확대할 수 있는 새로운 상업공간을 남겼다. 공간적 확장으로 도시공간속 사람들의 왕래나 경제가 정치를 넘어서서 움직이고는 있었지만 복잡한 국제정치 속에서 분해된 성내, 상부지, 그리고 부속지가 일체가 되어 상권을 형성하는데 법제상 문제를 야기하기 쉽다는 한계가 있었다.

봉천의 상업무역은 만철 개통이후 특산물집산지로서의 시장기능은 약화되었지만 거대한 거주 인구와 계속 유입되는 유동 인구를 기반으로 국내외 수이입물자의 소비지 및 중개지로서의 상업기능은 더욱 강화되었다. 1920년대 후반 오사카 가와구치 화상의 상업기반을 바탕으로 오사카-봉천이라는 중국 상인만의 무역네트워크를 구축함으로써 대일무역 거래에서의 주도권을 장악하는 '상거래상의 대변화'를 이끌어내었다. 한편으로는 봉천방사창 등을 통한 동북의 면제품 생산 공급이라는 계획이 현실화되고 봉천지역정권이 목표로 했던 수입대체 산업육성 정책도 일정한 성과를 거두었다.

봉천의 상업무역을 주도했던 중국인 상점분포 분석을 통해 다음과 같은 몇 가지 특징을 확인할 수 있다. 첫째 절대다수의 인구를 기초로 하여 봉천의 상업은 중국인상점이 집중 분포되었던 성내가 중심이었다. 둘째 부속지는 봉천당국의 제한이 많았던 성내와는 달리 일본의 행정관할아래 과세, 경찰 등 특권을 활용한 봉천당국으로부터의 과세회피나 철도역이라는 물자수송의 편리성이 있었다. 셋째 상부지에는 봉천당국의 상부지 개발전략의 일환으로 개설된 남·북시장을 중심으로 중국인상점이 개설되었다. 그 수는 많지 않지만 인구가 조밀하고 복잡한 성내의 인구 압력을 다소간 해소하고, 성내 상권의 확장이라는 점에서 의미가 있었다. 넷째 부속지 상점은 성내 상점과 연호관계를 통해 상업상·자본상 밀접하게 연계되어 있었다.

이러한 특징을 반영하여 1920년대 후반 중국 상인들은 상업이익을 극대화하고 손실을 최소화하고자 부속지내로의 이전 및 지점 개설을 단행했다. 특히 부속지 개설상점의 증가와 관련해서 정부 측의 과세나 장부 검열은 화폐가치의 폭락과 재원의 조달이라는 지방당국이 직면한 현실 문제를 해결하기 위한 정책의 추진과정에서 시행된 조치들이었다. 이러한 조치가 상부지와 부속지의 번영을 초래한다는 관측도 가능하지만 공고한 상권을 가진 성내를 벗어나서, 거액의 투자를 필요로 하는 점포의 이전은 하루아침에 쉽게 결정할 수 있는 선택은 아니었다. 지역정권과 현실적 이해관계를 달리했던 중국 상인들이 식민영역이었던 만철부속지로의 이전까지도 감행하고 있었던 점은 주목할 만하다.

1920년대 후반 중국인상점에 대한 과세정책과 엄격한 검열은 중국인상점의 분포양상에도 직접적 변화를 초래했다. 그리고 부속지 상점이 증가함에 따라 중국 〈상회법〉에 기초하여 설립된 상회와는 별도로 부속지에도 중국 상인단체가 설립되었다.

당시 중국 상인은 부속지나 일본에 대해 양면적 인식 태도를 보여주었다. 부속지로의 이전이나 부속지내 중국 상인단체 설립은 '중국의 주권을 망각하는 행위'로 인식되기도 했지만, 기본적으로는 철도부속지 지배체제를 인정하고 그 아래 피신하는 형태로 진행되었다. 철도부속지 지배를 부정하기보다는 상호 공존 가능한 방법을 찾는데 더 관심을 가지고 있었고, 이는 민족주의적인 인식보다는 상업사회의 이해관계를 우선시하는 인식에 근거한 것이었다. 잡거가 현실이고 존재하는 정치권력이 하나가 아닌 상황 속에서 중국 상인들은 상업지역을 선택할 수 있었고, 그것은 지극히 현실적인 생존의 문제와 관련되어 있었다. 세금수취등과 관련하여 성내는 부속지와 경쟁관계에 놓이게 되었다. 대국적으로 보면 부속지란 존재 자체가 중국의 주권과 충돌하는 것이었지만, 개별적으로는 자신의 삶을 위하여 여러 지역가운데 하나를 선택하는 개인적 결정의 공간일수 있었던 것이다. 다만 봉천의 중국 상인에게 부속지도 온전한 피신처는 아니었기 때문에 한편으로는 부속지가 갖는 다양한 특권과 물류의 편리성을 이용하면서도, 다른 한편으로는 봉천 성내 상점과의 유기적인 자본관계를 이용하는 등 다양한 생존 전략을 강구하였다.

# 대두상품 거래관행과 일본 교역소의 설립

_ 손승희

동북사회는 국제상품으로 개발되었던 대두의 대외 의존성으로 인해 세계의 사회경제적 변동에 상당히 민감했다. 특히 은본위제도를 기반으로 했던 중국에 1920년대 말 몰아닥친 세계은가의 하락과 대두 수요의 감소는 동북사회에 치명적인 영향을 주었다. 따라서 대두의 가격, 대두상품의 수요와 시세 등으로 인해 대두상품의 거래 과정에서 도산하는 상점들이 속출했다. 동북사회가 이러한 국내외의 상황을 견디지 못하고 요동쳤다는 것은 일면 동북사회의 구조적인 취약성을 드러내는 것이었다. 기존연구에서는 이러한 동북의 취약성을 중국 내지 및 세계 경제에 강한 영향을 받았던 동북사회의 종속적인 구조에서 찾는 경향이 있지만[1] 동북사회 내부의 사회경제 구조에도 주의를 기울일 필요가 있다.

---

* 이 글은 『중국근현대사연구』 62집(2014.06)에 게재된 필자의 원고를 본 총서의 체제에 맞게 수정한 것이다.

1) 石田興平, 『滿洲における植民地經濟の史的展開』, ミネルヴァ書房, 1964; 西村

동북에서는 대두상품에 대한 선물거래가 성행했는데, 특히 강한 투기성을 띠었다. 이러한 선물거래의 강한 투기성은 동북사회의 변화를 해명할 수 있는 하나의 관건이 될 수 있을 것으로 보인다. 따라서 본고에서는 대두의 선물거래와 더불어 근대 교역소에 주목하고자 한다.

동북에는 지리적, 환경적 요인에 따라 지역마다 다소 차이가 있긴 하지만 대두 거래를 위한 화상華商 중심의 양시糧市가 형성되어 있었고, 한편으로는 동북의 각 주요 지역에 투기의 차단과 공정거래를 명목으로 일본 교역소가 설립되었다. 양시에서 배제되었던 일상日商은 일본 교역소의 거래 활성화를 통해 화상을 교역소 안으로 흡수하여 일상 중심으로 시장을 재편하고자 했다. 이 과정에서 선물거래의 투기성에 대해 중국 고유의 양시와 일본 교역소가 어떻게 대처했는지, 일본 교역소가 어떻게 교역소 안으로 화상을 편입시켰는지를 살펴보고자 한다. 특히 일본 교역소와 동북 고유의 대두 거래 습관과의 관련성에 주목함으로써 화상의 대두 거래관행의 견고성을 드러내고자 한다.

---

成雄, 『中國近代東北地域史研究』, 法律文化史, 1984; 塚瀨進, 『中國近代東北經濟史研究-鐵道敷設と中國東北經濟の變化』, 東方書店, 1993; 上田貴子, 「近代中國東北地域に於ける華人商工業資本の研究」, 大阪外國語大學語言社會研究科博士論文, 2003; 安富步, 深尾葉子, 『滿洲の成立-森林の消盡と近代空間の形成』, 名古屋大學出版會, 2010; 山本進, 「清末民初奉天における大豆交易-期糧と過爐銀」, 『名古屋大學東洋史研究報告』 31, 2007 등은 모두 대두의 국제 유통 속에서 동북의 경제를 분석하고 있다.

## 1. 청말 선물거래의 발달과 투기의 성행

### (1) 대두 선물거래의 형태와 투기 양상

동북의 대두가 상품으로 개발되기 시작한 것은 청 중기부터였고 대두상품에 대한 거래는 일찍부터 발달해왔다. 청일전쟁 이후 일본에서는 두병豆餠이 도작농업의 비료로 사용되면서 두병에 대한 수요가 높았고, 유럽은 1차 대전 당시 두유豆油 공장의 군수공장화로 인해 동북의 두유 수요가 급증했다. 이것이 동북 대두상품의 호황을 이끌었던 주요 원인이었고 1920년대는 그 최고점에 달했던 시기였다.[2] 대두는 당초 현물거래가 성행했는데, 대금의 지불과 현물의 수수가 거의 동시에 이루어지는 현물거래는 자금이 부족하거나 현물이 확보되지 않은 상태에서는 불가능한 거래였다. 그러나 폭주하는 해외시장의 수요에 맞추기 위해서는 대량의 거래가 필요했다. 종래의 현물거래만 가지고는 그 수요를 충당하기 어려웠기 때문에 자연스럽게 선물거래가 행해지기 시작했다. 주목할 만한 것은 동북에서는 중국의 여타 지역에서 보이지 않는 선물거래에 의한 강한 투기성이 나타났다는 사실이다.[3] 동북에서의 강한 투기성은 왜, 그리고 어떤 양상으로 나타났던 것일까? 그 이유와 상황을 파악하기 위해서는 동북에서 유행했던 대두 선물거래의 형태와

---

2) 그러나 만주사변을 정점으로 동북의 대두산업은 뚜렷한 하락세를 보였다. 일본에서는 豆餠보다 값싼 硫安이 비료로 대체되었고, 유럽에서는 製油기술의 발달로 두유 수입이 감소했기 때문이다. 특히 세계 공황과 세계 은가의 폭락으로 대두의 수출판로가 경색되고 대두 가격이 폭락했다.

3) 山本進에 의하면, 1930년대까지도 본토에서의 미곡의 투기는 미곡에 대한 매점과 '囤積'(창고에 쌓아두고 시세 호기를 기다려 매매하는 것)의 현물거래 형태로 나타났고, 교역소에서의 선물거래에 의한 투기성은 보이지 않는다는 것이다.(山本進, 「清末民初奉天における大豆交易-期糧と過爐銀」, 51쪽)

그 양상을 살펴보는 것이 순서일 것이다.

선물거래는 각 지역에 따라 명칭이 다르지만 그 내용을 들여다보면 크게 두 가지로 구분할 수 있다. 하나는 현물과 대금이 오가는 형태이다. 대두를 거래한다는 것은 기본적으로 대금을 지불하고 현물을 수수하는 것이다. 다른 하나는 처음부터 현물의 인도를 목적으로 하는 것이 아니라 시세 차액을 얻을 목적으로 차액만을 결제하는 거래이다. 일반적으로 전자는 '비매매批賣買'라고 하고 후자는 '기량期糧'이라고 부른다.

'비매매'는 매매 쌍방이 가격과 수량을 협정하고 일정한 기일에 결제하는 것이다. 이때 매매 쌍방이 기일을 약정할 수도 있고 아니면 '묘기卯期'(각지의 습관에 따른 통상적인 결제일)에 결제하는 두 가지 방법이 있었다. 특히 '묘기'에 결제하는 방식은 반드시 '양잔糧棧'(곡물거간)의 손을 거치는 것이 관행이었다. 거래가 성사되면 매수인이 매도인에게 선금을 지불하는데 선금의 지급비율은 매수인의 신용정도에 따라, 지역에 따라 달라진다. 예를 들어 신민新民에서는 매수인의 신용정도가 불량하면 총가격의 전부를 선금으로 매도인에게 지불해야 하지만 매수인의 신용정도가 높으면 총가격의 반액만 지불했다.[4] 지역에 따라서도 10~20% 지급하던 것이 점차 증가하여 70~80%를 지불하는 지역도 많았고, 심지어는 전액의 선금을 지불하는 경우도 드물지 않았다. 현물을 수수하기 전에 선금을 지불하는 이러한 습관은 매도인에게 일방적으로 유리한 제도인 듯하다. 그러나 한편으로는 대두의 수요가 그만큼 높았다는 것을 의미했다. 일단 대두를 확보하고 나면 더 큰 이익을 볼 수 있었기 때문에 양잔 혹은 대두 특산상들은 대두를 안전하게 확보하기 위한 목적으로 높은 선금을 지불했던 것이다. 이 때 매도인은 매수인에



4) 關東都督部民政部庶務課, 『滿洲穀物取引慣習一班』(草稿), 1910, 45쪽.

게 '비자飛子'라고 하는 곡물인환증을 발행한다. 이 비자는 '묘기'가 될 때까지 자유롭게 '전매轉賣'할 수 있었다. 이것이 '비자거래'라고 칭해졌던 선물거래이다.

대련이 개항되기 전 유일한 동북의 개항장이었던 영구營口에서는 비자거래가 상당히 성행했다. 비자는 동북에서 화폐 대용, 혹은 곡물 거래에서 화물貨物 대용으로 사용되었던 일종의 신용증권이다.[5] 영구에서 비자가 발달했던 것은 현은現銀이 절대 부족한 동북에서 일본과 유럽의 대두상품의 수요 증가추세를 따라갈 수 없었기 때문에 현은 대신 비자로 거래했던 것이다. 영구에서는 비자 교부기한이 3개월을 초과하지 못하도록 규정되어 있었는데, 이는 비자가 전매되는 동안 투기성이 농후해졌기 때문에 그 유통기간을 3개월로 묶어놓은 것이었다. 다른 지역에서는 없던 이러한 규정이 영구에 있었다는 것은 영구의 비자거래의 투기적 성격을 엿볼 수 있게 한다.

비자거래는 결제일에 현물을 인도하는 것이 원칙이지만, 현물의 인도 없이 결제일 당일의 표준시세에 의해 그 차액만을 수수하는 결제 방법도 있었다. 이러한 거래가 가장 활발했던 곳이 안동安東이었다. 안동에서는 이것을 '개능두開凌豆 거래'라고 불렀다. '개능두'라는 것은 '해빙 후의 대두'라는 의미로 봄에 압록강이 해빙되면 대두를 수수한다는 뜻이다. 영구의 비자거래와 비슷한 형태이지만 '묘기'에 현품의 수수 없이 시가로 차액만 결제한다는 점에서 안동 특유의 거래 방법이었다.[6]

---

5) '비자'는 唐代부터 시작되어 淸代에 이르기까지 각지에서 보편적으로 사용되었던 유통증서로, 각지의 습관에 따라 유통되었다. 漢代에도 비슷한 형태의 유통증서가 있었는데 '비자'라는 명칭이 사용되었는지는 확실하지 않다.(沉剛, 「唐代'飛子'流傳近代之參證」, 『銀行期刊』 2-10, 1925)

6) 南滿洲鐵道株式會社庶務部調査課, 『滿洲に於ける油坊業』, 1924, 417쪽.

'개능두' 거래에서도 영구의 '비자'와 같은 '두단豆單'이라고 하는 기명식 수표가 교부되었다. 이 '두단' 역시 자유롭게 전매가 가능한데, '묘기'가 되면 매도인은 발행한 '두단'을 '환매還買'(다시 매수)하는 형식으로 당일의 시세에 따라 현은을 교부하고 그 차액을 얻었다. 다만 표면적으로는 영구의 비자거래처럼 선금을 지불하고 현물을 인도하도록 규정되어 있었지만, 실제로는 선금을 지불하는 경우는 드물었고 현물의 수수도 없는 '공매매空賣買'(가공의 매매)인 경우가 많았다.[7] '개능두' 거래는 현물을 확보하기 위해서라기보다는 시세 차익을 얻기 위한 것이 특징이었던 것이다. 선물거래는 동북 도처에서 행해졌지만 그 폐해가 '개능두' 거래만한 것이 없다고 할 정도로 투기성이 농후했다. 왜냐하면 그것은 거래기간이 너무 길다는 것이 문제였다. 8월초부터 계약을 시작하여 '묘기'는 다음해 4월이었기 때문에 현물을 인도받든, 아니면 시세 차익을 남기든 적어도 4개월 이상 7, 8개월 후에나 결론이 나는 것이었다. 따라서 그 기간 동안 수없이 많은 변수가 도사리고 있었고 '두단'은 수없이 많은 상인을 거쳐 전매되었다.[8] 그 투기성으로 인해 도산하는 자가 많았다.[9]

대두 생산자와 대두 수확 전에 계약하고 수확 후에 현물을 수수하는 '청전매매靑田賣買'(혹은 청매매靑賣買) 또한 '비매매'의 일종이었다. 보통

---

7) 『滿洲穀物取引慣習一班』(草稿), 47쪽.

8) 『滿洲に於ける油坊業』, 417-418쪽.

9) 하얼빈에서도 안동의 '개능두'와 비슷한 거래방법이 있었다. '開江俑'라고 하는데, 계약 성립과 동시에 70-80%의 선금을 지불하는 것은 다른 지역의 선물거래와 비슷했다. 그러나 하얼빈에서는 매도자가 송화강 각 부두에서 하얼빈 8區까지의 운임 비용을 부담하는 것이 특징이었다.(橫濱正金銀行調査課, 『哈爾濱を中心としたる北滿洲特産物』, 1931, 147쪽) 영구나 안동과는 달리 하얼빈은 강과 거리가 있었기 때문에 그 수송비용을 매도자가 부담했던 것이다.

생산지 농민과 지방양잔 간에, 지방양잔과 집산지양잔(혹은 특산상) 간에 거래하는 경우가 많았다. '청전매매'는 수확 후의 현물을 표준으로 쌍방이 가격과 수량을 협정하고 수확 후에 결제하기 때문에 일정한 시장이 없이 양잔 간에 즉시 행할 수 있었다.[10] 그러나 '청전매매'는 예정된 수확량을 수확하지 못하거나 곡가의 등락에 따라 계약대로 실행되지 않는 경우가 종종 발생하여 복잡한 소송에 휘말리기도 했다. 이에 1928년 6월 봉천성 당국이 먼저 '청전매매' 금지령을 공포했고, 다음해 7월 중순 길림성 당국도 금지령을 내렸지만 완전히 근절되지는 않았다.[11] '청전매매'는 동북 각지에서 보편적으로 유행했지만 특히 북만주에서 발달했던 거래방법이다.[12] '청전매매'는 곡식의 성장을 기다려야 하는 거래의 특성상 현물의 수도까지는 장기적인 거래가 될 수밖에 없었다. '청전매매' 역시 선금을 지불하고 받는 비자로 인해 문제가 발생했는데, 비자가 전매되는 동안 대두 시세의 등락에 따라 이익을 보는 자와 손해를 보는 자가 생겨났기 때문이다.

이상의 선물거래는 각각의 조건에서 약간의 차이가 있기는 하지만 현물 수수를 전제로 하고 있다는 면에서는 동일하다. 그러나 한편, 이와는 달리 현물 수수를 전제로 하지 않고 시세 차액만을 목적으로 하

---

10) 子明, 「東三省黃豆之概況(下)」, 『銀行週報』 5-33, 1921. 전술한 '개능두' 거래도 원래 선금을 지불하는 것이지만 실제로는 선금을 지불하지 않았다는 점에서 사실 '기량'과 별 차이가 없었다.

11) 『滿洲に於ける糧棧-華商穀物居間の研究』, 39-40쪽.

12) 북만주에서 청전매매를 이용했던 것은 소농가보다는 대지주였다. 북만은 인구 대비 경작지 비율이 높아 광대한 토지를 소유하는 경우가 많았지만 농법이나 농기구가 발달하지 않아 다수의 노동력을 필요로 했기 때문이다.(『哈爾濱を中心としたる北滿洲特産物』, 146쪽; 滿鐵哈爾濱事務所産業課商工係, 『北滿農村金融資料 糧棧ニ關スル研究』, 1934[遼寧省檔案館編, 『滿鐵調査報告』 第5輯20冊, 廣西師範大學出版社, 2010], 305-312쪽)

는 매매가 있었는데 이를 '기량'이라고 한다. '기량'이 가장 발달했던 곳은 철령鐵嶺이었다.

'기량'은 매매 양자가 가격 수량을 협정하고 결제일이 되면 현물의 수수 없이 표준 시가에 따라 그 차액을 계산하는 가공의 매매이다. '기량'에는 몇 가지 조건이 있는데 전술한 '비매매'나 '청전매매'와 다른 점은 계약 성립 시 선금의 지불을 전제하지 않는다는 것이다. 또한 결산은 반드시 '묘기'에 하고 '묘기'의 표준 시가로 그 차액을 결산한다는 것이었다.[13] 그러므로 '기량'은 일반적인 선물거래와 달리 계약 당초부터 가공 매매의 의사가 있고 투기의 목적이 있었다. 따라서 '기량'이 점차 성행하게 되자 폐해가 발생해서 여러 차례 관헌에 의해 금지되었다. 그러나 성공하면 단번에 큰 부를 축적할 수 있다는 그 투기성 때문에 쉽게 근절되지 않았다. 결국 1901년 가을 산서후보지부山西候補知府 왕문항王文恒이 '기량'을 양성화시켜 제도화할 것을 품청하기에 이르렀다. 이에 대해 봉천장군 증기增祺도 '기량'을 공인하고 과세함으로써 관청의 재원을 보충할 것을 청 정부에 주청했다. 그 결과 1903년 철령에 기량연국期糧捐局[14] 총국總局이 설치되고 개원 등 10개의 지역에 분국이 설치되었다.[15]

기량연국의 설립으로 '기량'에 대해 징세함으로써 '기량' 거래는 크게 융성했다. 특히 '기량'이 가장 번성했던 철령에서는 해마다 9, 10월이 되면 주변지역의 객상이 몰려들어 기량으로 대두를 사고팔았고, 그 과정에서 철령의 양잔은 시가를 좌지우지 했다.[16] 그러나 기량이 투기적

---

13) 子明, 「東三省黃豆之槪況(下)」, 『銀行週報』 5-33, 1921.

14) '기량연국'은 기량에 관한 소송을 심의 재판하고 '기량'의 거래를 감독하는 기관이다.

15) 증기는 1903년 6월 철령에 기량연국의 총국을 설치하고 通江口, 英守屯, 錦州, 新民, 遼陽, 奉化, 廣寧, 開原, 寧遠, 綏中의 10개소에 分局을 설치했다.(『滿洲穀物取引慣習一班』[草稿], 59쪽)

16) 예를 들어, 당시 시세가 4吊文 남짓했던 1902년산 대두가 1903년 6월 1일 묘기

으로 흐르지 않도록 감독하고 단속할 수 있는 제도적인 장치는 마련되지 않았다. 전적으로 인적 신용에 의해 거래되었기 때문에 그 투기성을 막을 수는 없었다. 1907년 결국 기량연국은 폐지되고 기량 거래는 금지되었다.17)

이러한 선물거래는 평상시에는 이익을 볼 수 없고 결제일이 되어서야 비로소 이익을 볼 수 있었다.18) 시세가 안정되어 있는 상품이라면 투기세력이 활동할 여지가 없지만 대두 자체의 시세 변동, 세계 시장의 대두 수요와 은가의 변동 등의 변수를 노리고 투기세력이 뛰어들었던 것이다. '기량'은 성공하면 큰 이익을 얻을 수 있었지만, 실패로 도산하는 자가 속출하게 되면 사회적으로도 큰 문제가 되었다. 투기세력이 관헌과 결탁하여 시세를 좌우하는 일도 있어 그 폐해가 더욱 컸다. 관청에서 금지해도 '기량'을 통해 큰 이익을 얻고자 하는 자들로 인해 공공

---

일에 6조문까지 오르자 객상들은 손실을 본 반면 철령의 양잔은 대부분 이익을 보았다. 철령의 양잔은 다시 1903년산 대두를 영구나 장춘지역의 상인에게 기량으로 팔아 거액의 이익을 보았다. 그 후에도 시세가 여러 차례 올라 철령의 양잔이 이익을 보았지만, 1904년에 들어와서는 이러한 추세가 주춤해졌고 오히려 큰 손실을 볼 처지에 놓이게 되었다. 그러자 철령의 양잔은 손실을 줄일 목적으로 지방관과 내통하여 일부러 시가를 떨어뜨리고 1904년 3월 거래를 정지시켰다. 관의 적극개입으로 시가를 낮게 책정함으로써 문제를 강제적으로 해결하고자 했던 것이다. 만일 이를 거부하는 자가 있으면 강제로 체포하기까지 했다.(『滿洲穀物取引慣習一班』[草稿], 90쪽)

17) 기량의 거래는 糧市나 茶館에서 중개인을 두고 위탁매매를 하는 형태를 띠었다. 매매가 성립되면 중개 양잔을 통해 '賣糧批帖'(매도증서)과 '買糧批帖'(매수증서)을 서로 교환하고, 매매자의 씨명 또는 상호, 결제의 기한, 가격 및 수량 등을 기재한 장부와 비첩을 期糧捐局에 제출하여 승인을 받았다. 비매매에서는 '飛子'가 사용되었다면 기량에서는 '批帖'(혹은 '條子')이 사용되었다. 비첩 역시 자유롭게 轉賣할 수 있었다.

18) 기량의 묘기는 각지에 따라 다르다. 예를 들어 철령은 3, 6, 9, 12월 각 1일이고 신민은 4, 6, 8, 12월 각 1일이며 영구는 2, 6, 9월 각 1일이다.(『滿洲穀物取引慣習一班』[草稿], 76쪽)

연히 행해졌다.[19)]

이상에서 언급된 '비자', '두단', '비첩批帖'(기량 매매증서)과 같은 신용증서는 모두 인적 신용을 담보로 하는 것이었을 뿐, 아직 물적 신용까지 확보한 것은 아니었다. 그럼에도 불구하고 이러한 선물거래 방식이 성행했던 것은 현은의 이동 없이 적은 자본으로도 거액의 거래를 할 수 있었기 때문이다. 일본과 구미의 대두상품에 대한 수요가 급증했던 것이 동북에서 선물거래의 비상한 발달을 초래했던 것이다.

### (2) 화상의 양시 규약과 위약 규정

앞 절에서 본 바와 같이 대두의 선물거래는 투기성이 농후했다. 이에 전통적인 대두 선물거래에서는 계약의 위약이나 투기에 대처하기 위해 어떤 조치가 규정되어 있었던 것인지 화상의 양시 규약을 분석해 볼 필요가 있다. 대두 거래는 양시에서 이루어졌고 양시를 통제하고 감독했던 것은 각 지역의 공의회公議會 혹은 상무회 등의 화상조직이었다.[20)] 공의회가 주로 동북의 중국 행정구역에 설립되었다면 상무회商務會는 만철부속지(이하 부속지)에 설립되었다.[21)] 공의회나 상무회가 모두 자발적인 상인조직이었다는 점에서 그 존재양태는 유사했다. 이러한 공의회/상무회 산하에 양시가 개설되어 대두거래가 활발하게 이루어졌다.

만철 성립이후 대련의 대두상품 수요가 많아지자 대련 양시에서는

---

19) 1926년 시점에서도 기량을 금지한다는 결의안이 있는 것으로 보아 근절이 쉽지 않았던 것으로 보인다.(「奉天臨時金融維持總會呈送會議議決嚴禁買賣期糧懲搗把錢商等三項議案(1926.12.7)」, 遼寧省檔案館編, 『奉系軍閥檔案史料彙編』 6冊, 江蘇古籍出版社, 1990, 223쪽)

20) 공의회에 대해서는 倉橋正直, 「營口の公議會」, 『歷史學硏究』 481, 1980.6 참조.

21) 滿鐵産業部資料室, 『滿洲國に於ける商工團體の法制的地位』, 1937, 42쪽.

상해와 천진의 거래방법을 모방하여 선물거래를 하자는 주장이 대두되었다. 이에 양시의 조합원들은 거래장소를 대련화상공의회로 옮기고[22] 대련화상공의회의 감독하에 선물거래를 행했다. 대련화상공의회는 대련의 동부지역에 있었고, 이와는 별도로 대련 서부 소강자小崗子에는 소강자화상공의회小崗子華商公議會가[23] 성립되어 그 소속 양시에서도 대두거래가 활발했다. 한편, 만철 장춘부속지에는 1909년 8월 화상상무회가 설립되었고 1911년에는 중국인 거주지 내에 양행糧行과 전행錢行(화폐시장)이 설치되었다. 1913년부터는 〈회사부속지상무회통칙會社附屬地商務會通則〉에 따라 만철 경리계經理系 주임의 감독을 받게 되었지만 대두 거래량은 연간 약 140-150만석 이상일 정도로 거래가 활발했다. 만철 개원부속지에서도 1910년 개원화상공의회가 설립되어 거래규약이 정해졌고, 1914년 7월부터는 공의회를 중심으로 선물거래가 행해졌다. 대두거래량은 20만석 이상이었다.[24]

위와 같이 화상의 양시나 양행을 중심으로 대두 거래는 상당히 활발했다. 공의회/상무회 성립 초기에는 회원 대부분이 대두가공업이나 양잔 등 대두관련 종사자들이었기 때문에 이들을 중심으로 공의회가 운영되었다.[25] 따라서 이들 동업자 간에 관련 규정을 제정할 필요가 제

22) 대련공의회에 대해서는 「大連交易所史話」, 『遼寧文史資料』 26, 遼寧人民出版社, 1989, 98쪽; 「沙俄日帝統治下的大連商會」, 『遼寧文史資料』 26, 51-55쪽; 松重充浩, 「植民地大連における華人社會の展開-1920年代初頭大連華商團體の活動を中心に」, 曾田三郎編, 『近代中國と日本-提携と敵對の半世紀』, 禦茶の水書房, 2001, 111-112쪽 참조.

23) 松重充浩, 「植民地大連における華人社會の展開」, 113쪽.

24) 南滿洲鐵道株式會社, 『南滿洲鐵道株式會社十年史』, 1919, 685쪽.

25) 영구, 개원, 장춘 등 지역의 공의회는 성립 초기에는 대두가공업, 양잔 등 대두관련 업종에 종사하는 상인들로 구성된 동업조직의 성격을 띠었지만 차츰 동북의 다른 업종까지 망라하는 양상을 보였다.(大野太幹, 「滿鐵附屬地華商商務會の活

기되어,[26] 화상의 거래를 통제하고 지역별로 상거래 질서를 수립하기 위한 목적으로 특산물 거래 규약이 제정되었다 〈철령유방 유병취인규약鐵嶺油坊油餠取引規約〉(1909), 〈개원전량행 공동의정행규開原錢糧行公同議定行規〉(1904), 〈개원정차장 공의소규정開原停車場共議所規定〉, 〈영구시장규약營口市場規約〉(1909), 〈영구 신립양시규약營口新立糧市規約〉(1909), 〈장춘두도구 중양잔 공의상무회행규長春頭道溝衆糧棧公議商務會行規〉(1909), 〈철령전량행 공의행규鐵嶺錢糧行公議行規〉(1904), 〈안동양시 공의회규약安東糧市公議會規約〉 (1908), 〈금주 양행규약錦州糧行規約〉등이 그것이다. 이러한 양시 규약에 나타난 공통적인 성격을 종합해 보면 다음과 같다.

첫째, 규약들의 핵심내용은 매매 관련 수수료 규정이었다는 것이다. 동업자 사이에 수수료를 획일적으로 정하기 위한 목적으로 이를 상세하게 규정하고 있는 것이 특징이다. 예를 들면 매매수수료, 위탁 매매 수수료, 창고보관료, 하역 수고비, 운반비 등이었다. 특히 자기매매보다는 객상의 위탁 매매에 관한 수수료 조항이 많은 비중을 차지하고 있는 것으로 보아 자기매매보다는 위탁매매가 많았던 듯하다. 만철 부속지에는 각 지역의 상인들이 이주해왔기 때문에 규약들이 달라 하나로 통일하고자 하는 목적에서 상무회가 조직되고 관련 규약이 제정되었던 것이다.[27]

둘째, 규정은 불변하는 것이 아니라 새로운 상황이 발생하면 조항을 삭제하거나 새로운 조항을 삽입할 수 있었다. 동업자들의 동의에 의해

動-開原と長春を例として」, 『アジア経濟』 45-10, 2004.10, 59쪽, 61쪽)

26) 박경석, 「중국동북지역의 전통 行會에서 '근대적' 상회 사이: '公議會'의 조직과 활동을 중심으로」, 『중국근현대사연구』 60, 2013.12, 66-69쪽.

27) 〈長春頭道溝衆糧棧公議商務會行規〉(1909), 『滿洲穀物取引慣習一班』(草稿), 113쪽에 수록.

지역 현안을 중심으로 조항을 규정했기 때문에 동업자의 동의에 따라 다시 규정할 수 있었던 것이다. 〈장춘두도구 중양잔 공의상무회행규〉에는 규약을 공포하면서 불합리한 것은 추후에 다시 협의할 것이라는 전제를 달고 있다. 〈안동양시 공의회규약〉에도 유사한 조항이 있는데, 동업자의 합의에 의해 회규와 벌금이 정해지고 이를 최종적으로 총상무회가 승인하면 시행되었다.[28)]

셋째, 근대 교역소에서 보이는 중개인의 신분보증금 같은 것은 보이지 않는다. 각 규약에는 중개인의 구전口錢에 대한 조항은 있지만 중개인의 신분보증금 같은 것은 규정하고 있지 않았다. 다만 중개인의 선동이나 시세 조작 등을 경계한 내용은 보인다. 〈철령전량행 공의행규〉에 의하면 "동업조합 양시의 '경기인經紀人'(중개인)은 구매를 부추기거나 시세를 혼란하게 할 수 없다. 만일 준수하지 않으면 동업자로부터 상당한 처벌을 받을 수 있다"고 경고하고 있다.[29)] 그러나 구체적인 체벌 내용에 대해서는 규정하고 있지 않다. 영구에는 '대옥자大屋子'라고 하는 중개상인이 존재했는데, 〈대옥자행규大屋子行規〉에는 이 대옥자가 현물을 보지 않고 매매를 중개하는 것을 금지하는 조항이 있다. 만일 위반할 때는 '전 도시의 동업자'가 이를 위반한 자와는 '거래나 금전 대차 등 일체를 하지 않는다'고 엄하게 규정하고 있다.[30)] 이것은 대옥자가 투기적으로 상거래 하는 것을 피하기 위한 조치였다.

넷째, 규약의 내용에는 유통통화의 시세 변동에 대한 고려가 없다는 것이다. 이것은 규약들이 제정되었던 시기가 아직 군벌전쟁의 격화로 화폐가 증발되어 시세 변동이 극심했던 시기는 아니었기 때문이었던

28) 〈安東糧市公議會規約〉(1909), 『滿洲穀物取引慣習一班』(草稿), 118쪽에 수록.
29) 『滿洲穀物取引慣習一班』(草稿), 121쪽에 수록.
30) 倉橋正直, 「營口の公議會」, 24쪽.

것으로 보인다. 다만 〈개원전량행 공동의정행규〉에는 시세 변동에 대한 조항이 언급되어 있다. 즉 "객상의 위탁 기량은 은원銀元 가격의 등락과 상관없이 인도 기일이 되면 수수하고 당일의 은원 시세에 따라 정한다"고 규정하고 있다.[31]

이러한 공통적인 특징이외에 각 지역마다 주요한 내용은 반드시 일치하지 않았다. 규약은 주로 해당 지역의 동업자들의 규약이었던 만큼 당지의 현실적인 문제점을 중심으로 규정되었기 때문이다. 예를 들어 영구는 비자거래 규정이 상세하고, 장춘은 위탁매매에 대한 규정이 많으며, 철령은 선물거래(기량)에 대한 내용이 많은 부분을 차지하고 있다는 것이다. 그렇다면 위약이나 투기를 방지하기 위한 조항은 어떻게 규정되어 있었던 것일까?

우선 각 지역에서는 매매 계약자가 계약을 이행하지 않거나 인도기한이 경과한 후에 현품을 인도하는 경우 매매 양자에게 제재를 가하는 습관이 있었다. 예를 들어 〈영구 신립양시규약〉에는 매도인이 현물 인도 기한 경과 후 3일 내에 인도하지 않을 때는 시가의 20%의 위약금을 징수하고, 매수인이 수수하지 않을 경우에는 기한 경과일부터 계산하여 매달 1두斗에 창고료 2성成을 징수한다고 규정하고 있다.[32] 그러나 이러한 위약금은 위약이 발생한 이후에 징수하는 방법이지 위약이 발생할 것을 예비하여 미리 징수하는 보증금 개념은 아니었다. 〈철령전량행 공의행규〉에는 '기량'으로 거래할 때 혹시 있을지도 모르는 폐해를 막기 위한 방편으로 반드시 중개인을 두어 중개하도록 규정하고 있다.[33] 그러나 중개인의 부정을 방지하기 위한 중개인의 보증금 납부

---

31) 外務省編, 『南滿洲ニ於ケル商業』, 金港堂書籍, 1907, 441쪽.
32) 『滿洲穀物取引慣習一班』(草稿), 43쪽에 수록.
33) 『滿洲穀物取引慣習一班』(草稿), 122쪽에 수록.

규정은 없는 인적 신용에 의한 거래였다.

비자거래와 관련된 사항은 〈영구 신립양시규약〉에 상세하게 규정되어 있다. 전통적으로 요하의 수운을 이용하여 번성했던 영구는 여전히 강 하구에서 이루어지는 현물거래가 성행했고, 선물거래는 '비자거래'가 상당히 발달했다. 그러다보니 '비자'를 둘러싼 채권, 채무관계는 늘 골칫거리였다. '비자'에 대한 권리와 의무 관계는 원래 발행자와 수취인 사이로 한정되어 있었다. 만일 기명의 수취인이 '비자'를 타인에게 양도하거나 전매할 경우 그 사실을 발행자에게 통보하여 바뀐 수취인에게 교부하도록 했다. 전매하는 경우 양도인과 발행인이 같은 책임을 지고 있었기 때문에 발행자가 의무를 이행하지 않으면 순차적으로 그 책임을 묻는 것이 관행이었다.[34] 그러나 '비자'가 원래 수취인의 손을 떠나 '묘기일'이 되기 전까지 여러 번 전매된다면 문제가 그렇게 단순하지 않았다. 발행자와 양도자가 도산한 경우 그 채무 관계가 불분명하여 결국 소송으로까지 확대되기도 했다.[35]

이러한 '비자거래'로 인해 영구에는 파산하는 상점이 속출했다. 거상 동성화東盛和까지 파산함으로써[36] 그 파장이 영구 경제계 전체에까지 미치게 되자 관헌에 의해 1907년 '비자거래'는 전면 금지되었다. 그러나 그 후에도 공공연히 행해졌다. 특히 만철 개통 전에는 동북의 유일한 개항장이었던 영구에서는 만철 개통으로 대련항이 새로운 대두시장으

34) 『滿洲穀物取引慣習一班』(草稿), 51쪽.

35) 塚瀬進, 「中國東北地域における大豆取引の動向と三井物産」, 86-87쪽에서는 동북의 비자거래를 둘러싼 분쟁과정에서 미츠이물산측과 중국 상무총회의 서로 다른 시각을 보여주고 있다.

36) 倉橋正直, 「營口の巨商東盛和の倒産」, 『東洋學報』 63, 1981.12; 倉橋正直, 「營口東盛和事件の裁判」, 『歷史學硏究』 517, 1983.6; 佐佐木正, 「營口商人の硏究」, 『近代中國硏究』 1, 1958.4 등 참조.

로 부상하자 그 대항책의 하나로 비자거래를 용인했다.[37] 비자거래를 통해 대두 거래의 활성화를 도모하고자 했던 것이다. 이러한 내용이 1909년 제정된 〈영구 신립양시규약〉에 그대로 반영되어 있다. 즉 "대련은 현재 기선과 범선이 폭주하고 양곡시장이 편리하여 현품을 인도하지 않아도 선금을 받을 수 있는 장점이 있어 북방상인들이 앞 다투어 와서 거래하는 것이 추세가 되었지만 영구의 상업은 점차 쇠퇴하게 되었으니, 이는 주의해서 연구해야 한다"는 것이다.[38]

그러나 투기성으로 인해 금지되었던 '비자거래'를 다시 활성화시키기 위해서는 이에 대한 규제가 필요했다. 새로운 규약에는 "가공으로 매매하는 종전의 적습은 답습할 수 없다"고 명시하고 있는 것이다. 따라서 '비자'에는 계약 가격, 수량을 명기하도록 했고 대두를 선매할 때는 '비자' 한 장당 기입 대두량을 100석에서 500석까지로 한정한다는 것도 규정했다. 이는 '비자거래'로 인해 도산하게 되더라도 그 피해를 분산시키기 위한 조치였던 것으로 보인다. '비자거래'로 인한 상호의 파산이 영구 경제계 전체에 미칠 파장을 최소화하기 위한 조치였던 것이다. 뿐만 아니라 '비자'에 대한 담보 제한 조항도 삽입되어 있었다. 즉 "각 상호가 발행하는 대두의 '비자'는 시장에서 통용하는 것을 목적으로 하고 이를 양행이나 은행에 담보로 제공하는 것을 허락하지 않는다"는 것이다.[39] 영구의 '비자거래'가 재개되면서 이전에 문제가 되었던 조항들을 삽입함으로써 '비자거래'로 인한 상점의 도산을 방지하고자 노력했던 점을 엿볼 수 있다.

이상은 화상의 전통적인 교역소였던 양시/양행에서 행해졌던 거래방

37) 『滿洲に於ける油坊業』, 406쪽.
38) 『滿洲穀物取引慣習一班』(草稿), 108쪽에 수록.
39) 『滿洲穀物取引慣習一班』(草稿), 111쪽에 수록.

식과 규정이었다. 이러한 규약에서는 각종 수수료를 상세하게 규정하고 있는 것과는 대조적으로 위약에 관한 조항이나 투기를 억제하기 위한 방책 등에 대해서는 상당히 소극적이거나 규정하고 있지 않았다는 것을 알 수 있다. 다음 장에서는 투기를 억제하고 대두 거래의 공정성을 확보한다는 명목으로 설치되었던 일본 교역소의 상황은 어떠했는지 살펴보기로 한다.

## 2. 일본 교역소의 설립과 중국 상관행의 수용

### (1) 동북에서의 교역소 설립

상술한 화상의 양시나 양행에는 일반적으로 양잔이나 대두가공업 등 관련 업종 종사자가 조합원이 될 수 있었다. 그러나 조합원 자격은 화상에 한정되어 있었기 때문에 일상이 양시 거래에 참여하려면 화상 대리점에 위탁하여 대신 처리할 수밖에 없었다.[40] 이에 화상들의 양시와는 별도로 1908년 대련 부두에 만주중요물산수출상조합이 설립되었다. 여기에는 화상도 참여할 수 있었지만 이것은 일상 중심의 민간조직이었다. 특별한 규율이나 법적 제제가 없었고 거래는 주로 화상의 상업 습관에 따르던 특산물 시장이었다.[41] 따라서 대련화상공의회, 소강자화상공의회의 양시와 일상에 의한 만주중요물산수출상조합은 서로 경쟁 관계에 있었다.

만주중요물산수출상조합은 대련화상공의회와 소강자화상공의회 소

---

40) 「東三省金融之狀況」(續), 『銀行雜誌』 3-3, 1925.
41) 安盛松之助著, 靜子譯, 「滿洲商業發展之各面觀」, 『錢業月報』 11-5, 1931.

속 양시에서 대두 거래가 번성하게 되자 이들 양시가 "시세 변동을 초래하여 대련 특산시장을 교란할 수 있다는 두려움"을 느끼게 되었다. 여기에는 투기성에 대한 우려도 있었지만, 화상 중심의 양시가 일상을 소외한 채 번성하게 되고 화상이 대두 거래의 주도권을 갖게 되면 이로 인해 일상이 상대적으로 피해를 보게 될 것이라는 우려가 컸다. 이에 이들은 관동도독부(1919년에 관동청으로 개조)에 보호를 요청했다. 즉 만주중요물산수출상조합을 만주중요물산시장으로 승인하고 단속 법규를 제정하여 보호해 줄 것을 관동도독부에 청원했던 것이다. 관동도독부는 "거래의 원만을 기하고, 상질서를 유지하기 위해 적당한 교역기관을 설치할 필요성을 느껴" 만주중요물산수출상조합을 1911년 '만주중요물산교역시장'으로 개칭하고 관영으로 할 것을 결의했다.[42] 이어서 1913년 2월 만주중요물산교역시장을 관동도독의 관할로 하는 칙령을 발표하고 〈관동도독부교역소규칙〉과 〈대련중요물산교역소규칙〉을 공표했다. 이에 따라 만주중요물산교역시장은 '대련중요물산교역소'로 개조되었고 6월에는 '대련교역소신탁회사'가 설립되어 거래의 이행과 청산업무를 맡게 되었다.[43] 동북에서는 지역별로 유통 통화가 다르고 일정한 시세 표준도 없어 대두 거래가 지극히 불편했기 때문에[44] 1916년 유통통화를 거래하기 위한 '대련전초교역소大連錢鈔交易所'도 부설되었다.

이어서 만철부속지에도 교역소가 설립되었다. 1916년 2월에는 개원에, 4월에는 장춘에, 1919년 10월에는 공주령公主嶺, 11월에는 사평가四平街, 철령鐵嶺에, 1920년 8월에는 요양遼陽, 10월에는 봉천, 영구에 각각

42) 〈大連重要物産交易市場規則〉, 關東都督府文書課編, 『關東都督府法規提要』, 1911, 386-387쪽.

43) 일본 교역소의 설립으로 대련의 화상 양시는 폐지되었다.(「大連交易所史話」, 『遼寧文史資料』 26輯, 98쪽)

44) 南滿洲鐵道株式會社庶務部調査課, 『滿洲に於ける日本取引所』, 1928, 6쪽.

교역소가 설치되었고, 각각에 전초교역소도 부설되었다. 이 교역소들은 모두 관영으로, 교역소의 제반 경비는 관동청에서 지출했고 교역소의 운영 수입은 관동청의 수입이 되었다.[45] 이외에 1920년과 21년 사이에 민영교역소도 개설되었는데 대련주식상품교역소, 안동교역소, 만주교역소 및 하얼빈교역소가 그것이다. 그러나 대두 수요의 급증에 힘입어 우후죽순으로 설립되었던 일본 교역소는 대련과 개원이 가장 번성했던 반면, 거래가 부진했던 곳도 있었다. 결국 '거래가 거의 없을' 정도로 한산했던 영구를 비롯하여 철령, 요양의 교역소는 1924년 폐지되었다.[46] 하얼빈교역소도 개설된 지 1년이 못되어 거래부진으로 폐쇄되었다. 이처럼 영구, 철령 등지의 일본 교역소의 거래가 부진했던 것은 화상들이 전통적 방식의 현물거래를 선호했던 데다가, 동북의 주요 도시의 성내 혹은 기타 부속지 외 지역에 양시가 설립되어 화상을 흡수했기 때문이다.

한편, 중국정권도 일본 교역소에 자극을 받아 근대적인 교역소를 설립하기 시작했다. 중국측 양식교역소는 영구, 철령, 봉천 성내에 설립되었는데, 특히 철령은 일본의 대련교역소를 모방하여 은량보증소銀糧保證所를 설치하고 선물거래를 했다.[47] 재래의 양시 이외에 근대적 교역소의 필요성에서 설립되었던 이 교역보증소들은 신분 보증금과 매매보증금제도를 두는 등 투기에 대한 제도적인 안정 장치를 마련하여 거

45) 만철은 각 교역소신탁회사나 하얼빈교역소의 설립에 자본으로 참여하기도 했다. 그 출자비율은 개원과 하얼빈이 5%였고 그 외에는 대개 반액 정도였다.(岡部牧夫, 「'大豆經濟'の形成と衰退-大豆をとおして見た滿鐵」, 岡部牧夫編, 『南滿洲鐵道會社の硏究』, 日本經濟評論社, 2008, 38-39쪽)

46) 安盛松之助著 靜子譯, 「滿洲商業發展之各面觀」, 『錢業月報』 11-5, 1931; 實業部臨時産業調査局, 『滿洲取引所の現況』, 1937, 3쪽.

47) 中國銀行總管理處編, 『東三省經濟調査錄』, 1919, 104-108쪽.

래의 원활화를 도모했다. 그러나 만철 성립 전 영구와의 밀접한 상업 관련성 때문에 발전했던 철령은 만철 성립 이후에는 점차 그 지위를 잃게 되었고 거래도 부진했다. 영구에서는 여전히 요하의 수운을 이용한 거래가 활발했고 교역보증소의 거래는 부진하여 교역소 본연의 기능을 잃고 대부업으로 전락하는 지경이었다.[48] 이렇듯 중국 교역소 중에서는 '전초錢鈔'(화폐)거래를 하던 봉천교역보증소가 가장 번성했을 뿐[49] 양식교역소는 그다지 활성화되지 않았던 것으로 보인다.[50] 봉천, 영구, 철령은 모두 대두 거래가 부진했던 지역이었다는 것과도 관련성이 있었다. 더욱이 전통적인 방식에 의해 대두를 거래해왔던 화상들은 각종 수수료와 보증금을 납부하면서까지 교역소에서 거래할 필요는 없다고 생각했다. 이러한 현상은 현물거래에서 더 두드러졌다. 그런 반면

48) 『滿洲に於ける油坊業』, 394쪽, 406쪽.

49) 봉천교역보증소는 1920년 奉天省城總商會의 결의에 의해 봉천 성내에 설립되었는데 그 설립에서부터 영업에 이르기까지 봉천재정청의 감독을 받았다.(南滿洲鐵道興業部商工課編, 『奉天に於ける商工業の現勢』, 1927, 275쪽) 일본 관동청의 봉천교역소도 이와 비슷한 시기인 1920년에 설립되어 전초교역을 했지만 거래가 부진했던 것에 비해 중국측 봉천교역보증소는 일일 거래량이 200만 엔에 달할 정도로 많았다. 그러나 1924년 5월 장학량 일파가 개원에서 투기성 매매로 인해 큰 손실을 보자 투기세력을 겨냥하여 장작림이 봉천교역보증소를 폐쇄해 버렸다.(「東三省保安總司令部爲嚴禁操縱金融查封錢幣交易所給省長公署咨(1924.6.17)」, 遼寧省檔案館編, 『奉系軍閥檔案史料彙編』 4冊, 江蘇古籍出版社, 1990, 383쪽) 그 후 1926년 입회가 재개되었지만 봉천표의 폭락으로 교역소는 재기하지 못하고 완전히 폐쇄되었다. 봉천교역보증소가 폐쇄되자 일본 봉천교역소의 거래량이 급증하게 되었다.(南滿洲鐵道株式會社庶務部調查課, 『奉天票と東三省の金融』, 1926, 226-227쪽)

50) 봉천양식교역소는 奉海線 봉천역 구내에 설치되어 있었다고 한다.(橫濱正金銀行頭取席調查課, 『開原糧穀取引事情』, 1935, 2쪽) 그러나 중국측 양식교역소에 대해 구체적으로 알려주는 자료는 거의 없다. 교역소는 남만주에서는 주로 일본 교역소가 발달했던 데 비해, 북만 특히 하얼빈에는 중국측 교역소인 濱江證劵糧食交易所가 설립되어 번성했다.(南滿洲鐵道株式會社哈爾濱事務所調查課, 『濱江證劵糧食交易所』, 1926, 4-5쪽; 『哈爾濱を中心としたる北滿洲特產物』, 170쪽)

관동주와 만철 연선지역에 설립되었던 대련, 개원, 사평가, 공주령, 장춘의 일본 교역소는 상당 정도 활성화되어 있었던 것으로 보인다.[51] 그렇다면 일본 교역소(이하 교역소) 거래는 어떤 방식으로 행해졌는지, 동북의 전통적 양시와는 얼마나 다른지 살펴보도록 하자.

교역소에서도 현물거래와 선물거래가 모두 행해졌지만 일반적으로 선물거래가 많았다. 특히 현물거래는 화상의 양시와 다름없이 거래 상대를 구해 쌍방 간에 실물의 수수를 목적으로 하는 개인 간의 거래였다. 따라서 계약의 이행은 전적으로 매매 쌍방 당사자가 책임지는 구조였다.[52] 현물거래라고 하더라도 계약 즉시 현물을 인도하는 것이 아니라 10일 이내에 인도하면 되었고 쌍방의 동의하에 교역소장의 허가를 받으면 30일까지도 연장이 가능했다. 그러나 실제로는 2~3일 내에 인도하는 것이 보통이었다.

선물거래는 일정 품목을 일정한 수도 기일에 인도하는 것으로, 주로 경매 방식이었다. 특히 선물거래는 반드시 교역인을[53] 통해 거래하도록 규정되어 있었다. 교역인은 업무를 보조할 대리인을 둘 수가 있었는데 교역소에서 사용되는 언어는 중국어였던 고로[54] 다수의 중국인이 교역인 혹은 교역 대리인으로 활동했다.[55] 대련교역소에서는 두유가

51) 교역소와 신탁회사의 영업성적은 지역에 따라 다르지만 장춘, 개원, 사평가, 공주령 등은 성적이 좋아 1920년대에 걸쳐 연간 10~30%의 배당을 실시했다.(岡部牧夫, 「'大豆經濟'の形成と衰退-大豆をとおして見た滿鐵」, 39쪽)

52) 현물거래는 현물 혹은 견본을 보고 상대매매를 하는 것인데, 거래 당일에 날짜, 매매 대상 물건의 종류, 증권 번호, 수량, 가격, 매매 당사자 씨명 등을 기록한 장부를 교역소장에게 제출하면 계약이 성립된다.(〈大連取引所規程(1919년 2월 26일 府令 제6호, 제4조)〉, 滿蒙文化協會, 『滿洲大豆』[附錄], 1920, 97~98쪽)

53) 교역인은 교역소 소장의 면허를 받고 면허료와 입장료, 신분보증금을 납부하면 교역소에서 거래할 수 있었다. 교역인은 관동청 소속이었지만 국적에 제한이 없어 중국인도 가능했다.

54) 王宏經, 「大連錢糧交易所及餅豆混合保管制度」, 『銀行週報』 19, 1937.

상대 매매로 거래되었던 것을 제외하면 대두와 두병은 모두 경매로 거래되었다. 경매는 현물거래처럼 개인 대 개인의 관계가 아니라 계약 이행에 대해 교역소에 부설되어 있는 신탁회사가 그 책임을 지는 거래였다.[56] 특히 각 교역소는 선물거래에 대해서는 부속 신탁회사와 반드시 담보계약을 하도록 하는 일종의 강제담보제도를 채택하고 있었다.[57] 따라서 교역인은 상대방의 신용을 고려할 필요 없이 자유롭게 '전매'와 '환매'가 가능했기 때문에, 실수요자는 물론이고 작물의 등귀에 따라 이익을 얻고자 하는 투기 상인들이 몰려들었다.[58]

이러한 일본 교역소가 중국의 전통 양시와 다른 점은 공정거래를 확립하고 투기를 억제하기 위해 각종 보증금제도를 채택했다는 것이다. 보증금은 크게 두 가지로, 하나는 교역인에 대한 신분보증금이고 다른 하나는 매매보증금으로 나눌 수 있다. 교역인의 신분보증금은 교역인이 거래 과정에서 부당거래를 하지 않도록 보장하기 위한 것이었고, 매매 보증금은 교역소 혹은 신탁회사가 선물거래 위약으로 인해 발생하는 배상금을 보증하기 위해 교역인으로부터 징수하는 것이었다.[59]

이상, 일본 교역소는 거래의 이행이나 청산의 업무를 교역소 신탁회사에 위탁했으며, 위약이나 투기를 예방하기 위한 규정이나 보증금 등의 제도적인 장치를 마련해 두고 있었다는 것을 알 수 있다. 특히 일본

55) 『滿洲に於ける日本取引所』, 56쪽; 『滿洲大豆』, 107쪽.

56) 교역소신탁회사는 매매 거래에 대한 청산사무, 보증금의 징수, 위약으로 발생하는 손해에 대한 배상의 책임을 지는 이외에 매매에 필요한 자금을 융통하는 업무를 담당했다.(『滿洲に於ける糧棧-華商穀物居間の硏究』, 70쪽; 『滿洲に於ける日本取引所』, 26쪽)

57) 『滿洲に於ける日本取引所』, 23쪽.

58) 滿鐵調査課, 『大連に於ける特産物の取引及採算』, 1931, 21쪽.

59) 그 종류도 本保證金, 追保證金, 增保證金, 豫納保證金 등이 있는데 교역소에 따라 이외의 보증금을 징수하기도 했다.(『滿洲に於ける日本取引所』, 116-121쪽)

교역소는 거래의 활성화를 도모함으로써 화상을 교역소 안으로 흡수하기 위해 노력했다.

### (2) 교역소의 거래 활성화와 투기 억제 효과

일본 교역소에서 어느 정도의 거래가 성사되었으며 거래 양상은 어떠했는지 몇 가지 통계를 통해 일본 교역소의 활성화 정도를 분석하는 것이 가능하다. 다음은 일본 교역소의 대두 거래량을 나타낸 것이다.

**|도표 1|** 동북 일본 교역소의 대두 거래량

| 연도 | 대련 | | 개원 | | 사평가 | | 공주령 | | 장춘 | |
|---|---|---|---|---|---|---|---|---|---|---|
| | 현물 | 선물 | 마차량두 현물 | 선물 | 현물 | 선물 | 현물 | 선물 | 현물 | 선물 |
| 1913 | 615,931 | 15,364 | | | | | | | | |
| 1914 | 7,100<br>*1,153 | 98,704 | | | | | | | | |
| 1915 | 11,349<br>*2,690 | 70,272 | | | | | | | | |
| 1916 | 13,431<br>*284 | 70,898 | | 40,541 | | | | | | 6,045 |
| 1917 | 11,258 | 73,132 | 392,330 | 50,774 | | | | | | 10,182 |
| 1918 | 16,941<br>*29 | 84,971 | 567,634 | 45,753 | | | | | 8,104 | 12,333 |
| 1919 | 16,931 | 107,085 | 639,682 | 73,339 | | 3,394 | 307 | 8,506 | 9,803 | 28,693 |
| 1920 | 12,866 | 117,505 | 702,392 | 82,790 | | 9,969 | 16 | 26,286 | 6,552 | 44,402 |
| 1921 | 9,738 | 54,209 | 762,829 | 54,132 | | 16,865 | | 20,016 | 3,135 | 23,551 |
| 1922 | 703 | 78,349 | 523,486 | 64,574 | | 8,155 | | 23,103 | 3,060 | 37,472 |
| 1923 | 42 | 77,810 | 535,139 | 94,972 | | 16,384 | | 29,307 | 2,936 | 45,069 |
| 1924 | 2,375 | 57,164 | 579,143 | 89,859 | 75,827 | 14,683 | | 21,697 | 2,636 | 22,702 |
| 1925 | 443 | 59,723 | 575,589 | 76,220 | 12,573 | 13,862 | | 34,631 | 1,789 | 8,626 |
| 1926 | 160 | 71,534 | 628,246 | 120,038 | | 10,666 | | 57,795 | 2,415 | 9,760 |
| 1927 | 53 | 61,600 | 578,587 | 207,642 | | 20,539 | | 89,784 | 2,086 | 3,685 |
| 1928 | 4 | 32,381 | | 113,407 | | 9,301 | | 33,884 | 1,394 | 1,128 |

* 는 俵, 나머지 표시가 없는 것은 모두 車를 단위로 한 것이다. 사평가는 1923년 이전의 현물거래 기록이 없다. 1928년도는 모두 8월말까지의 수치이다.[60]

* 출처: 『滿洲に於ける日本取引所』(附錄), 44-59쪽에 의해 작성.

---

60) 俵는 가마에 든 것을 세는 단위이다. 『滿洲に於ける油坊業』(377-378쪽, 382-383쪽)과 『滿洲大豆』(95쪽)에도 일본 교역소의 거래량이 수록되어 있는데 숫자가 서로 정확하게 일치하지는 않는다.

대련의 경우, 개업 첫해인 1913년에는 현물거래가 월등히 많았고 선물거래는 적은 수에 불과했다. 그러나 바로 다음해인 1914년에는 선물거래가 비약적으로 증가했다가 다음해 다소 감소했지만, 장기적으로는 꾸준한 증가세를 보이고 있다. 그러던 것이 1921년에 그 전해의 절반 이하로 급감하면서 그런 상태가 계속되었다. 이렇게 1920년대 대련교역소의 대두 거래가 부진을 면치 못했던 것은 1920년 공황의 여파를 시작으로 그 원인이 상당히 복합적이었다. 봉천표의 시세 변화, 영업세, 매매세 등 세금 납부에 대한 부담, 동청철도를 이용한 동행수송의 증가[61], 관상官商 양잔의 대두 매점 등등을 들 수 있다.[62]

거래와 관련해서는 일본인 중간 특산상의 도산으로 중간거래가 감소된 것도 한 원인이었다. 대련교역소에 집산된 특산물이 거상의 손을 거쳐 매각되어 수출되기까지 종전에는 중간상인이 여러 차례 전매나 환매를 했던 것이 교역소 거래량 증가의 요인이었다.[63] 그러나 중간상인의 몰락은 중간거래의 감소를 초래했고 이는 곧 교역소 거래량 감소로 나타났던 것이다. 또한 교역소 외 거래가 증가한 것도 대련교역소의 거래량이 감소한 한 요인이 되었다. 대련교역소에서는 현물거래도 교역소에서 하도록 규정되어 있었지만 실제로는 현물거래의 경우 수수료나 보증금 없이 거래하고자 했기 때문에 장외 거래가 성행했다. 심지어는 표면적으로는 현물거래이지만 실상은 선물거래처럼 현물의 인도 기간이 2주-4주간이 되는 장기 거래를 하는 수출상이나 대두가공업자도 생

---

61) 동북 특산이 철도를 통해 수출되는 통로는 두 가지였다. 만철을 통해 대련으로 수출하는 방법(南行)과 동철철도를 통해 블라디보스톡으로 수출하는 방법(東行)이 그것이다. 남행 대련 출구냐 동행 블라디보스톡 출구냐로 동청철도와 만철이 오랫동안 경쟁했다.

62) 大連商工會議所, 『大連特産物市場不振の原因と其對策』, 1929, 57-100쪽.

63) 『大連特産物市場不振の原因と其對策』, 95쪽.

겨났기[64] 때문이다.

일반적으로 교역소 거래는 현물거래보다는 선물거래가 많았다. 그러나 |도표 1|에 의하면 개원의 현물거래는 선물거래보다 월등히 많은 양을 차지하고 있다. 사실 이것은 교역소 밖에서 이루어지던 '마차량두현물시장馬車糧豆現物市場', 즉 마차 수송에 의해 집산되는 현물거래 시장이었다. 만철 개원역은 만철연선 중 대두 발송량이 가장 많은 역이었다. 개원은 서풍西豊, 서안西安, 동풍東豊 등지의 대두 집산지일 뿐 아니라 해룡海龍, 조양진朝陽鎭, 휘남輝南, 북산성자北山城子, 유하柳河 등지에서도 마차로 대두가 수송되었다. 이들 지역은 가까운 곳에 봉해奉海철도가 있었음에도 불구하고 철도를 이용하기보다는 겨울철에 마차로 대두를 운반했다. 평소에 질척이던 땅은 겨울이면 꽁꽁 얼어 마차와 사람이 이동하기 쉬웠고, 겨울은 농한기라 마차를 이용하여 대두를 수송하면 비용을 절감할 수 있었기 때문이다.[65] '마차량두현물시장'의 규모는 1만 2천 평에 달했고, 대두를 담는 용기도 교역소에서 허용한 것만 사용할 수 있어서 상인들로부터 신용을 확보했다.[66] 또한 현물거래로 인해 교역소에 별도로 납부하는 수수료가 없었기 때문에 가장 번창했을 때는 하루 평균 개원 도착 마차 수 3천 5백차, 말 2만 마리를 헤아릴 정도였다.[67]

교역소의 선물거래 상황을 알 수 있는 한 방편으로 교역인의 수와 거래량을 분석해 보면 그 일단을 짐작할 수 있다. 선물거래는 교역소에서 교역인을 통해서 행해졌기 때문이다.[68] 다음은 각 국가별 교역인의 수이다.

---

64) 『大連特産物市場不振の原因と其對策』, 96쪽.

65) 『滿洲に於ける油坊業』, 445쪽.

66) 『滿洲に於ける日本取引所』, 87쪽; 『滿洲に於ける油坊業』, 446쪽.

67) 南滿洲鐵道株式會社庶務部調査課, 『滿洲特産界に於ける官商の活躍』, 1928, 57쪽; 『滿洲に於ける油坊業』, 446쪽.

68) 〈大連重要物産取引所規則〉(1913)에는 교역소 외의 장소에서 선물거래와 유사

**|도표 2|** 각 교역소의 교역인 수

| 도시 | | 대련 | | | | | | 봉천 | | | 개원 | | | 사평가 | | | 공주령 | | | 장춘 | | |
|---|---|---|---|---|---|---|---|---|---|---|---|---|---|---|---|---|---|---|---|---|---|---|
| | | 특산 | | | 전초 | | | | | | | | | | | | | | | | | |
| | | 중 | 일 | 기 | 중 | 일 | 기 | 중 | 일 | 기 | 중 | 일 | 기 | 중 | 일 | 기 | 중 | 일 | 기 | 중 | 일 | 기 |
| 1913 | 하 | 1 | 20 | 2 | | | | | | | | | | | | | | | | | | |
| 1914 | 상 | 72 | 27 | 2 | | | | | | | | | | | | | | | | | | |
| | 하 | 72 | 36 | 1 | | | | | | | | | | | | | | | | | | |
| 1915 | 상 | 73 | 20 | 1 | | | | | | | | | | | | | | | | | | |
| | 하 | 74 | 23 | 1 | | | | | | | | | | | | | | | | | | |
| 1916 | 상 | 73 | 26 | 1 | | | | | | | | | | | | | | | | | | |
| | 하 | 77 | 26 | 1 | | | | | | | 30 | 3 | | | | | | | | 28 | 6 | |
| 1917 | 상 | 70 | 26 | 1 | | | | | | | 27 | 5 | | | | | | | | | | |
| | 하 | 77 | 26 | 1 | 38 | 13 | | | | | 24 | 7 | | | | | | | | 19 | 6 | |
| 1918 | 상 | 78 | 28 | 1 | 31 | 13 | | | | | 32 | 13 | | | | | | | | | | |
| | 하 | 79 | 30 | 1 | 32 | 14 | | | | | 40 | 15 | | | | | | | | 39 | 17 | |
| 1919 | 상 | 88 | 32 | 2 | 37 | 13 | | | | | 45 | 18 | | | | | | | | | | |
| | 하 | 87 | 34 | 3 | 47 | 11 | | | | | 45 | 23 | | 31 | 21 | | 34 | 14 | | 58 | 26 | |
| 1920 | 상 | 84 | 40 | 3 | 51 | 11 | | 8 | 57 | | 44 | 26 | | 27 | 12 | | 31 | 14 | | | | |
| | 하 | 84 | 40 | 3 | 51 | 15 | | 4 | 45 | | 41 | 26 | | 25 | 18 | | 31 | 13 | | 52 | 32 | |
| 1921 | 상 | 83 | 38 | 3 | 47 | 18 | | 3 | 24 | | 34 | 25 | | 21 | 17 | | 26 | 11 | | | | |
| | 하 | 76 | 39 | 2 | 39 | 19 | | 2 | 14 | | 40 | 32 | | 22 | 17 | | 26 | 12 | | 47 | 34 | |
| 1922 | 상 | 77 | 39 | 2 | 45 | 21 | | 2 | 12 | | 42 | 31 | | 19 | 17 | | 26 | 12 | | | | |
| | 하 | 77 | 39 | 3 | 48 | 20 | | 3 | 13 | | 46 | 30 | | 21 | 17 | | 31 | 12 | | 42 | 31 | |
| 1923 | 상 | 81 | 37 | 3 | 51 | 18 | | 4 | 10 | | 46 | 29 | | 23 | 16 | | 31 | 12 | | | | |
| | 하 | 81 | 36 | 3 | 52 | 19 | | 4 | 9 | | 49 | 30 | | 24 | 16 | | 33 | 11 | | 37 | 24 | |
| 1924 | 상 | 82 | 35 | 3 | 53 | 14 | | 3 | 17 | | 49 | 24 | | 27 | 15 | | 31 | 11 | | | | |
| | 하 | 82 | 35 | 3 | 45 | 16 | | 10 | 34 | | 45 | 21 | | 25 | 14 | | 30 | 10 | | 33 | 20 | |
| 1925 | 상 | 77 | 32 | 3 | 38 | 18 | | 14 | 43 | | 41 | 19 | | 26 | 14 | | 29 | 8 | | | | |
| | 하 | 77 | 32 | 3 | 38 | 19 | | 16 | 30 | | 42 | 16 | | 25 | 13 | | 33 | 7 | | 30 | 18 | |
| 1926 | 상 | 73 | 28 | 3 | 40 | 17 | | 21 | 25 | | 43 | 15 | | 26 | 12 | | 37 | 7 | | | | |
| | 하 | 72 | 27 | 3 | 40 | 18 | | 21 | 25 | | 47 | 10 | | 22 | 12 | | 35 | 6 | | 27 | 18 | |
| 1927 | 상 | 76 | 27 | 3 | 43 | 19 | | 19 | 27 | | 45 | 9 | | 21 | 12 | | 35 | 6 | | | | |
| | 하 | 75 | 26 | 4 | 48 | 19 | | 18 | 27 | | 47 | 9 | | 20 | 13 | | 38 | 6 | | 26 | 18 | |
| 1928 | 상 | | | | | | | | | | | | | 21 | 13 | | 31 | 6 | | | | |

* 상은 상반기, 하는 하반기, 중은 중국인, 일은 일본인, 기타는 외국인. 교역인수는 장기교역인과 단기교역인을 합한 수이다.
* 출처: 『滿洲に於ける日本取引所』, 59-62쪽에 의해 작성.

대련 교역소가 설립된 첫 해에는 교역인은 대부분 일본인이었고 중국인은 1명에 불과했다. 그러나 바로 다음해인 1914년에 중국인 교역

한 거래를 하면 2백엔 이하의 벌금형에 처한다고 규정되어 있다.(塚瀨進, 「滿洲事變前, 大豆取引に於ける大連取引所の機能と特徵」, 88쪽)

인 수가 72명으로 증가했다. 이는 일본 교역소를 관망하던 중국인 교역인들이 대거 참여하게 되었던 데 원인이 있었던 듯하다. 이후 중국 교역인의 수는 1927년까지 큰 변동이 없이 가장 많을 때는 87-88명이었고 가장 적을 때는 72-73명 정도였다. 한편 일본 교역인의 수는 1920년에 가장 많은 40명이었다가 20년대 후반기에는 26-28명 정도로 감소경향을 보이고 있다. 특상산 중에는 일상이 많았는데 이는 상술했듯이 중간 특산상의 도산이 그 원인이었던 것으로 보인다.

공주령을 제외하고 개원, 장춘, 사평가의 중국인 교역인 수와 일본인 교역인 수를 비교해 보면 대체로 일본인 교역인 수가 중국 교역인 수의 절반 이상이었다. 거주 인구[69] 대비 교역인 수를 보아도 일본인 교역인의 비중이 상당히 컸던 것으로 보인다. 특히 일본 특산상들은 교역인을 겸하는 경우가 많았는데, 이들은 대두시장에서 상당한 위치에 있었다.[70] 일본인 교역인은 중국인을 교역 대리인으로 고용하여 거래했기 때문에 화상도 일본 교역인을 통해서 거래하는 것에 문제는 없었을 것으로 생각된다.

한편, 봉천교역소는 대두 거래는 없었고 전초교역만 있었는데[71] 「도표 2」에 의하면 일본인 교역인 수가 중국인 교역인 수보다 월등히 많

69) 1923년 당시 대련의 중국인, 일본인 인구수는 각각 175,156인과 73,715인, 사평가의 중국인, 일본인 수는 각각 7,336인과 1,745인, 공주령은 각각 5,443인과 2,251인, 장춘은 각각 15,457인과 7,612인이다.(外務省亞細亞局, 『關東州竝滿洲在留本邦人及外國人人口統計表(第16回)』, 1923)

70) 滿鐵調査課, 『大連に於ける特産物の取引及採算』, 1931, 22쪽; 商工省貿易局, 『滿洲貿易事情』(前編), 1934, 114쪽.

71) 봉천교역소에서 특산물이 거래되기 시작했던 것은 瀋海線이 개통되어 海龍지방에서 생산된 특산물이 봉천시장에 나오기 시작했던 1931년 3월부터였다.(塚瀬進, 「奉天における日本商人と奉天商業會議所」, 『近代アジアの日本人經濟團體』, 同文館, 1997, 126쪽)

았다는 것을 알 수 있다. 이는 일상들이 대두의 거래를 위해서 지역화폐인 봉천표와 국제결제 화폐인 초표鈔票, 금표金票를 항상 교환해야 하는 위치에 있었기 때문이다.

각국 교역인의 대두 거래량이 어느 정도였는지는 다음의 각 교역소 교역인의 대두 거래량을 통해 알 수 있다.

**|도표 3| 각 교역소 교역인의 대두 거래량**

| 연도 | | | 사평가 | | 공주령 | | 장춘 | | | | |
|---|---|---|---|---|---|---|---|---|---|---|---|
| | | | 중국인 | 일본 | 중국인 | 일본인 | | 중국인 | | 일본인 | |
| | | | | | | | | 원내 | 혼보 | 원내 | 혼보 |
| 1916 | | 賣 | | | | | 賣 | 6,042 | | 3 | |
| | | 買 | | | | | 買 | 6,042 | | 3 | |
| 1917 | | 賣 | | | | | 賣 | 10,882 | | 100 | |
| | | 買 | | | | | 買 | 10,074 | | 108 | |
| 1918 | | 賣 | | | | | 賣 | 11,109 | | 1,224 | |
| | | 買 | | | | | 買 | 11,132 | | 1,201 | |
| 1919 | 하 | 賣 | 1,640 | 1,754 | 14,597 | 1,675 | 賣 | 23,539 | | 5,154 | |
| | | 買 | 1,809 | 1,585 | | | 買 | 22,554 | | 6,139 | |
| 1920 | 상 | 賣 | 2,279 | 2,315 | 23,238 | 2,298 | 賣 | 31,758 | | 12,644 | |
| | | 買 | 2,339 | 2,255 | | | | | | | |
| | 하 | 賣 | 2,659 | 2,716 | 24,686 | 2,352 | 買 | 33,301 | | 11,101 | |
| | | 買 | 2,735 | 2,640 | | | | | | | |
| 1921 | 상 | 賣 | 3,727 | 2,912 | 17,054 | 1,584 | 賣 | 9,054 | 3,490 | 7,983 | 3,024 |
| | | 買 | 3,676 | 2,963 | | | | | | | |
| | 하 | 賣 | 5,308 | 4,918 | 19,683 | 1,711 | 買 | 10,117 | 3,497 | 6,920 | 3,017 |
| | | 買 | 5,017 | 5,209 | | | | | | | |
| 1922 | 상 | 賣 | 2,104 | 1,031 | 20,095 | 1,987 | 賣 | 27,625 | 140 | 9,579 | 130 |
| | | 買 | 1,869 | 1,266 | | | | | | | |
| | 하 | 賣 | 3,027 | 1,993 | 21,953 | 2,171 | 買 | 26,246 | 56 | 10,976 | 214 |
| | | 買 | 3,010 | 2,010 | | | | | | | |
| 1923 | 상 | 賣 | 3,123 | 1,871 | 26,848 | 2,818 | 賣 | 38,958 | 63 | 6,111 | |
| | | 買 | 2,840 | 2,154 | | | | | | | |
| | 하 | 賣 | 6,244 | 5,146 | 26,633 | 2,315 | 買 | 36,859 | 63 | 8,210 | |
| | | 買 | 6,451 | 4,939 | | | | | | | |
| 1924 | 상 | 賣 | 4,270 | 1,873 | 22,947 | 1,895 | 賣 | 18,070 | | 4,569 | |
| | | 買 | 4,068 | 2,075 | | | | | | | |
| | 하 | 賣 | 5,785 | 2,750 | 16,504 | 2,048 | 買 | 18,126 | | 4,513 | |
| | | 買 | 5,595 | 2,940 | | | | | | | |
| 1925 | 상 | 賣 | 3,003 | 1,506 | 24,069 | 2,189 | 賣 | 6,217 | | 2,409 | |
| | | 買 | 2,708 | 1,801 | | | | | | | |
| | 하 | 賣 | 6,851 | 2,776 | 38,499 | 4,505 | 買 | 6,118 | | 2,508 | |
| | | 買 | 6,857 | 2,770 | | | | | | | |
| 1926 | 상 | 賣 | 2,854 | 1,418 | 43,055 | 4,695 | 賣 | 6,536 | | 3,224 | |

| 연도 | | | 사평가 | | 공주령 | | 장춘 | | | | |
|---|---|---|---|---|---|---|---|---|---|---|---|
| | | | 중국인 | 일본 | 중국인 | 일본인 | | 중국인 | | 일본인 | |
| | | | | | | | | 원내 | 혼보 | 원내 | 혼보 |
| | | 買 | 2,789 | 1,483 | | | | | | | |
| | 하 | 賣 | 4,456 | 1,938 | 62,914 | 4,926 | 買 | 6,410 | | 3,350 | |
| | | 買 | 4,391 | 2,003 | | | | | | | |
| 1927 | 상 | 賣 | 7,428 | 3,360 | 86,486 | 3,284 | 賣 | 3,090 | | 592 | |
| | | 買 | 7,480 | 3,308 | | | | | | | |
| | 하 | 賣 | 7,308 | 2,443 | 86,726 | 3,072 | 買 | 3,081 | | 604 | |
| | | 買 | 7,339 | 2,412 | | | | | | | |
| 1928 | 상 | 賣 | 7,102 | 1,048 | 62,204 | 3,054 | | | | | |
| | | 買 | 7,092 | 1,058 | | | | | | | |

* 상은 상반기, 하는 하반기이며, 혼보는 混合保管 대두를 말함.
* 출처: 『滿洲に於ける日本取引所』, 64-68쪽에 의해 작성.

|도표 2|와 |도표 3|에 의하면 사평가의 일본인 교역인 수는 중국인 교역인 수의 절반 이상이었고 거래량에서도 일본인 교역인이 상당량을 차지했지만, 1924년 이후에는 중국인 교역인의 거래량이 일본인의 그것을 훨씬 능가하고 있다. 공주령과 장춘에서는 중국인 교역인 수가 일본인에 비해 두 배 이상 되고 거래량에서도 일본인 교역인보다 훨씬 많았다. 사평가, 공주령, 장춘 등지에서는 일본인에 비해 중국인 교역인의 활동이 두드러졌다는 것을 알 수 있다. 대련의 교역인 거래량을 알려주는 자료는 발견하지 못했지만, 선물거래는 각 교역소 부속 신탁회사와 담보계약을 하도록 했기 때문에 신탁회사의 순이익을 통해서도 거래상황의 일단을 짐작할 수 있다. 다음은 각 교역소 신탁회사의 순익표이다.

|도표 1|에 의하면 대련교역소는 1920년대 들어와서 거래량이 대폭 감소했고 1926년 이후에는 개원교역소의 거래량을 훨씬 밑돌았다. 그러나 |도표 4|에 의하면 대련교역소 신탁회사의 순익은 교역소 신탁회사 중 가장 많았을 뿐 아니라 거래량이 대폭 감소한 1926년 이후조차도 개원교역소 신탁회사의 순익을 상회했다. 신탁회사의 순익은 면허

**|도표 4|** 각 교역소 신탁주식회사의 순익표

(단위: 圓)

| | 대련 | | 개원 | | 사평가 | | 공주령 | | 장춘 | |
|---|---|---|---|---|---|---|---|---|---|---|
| 1913 | 1기 | -2,904 | | | | | | | | |
| 1914 | 2기 | 67,214 | | | | | | | | |
| | 3기 | 26,951 | | | | | | | | |
| 1915 | 4기 | 33,034 | | | | | | | | |
| | 5기 | 43,950 | | | | | | | | |
| 1916 | 6기 | 71,868 | | | | | | | 1기 | 5,700 |
| | 7기 | 103,860 | 1기 | 30,821 | | | | | 2기 | 23,345 |
| 1917 | 8기 | 146,621 | 2기 | 44,862 | | | | | 3기 | 18,175 |
| | 9기 | 126,742 | 3기 | 34,051 | | | | | 4기 | 28,648 |
| 1918 | 10기 | 113,731 | 4기 | 53,906 | | | | | 5기 | 12,635 |
| | 11기 | 218,217 | 5기 | 114,815 | | | | | | |
| 1919 | 12기 | 248,694 | 6기 | 197,712 | | | | | 6기 | 38,410 |
| | 13기 | 352,592 | 7기 | 160,890 | 1기 | 9,617 | 1기 | 22,973 | | |
| 1920 | 14기 | 522,209 | 8기 | 233,707 | 2기 | 32,520 | 2기 | 54,286 | 7기 | |
| | 15기 | 445,156 | 9기 | 102,251 | 3기 | 8,766 | 3기 | 20,654 | | |
| 1921 | 16기 | 196,086 | 10기 | 84,698 | 4기 | 5,501 | 4기 | 14,383 | 8기 | -27,533 |
| | 17기 | 104,711 | 11기 | 151,298 | 5기 | 23,902 | 5기 | 20,080 | | |
| 1922 | 18기 | 163,013 | 12기 | 194,743 | 6기 | 15,716 | 6기 | 28,751 | 9기 | 68,317 |
| | 19기 | 215,311 | 13기 | 139,456 | 7기 | 16,685 | 7기 | 29,126 | | |
| 1923 | 20기 | 268,771 | 14기 | 169,003 | 8기 | 15,869 | 8기 | 39,798 | 10기 | 103,966 |
| | 21기 | 213,922 | 15기 | 170,921 | 9기 | 31,602 | 9기 | 37,362 | | |
| 1924 | 22기 | 310,984 | 16기 | 184,035 | 10기 | 12,708 | 10기 | 30,636 | 11기 | 67,033 |
| | 23기 | 223,223 | 17기 | 100,374 | 11기 | 19,768 | 11기 | 19,749 | | |
| 1925 | 24기 | 277,633 | 18기 | 99,831 | 12기 | 19,211 | 12기 | 36,596 | 12기 | 14,028 |
| | 25기 | 297,034 | 19기 | 134,445 | 13기 | 20,927 | 13기 | 74,596 | | |
| 1926 | 26기 | 432,949 | 20기 | 214,924 | 14기 | 6,414 | 14기 | 83,903 | 13기 | 59,421 |
| | 27기 | 339,851 | 21기 | 176,234 | 15기 | 8,011 | 15기 | 94,619 | | |
| 1927 | 28기 | 287,698 | 22기 | 254,074 | 16기 | 11,719 | 16기 | 99,085 | 14기 | 45,352 |
| | 29기 | 248,332 | 23기 | 209,680 | 17기 | 9,632 | 17기 | 106,060 | | |
| 1928 | 30기 | 216,805 | 24기 | 233,142 | 18기 | 13,395 | 18기 | 77,275 | | |

* 대련에는 전초신탁주식회사가 따로 설치되어 있는데 여기에는 포함시키지 않았다.
* 출처: 『滿洲に於ける日本取引所』(附錄), 29-37쪽에 의해 작성.

료, 입장료, 수수료 및 대부 이자 등의 수입에서 각종 지출을 뺀 값이다. 따라서 대련교역소 신탁회사의 순익이 많았다는 것은 교역인 수, 입장자 수, 선물거래 횟수, 대부 등이 많았다는 것을 의미하기 때문에 그만큼 교역소가 활성화되어 있었다는 것을 알 수 있다. 대련교역소는 미츠이三井, 미츠비시三菱, 닛신日清, 스즈키鈴木의 일본 4대 기업 수출액이 대련교역소 수출총액의 37-55%를 차지할 정도로 일상의 활동이 활발했다.[72] 그중에서도 미츠이물산의 대두상품 거래량은 러일전쟁 후부터 1910년대 말에 걸쳐 급속하게 증가하여 20년대 후반에는 기계나 금속 총거래량에 필적할 정도의 규모였다.[73]

이상 일본 관동청 교역소의 거래상황을 살펴보았다. 그런데 하나 간과할 수 없는 문제는 동북의 일본 교역소는 담보 및 청산 업무에 대해 일본 내지의 교역소 와는 다른 양상을 보였다는 것이다. 일본 교역소는 거래방식에서는 중국의 상거래 습관을 따랐지만 설립 요건에서는 많은 부분을 일본 내지 교역소 조직법에 의거했다. 그러나 교역소의 책임범위나 신탁주식회사의 배상의무의 범위 등에 대해서는 일본 내지와도 달랐다. 우선 일본 국내 교역소는 모두 민영이었는데 동북의 일본 교역소는 관동청 소속의 관영이었다는 것이다.[74] 일본 내지 교역소에서는 교역소 자신이 담보 및 청산의 임무를 담당했지만 동북의 교역소에서는 이를 부속 신탁회사에 위임했다는 것이다. 그리고 내지에서는 모든 거래에 대한 배상의무가 있었지만 동북의 신탁회사의 배상의무는 경매에 의한 선물거래에 한정되어 있었다. 내지에서는 위약으로 인한 손해배상에 대해 무한책임을 졌지만, 동북의 신탁회사는 배상의무가 교역인과 신탁회사 간에 체결된 담보계약에 대해서만 효력이 발생했다.[75] 이러한 규정들은 모두 대두 거래로 인한 동북사회의 가변적인 현실을 반영한 것이었다.

그러나 이것 이외에도 신탁회사의 담보의무에 대해 예외를 인정하고

72) 『大連特産物市場不振の原因と其對策』, 94-95쪽.
73) 金子文夫, 『近代日本における對滿洲投資の硏究』, 近藤出版社, 1991, 329쪽.
74) 滄水, 「大連取引所信托株式會社之槪況」, 『銀行週報』 3-25, 1919.
75) 『滿洲に於ける日本取引所』, 24-25쪽.

있었다는 사실이다. 예를 들어 〈대련교역소신탁회사의 담보 및 청산업무 규정〉 제57조에 의하면, 비상사태 혹은 시세 변동이 극심하거나 그런 우려가 있을 때, 거래가 안전하지 않다고 인식될 때, 보증금의 차입이 불가능하다고 인식될 때 등 신탁회사는 선물거래의 담보를 떠맡지 않을 수 있도록 규정되어 있었다. 이는 일본 교역소가 강제 담보제도를 채택하고 있다고 하더라도 동북 통화의 불안정성, 투기성 등 위험요소들로 인해 신탁회사가 모든 책임을 떠맡을 수는 없다고 인식했던 것으로 보인다. 이 또한 동북 사회의 불안정성에 대한 반영이었다.

이상의 사실에서 알 수 있는 것은 결국 투기성을 차단하고 계약의 이행과 청산을 명목으로 설립되었던 교역소와 그 신탁회사가 설립 당초부터 본질적으로 손해배상 등의 완전한 책임에서는 벗어나 있었다는 것이다. 이러한 사실은 일본 교역소의 설립 목적이 동북사회의 진정한 공정거래를 확립하고 투기를 차단하기 위한 것이었는지 의심스럽다. 교역소를 이용하여 거래를 하게 되면 교역인이 이익을 보건 손해를 보건 상관없이 교역소는 각종 수수료를 징수했다.[76] 교역소 거래가 활발할수록 교역소신탁회사는 각종 수수료와 대출이자로 인한 재정수입이 증가했고 그 영업 이익의 일부를 관동청에 납부했다. 이로 인해 교역소는 화상들로부터 수수료 장사를 한다는 비난에서[77] 자유로울 수 없었다. 이로 미루어보아 일본 교역소가 선물거래의 제도적 규제를 확립했다는 긍정적인 측면이 있었다고 하더라도 일본 교역소의 설립이 대두의 선물거래로 인한 투기성 차단에 큰 효과를 발휘했던 것은 아니었다는 것을 알 수 있다. 그렇다면 일본 교역소의 설립이 실제로 동북 사회

76) 「大連交易所史話」, 『遼寧文史資料』 26, 100쪽.
77) 滄水, 「大連取引所信托株式會社之槪況」, 44쪽.

에 어떤 의미를 가지고 있었는지 검토할 필요가 있다.

### (3) 교역소 안으로의 화상 편입

기존 연구에서 지적하고 있듯이 동북의 일본 교역소 설립은 선물거래의 혼란을 제도적으로 해결하기 위한 측면이 있었다.[78] 대두 거래를 둘러싼 과당경쟁은 계약 불이행으로 이어졌고 대두 거래 자체가 위험을 수반하게 되어 도산하는 상인이 속출했기 때문이다. 따라서 당시 과열되고 있던 투기현상과 그로 인한 양잔의 도산을 막기 위한 조치였다는 것이다. 그러나 더 근본적으로는 관동청의 직접적인 감독 하에 동북의 시장을 통일하기 위한 목적이 있었던 것도[79] 간과할 수 없다. 장기적으로는 동북을 일본 내지와 일원적 경제영역으로서 통일적으로 확대시켜 나갈 필요가 있었기 때문이다. 중국인이 다수를 차지하고 있던 관동주나 부속지에서 일본 관동청은 법령을 통해 화상의 상거래를 통제할 필요성을 느꼈던 것이다. 일본이 동북에 대한 주도권을 잡기 위해서는 동북 대두 거래시장을 일상 중심으로 재편하는 것이 필요했다. 그러나 관동청의 지배하에 동북시장을 통일하기 위해서는 해결해야 할 문제가 있었다.

상술했듯이 전통적인 동북의 사회경제는 일상을 배제하는 구조였다.[80] 대두의 국내 유통은 양잔이 담당하고 있었고 대두의 거래는 화상의 양시나 양행에서 조합원을 중심으로 행해졌다. 대두 유통과 매매

78) 塚瀨進, 「滿洲事變前, 大豆取引に於ける大連取引所の機能と特徵」, 87쪽.
79) 『滿洲に於ける日本取引所』, 12쪽.
80) 손승희, 「만주국 이전시기 동북 대두의 국내 유통 네트워크」, 『중국근현대사연구』 61, 2014.3, 132쪽.

과정에서 일상은 화상에 의존할 수밖에 없는 위치였다. 이 뿐만이 아니라 일본의 입장에서는 대두의 선물거래로 인한 폐해, 봉천표의 불안정성도[81] 일상들의 동북진출을 방해하는 것 중의 하나였다. 대두는 그 자체가 계절성이 농후하여 시세 차익이 발생할 여지가 많아 대두의 수급 균형을 맞추는 것은 쉽지 않았다. 그럼에도 불구하고 일본 특산상들은 대두를 세계 시장에 유통시킴으로써 얻게 되는 큰 수익을 바라보고 계약 불이행에 대한 제도적 장치도 갖추어지지 않은 상태에서 거액의 선금을 지불하는 모험을 감행했던 것이다. 만일 계약자가 계약을 이행하지 않고 도주해도 수색이 용이하지 않았다. 특히 '기량'은 거의 도박 행위와 다름없었고 관헌과 결탁하여 시세를 좌지우지하면 그 폐해는 더욱 커졌다.[82] 따라서 동북에서 거래하는 일본 대상사들도 선물거래에 유념하지 않을 수 없었다.

예를 들어, 일본의 거대기업 미츠이물산은 1910년 〈만주영업부 대두 취급규정滿洲營業部大豆取扱規定〉을 제정하여 동북의 상거래 습관과 상황에 적응하고자 했다. 그 내용은 "안정적 거래를 목적으로 하고 거래량의 다과를 경쟁하지 않는다. 현물거래를 기본으로 하고 선물거래는 15일 이내로 하며 장기 선물계약은 피한다. 선물거래를 할 때는 상대방의 신용이 확실한 생산자나 대두상을 선택한다"는 등이었다.[83] 따라서 이러한

81) 1926년, 봉천표의 하락이 일본인 거류민의 권익과 일본과의 무역에 영향을 미친다는 이유로 중일 간에 외교문제로까지 확대되었다.(郭志華, 「1920年代後半東三省における「奉天票問題」と奉天軍閥の通貨政策の轉換-爲替市場の構造と「大連商人」の取引實態を中心に」, 『アジア經濟』 52-8, 2011)

82) 『滿洲穀物取引慣習一班』(草稿), 89쪽.

83) 〈滿洲營業部大豆取扱規定〉 達35號, 三井文庫所藏 「達」特産75.(塚瀨進, 「中國東北地域における大豆取引の動向と三井物産」, 84쪽에서 재인용) 1913년 제정된 〈大連支店大豆取扱規定〉에서도 이러한 규정을 기본방침으로 했다.

'불합리한' 구도를 타파하고 교역소에서의 거래를 제도화시킴으로써 일상의 피해를 줄이고자 했던 것이다. 이러한 대두 확보의 불안정성, 투기성 등을 억제하고 교역소를 통해 대두를 유통시키고 안정적으로 대두를 확보함으로써 일상을 보호하고자 하는 목적이 절실했던 것이다.

그렇다면 일본 교역소는 화상들에게는 어떤 존재였을까? 화상을 통제하고 있던 화상 상무회와 일본 관동청의 관계를 살펴보면 이를 짐작할 수 있을 것이다. 만철 성립이후 주변지역으로부터 많은 화상들이 대련이나 부속지로 이주해왔다. 만철 성립 이후 대두 집산지가 만철연선에 집중되어 있었기 때문에 대두수송의 편리성을 향유하고 일본의 지배라는 사실을 이용하여 중국측 세금을 탈세하고자 하는 의도에서였다.[84] 이들은 일본의 지배에도 불구하고 이러한 상업적 기회를 얻을 목적으로 대련이나 부속지로 이주했던 것이다.[85] 특히 1920년대 후반 화상의 부속지 진출이 활발해지자 이는 화상과 경쟁관계에 있던 일상에게 큰 부담으로 작용했다.[86]

부속지에 화상의 상무회가 설립되자 만철은 이를 통제하기 위해 1913년 〈회사부속지상무회통칙〉을 제정하고 상무회를 감독했다. 통칙에는 상무회의 사무내용이나 인사에 대해 만철 사장이 감독하고 해산을 명할 수 있는 권리 등이 명기되어 있었다.[87] 부속지는 일본의 배타

84) 大野太幹, 「中國東北の植民地化と滿鐵附屬地華商-滿鐵附屬地華商硏究の意義」, 119쪽.

85) 曾田三郎編著, 『近代中國と日本-提携と敵對の半世紀』, 禦茶の水書房, 2001, 130쪽; 김희신, 「만주국 수립 이전 봉천의 상업과 중국 상인의 동향」, 『중국근현대사연구』 60, 2013.12, 177쪽.

86) 塚瀨進, 「奉天における日本商人と奉天商業會議所」, 127쪽.

87) 〈會社附屬地商務會通則〉(1913.2.1), 滿鐵産業部資料室, 『滿洲國に於ける商工團體の法制的地位』, 1937, 45-48쪽.

적 행정구역이었으므로 만철이 부속지 화상 단체에 대해 실질적인 법적 구속력이 있었다. 또한 부속지의 상무회는 관동청에 협조하고 타협하는 관계였다. 만철을 대신하여 화상으로부터 세금을 징수하거나 치안을 담당하는 등 부속지 행정을 보조하는 역할을 했기 때문이다.[88]

따라서 화상상무회가 부속지 화상을 강력하게 통제하고 있었고 화상들 스스로도 부의 축적이라는 현실적인 이유로 인해 일본 교역소를 기꺼이 이용했을 것으로 보인다. 특히 선물거래는 반드시 교역소에서 거래하도록 규정되어 있었기 때문이다. 이전까지 화상 공의회/상무회 중심의 '양행糧行'과 '전행錢行'에서 행해지던 거래가 대련, 개원, 장춘, 봉천, 사평가, 공주령 부속지에 일본 교역소가 설립된 후에는 점차 일본 교역소에서 행해졌던 것으로 보인다.[89] 즉 관동주와 부속지에서는 일본 교역소 법규에 의해 거래되었고, 기타 지역은 여전히 동북 재래의 습관에 의해 양시에서 거래되었다.[90] 만철은 배타적인 행정 권력을 발휘하여 화상 공의회/상무회를 통해 개별 화상을 통제했던 것이다. 따라서 화상을 포함하여 대두의 선물거래는 교역소 내에서 행하는 것이 일반적이었던 듯하다.

그러나 그러한 명분만으로는 화상을 교역소 안으로 완전히 편입시킬 수는 없었을 것이다. 화상에게 교역소 이용의 장점과 편리성을 제공하지 않으면 그것은 불가능했을 것으로 생각된다. 그렇다면 어떤 방식을 통해 그것이 가능했나? 결론적으로 말하면 화상의 상관행을 전적으로

---

88) 大野太幹, 「滿鐵附屬地華商商務會の活動-開原と長春を例として」, 『アジア経濟』 45-10, 2004.10, 57-58쪽.

89) 大野太幹, 「滿鐵附屬地華商と沿線都市中國商人-開原, 長春, 奉天各地の狀況について」, 『アジア経濟』 47-6, 2006, 33쪽.

90) 『滿洲に於ける油坊業』, 359쪽.

수용하고 흡수하는 방식을 통해서 그것이 가능할 수 있었다는 것이다.

화상을 교역소 안으로 포섭하기 위해서는 중국인의 거래습관을 크게 손상하지 않아야 했다. 일본 교역소 설립 자체도 중국인의 상관행을 인정한 위에서 설립되었다. 즉 교역소를 설립할 때 특별한 규정을 정하지 않고 "중국인의 종래의 습관에 따른다"고 명시한 바 있다. 대련이나 부속지가 관동청의 배타적인 행정권 하에 있었다고 할지라도 대다수를 차지하는 화상의 습관을 무시하고서는 교역소의 활성화를 기대할 수 없었던 것이다. 일본 교역소가 화상의 상관행을 수용한 조치는 다음과 같다.

첫째, 대련교역소에서는 일본 요코하마정금은행橫濱正金銀行에서 새롭게 발행했던 '초표'가 기준화폐로 정해졌다는 것이다. 동북의 일본 교역소 설립 당초에 가장 중요하게 논의되었던 것이 기준화폐 문제였다. 대련은 국제 항구로서 환어음 결제가 필요했던 곳으로, 초표는 그 환어음 결제용 화폐였다.[91] 당시 금본위제도를 채택하고 있던 일본은 조선은행 발행의 '금표'를 기준화폐로 정하기를 원했지만 중국이 은본위 화폐를 채택하고 있었기 때문에 초표를 그 기준화폐로 정했던 것이다.[92]

둘째, 대련교역소에서 몇 년 동안 계속 초표, 금표 논쟁을 벌이다가 결국 1923년 금표와 초표를 모두 기준화폐로 정했다는 것이다. 대련교

91) 초표는 동북에서 대규모 대두거래의 주요 화폐로 사용되었을 뿐 아니라 동북과 중국 내지의 송금과 태환에서 주요한 매개역할을 했다. 동북의 타 은지폐인 봉천표, 哈大洋票 등이 태환기능이 부족했기 때문에 초표는 일반 은 시세의 기준으로도 중요했다.(『大連に於ける特産物の取引及採算』, 25쪽)

92) 일본계 은행 중에서 조선은행과 요코하마정금은행만이 동북에서 화폐발행권이 있었다. 금표와 초표는 각각 조선은행과 요코하마정금은행이 중국에서 발행한 지폐의 통칭이다.(焦潤明, 「日系銀行與20世紀初的東北金融」, 『近代東北社會諸問題硏究』, 中國社會科學出版社, 2005, 163-164쪽)

역소 설립 당초부터 기준화폐 논쟁이 있었고, 금표를 기준화폐로 한다는 방침을 정해 놓고도 화상의 반대로 인해 계속 연기한 바 있었다. 금표를 기준화폐로 정한다고 발표를 하기만 하면 교역소의 화상 거래가 갑자기 뚝 끊기는 일이 반복되었기 때문이다. 그러나 1920년대 들어서면서 금표가 대련에서 점차 많이 사용하게 된 것을 계기로 1921년 4월 대련교역소가 동년 10월 14일부터 금표를 기준화폐로 단행한다고 선언하고 관동청이 이를 고시했다. 그러자 관련업계 종사자들은 일시에 큰 충격에 빠졌고 관련 주식은 폭락하고 입회가 정지되는 등 대련 경제계에 미친 영향이 상당히 컸다. 이에 1921년 11월 18일, 대련교역소중요물산교역인조합大連交易所重要物産交易人組合, 만주중요물산동업조합滿洲重要物産同業組合, 대련특산물수출상조합大連特産物輸出商組合, 대련유방연합회大連油坊聯合會의 명의로 진정서를 제출하여 금표 사용을 결사적으로 반대했다. 그로 인해 대련교역소의 초표, 금표를 둘러싸고 오랫동안 갑론을박하다가 1923년부터는 초표와 금표 양자를 모두 인정한다고 최종적으로 고시했다. 화상의 반대를 무시할 수 없었기 때문에 양자를 모두 인정했던 것이다. 그러나 실제로는 금표는 거의 통용되지 않았고 초표가 주로 통용되었다. 이는 중국 상거래 관행의 견고성을 보여주는 하나의 예이다.

초표와 금표 논쟁이 왜 그렇게 문제가 되었던 것일까? 관동청이 금표 사용을 지지했던 것은 일상을 보호하기 위한 목적이었다. 금표를 가진 일상이 대련교역소에서 거래하기 위해서는 이를 초표로 바꾸어야만 했다. 반대로 만일 금표를 기준화폐로 정한다면 화상이 대련교역소에서 거래를 하기 위해서는 지역화폐인 봉천표를 금표로 바꾸어야만 했다. 당시에는 아직 봉천표의 등락이 극심하지 않았다고 하더라도 봉천표와 금표의 환전과정에서 큰 손실을 볼 수 있었다. 따라서 화상들은 금은 가격 변동의 위험을 화상에게 전가하는 것이라고 하며 금표 사용을 격렬하게 반대했다.[93] 뿐만 아니라 금표로 기준화폐가 정해진다면 대련교역소를 더 이상 이용하려 하지 않았다.[94]

초표와 금표의 논쟁과정에서도 이러한 우려가 잘 나타나 있다. 금표 사용 주장론자의 필두는 당연히 금표를 발행했던 조선은행이었고 관동청도 금표를 적극 옹호했다. 이들은 관동주는 일본의 행정권 구역으로 일본의 금화로 폐제를 통일하는 것은 당연하다는 논리를 전개했다. 이러한 견해는 일본 수출입상의 입장을 대변해 주는 것이었다. 따라서 일상에게 편리함과 이익을 주는 금표를 기준화폐로 정해야 한다는 것이었다.[95] 금표 주장은 일본 국내 상공업자들의 요구이기도 했다. 일본의 전국상업회의소연합회全國商業會議所聯合會는 1917년 10월에 대련 등 교역소에 금표 채택을 건의했고 동북의 금본위 통일을 전제로 금화유통과 금표의 보급을 요구했던 것이다.[96]

이에 비해 초표 사용을 유지해야 한다고 주장했던 사람들은 화상들만이 아니었다. 초표를 발행했던 요코하마정금은행을 비롯하여 대련화상공의회, 만주중요물산동업조합, 대련상업회의소 등도 초표 유지를 강력히 주장했다. 그 이유는 중국의 상관행을 무시할 수 없다는 논리였다. 이들은 대부분 특산물 관련업계 종사자들이었기 때문에 특산계의 상황을 대변해주었다. 관동청이 아무리 대련의 행정권을 행사하는 주

93) 「大連交易所金建變更之影響」, 『中外經濟週刊』 45, 1924.

94) 화상은 실제로 불편을 이유로 영구로 이동하는 일이 있었고 대련교역소의 거래도 다소 감소되었다.(安盛松之助著, 靜子譯, 「滿洲商業發展之各面觀」, 『錢業月報』 11-5, 1931)

95) 南滿洲鐵道株式會社庶務部調査課, 『在滿洲日本取引所に關ける諸問題』, 1929, 48쪽.

96) 『滿洲實業彙報』 29, 1917.(金子文夫, 『近代日本における對滿洲投資の硏究』, 近藤出版社, 1991, 294쪽에서 재인용)

체라고 할지라도 그 주민은 전통적으로 중국의 습관에 따라 생활하고 상거래 하는 화상들이기 때문에 그 습관에 부합하는 것은 은본위 화폐인 초표라는 것이었다. 그러나 초표 주장론자들에게 이보다 더 현실적인 문제는 만일 대련교역소에서 금표를 기준화폐로 정한다면 화상들이 그 불편과 불이익을 피해 관동주나 부속지가 아닌 다른 지역의 교역소로 이동하게 될 것에 대한[97] 우려였다.

셋째, 대련을 제외한 부속지에 설립되었던 개원, 사평가, 공주령, 봉천 등 교역소에서는 지역화폐인 봉천표를 기준화폐로 정했다는 것이다.[98] 봉천표는 불환지폐였기 때문에 지역에서만 통용되고 국제적인 지불수단으로 보장받지 못한 화폐였다. 그럼에도 불구하고 봉천표를 기준화폐로 정했다는 것은 다수를 차지하는 화상의 반발을 초래하지 않기 위한 조치였다. 봉천표는 지역에서 신용을 확보하고 있었지만 1922년과 24년 두 차례의 직봉전쟁과 곽송령郭松齡 사건을 겪으면서 중발되어 그 가치는 폭락을 거듭했다. "봉천표로 대두 거래의 기준을 삼느니 차라리 대두로 봉천표의 기준을 삼아야 한다"고 말할 정도로 봉천표는 기준화폐로서의 기능을 할 수 없었다. 봉천표가 신용이 없고 위험한 화폐라는 것은 알지만 봉천표는 봉천성의 통화였고 일반 농민들은 다른 화폐로 거래를 하려 하지 않았다. 때문에 만일 강제로 다른 화폐로 기준화폐를 변경하면 거래량은 분명 감소하게 될 것이고 봉천표를 기준으로 하는 다른 교역소를 개설하게 될 것이라는 우려가 컸다.[99]

97) 『在滿洲日本取引所に關ける諸問題』, 40쪽.
98) 장춘은 봉천표의 세력범위가 아니었기 때문에 은본위 화폐였던 관첩이 기준화폐로 정해졌다. 1921년부터는 초표가 사용되었다.(『滿洲特産界に於ける官商の活躍』, 147쪽)
99) 『在滿洲日本取引所に關ける諸問題』, 102쪽.

따라서 봉천표가 아닌 다른 화폐로의 변경은 불가하다는 주장이 설득력을 얻었던 것이다.[100]

넷째, 또 하나 간과할 수 없는 문제가 개원의 '마차량두현물시장'이다. 이 '마차량두현물시장'은 엄밀히 말하면 교역소 외 현물 거래시장이다. 일반적으로 교역소 외 거래에서는 교역인의 중개 없이 자유롭게 매매를 했지만 현물거래가 많았던 개원에서는 마차숙馬車宿의[101] 점원을 준현물교역인으로 임명하여 교역소의 감독하에 거래하도록 했다.[102] 즉 개원에서는 교역소에서 교역인이 선물거래를 하는 것 이외에 교역소 외에서도 교역소 소장의 허가를 받은 준현물교역인이 매매를 중개했던 것이다. 말하자면 교역소 외 거래의 교역소화이다. 화상을 교역소로 끌어들일 방법이 없는 일본 교역소에서 준현물교역인이라는 편법으로, 그것도 교역소 내부가 아니라 원래 중국인이 관습에 의해 거래하던 마차 수송 현물시장을 인정해주고 대신 교역소의 감독을 받게 했던 것이다. 그렇게라도 해야 화상의 거래상황을 파악할 수 있고 이들을 통제할 수 있었기 때문이다. 구태여 이러한 방식을 채택했던 것은 만일 관동청이 강력하게 교역소 외 거래를 단속하게 되면 화상이 일상을 소외시킨 채 화상들끼리만 거래하게 될 것이 두려웠기 때문이다.[103]

---

100) 1920년대 후반 봉천표의 폭락으로 現大洋票가 시장에서 우세해지자 1929년 1월 사평가교역소에서, 1930년 3월 공주령교역소에서, 1930년 6월 개원교역소에서 기준화폐를 봉천표에서 현대양표로 바꾸었다.(郭鳳山, 「民國十九年東北交易所概況」, 『中東半月刊』 2-23・24合刊, 1932)

101) 마차와 객상이 함께 머물 수 있는 숙박시설을 말한다.

102) 『滿洲に於ける油坊業』, 446쪽; 『開原糧穀取引事情』, 37-38쪽; 『滿洲に於ける日本取引所』, 86쪽; 『滿洲貿易事情』(前編), 108쪽.

103) 塚瀨進, 「滿洲事變前, 大豆取引に於ける大連取引所の機能と特徵」, 99쪽.

이상에서 살펴본 바와 같이, 일본교역소가 선물거래의 제도적 규제를 확립했다는 긍정적인 측면이 있었다고 할지라도 일본 교역소의 설립이 대두의 선물거래로 인한 투기성 억제에 큰 효과를 발휘했던 것은 아니었다. 오히려 일본 교역소의 설립이 동북사회에 가지고 있었던 더 큰 의미는 일상을 보호하기 위한 것이었다.

동북의 사회경제는 일상을 배제하는 구조였다. 대두의 국내 유통은 곡물거간 양잔이 담당하고 있었고, 대두의 거래는 양시나 양행에서 화상 조합원을 중심으로 행해졌다. 대두의 유통과 매매과정에서 일상은 화상에게 의존할 수밖에 없는 위치였다. 일본은 이러한 '불합리한 구조'를 타파할 뿐 아니라, 동북에서 가장 중요한 대두산업을 일본의 통제가 가능한 구조로 만들 필요가 있었다. 그 과정에서 중국의 상관행을 흡수하고 수용하는 방편으로 화상을 교역소 안으로 편입시키고자 했다. 그렇지 않으면 화상들이 불편과 불이익을 피해 관동주나 부속지가 아닌 다른 지역의 교역소 혹은 양시로 이동하게 될 것을 우려했던 것이다. 일본은 동북에서 화상과 일상의 공생관계를 통해서만이 일상의 번영도 있다고 인식했기 때문이다. 만일 화상이 파산하면 일상도 그 세력을 존속시키기 어렵다고 인식했던 것이다. 일본이 두려웠던 것은 강압적으로 화상을 통제했을 때 화상들의 반대에 부딪혀 이들이 일본의 통제범위를 벗어나는 것이었다. 따라서 일본의 입장에서 교역소의 설립은 화상 중심의 기존 동북사회구조를 일상까지 포함하여 재편하는 과정이었다. 이를 통해 일상이 동북의 주도권을 확대하고 더 나아가서 동북과 일본 내지를 경제적으로 일원화시키고자 했던 것이다.

한편, 관동주와 만철 부속지의 화상들에게도 근대적 교역소는 필요했다. 만철 성립 이후 동북의 경제 중심지가 철도 주변지역에 집중되었기 때문에, 관동주와 부속지 화상들은 일본의 지배지역임에도 불구하고 자신의 상업적 이익과 새로운 이윤 창출의 기회를 얻고자 이곳으로 이주해온 자들이었다. 전세계적인 중국 대두의 수요는 급속한 대두산업의 성장을 가져왔고 대두와 함께 성장한 동북에서 대두 거래는 부를 축적할 수 있는 강력한 수단 중의 하나였다. 화상들도 대두의 대규모 거래를 위해서는 선물거래를 하지 않을 수 없었고, 대두 거래의 안정성을 확보할 수 있는 근대적 교역소가 필요했다. 따라서 화상들은 기꺼이 일본의 제시한 '교역소'라는 근대적 상업 시스템을 이용함으로써 자신들의 성장 동력으로 삼았던 것이다. 그러므로 일본 교역소의 활성화는 화상을 교역소 안으로 편입시키기 위해 교역소가 중국의 상관행을 수용하지 않을 수 없었던 측면과 거래의 확대와 안정성을 확보하기 위해 기꺼이 일본 교역소를 이용했던 화상들의 상호작용에 의해 이룩되었다고 할 수 있다.

# 동북산 대두의 국내 유통 네트워크

_ 손승희

근대 동북사회 형성의 관건이 되었던 것이 철도와 이민이라는 것은 누구도 이의를 달지 않을 것이다. 그 외에 근대 동북 사회경제 구조를 결정지었던 또 하나의 요인을 든다면 '대두'를 꼽을 수 있을 것이다. 이는 대두산업이 동북에서 가장 발달한 산업이고 동북경제의 성장과 밀접한 관계를 가지고 있었기 때문만은 아니다. 동북사회의 구조적인 면에서도 대두는 철도, 이민과 상호 촉진작용을 통해 근대 동북의 사회경제 구조를 결정짓는 역할을 했다. 철도와 이민이 동북 사회경제 구조의 골격을 형성한 것이라면 대두는 동북사회 각 계층을 유기적으로 연결시켜 주었던 혈관과도 같은 존재였다. 대두는 동북 농촌사회에서부터 국가권력에 이르기까지 각 층위를 구조적으로 연결시켜 주었던 역동적인 기재였기 때문이다.

대두가 동북을 떠나 일본이나 구미로 수출되기 전 대두상품의 집산

* 이 글은 『중국근현대사연구』 제61집(2014.03)에 게재된 필자의 원고를 본 총서의 체제에 맞게 수정한 것이다.

과 분산을 담당했던 것은 곡물거간 양잔糧棧이었다. 양잔은 대두의 유통과정에서 상당한 부를 축적할 수 있었고 이러한 점에서 동북 군벌정권의 지대한 관심을 받았다. 이는 곧 각 성 관은호를 통해 특산물을 매입하는 '관상官商'이 등장하는 배경이 되었고, 대두는 양잔과 각 성 관은호와의 긴밀한 관계 속에서 대량 유통되었다. 또한 양잔은 연호관계를 통해 인적, 물적 네트워크를 확보함으로써 성내에서 막강한 세력을 형성할 수 있었다. 따라서 이에 대한 실증적인 연구가 진행된다면 동북의 대두 유통 네트워크와 그 중심에 있던 양잔이 대두를 통해 동북을 어떻게 움직여갔는지를 파악할 수 있을 것이다.[1)]

---

1) 대두상품 수출을 통한 국제 유통구조에 대한 연구는 劉鳳華, 「東北油坊業與豆油輸出(1905-1931)」, 『中國經濟史研究』 2012-1; 安富步, 「國際商品として滿洲大豆」, 安富步, 深尾葉子, 『滿洲の成立-森林の消盡と近代空間の形成』, 名古屋大學出版會, 2010; 加藤繁, 「滿洲に於ける大豆豆餠生産の由來に就いて」, 『支那經濟史考證』(下卷), 東洋文庫, 1952; 足立啓二, 「大豆粕流通と淸代の商業的農業」, 『東洋史研究』 37-3, 1978; 菊池一德, 『大豆産業の步み』, 株式會社光琳, 1994; 塚瀨進, 「滿洲事變前, 大豆取引に於ける大連取引所の機能と特徵」, 『東洋學報』 81-3, 1999; 塚瀨進, 「中國東北地域における大豆取引の動向と三井物産」, 江夏由樹, 中見立夫等, 『近代中國東北地域史研究の新視覺』, 山川出版社, 2005 등이 있다. 양잔에 대한 연구는 石田武彦, 「中國東北における糧棧の動向」, 『經濟學研究』 24-1, 1974가 있다. 이밖에 岡部牧夫, 「'大豆經濟'の形成と衰退-大豆をとおして見た滿鐵」, 岡部牧夫 編, 『南滿洲鐵道會社の研究』, 日本經濟評論社, 2008은 만철과 대두의 관계를 중심으로 일본의 동북경영을 형성부터 쇠퇴까지 다루었기 때문에 동북 대두의 전체상을 이해하는데 참고할 만하다.

## 1. 관은호와 그 부속사업

### (1) 양잔과 권력의 결합

동북의 대두가 주요상품이 되었던 것은 청대 중기 건륭기부터 였다. 상해 등지에서 두병豆餠이 목면의 비료로 사용되면서 수요가 증가했기 때문이다. 이는 곧 화북으로부터의 이민이 증가하게 되는 원인이 되었다. 청일전쟁을 계기로 두병이 일본 도작농업의 비료로 사용되면서 대두의 수요는 한층 증가를 보였다. 더욱이 1차 세계대전 시기 유럽의 공장들이 군수공업에 집중하게 되면서 유럽으로의 대두와 두유 수출도 호황을 맞이했다. 이러한 상황은 1920년대 후반까지 지속되어 그야말로 동북 대두산업의 전성기를 맞이했다.

대두는 동북 전역에서 생산되었지만 그 주요산지는 남만에서는 압록강과 요하유역, 북만에서는 송화강유역과 하얼빈 일대였다.[2)] 이렇게 생산된 동북 대두는 다른 지역과는 달리 총생산 중 60~70%가 중국 내지나 해외로 수이출輸移出되었다. 산동성과 강소성에서도 대두는 상당량이 생산되었지만 주로 지역의 수요에 충당되었고 수이출량은 그다지 많지 않았다. 그러나 동북의 대두는 지역에서 소비되었던 것이 아니라 중국 내지, 일본, 유럽 등지로 수이출되기 위한 상품으로 개발되었던 것이다. 1920년대에 이르면 대두는 국외로의 수출이 주류가 되어 동북 수이출액 전체에서 50~70%를 차지했다.[3)] 1926년 당시 세계 주요산지

---

2) 「東省大豆産鎖近況」, 『錢業月報』 5-8, 1925.

3) 대련항의 경우 총수이출에서 대두상품의 비중은 1929년 74%, 1930년 67.6%, 1931년 68.9%였고, 營口의 경우는 1929년 61.2%, 1930년 68.4%, 1931년 71.0%였다.(滿鐵調査課, 『滿洲に於ける糧棧-華商穀物居間の硏究』, 1931, 8-9쪽)

의 대두 총생산액은 약 5,600만석이었는데 그중 동북의 대두는 3,300만 석으로 이미 세계 총생산의 절반을 넘어서고 있었다. 동북의 대두는 동북만의 대두가 아니라 중국 총수출품 중 1위로 꼽히는 상품이기도 했다.[4] 따라서 동북의 경제구조는 초기 형성기부터 대외 의존적 경향이 강했다. 이것은 곧 대외 상황이 변하면 동북의 대두 수출에 차질을 빚을 수 있다는 것을 의미했다.

대두의 수출과 더불어 두유豆油와 두병을 생산하는 대두가공업(유방油坊)도 상당히 발달했고,[5] 이러한 대두산업의 흥기는 동북에서 대두유통의 발달을 가져왔다. 대두유통의 중심에 서 있었던 것은 '양잔'이라고 하는 곡물거간이었다. 양잔은 양행糧行, 양방糧房, 양점糧店이라고도 불렸는데 대두가공업이 전문화되고 영업화되면서 그 유통과정에서 흥기하게 된 업종이다. 동북의 일반적인 대두의 유통은 생산농민 - 지방양잔 - 집산지양잔 - 대두가공업자 혹은 수출업자 등으로 매각되는 과정을 거쳤다. 특히 상품으로 시장에 출하되는 거의 모든 동북의 대두는 양잔의 손을 거치지 않으면 안 되는 구조였다.[6]

양잔은 생산지 농민에게서 대두를 매입하고 현금을 제공하는 동시에 농민에게 잡화를 공급하는 역할도 했다. 양잔은 대두 매입자를 구하는

4) 張佐華,「東北大豆國際貿易的衰落」,『新亞世亞』10-3, 1935; 南滿洲鐵道株式會社興業部農務課,『滿洲大豆』, 1928, 3쪽, 15쪽. [遼寧省檔案館編,『滿鐵調査報告』4輯1冊, 廣西師範大學出版社, 2009]

5) 대두가공업 생산품이 동북 공업품 총액에서 차지하는 비율은 1920년 84.77%, 1921년 76.82%, 1922년 78.89%, 1923년 75.96%, 1924년 80.87%, 1925년 79.00%로 대체로 75~84%였다.(「東三省工業品産額及輸出狀況」,『銀行月刊』7-8, 1927)

6) 『滿洲に於ける糧棧-華商穀物居間の硏究』, 11쪽; 「事變後に於ける糧棧の變革(1)-變革過程に於ける特産物取引機構に關する一考察」,『滿鐵調査月報』16-3, 1936.

일에서부터 매매계약의 작성, 현물의 계량과 검사, 현물의 인도와 대금의 납부 등 매매에 관한 모든 절차와 과정을 대신 처리해주었다. 이러한 과정과 절차에 익숙하지 않은 농민에게 양잔은 필수적인 존재였다. 대두가공업자나 수출상의 입장에서는 대량의 대두가 필요했는데, 이를 위해 수많은 농민과 거래를 해야 하는 번거로운 문제를 해결해 주었던 것도 양잔이었다. 또한 생산지와 거리가 멀어 농민의 신용정도를 알 방법이 없는 집산지 양잔에게 이를 제공해주었던 것도 양잔이었다.[7] 따라서 양잔은 주로 철도연선, 항구, 집산지에 설치되어 대두의 유통과정에서 생산자 농민에서부터 대두가공업자, 대두 수출상에 이르기까지 이들을 연결시키는 중간상인의 역할을 했던 것이다. 1924년 당시 만철연선 각 지역 양잔의 수는 다음과 같다.

**|도표 1|** 만철연선 각 지역의 양잔 수

| 지명 | 양잔수 | 지명 | 양잔수 | 지명 | 양잔수 |
|---|---|---|---|---|---|
| 金州 | 5 | 蘇家屯 | 11 | 公主嶺 | 28 |
| 普蘭店 | 10 | 奉天 | 4 | 範家屯 | 32 |
| 松樹 | 9 | 新城子 | 14 | 長春 | 61 |
| 熊嶽城 | 8 | 鐵嶺 | 17 | 營口 | 43 |
| 蓋平 | 4 | 開原 | 18 | 撫順 | 8 |
| 大石橋 | 7 | 昌圖 | 21 | 本溪湖 | 7 |
| 海城 | 6 | 四平街 | 15 | 葦河口 | 10 |
| 千山 | 6 | 雙廟子 | 19 | 鳳凰城 | 7 |
| 遼陽 | 26 | 郭家店 | 11 | 安東 | 8 |

* 출전: 南滿洲鐵道株式會社庶務部調查課, 『滿鐵沿線に於ける豪農及糧棧』, 1924에 의해 작성.

이렇듯 대두의 유통을 장악하고 있던 양잔은 당시 동북에서 가장 유력한 재화 축적 수단 중의 하나였다. 이들은 대두의 시세 차이 뿐 아니

7) 『滿洲に於ける糧棧-華商穀物居間の硏究』, 11쪽.

라 지역통화와 국제통화의 환전을 통해 부를 축적했고, 대두의 선금 지불 대가로 받은 현물인환증서를 전매하거나, 대두를 양잔의 원내에 쌓아두었다가 시세앙등을 기다려 매각함으로써 부를 축적했다. 그러므로 양잔의 상업이익 축적은 군벌, 지주, 고리대업자의 관심을 받기에 충분했다. 장작림의 동북정권도 특산물에 지대한 관심을 보였고 이는 곧 '관상'을 통한 대두 유통의 장악이라는 현상으로 나타났다. 관상이란 정권과 특수한 관계에 있는 상인을 지칭하는 말로 각 역사시기마다 종종 등장해왔지만, 동북에서는 각 성의 중앙은행 자체가 관상을 겸하는 독특한 형태가 발달했다. 즉 동북의 관상은 각성 중앙은행 격인 동삼성관은호東三省官銀號,[8] 길림영형관은전호吉林永衡官銀錢號(이하 영형관은전호),[9] 흑룡강광신공사黑龍江廣信公司(이하 광신공사)가[10] 본래의 업무인 은행업무 외에 직간접적으로 경영했던 양잔 혹은 그 부속사업을 가리킨다.[11]

동삼성관은호, 영형관은전호, 광신공사는 동북 각 성의 중앙은행으로서 화폐 발행, 성내의 태환兌換, 각종 화폐의 매매, 대출, 예금, 창고, 금융 등 은행업무를 주로 했다. 또한 각 관은호는 봉천재정청 관할 하

8) 동삼성관은호의 전신은 봉천관은호로 1905년 盛京將軍 趙爾巽이 재정개혁의 일환으로 봉천에 설립했던 것이다. 당시 봉천관은호가 추구했던 것은 봉천성의 금융세력을 집중시키고 지폐를 통일하여 관리한다는 것이었다. 1909년 서세창이 동삼성총독에 취임한 후 그 영업범위가 길림, 흑룡강성까지 확대되어 동삼성관은호로 개조되었다.

9) 길림영형관은전호는 1898년 길림성장군 延茂가 자본금 은 3만량으로 창설했던 永衡官帖局에서 비롯되었는데, 1908년에는 길림 巡撫 朱家寶가 官帖局 내에 官錢局을 부설하고 銀元, 銀兩을 발행하여 관첩의 부족을 보충한 바 있다. 관첩국과 관전국 이 양자를 1909년 길림도독 陳昭常이 병합하여 길림영형관은전호로 개편했다.

10) 흑룡강광신공사는 1919년 廣信公司(1904년 개설)와 흑룡강관은호(1908년 개설)가 합병하여 성립된 것으로 자본금은 2백만량이었다. 1930년 흑룡강성관은호로 개조되었다.

11) 商工省貿易局, 『滿洲貿易事情』(前篇), 1934, 101쪽.

에 모든 정부의 기금과 세수를 보관하는 역할을 했으며[12] 그 수장인 독판은 각 성 재정청장이 겸임했다. 이들 각 관은호는 이러한 은행 업무 이외의 부속사업, 특히 양잔을 경영했다는 점에서 비슷한 존재 양태를 보였다. 다만 다른 점이라고 한다면 동삼성관은호는 규정상 은행업무 이외의 업무는 겸영할 수 없었지만 영형관은전호나 광신공사는 그것이 본연의 업무 중의 하나라고 규정되어 있었다는 것이다.[13] 그러나 규정과는 달리 동삼성관은호도 각종 사업을 겸영하고 있었기 때문에 실제로 관상의 활동에서 보면 이 삼자의 역할에는 차이가 없었다. 따라서 이 삼자는 은행업 이외에 전장錢莊, 양잔, 잡화점, 대두가공업, 운송업 등 제반 사업을 경영함으로써 각 성의 금융과 상업계에서 지배적인 위치에 있었으며,[14] 동북의 각 주요 도시에 분호를 두고 있었다.[15]

각 성 관은호의 주 업무는 화폐 발행을 비롯한 은행 업무였지만 이조차도 관은호의 부속사업과 상당한 관련이 있었다. 각 관은호의 예금과 대출은 특수한 관계에 있는 경우로 한정되어 있었기 때문이다. 즉 부속사업이나 관청 대출 등 특수 관계에 있는 예금과 대출이 많았고 일반 상인이 이용하는 일반예금이나 대출은 상대적으로 적었다. 각 성 관은호의 대출 및 예금상황을 보면 이러한 관계를 짐작할 수 있는데, 표로 작성하면 다음과 같다.

---

12) 橫濱正金銀行頭取席調査課, 『吉林永衡官銀錢號調査報告』, 1933, 2-3쪽.

13) 〈東三省官銀號現行章程〉 제6호, 「東三省官銀號現行章程」, 『奉天票と東三省の金融』, 1926, 298-301쪽에 수록. 〈吉林永衡官銀錢號修正暫行章程〉은 24-25쪽, 〈廣信公司章程〉, 〈黑龍江省官銀號開辦章程〉은 41-47쪽, 모두 南滿洲鐵道株式會社庶務部調査課, 『滿洲特産界に於ける官商の活躍』, 1928에 수록.

14) 商工省貿易局, 『滿洲貿易事情』(後編), 1934, 31쪽.

15) 동삼성관은호 분호는 1, 2, 3, 4의 4등급이 있었는데, 1등급은 2곳, 2등급은 9곳, 3등급은 21곳, 4등급은 45곳으로 모두 합해서 77곳에 설치되었다.(爾綱, 「東三省官銀號兼營附業之理由」, 『東三省官銀號經濟月刊』 1-1, 1929)

**|도표 2|** 각 성 관은호 대출·예금액과 그 비율(1931년 10월 말 현재 기준)

(단위: 現大洋 천원)

| 동삼성관은호 | | | |
|---|---|---|---|
| 대출 | | 예금 | |
| 관청대출금 | 32,485(45.17%) | 관청예금 | 57,145(68.34%) |
| 부속사업대출금 | 21,061(29.29%) | 일반예금 | 26,476(31.66%) |
| 일반대출금 | 18,366(25.54%) | | |
| 대출금합계 | 71,912(100%) | 예금합계 | 83,621(100%) |
| 길림영형관은전호 | | | |
| 대출 | | 예금 | |
| 관청대출금 | 8,459(44.10%) | 관청예금 | 11,546(52.40%) |
| 부속사업대출금 | 3,186(16.61%) | 일반예금 | 10,487(47.60%) |
| 일반대출금 | 7,538(39.29%) | | |
| 대출금합계 | 19,183(100%) | 예금합계 | 22,033(100%) |
| 흑룡강성관은호 | | | |
| 대출 | | 예금 | |
| 관청대출금 | 7,596(86.83%) | 관청예금 | 993(23.73%) |
| 부속사업대출금 | 688(7.87%) | 일반예금 | 3,192(76.27%) |
| 일반대출금 | 464(5.30%) | | |
| 대출금합계 | 8,748(100%) | 예금합계 | 4,185(100%) |

* 출처: 財團法人金融硏究會, 『滿洲國幣制と金融』, 1932, 65-72쪽에 의해 작성.

관청대출금이 동삼성관은호가 45.17%, 영형관은전호가 44.10%, 흑룡강성관은호(광신공사에서 개조)가 86.83%로 상당히 높은 비율을 나타내고 있다. 부속사업에 대한 대출금은 동삼성관은호가 가장 높았고 흑룡강성관은호가 가장 낮았다. 그러나 흑룡강성관은호는 1931년 11월 말 현재 부속사업출자금이 현대양 3,363천원이었는데, 위 표에 따라 당시 부속사업 대출금 688천원을 가산하면 현대양 4,051천원이 된다.[16] 이것은 당시 흑룡강성관은호의 예금총액 4,185천원과 맞먹는 금액으로, 이를 부속사업에 투자하고 있음을 알 수 있다. 결국 이들 각 관은호는 상당한 비율로 부속사업에 투자하고 있으며 이를 통해 직간접적으로 정권과 특수한 관계에 놓여 있었다.



16) 財團法人金融硏究會, 『滿洲國幣制と金融』, 1932, 71쪽.

위와 같이 각 성 관은호의 부속사업은 관은호의 직접적인 출자에 의해서 설립된 것도 있지만, 그 외에 관은호 총판, 분호 경리, 관헌요직자 등이 개인적으로 출자하고 경리를 두어 경영하게 하거나 지역의 유력자로부터 후원을 받아 영업하는 경우도 있었다. 그 대표적인 것이 바로 장작림이 출자한 삼여당三畬當이 다시 출자해서 설립한 삼여잔三畬棧이었다. 장작림은 양잔 뿐이 아니라 '삼여三畬'의 이름을 앞에 둔 상호, 전장, 전당 등을 소유하고 있었고 상당한 양의 토지도 소유하고 있었다. 삼여상호의 분포는 광범위해서 봉천에 삼여양잔三畬糧棧, 삼여당, 상전호祥錢號가 있었고 신민新民에 삼여양잔, 삼여성당三畬成當, 영구에 삼여화당三畬和當, 정가둔鄭家屯에 경여상양잔慶畬祥糧棧 등이 있었다.[17] 1927년에 봉천성장이 되었던 유상청劉尙淸도 철령, 길림에 양잔을 소유하고 있었다. 장학량도 철령, 봉천, 하얼빈에 양잔을 소유하고 있었으며, 동삼성관은호 총판 팽현은 동북 내 26개의 양잔에 출자했다고 한다. 이들도 관상의 범위에 포함되는데, 이와 같이 관상은 각 성의 관은호를 통한 정권의 양잔 경영 뿐 아니라 지역 유력자들의 개인적인 출자에 의한 양잔 경영이라는 형태를 띠고 있었다.

그렇다면 관상이 전체 대두매입에 개입했던 비중은 어느 정도였을까? 당시 대두 발송량이 가장 많고 관상의 활동도 가장 활발했던 만철 개원역을 살펴보면 짐작이 가능하다. 관상의 대두발송량이 1922년 개원 전체 대두 발송량의 35%정도였던 것이 1925년에는 58%, 1926년에는 50%였다. 관상의 대두 발송량이 1920년대 후반기에 증가 양상을 보였다는 것을 알 수 있다. 반면 일반양잔은 1924년까지 64%의 발송량을

---

17) 靜如, 「東三省私帖調査記(四)」, 『銀行週報』 13-31, 1929; 南滿洲鐵道株式會社庶務部調査課, 『奉天票と東三省の金融』, 1926, 217-218쪽.

보였지만 1925년부터 급감하여 1926년에는 49%로 감소했다.[18] 이는 1920년대 후반 관상의 활동이 활발해지면서 일반양잔의 대두 발송량이 위축되었기 때문이다. 관상의 활동은 길림성이나 흑룡강성에서도 동일한 행태를 띠었지만 가장 활발했던 것은 봉천성에서 였다. 이들 관상은 동삼성관은호 권력을 배경으로 대두 매입을 통해 막대한 수입을 올렸으며, 이것은 곧 동북 지역 유력자들의 개인적인 부 축적에 기여했을 뿐 아니라 장작림의 동북정권을 재정적으로 유지시켜 주는 역할을 했다. 그러면 관상의 성격이 가장 두드러졌던 동삼성관은호 양잔을 통해 대두 매입 및 그 운용방식을 살펴보기로 한다.

### (2) 동삼성관은호 양잔의 운용방식

1916년 4월 봉천독군奉天督軍 겸 순안사巡按使에 취임한 장작림이 가장 먼저 직면했던 문제는 재정의 위기였다. 당시 동북에서는 각 지역의 국내은행과 외국은행에서 발행하는 각종 화폐가 통용되었고 비공식적인 사첩私帖(전장 등 민간에서 발행했던 화폐)도 유통되는 실정이었다. 봉천성에서는 소양표小洋票, 대양표大洋票가 발행되었지만 폭락을 면할 수 없었기 때문에 1917년 12월부터는 회태권匯兌券(봉천표)이 발행되었다. 그러나 1922년, 1924년의 직봉전쟁, 1925년의 곽송령郭松齡사건 등의 군비조달로 동삼성관은호가 봉천표를 증발하게 되면서 봉천표의 가치는 점점 하락했다. 그 신용도 계속 하락하여 봉천성의 중앙은행인 동삼성관은호의 부담도 커졌다. 때문에 금융의 안정화를 위해 1929년 5월에는 시중의 네 은행이 요녕사행호연합준비고遼寧四行號連合準備庫를 결성하



18) 『滿洲特産界に於ける官商の活躍』, 84-85쪽.

여 태환지폐인 현대양표現大洋票를 발행하기 시작했다. 6월에는 〈봉표유지판법4개조奉票維持辦法四個條〉와 〈동삼성관은회태장정東三省官銀匯兌章程〉을 발표하여 회태권 50원에 현대양現大洋 1원을 고정율로 정했다.[19] 이로써 일단 회태권의 시세는 안정되기는 했지만, 이러한 일련의 배경은 동삼성관은호가 그 본연의 은행 업무 이외에 각종 사업을 경영함으로써 자금을 끌어 모으는 원인이 되었다.[20]

상술한대로 동삼성관은호는 은행업무 이외의 업무는 겸영할 수 없다는 규정이 있었기 때문에 동삼성관은호의 각종 사업은 개인 출자형태를 띠고 있었다. 그러나 실제로는 대부분 동삼성관은호에서 출자한 것이었다. 동삼성관은호가 출자한 부속사업은 어떤 것이 있으며 그 출자금 액수 및 대출금 상황을 살펴보면 양자 간의 관계가 보다 분명해질 것이다. 각 부속사업에 대한 관은호로부터의 자본금과 대출금은 |도표 3|과 같다.

19) 遼寧四行號連合準備庫는 동삼성관은호, 邊業銀行, 中國銀行, 交通銀行이 조직한 것으로, 현대양 태환권을 발행하고 준비금의 보관과 태환사무를 담당했다.(橫濱正金銀行頭取席調査科, 『滿洲中央銀行沿革史』, 1933, 15쪽; 滿洲中央銀行, 『滿洲中央銀行十年史』, 1942, 12쪽)

20) 劉家鶴, 「新東北之建設與東三省官銀號」, 『東三省官銀號經濟月刊』 1-6, 1929, 2쪽. 동삼성관은호는 부속사업 경영에 상당히 적극적이었다. 동북에 실업을 진흥시키고 세계를 무대로 하는 商戰에 대응하기 위해서는 개인자본으로는 곤란하고 동삼성관은호가 부속사업을 겸영해야만 한다는 것이다.(爾繩, 「東三省官銀號兼營附業之理由」, 『東三省官銀號經濟月刊』 1-1, 1929)

**|도표 3|** 동삼성관은호의 부속사업(1932년 1월 31일)

(단위: 現大洋 1원)

| 본점 소재지 | 상호 | 영업종류 | 자본금 | 관은호로부터의 대출금 | 합계 |
|---|---|---|---|---|---|
| 奉天 | 利達公司 | 무역(특산, 모피) | 1,000,000 | 3,228,258 | 4,228,258 |
| | 純益公司 | 제유, 製絲, 직포 | 500,000 | 744,339 | 1,244,339 |
| | 東興泉 | 양조, 전당, 양잔 | 30,000 | 468,585 | 498,585 |
| | 東記印刷所 | 인쇄 | 200,000 | 187,177 | 387,177 |
| | 公濟當 | 전당 | 50,000 | 976,100 | 1,026,100 |
| 開原 | 公濟棧 | 양잔, 중개 | 400,000 | 1,459,806 | 1,859,806 |
| 鐵嶺 | 廣泉公 | 전당, 잡화, 양조, 양잔 | 30,000 | 798,579 | 828,579 |
| 昌圖 | 公濟當 | 전당 | 20,000 | 552,091 | 572,091 |
| 西安 | 東興當 | 전당 | 20,000 | 613,085 | 633,085 |
| 公主嶺 | 萬生泉 | 전당, 잡화, 양조, 양잔 | 20,000 | 561,047 | 581,047 |
| 法庫門 | 公濟當 | 전당 | 20,000 | 539,276 | 559,276 |
| 通遼 | 公濟當 | 전당 | 10,000 | 163,633 | 173,633 |
| 遼源 | 公濟當 | 전당 | 20,000 | 254,749 | 274,749 |
| 海龍 | 公濟當 | 전당 | 10,000 | 115,096 | 125,096 |
| 哈爾濱 | 東濟油坊 | 대두가공 | 370,400 | 851,852 | 1,222,252 |
| | 東興火磨 | 제분 | 370,400 | 143,560 | 513,960 |
| | 東三省製酒廠 | 맥주제조 | 51,900 | 370,200 | 422,100 |
| | 慶泰祥 | 제분, 숙박, 대두가공 | 592,600 | 1,055,556 | 1,648,156 |
| 遼中 | 公濟當 | 전당 | 10,000 | 174,118 | 184,118 |
| 綏中 | 公濟當 | 전당 | 10,000 | 165,502 | 175,502 |
| 洮南 | 公濟當 | 전당 | 20,000 | 404,996 | 424,996 |
| 錦縣 | 公濟當 | 전당 | 20,000 | 349,730 | 369,730 |
| 遼陽 | 公濟當 | 전당 | 20,000 | 715,818 | 735,818 |
| 蓋平 | 公濟當 | 전당 | 10,000 | 150,711 | 160,711 |
| 海城 | 公濟當 | 전당 | 10,000 | 103,787 | 113,787 |
| 連山 | 公濟當 | 전당 | 10,000 | 109,281 | 119,281 |
| 계 | 26점 | | 3,825,300 | 15,256,932 | 19,082,232 |

* 출처: 『滿洲中央銀行沿革史』(別冊附錄), 第10號 〈東三省官銀號附屬營業一覽表〉(所在地別)에 의해 작성.

자본금 규모가 가장 큰 것은 봉천의 이달공사利達公司, 순익공사純益公司, 개원의 공제잔公濟棧, 하얼빈의 동제유방東濟油坊, 경태상慶泰祥 등으로, 자본금의 크기에 따라 관은호로부터의 대출금도 비례했다는 것을 알 수 있다. 동삼성관은호의 부속사업 경영은 신규 투자보다는 관은호의 대출금을 갚지 못한 점포에 대해 그 재산을 몰수하고 상호를 바꾸어 계속 경영하는 방식이었다. 예를 들면, 광천공廣泉公은 동삼성관은호와 공제호公濟號에 대한 부채를 상환할 수 없게 되자 동삼성관은호가 몰수하여 철령에 양조장(소과燒鍋)을 개설하고 이름을 광천공으로 한 것이었다. 자본주는 총판 팽현彭賢이었고 그와 동향이었던 풍존삼馮尊三이 경영을 담당했다. 출자와 경영에서 동삼성관은호 총판과 인적 관계를 맺고 있었다는 것을 알 수 있다. 만생천萬生泉 역시 원래 상호명은 원생태源生泰였는데 동삼성관은호의 부채를 갚지 못하자 관은호에서 사린각謝麟閣, 이금영李錦榮을 파견하여 이를 인수하고 이름을 만생천으로 바꾸어 계속 경영했다. 동흥천東興泉도 원래 상호명은 세의천世義泉이었는데 관은호와의 채무관계로 인해 관은호에서 이를 인수한 후 동흥천으로 개명하여 경영했다.21)

|도표 3|에서 보이는 것처럼 동삼성관은호에서 출자하여 경영했던 양잔은 공제잔이었다. 공제잔은 당시 동삼성관은호 총판이었던 유상청劉尙淸의 지휘 하에 장경춘張景春이 개원에 주재하면서 사무를 총괄하는 구조였다. 각 지역의 공제잔은 개원을 중심으로 상호 연계되어 있었고 대두 출하기가 되면 서로 빈번하게 전화연락을 하며 대두매입에 관해 상의한 후 각 지역에서 매입했다. 각 성 관은호의 대두 매입은 관은호가 자신의 이름으로 직접 매입하는 것이 아니라 소속 양잔을 통해 이루어졌다. 동삼성관은호에서는 봉천표가, 영형관은전호에서는 길림관첩이,22) 흑룡강성관은호에서는 흑룡강관첩과 합대양哈大洋이23) 발행되

21) 爾繩, 「東三省官銀號兼營附業之理由」, 『東三省官銀號經濟月刊』 1-1, 1929, 26-34쪽.

22) 1898년 영형관첩국에서 관첩을 발행한 이래 길림성의 통화는 주로 길림관첩으로 이루어졌다. 길림관첩이 불환지폐가 되자 길림성에서는 1916년 재정을 大洋본위로 변경하고 1918년에 영형대양표를 발행하기 시작하면서 주로 길림관첩과 永衡大洋票로 이루어졌다.(塚瀬進, 『中國近代東北經濟史硏究-鐵道敷設と中國東北經濟の變化』, 東方書店, 1993, 154-156쪽)

었는데, 각 관은호에게 부여된 화폐 발행권은 대두 매입을 위해 남발되었다. 특히 각 관은호의 수장인 각 성 독판 겸 재정청장은 장작림정권과 밀접했으므로 군비가 필요할 때마다 화폐는 수시로 증발되었다. 화폐의 증발은 이를 불환지폐로 만들어버렸기 때문에 화폐가치는 하락했고 물가는 앙등했다. 무엇보다도 봉천표의 하락은 심각한 사회문제가 되었다. 다음 |도표 4|는 동삼성관은호의 봉천표 발행액을 나타낸 것이다.

**|도표 4| 동삼성관은호의 봉천표(회태권) 발행액**

| 연도 | 발행액(元) | 연도 | 발행액(元) |
|---|---|---|---|
| 1925 | 125,639,362 | 1929 | 2,269,931,574 |
| 1926 | 206,313,392 | 1930 | 1,384,694,456 |
| 1927 | 323,457,193 | 1931 | 1,657,040,872 |
| 1928 | 656,904,294 | 1932 | 984,476,910.50 |

* 출처: 橫濱正金銀行頭取席調査科, 『滿洲中央銀行沿革史』, 1933, 17-18쪽.

위 표에 의하면 1925년부터 1929년까지 봉천표의 발행액이 계속적으로 상당량 증가했다는 것을 알 수 있다. 특히 1929년의 발행액은 1925년의 수십 배에 달할 정도로 봉천표는 증발되었다. 이로 인해 1926년에는 봉천표의 하락이 일본인 거류민의 권익과 일본과의 무역에 영향

23) 흑룡강성에서는 지역 간 결제용 혹은 외환용으로 루블화가 사용되었고 일상의 거래에서는 흑룡강관첩이 사용되었다. 러시아혁명 후에는 루블화가 하락하자 결제용으로 金票(조선은행 발행권)가 사용되었고, 장작림정권도 이러한 상황을 이용하여 화폐제도를 개혁하고자 했다. 이에 따라 1919년 중국은행, 교통은행에 의해 발행하게 된 것이 大洋票, 즉 哈大洋이었다. 따라서 러시아혁명 후 흑룡강성에서는 동청철도 연선지역은 합대양, 농촌에서는 관첩, 외환용으로는 금표가 사용되었다.(塚瀨進, 『中國近代東北經濟史硏究-鐵道敷設と中國東北經濟の變化』, 66-68쪽)

을 미친다는 이유로 중일 간에 외교문제로까지 번지기도 했다.[24] 봉천표 증발의 원인에 대해 장작림정권의 군사비 염출에 기인하는 것으로 보는 견해도 있고, 장작림정권이 동삼성을 개혁하고자 생산과 유통에 필요한 자금을 공급하기 위한 것이었다는 견해도 있다.[25] 군사비를 염출하기 위해서든 동삼성 경제개혁의 자금을 확보하기 위해서든, 확실한 것은 장작림정권이 동삼성관은호를 통해 화폐를 자유롭게 발행하여 특산물을 매점함으로써 필요한 자금을 확보하려고 했다는 사실이다.[26] 따라서 대두 매입에서 동북정권과 봉천표와의 관계는 상당히 밀접했다. 이러한 현상은 길림성이나 흑룡강성에서도 마찬가지였다. 특히 흑룡강성의 경우 합대양의 발행과 밀접했다. 군벌전쟁에서 동북군벌이 승리하면 합대양의 가치가 높아져 대두를 매각하여 합대양을 보유하고자 했고, 반대로 동북군벌이 패하면 합대양의 가치는 하락하여 합대양을 팔아 대두를 매입하고자 하는 성향이 강했기 때문에 대두 가격이 앙등했다.[27] 이와 같이 대두와 동북정권, 그리고 금융이 서로 밀접한

---

24) 村田眞昭,「奉天票暴落問題と日本」,『國學院雜誌』97-9, 1996; 郭志華,「1920年代後半東三省における'奉天票問題'と奉天軍閥の通貨政策の轉換-爲替市場の構造と'大連商人'の取引實態を中心に」,『アジア経濟』52-8, 2011 참조.

25) 郭志華,「1920年代後半東三省における'奉天票問題'と奉天軍閥の通貨政策の轉換」, 8쪽.

26) 동북에 진출했던 일본상인들은 동북 대두의 유통구조에 상당한 불만을 가지고 있었다. 양잔, 특히 관상이 유통구조를 장악하고 있어 일본상인의 개입이 어려웠기 때문이다. 일본은 만철의 현지조사를 통해 어떻게 하면 이러한 유통구조를 바꿀 수 있을지 그 방책에 고심했다. 결국 만주국 성립 이후 일본의 곡물 통제정책과 세계 경제의 영향까지 겹치면서 이러한 구조가 무너지게 되었다. 즉 거대 양잔이 몰락하고 중소 양잔만 남게 되었고, 만주국에 의해 각 성 관은호는 만주중앙은행으로 병합되었다. 만주국 이후의 양잔의 변화에 대해서는「事變後に於ける糧棧の變革(2)-變革過程に於ける特産物取引機構に關する一考察」,『滿鐵調査月報』16-4, 1936 참조.

27) 滿鐵庶務部調査課,『哈爾濱大洋票流通史』, 1928, 111쪽.

관계를 가지고 연결되어 있었던 것이다.

특히 공제잔과는 별도로 동삼성관은호 내에 '주조과籌調科'라는 특산물 매집기관이 설치된 이후 이러한 경향은 심화되었다. 주조과는 1927년 당시 동삼성관은호 총판이었던 팽현에 의해 설치되었다. 동삼성관은호의 수장은 독판이었지만, 실제로는 팽현이 장작림의 명령을 받아 사무 일체를 처리하는 구조였다. 팽현은 1917년 처음 동삼성관은호의 총계사總稽査로 임명되어 1918년까지 재직한 것을 시작으로 1919년에 회판에, 1925년에는 총판에 임명되어 1928년까지 재직한 바 있다.[28) 팽현은 유상청 아래에서 대리 총판을 시작으로 대두유통에 적극적으로 개입했을 뿐 아니라 1925년 이후에는 총판의 지위에 있으면서 대두유통 과정을 장악했다. 즉 팽현은 장작림정권의 대두 유통구조의 장악을 주도했던 인물이었던 것이다.

상술했던 공제잔이나 주조과는 모두 대두 매집이라는 동일한 기능을 수행했다. 그렇다면 이 양자 간의 관계는 어떠했을까? 주조과는 동삼성관은호의 직속기관이었다는 점에서 공제잔은 주조과의 하위기관이었던 것이 확실하다. 주조과는 총판의 명에 따라 대두 주요 집산지에 출장소나 출장원을 두거나 공제잔을 통해 대두를 매입했기 때문이다. 따라서 주조과가 설치됨으로써 '관은호총판 주조과－관은호분호 주조과－출장원' 혹은 '관은호총판 주조과－공제잔'이라는 지휘구조가 만들어졌던 것이다. 공제잔이 있음에도 불구하고 주조과를 신설했던 것은 동삼성관은호가 좀 더 직접적으로 대두 매입에 개입하여 이익을 얻고자 했던 의도가 있었던 것으로 보인다. 대두 매입을 독점함으로써 팽현 자신이 동삼성관은호 내에서 세력 확장을 꾀하고자 했던 정치적인 의도도 배



28) 王元澂, 「東三省官銀號之沿革」, 『東三省官銀號經濟月刊』 1-1, 1929, 13-15쪽.

제할 수 없다. 대두의 유통과정을 장악한다는 것은 권력의 유지에 필요한 자금 조달의 통로를 확실하게 확보함으로써 정치적 우위를 점할 수 있었기 때문이다. 그렇다면 주조과와 공제잔이 어떤 식으로 대두를 구매했던 것일까?

예를 들어 당시 공주령과 같이 동삼성관은호 분호와 주조과 출장소가 있는 경우에는 동삼성관은호 분호 경리 장청감張清堪이 비밀리에 대두를 매입하기도 하고 주조과가 당지의 양잔과 결탁하여 대두를 매점하기도 했다. 쌍묘자雙廟子처럼 주조과 출장소가 없는 경우는 주조과 출장원이 공제잔에 기거하면서 주조과와 공제잔이 함께 활동했다. 창도昌圖의 경우, 점포 없이 공제잔에서 파견된 점원이 광원창廣源昌 원내院内에 기거하면서 공제잔의 이름으로 대두를 매입했다. 한편, 철령은 주조과 출장원이 주재하지 않았기 때문에 관은호의 대두매입은 모두 공제잔을 통해서 이루어졌다.[29] 이와 같이 주조과와 공제잔은 동삼성관은호 내의 다른 조직이면서도 대두 매입에서는 공조하는 관계였던 것이다. 다만 주조과가 설치되기 전에는 대두매입 수익은 공제잔의 몫이었지만 주조과가 성립된 이후 그 지위가 공제잔에서 주조과로 옮겨가는 추세였다.[30] 공제잔은 자체 회계로 대두를 매입하는 경우도 있었지만 주조과의 하부기관이 되어 매입을 했던 경우도 적지 않았기[31] 때문이다.

공제잔과 주조과의 다른 점은 공제잔이 동삼성관은호의 부속기관이었다면 주조과는 총판의 직속기관이었다. 그럼에도 불구하고 주조과의

29) 『滿洲特産界に於ける官商の活躍』, 124쪽, 107쪽, 103쪽, 89쪽.
30) 『東三省官銀號論』에 의하면 공제잔은 1926년-1928년 동안 출자금의 10배 정도의 평균수익을 올렸다고 한다.(關東廳財務部, 『東三省官銀號論』, 1929, 318-323쪽)
31) 『滿洲中央銀行沿革史』, 51쪽.

손익은 동삼성관은호 부속사업의 손익에 포함되어 있었다. 더욱이 주조과는 동삼성관은호의 부속사업 중 가장 큰 이익을 남겼던 사업이었다. 동삼성관은호 부속사업의 손익을 살펴보면 동삼성관은호에서 주조과가 차지하는 위상이 더 분명해 질 것이다. 동삼성관은호 부속사업의 손익은 다음 |도표 5|와 같다.

**|도표 5| 동삼성관은호 부속영업 손익표(1932년 1월)**

(단위: 現大洋 1元)

| 본점소재지 | 상 호 | 1928 | 1929 | 1930 | 1931 |
|---|---|---|---|---|---|
| 奉天 | 籌調科 | 1,358,330 | 18,071,310 | -1,507,432 | 37,238 |
| | 搾辦處 | | | 73,898 | |
| | 利達公司 | 286,676 | 500,809 | 146,895 | -2,553,912 |
| | 純益公司 | 325,433 | 479,481 | -144,209 | -598,399 |
| | 東興泉 | 268,858 | | 45,716 | |
| | 東記印刷所 | 68,786 | 114,998 | 108,524 | 10,311 |
| | 公濟當 | 33,677 | 22,000 | 33,418 | 124,714 |
| | 公濟平市銀號 | 221,609 | 363,714 | 159,655 | 155,907 |
| 開原 | 公濟棧 | 592,015 | 450,941 | 133,143 | 151,744 |
| 鐵嶺 | 廣泉公 | 122,507 | 51,655 | 46,899 | -26,549 |
| 雙廟子 | 同興當 | 110,421 | 12,586 | | |
| 昌圖 | 公濟當 | 5,688 | 5,754 | 12,849 | 21,811 |
| 西安 | 東興當 | 84,654 | 69,336 | -143,252 | -69,746 |
| 公主嶺 | 萬生泉 | 201,073 | 436,849 | 207,816 | |
| 法庫門 | 公濟當 | | | | 5,212 |
| 通遼 | 公濟當 | | | | |
| 遼源 | 公濟當 | | | | 1,499 |
| 海龍 | 公濟當 | | | | 2,810 |
| 哈爾濱 | 東濟油坊 | 158,851 | 270,746 | -152,104 | -1,085,667 |
| | 東興火磨 | 154,096 | 254,522 | 334,296 | -538,333 |
| | 東三省製酒廠 | 49,294 | -221,339 | -787,317 | 13,313 |
| | 慶泰祥 | | | | |
| 遼中 | 公濟當 | | | | 827 |
| 綏中 | 公濟當 | | | | |
| 洮南 | 公濟當 | | | | 6,598 |
| 錦縣 | 公濟當 | | | | |
| 遼陽 | 公濟當 | 24,804 | 6,660 | 13,869 | 75,900 |
| 蓋平 | 公濟當 | | | | 3,283 |
| 海城 | 公濟當 | | | | 7,898 |
| | 합계 | 4,066,772 | 20,890,022 | -1,417,337 | -4,253,541 |

* 출처: 『滿洲中央銀行沿革史』(別冊附錄), 第11號 〈東三省官銀號附屬營業損益表〉에 의해 작성.[32]



32) 1930년도 각 부속영업의 손익을 위의 표에 있는 숫자대로 합하면 -1,417,336으로

각 연도별로 손익을 살펴보면 주조과의 손익이 가장 컸다는 것을 알 수 있다. 주조과의 이익이 전체 부속사업에서 차지하는 비율도 1928년 33.40%, 1929년 86.51%로 상당히 높았다. 이중 대두 매입과 직접적으로 관계있는 주조과와 공제잔만 따로 떼어서 그 영업 손익을 비교하면 다음 |도표 6|과 같다.

**|도표 6| 주조과와 공제잔의 영업 손익 비교(1932년 1월)**

(단위: 現大洋 1元)

| 점명 | 본점 소재지 | 1928 | 1929 | 1930 | 1931 |
|---|---|---|---|---|---|
| 주조과 | 봉천 | 1,358,330 | 18,071,310 | -1,507,432 | 37,238 |
| 공제잔 | 개원 | 592,015 | 450,941 | 133,143 | 151,744 |
| 기타 부속사업 | 동북 각지 | 2,116,427 | 2,367,771 | -43,048 | -4,442,523 |
| 합계 | | 4,066,772 | 20,890,022 | -1,417,337 | -4,253,541 |

* 출처: 『滿洲中央銀行沿革史』(別冊附錄), 第11號 〈東三省官銀號附屬營業損益表〉에 의해 작성.

주조과는 1927년부터 1929년 사이에 활동이 두드러져 매년 대두 2만 차, 즉 60만톤 이상을 매입했다. 위 표에 의하면, 그 순이익금은 1928년에는 현대양 135만여 원이었고 1929년에는 1,800만여 원의 거액이었다. 1930년의 손실은 세계 공황의 여파로 인한 대두가격의 폭락이 원인인 듯하다. 아무튼 공제잔에 비해 주조과의 이익이 훨씬 많았다는 것을 알 수 있다. 동삼성관은호 부속사업 중 주조과와 공제잔 등 관상의 수익비중은 길림성이나 흑룡강성의 그것에 비해 높았다. 이는 동삼성관은호의 관상으로서의 역할이 길림성이나 흑룡강성에 비해 훨씬 두드러졌음을 나타낸다.

길림영형관은전호에도 동삼성관은호의 주조과처럼 특산물 매입을

-1의 차이가 나는데, 착오로 보인다.

위한 내부 직영 양잔계糧棧系가 설치되어 있었다. 양잔계는 평소에는 별 활동을 하지 않다가 대두 출하기가 되면 총호로부터 자금을 융통받았다. 1931년 10월 20일의 영형관은전호의 대차대조표에 의하면 총호로부터 융통받은 금액은 17만원에 불과했지만 1931년 말에는 746만원으로 증가했는데, 이는 바로 대두매입을 위해 대규모 자금이 투입되었기 때문이다.[33)]

이상 각 성 관은호는 동북정권의 권력을 배경으로 화폐발행권을 이용하여 대두 매입 자금을 확보했고 관상을 통해 대두 메입을 독점함으로써 대두 유통과정을 장악할 수 있었다. 따라서 각 성 관은호는 단순히 금융기관인 은행의 역할만이 아니라 성의 금고인 동시에 각종 부속사업의 경영을 통해 성내 식산흥업을 도모하던 상공업의 주체였다.[34)] 뿐만 아니라 금융방면에서도 각 성 관은호는 중소 전장 등의 금융기관과 양잔 등의 곡물 매집기관을 휘하에 두고 외국은행과 경쟁하면서 성내에서 우월한 위치에 있었다.[35)] 이들이 겸영했던 부대사업은 대부분은 불량 대출 상호를 정리, 인수하는 방법으로 이를 회수하여 관은호의 통제 하에 두는 것이었다. 그 사업의 범위도 광범위했고 분호分號 혹은 지호支號를 통한 각종 사업을 경영함으로써 성내에서 막강한 세력을 가지고 있었다.

---

33) 『滿洲中央銀行沿革史』, 103쪽.

34) 1932년 수립된 만주국은 幣制 통일을 단행하고 동삼성관은호, 길림영형관은전호, 흑룡강성관은호, 변업은행을 합병하여 만주중앙은행을 설립했다. 각 관은호에 소속되어 있던 양잔 등 부속사업은 만주중앙은행에 實業局을 두어 관리하게 함으로써 대두매입을 국가에서 통제했다.

35) 小林英夫, 「滿洲金融構造の再編成過程-1930年代前半期を中心として」, 『日本帝國主義下の滿洲-滿洲國成立前後の經濟硏究』, 禦茶の水書房, 1972, 123쪽.

## 2. 양잔의 연호와 본 · 지점 관계

### (1) 양잔의 연호 네트워크

양잔이 대두를 매입하기 위해서는 대규모의 자금이 필요했다. 양잔에서 자금이 필요한 시기는 음력 6, 7월경부터 시작된다. 아직 대두 수확기를 2, 3개월 남긴 시점이지만 이때부터 '청전매매靑田賣買'(수확 전에 계약하고 수확 후 현물을 인도받는 거래)나 '현전기두現錢期豆(선금을 지불하고 현물은 나중에 수수하는 거래)' 등의 매매가 이루어졌기 때문이다. 이때는 '비자대飛子貸'라고 하는 신용대출의 형식으로 자금을 대출받을 수 있었고, 대두 출하 후에는 '돈적囤積'에 의한 담보대출 형식으로 자금을 조달했다.

앞 절에서 살펴본 것처럼 관상은 각 관은호로부터 대두 매입자금을 공급받았지만 일반 양잔의 경우는 연호聯號관계(일종의 연쇄점)를 이용하거나 은행업자, 창고업자, 교역소신탁회사로부터 자금을 조달받았다. 동북의 양잔은 다른 영업을 겸업하거나 연호관계를 가진 경우가 많았다. 특히 양잔이 대두거래에 필요한 화폐나 혹은 사업에 필요한 자금을 얻기 위해서는 연호관계가 필요 불가결했다. 개원 같이 만철부속지로서 급속하게 발전된 도시에는 금융기관이 정비되어 있지 않았기 때문이다. 따라서 개원은 주변의 개원성 혹은 철령 등에 있는 본점과의 연호관계를 통해 자금을 조달했다. 동북 내에서 뿐 아니라 중국 내지에 점포를 가진 상업자본이 직간접적으로 동북의 주요 지역에 분점을 설치함으로써 동북으로 진출한 경우도 드물지 않았다.[36] 이러한 경우에

36) 石田興平, 「清代滿洲における聯號の展開と農産物加工業の勃興」, 『大穀孝太郎先生還曆記念論文集』 65 · 66 · 67, 2010, 19쪽.

도 대부분 연호관계를 통해 중국 내지와 동북이 연결되어 있었다. 동북에서 유력한 상업자본은 대부분 이러한 연호조직을 가지고 있었다.

동북에 연호가 특히 발달했던 것은 국가가 개인의 재산을 보호해주는 법적인 장치가 마련되지 않은 상태에서 상인들이 공동경영을 통해 재산의 안전성을 보장받고자 했기 때문이다.[37] 연호는 주로 친척이나 친구 혹은 동향인이 공동으로 출자하여 경영하는 형태를 띠었다. 자본 자체가 빈약한 동북지역에서는 연호관계를 통해 자본을 집중시키는 경향이 있었던 것이다. 특히 중국인들은 분산 투자를 선호했고, 각 상점 자본의 다과보다는 출자자의 전체 자산 규모에 따라 신용을 부여했다. 따라서 자산이 적은 상점도 출자자의 자산 다과에 따라 대규모의 거래를 할 수 있는 여지가 있었다.[38] 위험에 처하게 되면 공동으로 위험을 분담함으로써 영업에 대한 안전을 도모하고 사회적 신용도를 높일 수도 있었다.

『만주무역의 현상과 장래對滿貿易の現狀及將來』(下)에 의하면, 동북 전체에서 연호조직에 의한 주요상점 수는 대련 67곳, 요양遼陽 4곳, 봉천 121곳, 영구 45곳, 안동安東 86곳, 개원 11곳, 사평가四平街 40곳, 공주령 41곳, 장춘 54곳, 하얼빈 128곳이었다고 한다.[39] 이러한 연호 중에서 양잔 간에는 실제로 어떤 사회적 네트워크가 형성되었으며 이들 간에 어떤 상호관계가 존재했는지 파악해볼 필요가 있다. 그러나 개별 양잔의 상세한 영업 상황을 알려주는 자료는 거의 없고 양잔의 명칭, 자본금, 거래처 및 연호명 등을 나타내주는 단편적인 자료가 있을 뿐이다.

---

37) 「滿洲に於ける聯號の硏究」, 『滿鐵調査月報』 17-2, 1937.
38) 『商事に關する慣行調査報告書: 合股の硏究』, 東亞硏究所, 1943, 510쪽.
39) 南滿洲鐵道株式會社興業部商工課編, 『對滿貿易の現狀及將來』(下), 1927, 89쪽. 1931년판 『滿蒙年鑑』에 의거하여 작성된 『滿洲商業事情』에 따르면 동북의 연호 수는 대련 67개, 요양 4개, 봉천 181개, 영구 45개, 안동 88개, 개원 11개, 사평가 40개, 공주령 4개, 장춘 54개, 하얼빈 128개라고 한다.(滿洲事情案內所編, 『滿洲商業事情』, 1936, 40쪽)

주로 1920년대 양잔의 명칭과 간단하나마 관련사항을 보여주는 자료는 『만주무역의 현상과 장래』(下)와 『만주특산계의 관상의 활동滿洲特産界に於ける官商の活躍』을 들 수 있다.[40] 이 두 자료를 이용하여 지역별 양잔을 경영자, 설립연도, 겸영 업종과 거래처, 연호관계 등을 정리하면 다음 |도표 7|과 같다.[41]

|도표 7| 동북 주요도시 양잔 네트워크 및 연호관계 상황

| 도시 | 상호 | 출자자*경영자 | 설립연도 | 본·지점 및 타지 연호상황, 거래처 | 당지 연호상황 | 겸영, 기타 | 출처 |
|---|---|---|---|---|---|---|---|
| 大連 | 公濟棧 | 張景春 | 1925 | 연호: 公濟棧(봉천, 철령, 개원)<br>거래처: 廣永茂(대련), 裕成興(영구) | | | 3 |
| | 福聚昌 | 燕仲三 | 1926 | | | 대두가공업(油坊) | 1 |
| | 人東號 | 梁仁山 | 1926 | | | | 1 |
| | 裕發祥 | 張香閣 | | 연호: 裕和隆(홍콩), 德成號(광동) | | 중개상 | 3 |
| | 裕昌源 | 王奐清 | 1912 | 연호: 裕昌源(장춘) | | 錢莊 | 3 |
| | 愼昌號 | 由善述 | 1928 | | | | 1 |
| | 廣泰號 | 歐陽玉樵 | | 연호: 西德泰(여순), 萬和號(홍콩) | 德泰號, 西德泰(대련) | | 2 |
| | 東永茂 | 潘玉田*李升海 | | 본점: 영구, 연호: 東永茂(대련, 개원, 장춘, 공주령, 길림) | 東茂泰, 廣永茂(대련) | 환전상, 대두가공업 | 3 |
| | 鼎新昌 | 李英堂 | 1918 | 본점: 대련, 지점: 개원 | | | 1 |
| | 建成號 | 王瑞軒 | | 연호: 裕興順(영구) | | | 3 |
| | 萬合公 | 丁占一 | 1917 | 본점: 장춘, 연호: 萬發義, 萬發東(길림), 萬發鴻(길림), 義合成, 義合公, 萬合泉(장춘) | | | 3 |
| | 源昌號 | 李藻儒<br>曲樂亭 | 1926 | | | | 1 |
| | 永衡通達 | 李子騫<br>李馨齋 | | 연호: 각지 永字號 | | 전장 | 3 |
| | 福順義 | 劉臨閣 | 1919 | 지점: 財神街, 鹿島町, 雲錦町(대련) | | 대두가공업, 錢莊 | 3 |
| | 益興德 | 隋正之 | | | | | 1 |
| | 益發合 | 王信齋 | 1923 | 본점: 장춘, 연호: 益發合(하얼빈, 상해, 野釜, 安達) | | 제분, 전장 | 3 |
| | 恒增利 | 冷紹假 | | 본점: 대련, 지점: 장춘 | | | 1 |
| | 雙和棧 | 於壽亭 | 1919 | 본점: 대련, 지점: 雙和棧(장춘, 下九臺, 雙城堡) | | 제분 | 3 |
| 營口 | 興盛福 | 呂明遠 | 1912 | | 興茂福, 興茂號, 興成號, 同興茂, 興茂北棧(영구) | | 2 |

40) 30년대 양잔의 상황을 보여주는 자료는 奉天興信所編, 『第二回滿洲華商名錄』, 1933; 滿鐵哈爾濱事務所産業課商工係, 『北滿農村金融資料: 糧棧ニ關スル研究』, 1934[遼寧省檔案館編, 『滿鐵調査報告』 第5輯20冊, 廣西師範大學出版社, 2010] 등이 있다.

41) 양자는 모두 만철조사자료로서 『對滿貿易の現狀及將來』(下)[附錄]는 1927년에, 『滿洲特産界に於ける官商の活躍』은 1928년에 출판되었다. 비슷한 시기에 출판되었기 때문에 1920년대 후반 양잔의 발달상과 네트워크의 추이를 살펴보는 데는 큰 문제가 없을 것이라 생각된다.

| 도시 | 상호 | 출자자*경영자 | 설립연도 | 본·지점 및 타지 연호상황, 거래처 | 당지 연호상황 | 경영, 기타 | 출처 |
|---|---|---|---|---|---|---|---|
| 口 | 東永茂 | 潘玉田 | 1863 | 본점: 영구, 연호: 東永茂(개원, 대련, 장춘, 공주령), 東茂泰, 廣永茂(대련), 茂記(천진), 東茂泰(張家灣, 공주령) | 永茂號, 茂記號, 永茂德, 廣元茂(영구) | 대두가공업, 중개업 | 2 |
|  | 廣元茂 | 楊華橋 |  | 연호: 廣元茂(개원), 永茂號(영구) | 동영무, 永茂號, 茂記號, 永茂德(영구) |  | 2 |
| 奉天 | 富曾祥 | 張學良•杜惠麟 | 1914 |  | 三合棧, 慶合祥(봉천) |  | 2 |
|  | 公濟棧 | 劉蔭鄉 | 1918 | 연호: 公濟棧(대련, 철령, 개원) |  |  | 2 |
|  | 泰生裕 | 泰記號•許暢滋 |  | 연호: 源泉湧(興京), 東泉泰(永陵), 泰昌德, 德聚誠(新民) | 泰記號, 泰和昌, 永隆泉(봉천), | 잡화 | 2 |
|  | 東泉泰 | 泰記號•倪惠 |  | 연호: 源泉湧, 泰生裕, 永隆源, 泰記號, 泰和呂(興京), 泰昌德(新民) | 泰和呂, 泰生裕, 源泉湧, 永隆源(봉천) | 잡화 | 2 |
|  | 元發東 | 吳占元 |  | 지점: 元發糧店(봉천), 元發東(石橋子), 元興東糸房, 元發東油店(千金寨) |  | 麵粉대리상 | 2 |
| 開原 | 公濟棧 | 張景春•孟善之 | 1919 | 연호: 각지 공제잔, 대련 동영무, 동무태, 영구 永茂合 |  |  | 1 |
|  | 義興元 | 張景春•楊純德 | 1926 |  |  |  | 1 |
|  | 東永茂 | 李和卿•王銓甫 | 1909 | 본점: 영구, 연호: 동영무(대련, 장춘, 영구), 茂記號(영구), 거래처: 三井物產 | 廣永茂(개원) | 關善夫와 친분 | 3 |
|  | 純慶茂 | 王執中•高鳳山 | 1921 |  | 萬和源(개원) | 왕집중은 화상공의회회장, 關善夫와 친분 | 3 |
|  | 義恒達 | 馬秀升 | 1923 |  |  | 화상공의회부회장, 관선부와 친분 | 1 |
|  | 運通達 | 張玉衡 | 1918 | 연호: 運通達(장춘, 봉천) | 通盛達(개원) | 錢舖, 關善夫와 친분 | 1 |
|  | 金麗泉 | 李雲樵 | 1912 | 본점: 西豊 |  | 關善夫와 친분 | 1 |
|  | 通記號 | 張景春•陳蔭塀 | 1923 |  |  |  | 1 |
|  | 富增祥 | 張學良• | 1927 |  |  |  | 1 |
|  | 圓通棧 | 楊宇霆•王文賀 | 1926 |  |  |  | 1 |
|  | 信和永 | 張隱盒•薛景堂 | 1926 | 본점: 봉천 |  | 信和永는 王永江이 출자 | 1 |
|  | 恒豊乾 | 陳香甫 | 1922 | 거래처: 동영무, 東茂泰(대련), 동영무, 동무태(장춘), 興懋東(영구) |  |  | 1 |
|  | 義順號 | 王纘鄉 | 1922 | 거래처: 廣永昇(대련), 振義生(영구) |  |  | 3 |
|  | 鼎新昌 | 楊蔭晉 | 1922 | 본점: 대련<br>거래처: 永衡通(장춘), 東永茂(영구) |  |  | 1 |
|  | 寶星玉 | 隋振東 | 1925 |  |  |  | 1 |
|  | 廣永泰 | 冷善庭 | 1922 | 본점: 대련<br>거래처: 廣永泰(대련), 동영무(영구) |  |  | 1 |
|  | 世合公 | 周文華 | 1922 | 본점: 봉천<br>거래처: 福順厚(대련), 德順達(영구) | 각지 15개의 연호 소유 |  | 1 |
|  | 同泰合 | 王步三 | 1922 | 거래처: 順發公(대련), 振德號(영구), 天泰棧(봉천) |  |  | 1 |
|  | 巨昌德 | 邵榮第 | 1922 | 연호: 巨昌德(사평가) |  |  | 3 |
|  | 同順祥 | 喬毓琇 | 1922 | 본점: 봉천, 거래처: 東茂泰(대련) |  |  | 1 |
|  | 益昌恒 | 李岡藩 | 1913 |  |  |  | 1 |
|  | 天興福 | 劉佩珩 | 1922 | 본점: 대련, 연호: 天興福(하얼빈) |  |  | 1 |
|  | 益順增 | 候少卿 | 1913 |  |  |  | 1 |
|  | 雙星福 | 白植華 | 1913 |  |  |  | 1 |
|  | 萬和源 | 高鳳山 | 1922 | 거래처: 世合公(대련), 동영무(영구) | 純慶茂(개원) |  | 1 |
|  | 增益通 | •宋雲卿 | 1922 | 본점: 개원성내, 연호: 鹹元會, 富森峻, 義泰長(봉천), 增益昌(개원)<br>거래처: 順和棧(대련), 永生恒(영구) | 增益湧(개원성내), 增益昌 |  | 3 |
|  | 萬聚棧 | 孫蔭團 | 1925 |  |  |  | 1 |
| 鐵嶺 | 公濟棧 | 張景春 | 1913 | 연호: 각지 공제잔<br>거래처: 廣永茂(대련), 裕成興(영구) |  | 봉천 公濟棧과 밀접 | 1 |
|  | 興業棧 | 興業銀行 | 1922 | 거래처: 中和棧(대련), 元盛魁(영구) |  |  | 1 |
|  | 世合棧 | 丁彩亭 | 1926 |  |  |  | 1 |
|  | 聚興棧 | 張世功 | 1922 |  |  |  | 1 |
|  | 巨興棧 | - | 1922 |  |  |  | 1 |
| 四 | 天益恒 | 閻品鄉 | 1912 |  | 天益亨, 天益東(사평가) |  | 1 |

| 도시 | 상호 | 출자자*<br>경영자 | 설립<br>연도 | 본·지점 및 타지 연호상황, 거래처 | 당지 연호상황 | 겸영, 기타 | 출처 |
|---|---|---|---|---|---|---|---|
| 平街 | 富盛泉 | 曹廷漢 | 1912 | | 富盛長,富盛通,富盛成(사평가) | | 1 |
| | 富盛長 | 曹廷漢•<br>孫步瀛 | 1912 | 연호: 봉천, 梨樹, 사평가 | 富盛泉, 富盛通, 富盛成(사평가) | 대두가공업 | 3 |
| | 廣發號 | 林棟承 | 1919 | 연호: 안동 | | 잡화포 | 3 |
| | 雙發泰 | 永裕堂 | 1913 | | | | 1 |
| | 義和順 | 趙漢臣 | 1920 | 연호: 通遼, 範家屯 | | 전장 | 3 |
| | 玉成隆 | 王卓周 | 1909 | 연호: 通遼, 範家屯 | | 대두가공업 | 1 |
| 公主嶺 | 萬生泉 | 謝麟閣• | 1927 | 본점 楊家城子 | | | |
| | 泰和順 | 徐會一 | 1909 | 본점: 공주령, 지점: 劉房子, 泰和德 | 泰和豊, 泰和增, 泰和盛, 泰和油房(공주령) 등 泰和號 | | 3 |
| | 人昌隆 | 人昌興•<br>王晶閣 | | | | 人昌興은 장학량 관련 | 1 |
| | 義發昌 | 齊潤清 | 1922 | | | | 1 |
| | 永衡達 | 李愷峰 | 1914 | 거래처: 각지 永子號, 裕昌源(대련) | | | 1 |
| | 東茂泰 | 潘玉田•<br>胡仁臣 | 1912 | 본점: 영구, 지점: 동무태(대련) | 東永盛(공주령) | 양조업, 대두가공업 | 3 |
| | 泰和增 | 程志遠 | 1912 | 거래처: 裕發祥(대련) | 泰和盛, 泰和長, 泰和油坊, 泰和豊(공주령)등 泰和號 | | 3 |
| | 廣誠棧 | 張鳳翔 | 1917 | 거래처: 鼎新昌(대련), 天泰棧(봉천) | | | 1 |
| | 公積糧棧 | 傅潤田 | | | | | 1 |
| | 復盛棧 | 孫秉乾 | 1914 | 거래처: 鼎新昌(대련), 永生店(봉천) | | | 1 |
| | [illegible]盛棧 | 祖心齋•<br>孫雲峰 | 1909 | 본점: 장춘, 연호: [illegible]盛棧(範家屯, 安達, 張家口) | | | 3 |
| | 德源湧 | 黎芳春 | 1907 | | | | 3 |
| | 廣誠永 | 李向臣 | 1908 | 거래처: 順發公(대련), 天泰棧(봉천), 永升恒(영구) | | | 1 |
| | 泰和盛 | 丁錫五 | 1921 | | 泰和豊, 泰和增, 泰和油房, 泰和長(공주령) 등 泰和號 | | 3 |
| | 東永盛 | 馬煥章 | 1922 | 거래처: 東永茂(대련), 東永茂(영구) | 德長盛, 東盛祥, 東盛當(공주령) | | 3 |
| | 德聚永 | 王德生 | 1922 | 거래처: 裕發祥(대련), 天泰棧(봉천) | 豊巨當, 德慶永 | | 1 |
| | 會源合 | 仙鎮雨 | | | | 1926 萬發合으로 개칭 | 1 |
| 長春 | 永衡通 | 李子容 | 1914 | 지점: 永衡通(하얼빈, 대련) | 永衡北, 永衡謙, 永衡茂, 永衡通達, 永衡升(장춘) | | 1 |
| | 永衡茂 | 李明軒 | 1918 | 본점: 장춘, 지점: 장춘성내 | 永衡北, 永衡謙, 永衡通, 永衡升, 永衡厚(장춘) | | 1 |
| | 永衡謙 | 許子勳 | 1919 | 본점: 장춘성내 | 永衡北, 永衡通, 永衡茂, 永衡通達, 永衡升(장춘) | | 1 |
| | 永衡北 | 張貫一 | | 연호: 永衡德支店, 永衡北(장춘성내), 永衡德본점(장춘성내) | 永衡謙, 永衡通, 永衡茂, 永衡升, 永衡厚(장춘) | | 1 |
| | 萬增公 | 修淩雲 | 1919 | 본점: 萬增福(農安) | | | 3 |
| | 萬合公 | 董子山 | 1917 | 본점: 장춘, 지점: 대련<br>연호: 萬發義, 萬發東, 萬發鴻(길림) | 萬合泉, 義合成, 義合公, 萬發泉(장춘) | | 1 |
| | 廣盛店 | 張心一 | 1910 | 지점: 길림, 安達, 下九台, 雙城堡 | | | 3 |
| | 東永茂 | 金翰臣 | 1908 | 본점: 영구, 연호: 東永茂(대련, 개원, 공주령, 길림), 東茂泰(대련) | | | 3 |
| | 實業糧棧 | 張秉衡 | 1918 | 지점: 安達, 下九台, 張家灣 | | | 3 |
| | 益發合 | 孫秀[illegible] | 1920 | 본점: 장춘, 지점: 益發合(대련, 하얼빈, 野釜, 安達) | 洪發合, 益發合(장춘) | 전장 | 1 |
| | 裕昌源 | 王莉山 | 1905 | 지점: 대련, 하얼빈 | 裕昌和(장춘) | | 3 |
| | 雙和棧 | 邵仙臣 | 1909 | 본점: 대련, 지점: 下九台, 雙城堡 | | | 3 |
| | 恒增利 | 冷容琳 | 1919 | 본점 대련 | | | 1 |
| | 天興福 | 邵乾一•<br>邵乾一 | 1909 | 본점: 대련, 지점: 天興福(개원, 하얼빈) | | | 3 |
| | 廣隆棧 | 王翰臣 | 1909 | 지점: 대련, 張家灣 | | | 3 |
| | 裕昌和 | 劉錫山 | 1921 | | 裕昌源(장춘) | | 3 |
| | 協和棧 | 王玉堂 | 1910 | 지점: 대련, 張家灣 | | 錢莊 | 3 |
| 哈爾濱 | 廣信升 | 廣信<br>公司• | 1920 | 연호: 廣信糧棧(慶城), 廣信泰 | 廣信公司, 廣信花店, 廣信通, 廣信豊(하얼빈) 등 | 錢糧(양잔, 전장), 잡화 | 2 |
| | 湝昌盛 | 王經畬 | | 분호: 湝昌盛(滿洲) | 湝昌當, 湝昌盛, 湝昌貨棧(하얼빈) | 전량 | 2 |
| | 永衡通 | 董慶璋 | | 연호: 永衡通(대련, 장춘) | 연호: 永衡號, 永衡東, 永衡當(하얼빈) | 전량 | 2 |
| | 源成東 | 王健亭 | | 연호: 源成會(개원) | | 전량, 잡화 | 2 |
| | 同義慶 | 陳廣田 | | 연호: 同發東(봉천) | 同興順, 義發錢, 同記, 同義昌(하얼빈) | 전량, 잡화 | 2 |

| 도시 | 상호 | 출자자*<br>경영자 | 설립<br>연도 | 본·지점 및 타지 연호상황, 거래처 | 당지 연호상황 | 겸영, 기타 | 출처 |
|---|---|---|---|---|---|---|---|
| | 天豊東 | 田枝久 | 1919 | 연호: 天豊東油坊(安東), 天豊池(新甸) | 天豊沥, 天豊沥泰記, 天盛東(하얼빈) | 전량 | 2 |
| | 永和長 | 王上林 | | 본점: 대련, 지점: 안달, 佳木斯 | 永和源, 永發盛(하얼빈) | 전량 | 2 |
| | 同人號 | 馬希聖 | 1921 | 연호: 海倫, 依蘭, 克東 | 裕人油房(하얼빈) | 전량, 대두가공업 | 2 |
| | 興順隆 | 鄒純如 | | | 興順義, 興順富, 興順長, 會興富, 鴻興人(하얼빈) | 전량, 잡화 | 2 |
| | 豊太號 | 王冠廷 | | | 新豊泰, 豊泰德, 恒泰號(하얼빈) | 전량, 잡화 | 2 |

* 출처: 『對滿貿易の現狀及將來』(下)는 1, 『滿洲特産界に於ける官商の活躍』은 2, 둘 다 있는 경우는 3으로 표기.

이상, 위의 |도표 7|에 나타난 109개의 양잔은 동북 주요도시의 양잔들이다. 이들 대부분이 크고 작은 연호관계로 얽혀있었나는 것을 알 수 있다. 위의 표에 의해 설립시기가 표시되어 있는 양잔을 정리하면 1910년 이전은 12곳, 1910년대 35곳, 1920년대 40곳으로, 대체로 1910년대와 1920년대에 양잔이 많이 개설되었다는 것을 알 수 있다. 이것은 국제 대두상품의 수요가 증가하고 대두가공업이 발달했던 시기와도 일치한다. 이중 다수의 양잔은 대련, 봉천, 영구, 장춘, 하얼빈 등 대도시나 수출항에 본점을 두고 각지에 지점을 두어 경영했다. 영구에 본점을 둔 경우는 5곳, 대련 9곳, 봉천 3곳, 장춘 7곳 등이었다.

위의 표에 의하면 흑룡강성에서는 다른 성에 연호를 가지고 있기보다는 흑룡강성에 집중되어 있었다는 것을 알 수 있다. 광신공사를 비롯하여 동의경同義慶, 천풍동天豊東, 영화장永和長, 동대호同大號, 홍순륭興順隆, 풍태호豊太號 등 모두 하얼빈에 다수의 연호를 두고 있었다. 특히 하얼빈의 양잔은 양잔만을 전업으로 하기보다는 방대한 자금을 가지고 전량업錢糧業(전장과 양잔을 겸영)에 종사하는 경우가 많았다. 그렇기 때문에 양잔이 자금을 필요로 할 때 동북의 다른 지역이 은행업자, 창고업자, 교역소신탁회사로부터 자금을 조달하는 것과는 달리 흑룡강성에서는 특산의 중심지인 하얼빈의 중앙 양잔에서 자금을 조달받았다. 따라서 이러한 지역 양잔은 모두 하얼빈시 양잔과 연호적, 종속적 관계를 갖는 것이 보통이었다.[42] 뿐만 아니라 흑룡강성의 양잔은 대두가공업, 양조업, 잡화, 제분, 선박운수 등 직간접적으로 대두 혹은 대두 운송과 관련 있는 업종을 겸영하는 경우가 많았다.

연호는 대개 동일지역에 개설된 것은 업종이 다른 경우가 많고 영업지역을 달리하는 경우는 동일 업종을 경영하는 경향이 있었다. 예를 들어, 영구에 본점을 둔 동영무와 연호관계에 있는 영구의 상점은 영무호永茂號, 무기호茂記號, 영무덕永茂德, 광원무廣元茂 등이었다. 영구 동영무는 양잔, 대두가공업 및 중개업에 종사했던 것에 비해 영무호는 은로銀爐(로은爐銀 주조기관, 금융기관)와 중개업(대옥자大屋子), 무기호茂記號는 영파寧波상품중개업, 영무덕永茂德은 잡곡업, 광원무廣元茂는 양잔을 경영했다. 한편 동일지역이 아닌 대련, 개원, 장춘, 공주령, 길림의 동영무는 동영무라는 동일 명칭을 사용했을 뿐 아니라 동일 업종인 양잔을 경영했다. 그러나 반드시 그러한 구분이 있었던 것은 아니었고 지역사정이나 상업관계에 따라 달라졌다. 이러한 연호상점은 동북 상업관행의 하나로 이어져왔다.

연호는 대개 영업방침에서는 본점을 따랐지만 각 점포가 독립적인 회계와 이익 분배제도를 가지고 있어 경영상 기본적으로는 본점의 간섭을 받지 않았다. 그러나 동일 자본주일 경우 그 손익을 연호의 상점이 분담하는 '연동연재聯東聯財'의 형태를 띠었다. 이에 비해 그 손익을 서로 융통하지 않는 '연동불연재聯東不聯財'의 연호가 있는가 하면 '연동연재'와 '연동불연재'를 혼합한 혼합형 연호도 존재했다. 그러나 가장 보편적인 연호의 지배구조는 '연동불연재'의 방식이었다.[43] 동영무가

42) 『北滿農村金融資料: 糧棧ニ關スル研究』, 294쪽.

43) 「滿洲に於ける聯號の研究」, 『滿鐵調査月報』 17-2, 1937; 『對滿貿易の現狀及將來』(下), 91-95쪽.

여기에 속했고 영자호도 여기에 해당된다. 회덕현懷德縣의 부호 조불당趙芇棠을 자본주로 했던 공주령의 태화순泰和順, 태화증泰和增, 태화성泰和盛 등의 태화호泰和號 양잔도 여기에 속했다.[44] 이러한 연동불연재의 연호는 동일 자본주, 동일 자본이긴 하지만 각 점포가 독립적인 회계와 이익배당제도를 가지고 독립 경영을 했기 때문에 각각의 손익은 연호 전체에 직접적으로 영향을 주지는 않았다.

### (2) 각 연호의 본·지점 관계

|도표 7|에서 비교적 많은 연호관계를 가지고 있는 양잔을 든다면, 동영무, 영자호, 광신공사 등이다. 이들을 중심으로 각 연호의 양잔 운영방식과 특징을 살펴본다면 각 연호가 횡적으로 어떻게 연결되었으며 종적으로는 본점과 지점이 어떤 관계를 가지고 있었는지 파악할 수 있을 것이다.

#### 1) 동영무 연호

동영무東永茂는 원래 홍콩의 광무태廣茂泰, 광동의 영무태永茂泰 등이 로은爐銀 3백만량을 출자하여 1863년(동치2년) 영구에서 개설한 것이다. 나중에 반옥전潘玉田이 출자자로 참여하여 각종 대리점, 양잔, 대두가공업, 양조업, 금융업, 선박업 등을 경영하여 1930년대에는 그 수가 20여 개나 되었고 자산도 수천만량에 달했다고 한다. 동영무는 오랜 전통과 역사로 인해 동북 경제계에서 신용이 두터웠고 수출입 무역에서 중요한 위치를 차지했다. 영구의 금융계에서도 큰 세력을 가지고 있었기 때

44) 『對滿貿易の現狀及將來』(下), 92쪽.

문에 거래의 결제에서도 상당히 우세했다.[45)]

동영무의 경영원칙이라고 한다면 결산 시 이익이 발생할 때 이를 곧바로 자본주에게 분배하지 않고 자본금으로 이월했다가 각지에 직계 방계 연호를 개설할 때 자금으로 사용했다는 것이다. 또한 자본주 반옥전은 자신의 세력 하에 있는 연호 상호간의 자본 연합을 긴밀하게 했을 뿐 아니라 타 지역에 거주하는 친족을 활용하여 경영을 담당하게 하는 등 친족적 결합에도 적극적이었다. 예를 들면, 동무태 공주령 본점의 지배인 호인신胡仁臣, 대련 동무태의 지배인 이경명李敬明, 영구 동영무의 경리 이승해李升海는 모두 종형제從兄弟 관계였다.[46)] 이러한 조치들은 동영무가 동북에서 대표적인 연호로 크게 성장할 수 있게 했던 주요 원인이었다. 동영무의 연호관계도를 나타내면 다음과 같다.[47)]

**|도표 8|** 동영무의 연호관계도

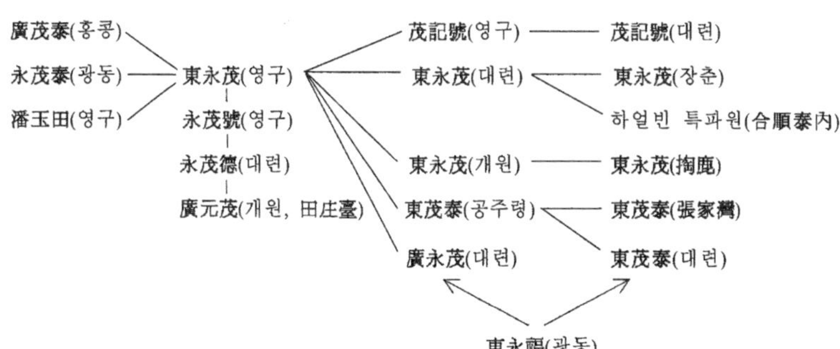


45) 동영무의 자본금과 성립연도에 대해서는 자료가 일치하지 않는다. 奉天興信所 編, 『第二回滿洲華商名錄』, 1933, 184쪽에서는 1872(동치11년)에 개설했다고 하고, 『對滿貿易の現狀及將來』(下), 96쪽과 『滿洲貿易事情』(後編), 1934, 30-31쪽에서는 자본금이 현은 5만량이었다고 한다.

46) 『對滿貿易の現狀及將來』(下), 96쪽.

47) 『對滿貿易の現狀及將來』(下), 96-97쪽.

위 연호관계도에 의하면 광무태, 영무태, 반옥전의 투자로 영구의 동영무가 설립되었으며, 영구 동영무의 출자로 대련과 개원의 동영무, 공주령의 동무태, 영구의 무기호, 대련의 광영무가 설립되었고, 다시 대련 동영무의 출자로 장춘 동영무가, 개원 동영무의 출자로 도록掏鹿 동영무가 설립되었다는 것이다. 즉 종적인 연호관계임을 알 수 있다. 이러한 종적 연호는 자본주가 나중에 새로 가세하는 것 없이 처음의 동일 자본주가 해당 상점을 개설한 후 여기에서 계속 파생되어 연호가 확장된 경우이다.

그중 개원 동영무는 1909년 이화경李和卿이 로은 10만을 출자하여 개설하고 왕전보王銓甫가 경영을 담당했다. 개원은 만철연선에서 대두 발송량이 가장 많았는데, 특히 개원 동영무는 개원에서 대두 발송량이 가장 많았을 뿐 아니라 연호관계에서도 두드러졌던 양잔이었다. 만철 개원역은 구래의 상업중심지였던 개원성과 하나의 시장으로 연결되지 못하고 별도로 발전했지만, 개원역에서 활동했던 거의 모든 화상들은 개원성, 철령, 영구 등 본점에서 파견된 경리들이었다.[48] 따라서 개원의 동영무는 각지 동영무와 자주 긴밀하게 연락을 주고받았으며 그 영업범위도 상당히 넓었다. 동영무는 동삼성관은호 개원분호 경리 관선부關善夫와의 개인적인 친분관계로 인해 관상으로 분류되기도 하지만, 그 역사와 전통, 그리고 연호관계를 통해서 독자적으로 실력을 키웠던 화상 양잔이었던 것이다.

---

48) 大野太幹, 「滿鐵附屬地華商と沿線都市中國商人-開原, 長春, 奉天各地の狀況について」, 『アジア経濟』 47-6, 2006, 24쪽. 동영무 외에도 개원에는 많은 연호 상점들이 존재했다. 예를 들어 개원의 世合公은 봉천에 본점을 두었으며 동북 각지에 15개의 연호를 거느리고 있었다.(南滿洲鐵道興業部商工課編, 『奉天に於ける商工業の現勢』, 1927, 266쪽)

### 2) 영자호永字號 연호

길림영형관은전호를 자본주로 하는 영형무永衡茂, 영형통永衡通, 영형달永衡達 등 영자호 역시 동북의 대표적인 연호조직이었다. |도표 7|에 의하면 영자호 양잔의 본점은 주로 대두 집산지의 하나인 장춘에 있었고 대련, 하얼빈, 장춘성내에 지점을 두었다는 것을 알 수 있다. 장춘은 구래의 상업중심지였던 장춘성과 서로 연계되어 하나의 상업시장을 형성했기 때문에 장춘에서는 장춘성 내의 상점들과 연호관계 내지 밀접한 관계를 유지하고 있는 경우가 많았다.[49]

영형관은전호는 분호와 지호의 구분이 명확했다. 분호는 영형관은전호의 지점으로 대출, 예금, 태환 등 일반은행 본연의 업무에 종사했는데 비해, 지호는 상점명에 '영형'이라는 두 글자를 앞에 두고 독립점포를 구성하여 각종 영업을 했다. 즉 영자호는 모두 영형관은전호의 지호이다. 지호가 분호와 다른 점은 분호는 본점에 대한 지점을 의미하고 지호는 일종의 자회사를 의미했다. 즉 지호는 일정한 자본을 총호로부터 융자받아 경영하고, 이익분배는 총호나 다른 지호, 분호의 손익에 관계없이 지호의 경영실적에 따라 분배했다.[50]

지호는 영형관은전호가 직접 출자한 경우도 있었지만 이보다는 지호의 하나가 출자하고 동일한 '영형'을 사용하여 영자호가 되는 경우가 많았다. 또 자본을 투하하여 개설된 것도 있지만 대부분은 대출금 회수의 수단으로 채무자의 점포나 영업 일체를 인수하여 계속 영업하는 형태였던 것은 동삼성관은호의 경우와 동일하다. 영자호를 각지로 구분

49) 大野太幹, 「滿鐵附屬地華商と沿線都市中國商人-開原, 長春, 奉天各地の狀況について」, 35쪽.
50) 『滿洲中央銀行沿革史』, 103쪽.

하면 길림 9곳, 장춘 6곳, 하얼빈 4곳, 삼차하三岔河 2곳, 안달安達 1곳, 요문窯門 1곳, 쌍성보雙城堡 4곳, 향방香坊 1곳, 공주령公主嶺 1곳, 화전樺甸 1곳, 영안寧安 1곳, 차로하岔路河 1곳, 목석하沐石河 1곳, 쌍양雙陽 1곳, 유수楡樹 1곳, 하구대下九臺 4곳, 대련大連 1곳으로 총 40여개였다.[51] 영자호 연호는 길림성 위주로 동북 전역에 분포되어 있었다는 것을 알 수 있다.

영자호는 영형관은전호를 중심으로 하얼빈, 장춘, 공주령, 대련 등 주요 도시의 연호가 서로 횡적으로 연결되어 있었다. 이중 길림의 영형무, 장춘의 영형통永衡通, 영형겸永衡謙, 영형북永衡北, 공주령의 영형달永衡達, 하얼빈의 영형통, 대련의 영형통달永衡通達 등은 모두 전문적으로 양잔을 경영했던 상점들이다. 영자호 양잔의 영업은 각 상호가 독립적으로 경영했지만 연호 상호 간의 연락은 상당히 긴밀했다. 연호 간에는 자금과 물자도 융통되었는데 각 연호 간에 어음결제나 기타 이유로 대차관계가 발생할 경우 매월 월말에 이를 청산했다. 영자호는 자금도 풍부하여 각 상호가 연락하여 대두를 대량으로 매점하는 경우가 많았다. 더욱이 동일 지역에 소재하는 영자호들은 그 경리들이 수시로 회동하고 서로 제휴하여 공동으로 이익을 도모했을 뿐 아니라 타 지역의 동일 영업에 종사하는 연호 간에도 수시로 연락하여 이익을 증진시켰다. 따라서 길림성 내에서 그 영향력은 상당히 컸다.

그렇다면 영형관은전호인 총호와 부속사업인 지호의 관계는 어떠했을까? 영자호 양잔은 매년 가을이 되면 소위 구제자금의 명목으로 총

51) 『滿洲特産界に於ける官商の活躍』, 31-34쪽. 이외에도 상당수가 있었다고 생각되지만 수시로 병합, 신설, 개폐되었기 때문에 조사 시점에 따라 차이가 있을 수 있다.

호에서 자금을 융통 받아 그것을 주로 대두매입에 사용했다. 대신 총호는 지호에 대한 감독의 책임을 지고 있었다. 그러나 실제로는 영형무永衡茂, 영형장永衡長, 영형태永衡泰의 세 상호의 경리가 총호 회판의 명에 따라 각지 각 업종의 영자호를 분담하여 감독했다. 이 세 상호는 서로 문서를 주고받으며 경영을 지휘했고 각지 영자호는 업무와 경영상태를 이 세 상호에게 보고했다. 즉 이 세 상호가 영형관은총호를 대신하여 실제적으로 지호의 경영을 지휘했던 것이다.

지호는 매년 음력 연말에 결산하고 약간의 적립금을 공제한 후 나머지는 양분하여 반은 총호에 납입하고 나머지 반은 지호의 경리 이하에게 분배하는 구조였다. 그러나 실제로는 지호의 이익금은 총호에 납입하지 않고 지호의 차입금으로 이체하여 사용하는 경우가 많았고 이에 대한 이자로 7%를 납부했다.[52] 그러다보니 각 지호의 경영은 점차 방만해져서 막대한 손실을 입기도 했다. 더구나 영형관은전호 자체의 결손과 병폐가 반복되어 길림성 재정 궁핍을 보충할 방법이 없게 되자 개혁의 필요성이 제기되었다. 이에 1921년 총판 유상청은 영형관은전호 내부개혁 청원서를 길림독군 겸 성장 손열신孫烈臣에게 올린 바 있다. 이에 따르면 순익의 65%를 자본금으로 이월하고 10%는 적립금, 3%는 지방영업세, 22%는 배당상여금으로 했던 종래의 방식을 바꾸어, 자본금으로 이월하지 않고 순익의 60%를 성 금고에 납입하고 적립금 20%, 배당상여금을 20%로 한다는 것이었다. 이 개혁안은 1921년 4월 28일 성장의 허가로 실시를 보게 되었으나 이후 독군과 관은호 총판이 바뀌면서 유야무야 되었다.[53]

52) 『滿洲特産界に於ける官商の活躍』, 34-35쪽.
53) 「永衡官銀錢號ノ內部整理ニ關スル具陳書」, 『滿洲特産界に於ける官商の活躍』, 27-30쪽에 수록.

총호와 지호와의 관계는 영형관은전호의 결산손익 내역을 보면 분명히 드러날 것으로 생각되는데, 다음은 20년대 후반에서 30년대 초반의 영형관은전호의 결산손익 내역이다.

### |도표 9| 영형관은전호 결산손익 내역

(단위: 永衡大洋票 元)

| | 명 목 | 1926 | 1927 | 1928 | 1929 | 1930 | 1931 |
|---|---|---|---|---|---|---|---|
| 이익 | 구 장부이자 | 66,709 | 61,839 | 68,400 | 76,750 | 87,232 | 6,899 |
| | 태환 수수료 | 7,556 | 130,153 | 164,243 | 122,350 | 30,693 | 1,393 |
| | 대출 이자 | 1,309,475 | 1,507,241 | 2,244,684 | 2,134,965 | 2,315,883 | 1,412,590 |
| | 토지대부료 | 176,014 | 106,107 | 112,164 | 124,685 | 90,471 | 54,510 |
| | 가옥 임대 | 78,769 | 196,368 | 201,363 | 206,789 | 253,780 | 220,851 |
| | 각 분호 이익 | 791,729 | 1,201,623 | 1,868,569 | 2,344,539 | 3,027,070 | 1,971,338 |
| | **각 지호 이익** | **407,377** | | | **1,223,621** | | **1,222,910** |
| | 화폐 매매이익 | 1,428,815 | 503,453 | | 1,295,833 | 4,777,193 | 1,297,527 |
| | 곡물 매매이익 | 223,823 | | 105,514 | | 49,828 | 723,781 |
| | 잡수익 | 76,591 | 178,975 | 119,153 | 102,995 | 189,564 | 44,874 |
| | 이익 합계 | 4,566,858 | 3,885,759 | 4,884,090 | 7,632,527 | 10,821,714 | 6,956,673 |
| 손실 | 태환 수수료 | | | | | | 15,850 |
| | 태환 할인료 | 113,637 | 125,980 | 223 | 818 | 15,316 | 255,860 |
| | 예금 이자 | 150,511 | 169,441 | 351,485 | 812,097 | 1,234,316 | 1,417,656 |
| | 제 경비 | 410,935 | 511,337 | 577,595 | 617,113 | 705,152 | 749,017 |
| | 각 분점 경비 | 273,129 | 339,942 | 377,899 | 455,112 | 501,263 | 501,646 |
| | 지폐 제조비 | 160,689 | 291,656 | 315,159 | 370,473 | 350,394 | 274,780 |
| | 각종 도구 집기 | 13,941 | 15,359 | 14,891 | 16,811 | 30,426 | 33,391 |
| | 수수료 | 326 | 1,120 | 810 | 132 | 4,639 | 7,356 |
| | 토지가옥 수선비 | 50,195 | 63,229 | 63,602 | 70,182 | 92,257 | 96,111 |
| | 잡곡매매 손실보전 | | 292,986 | | 740,050 | | |
| | **각부속사업 손실보전** | | **162,939** | **309,486** | | **5,615,207** | |
| | 화폐매매 손실보전 | | | 2,397,713 | | | |
| | 손실 합계 | 1,173,363 | 1,973,989 | 4,408,863 | 3,082,788 | 8,548,970 | 3,351,667 |
| | 순이익 합계 | 3,393,495 | 1,911,770 | 475,227 | 4,549,739 | 2,272,744 | 3,605,006 |

* 출처: 『吉林永衡官銀錢號調査報告』, 第11號, 『滿洲中央銀行沿革史』(別冊附錄), 第23號.

|도표 9|를 통해 영형관은전호의 영업이익 중 지호(부속사업)의 비중이 어느 정도였는지를 알 수 있다. 영형관은전호의 주요한 이익의 근거는 대출 이자, 분호의 이익, 화폐매매 이익이었다. 특히 화폐의 매매는 지역화폐와 국제 결제화폐의 시세변동의 영향으로 1928년 2,397,713원의 큰 손실을 보기도 했지만 대체로 안정적인 수익을 보였다. 지호의

이익도 상당한 비중을 차지하여 1926년에는 순이익의 12.0%, 1929년에는 26.89%, 1931년에는 33.92%였다. 그러나 지호 중 큰 비중을 차지하고 있던 것이 양잔 등 대두유통 관련 사업이었는데, 역시 화폐의 시세 변동에 큰 영향을 받았기 때문에 1930년에는 5,615,207원의 막대한 손실을 보기도 했다. 특히 주목할 만한 것은 지호에서 발생한 손실금에 대해 총호가 1927년 162,939원, 1928년 309,486원, 1930년 5,615,207원을 각각 충당하여 보전하고 있다는 사실이다. 좀 더 구체적으로 상점별 영업 손익표를 제시하면 다음 |도표 10|과 같다.

**|도표 10| 길림영형관은호 주요 부속영업 손익표**

(단위: 관첩 吊, 吉大洋, 哈大洋)

| 점포명(업종) | 소재지 | 1928 | 1929 | 1930 | 1931 |
|---|---|---|---|---|---|
| 永衡茂(양잔, 전장) | 吉林 | 6,995,574吊 | 10,653,075吊 | -278,214,221吊 | 41,441,927吊 |
| 永衡和(잡화) | 吉林 | 11,622,429 | 12,905,473 | -78,803,857 | 34,644,936 |
| 永衡長(전당, 잡화) | 吉林 | 668,551 | 7,197,020 | -153,684,027 | 35,528,132 |
| 永衡德(잡화, 포목) | 長春 | -12,437,039 | 17,456,407 | -110,783,462 | 67,176,820 |
| 永衡通(양잔) | 長春 | 37,966,838 | 18,400,923 | -27,327,225 | 71,746,538 |
| 永衡厚(양잔, 중개) | 雙陽 | -58,874,850 | 14,116,626 | -56,342,415 | 21,829,955 |
| 永衡達(양잔) | 公主嶺 | 27,276,727 | 28,207,182 | -84,935,588 | 113,854,932 |
| 永衡謙(양잔) | 長春 | -16,613,353 | 17,966,706 | -277,241,310 | -47,315,845 |
| 永衡升(잡화, 포목) | 長春 | -51,100,076 | | | |
| 永衡宏(양잔, 전당) | 雙城 | 10,561,595 | 32,196,188 | -59,723,390 | 22,342,306 |
| 永衡發(양잔, 잡화) | 沐石河 | 6,122,517 | 12,933,482 | 4,049,518 | 51,954,498 |
| 永衡泰當(전당) | 吉林 | 15,744,240 | 10,708,820 | 8,283,566 | 56,823,222 |
| 永衡昌當(전당) | 吉林 | 6,131,050 | 8,837,256 | 9,413,062 | 12,194,475 |
| 永衡裕當(전당) | 吉林 | 6,424,360 | 7,673,657 | 2,467,846 | 8,644,699 |
| 永衡印刷局(인쇄) | 吉林 | 52,894,361 | 54,606,495 | 43,473,915 | 122,892,535 |
| 소 계 | | 43,382,924 | 253,859,310 | -1,059,367,588 | 613,759,130 |
| 永衡電燈廠(전등) | 吉林 | 吉大洋 85,020 | 吉大洋 9,051 | 吉大洋 39,632 | 吉大洋 -45,253 |
| 長春電燈廠(전등) | 長春 | | 吉大洋 139,069 | 吉大洋 63,232 | 吉大洋 113,826 |
| 哈爾濱電業局(전등) | 濱江 | | | 哈大洋 1,200,000 | 미상 |
| 소 계 | | 吉大洋 85,020 | 吉大洋 148,120 | 吉大洋 102,864<br>哈大洋 1,200,000 | 吉大洋 68,573 |

* 출처: 『吉林永衡官銀錢號調査報告』, 第12號; 『滿洲中央銀行沿革史』(別冊附錄), 第24, 25號.

|도표 10|에 의하면 1928년에 손실이 발행한 상점은 영형덕永衡德, 영형후永衡厚, 영형겸永衡謙, 영형승永衡升이다. 특히 영형승은 1928년에

51,100,076조吊의 손실을 본 이후 영업을 정지한 것으로 보인다. 한편 영형무, 영형통, 영형달, 영형겸 등 양잔 중에서 영형겸을 제외하고는 모두 이익을 내고 있다. 1929년에는 모든 사업에서 흑자를 내고 있지만 1930년에는 영자호의 중요한 상점들이 거의 적자를 나타내고 있다. 이는 화폐의 시세변동 이외에도 세계 경제공황과 세계 은가의 폭락으로 인해 대두 수출판로가 경색되고 대두가격 폭락 등 악재가 미친 영향으로 보인다. 이로 인해 그동안 특수를 누렸던 양잔들은 차례로 도산했다. 1931년 동북정권은 이를 타개하기 위해 동삼성관은호, 변업邊業은행, 길림영형관은전호, 흑룡강성관은호가 연합하여 동삼성구운사무소東三省購運事務所를 조직했다. 동삼성구운사무소는 대두가격의 폭락을 막고 농민과 양잔을 구제하고자 화폐를 증발하여 매점을 강행했지만 소기의 효과를 거두지는 못했다.[54] 동북의 대두는 주로 수출용으로 대외 의존성이 높았기 때문에 세계경제의 위기는 곧 동북경제에 직접적인 영향을 주었던 것이다.

### 3) 광신공사廣信公司 연호

또 하나의 견고한 연호관계에 있었던 것으로 흑룡강광신공사를 들 수 있다. 흑룡강광신공사는 원래 광신공사와 흑룡강관은호가 합병하여 성립한 것이다. 이 양자는 모두 각종 은행 업무, 곡물의 매매와 운송 등 동일한 업무를 담당하고 있었고 수화綏化, 호란呼蘭, 파언巴彥, 하얼빈 등 동일 지역에 병립되어 있었다. 특히 광신공사가 먼저 성립되어 흑룡강성의 금고사무를 장악하고 있었기 때문에 흑룡강관은호의 발전이 심

54) 『滿洲中央銀行沿革史』, 52-53쪽; 『北滿農村金融資料: 糧棧ニ關スル硏究』, 296쪽.

각하게 저해되었다. 이에 1919년 양자를 병합하여 흑룡강광신공사로 개조했다. 광신공사의 연호 네트워크는 다음과 같다.[55)]

**|도표 11| 광신공사의 연호 네트워크**

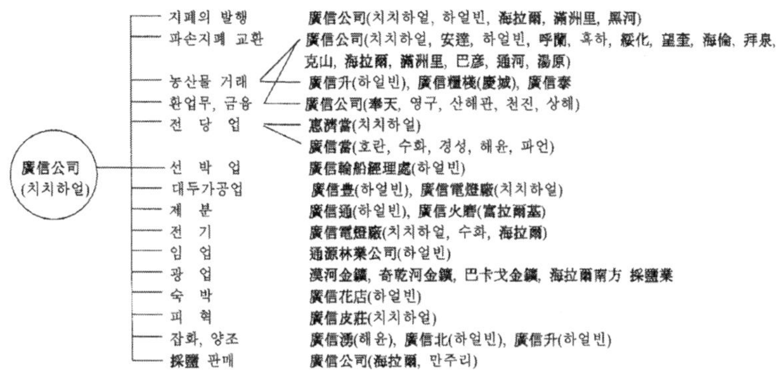


이상과 같이 광신공사는 흑룡강성에서 유리한 사업 대부분을 경영하여 흑룡강성 경제계를 좌지우지 했다. 광신공사는 1930년 흑룡강성관은호로 개조되었으며, 그 조직은 총판을 두고 성장의 명에 의해 업무 일체를 처리하는 구조였다.[56)] 총호 이하에는 분호를 두었는데 특히 하얼빈 분호는 본점인 치치하얼 총호 이상으로 중요한 분호였다. 하얼빈은 당시 흑룡강성 무역과 금융의 중심지로, 하얼빈 분호는 금융기관의 역할도 수행했지만 금융기관으로서의 기능보다는 오히려 특산물에 관련되는

55) 『對滿貿易の現狀及將來』(下), 107쪽.

56) 총판, 회판은 성정부에서 임명했고 총판, 회판 아래 業務部, 檢査部를 두었으며 업무부에는 총경리 1인, 부경리 2명을 두었다. 또 총무, 영업, 출납, 회계, 發行, 實業, 庫藏의 7課를 설치하여 課長 1명, 辦事員, 助手, 練習生 약간 명을 두었다. 분호는 1-4등급으로 나뉘었는데 1등 분호에는 경리, 부경리 각 1명, 2, 3, 4등 분호에는 경리 1명씩을 두었다.(『滿洲中央銀行沿革史』, 108쪽)

제반 사업에 자금을 조달하는 역할을 했기 때문이다. 특히 하얼빈 부근에 소재하고 있는 분호나 연호에게 자금을 공급하는 것이 주 임무였다. 본래 분호의 자본은 총호로부터 지출되었는데 하얼빈 분호는 자금의 조달이라는 측면에서는 총호의 역할을 대신하고 있었던 셈이다. 이것이 하얼빈 분호가 타 지역 분호와 다른 점이었다.[57] 분호의 지출과 영업 상태가 매월 총호에 보고되었던 것은[58] 상술한 영형관은전호의 경우와 동일하다. 다음은 광신공사 주요 양잔의 영업이익을 나타낸 것이다.

**|도표 12|** 광신공사 주요 부속사업의 영업이익

(단위: 대두, 소맥은 北滿車, 금액은 哈大洋)

| 廣信升 | 구분 | 1930 | | 1931 | 廣信通 | 구분 | 1930 | | 1931 | |
|---|---|---|---|---|---|---|---|---|---|---|
| | 취급수량 | 대두 | 소맥 | 대두 | | 취급수량 | 대두 | 소맥 | 대두 | 소맥 |
| | | 1,030 | 220 | 480 | | | 370 | 360 | 130 | 130 |
| | 총이익금 | 302,700 | | 371,000 | | 총이익금 | 230,650 | | 170,900 | |
| | 총지출금 | 202,700 | | 156,800 | | 총지출금 | 803,130 | | 413,000 | |
| | 총순익금 | 100,000 | | 214,200 | | 총순익금 | −572,480 | | −242,100 | |
| 廣信豊 | 구분 | 1930 | | 1931 | 廣信昌 | 구분 | 1929 | | 1930 | |
| | 취급수량 | 대두 | | | | 취급수량 | 대두 | | | |
| | | 2,000 | | | | | 1,200 | | | |
| | 총순익금 | −30,000 | | −340,000 | | 총순익금 | 300,000 | | 30,000 | |
| 廣信源 | 구분 | 1928 | | 1929 | 廣信航業處 | 구분 | 1928 | | 1929 | |
| | 총순익금 | 200,000 | | 25,000 | | 총순익금 | 220,000 | | 350,000 | |
| | 구분 | 1930 | | 1931 | | 구분 | 1930 | | 1931 | |
| | 총순익금 | −280,000 | | −188,000 | | 총순익금 | 315,000 | | 200,000 | |

* 출처: 『滿洲國通貨金融方策關係資料: 哈爾濱大洋票發行銀行關係資料』, 286- 332쪽에 의해 작성.

광신승廣信升(전업錢業과 양잔 겸영)은 상당량의 순이익을 보고 있는 반면, 다른 양잔들은 시기적으로 영업 이익이 그다지 양호하지 않았다는 것을 알 수 있다. 광신통廣信通은 제분과 양잔을 겸영했으며 가장 많

57) 『哈爾濱大洋票流通史』, 231쪽.

58) 南滿洲鐵道經濟調査會, 『滿洲國通貨金融方策關係資料: 哈爾濱大洋票發行銀行關係資料』, 1936, 231쪽.

은 손실금을 보이고 있다. 광신풍廣信豊은 대두가공업과 양잔을 겸영했는데, 한해 취급 대두의 양이 2,000북만차北滿車 이상이었고 1928년에는 순영업 이익이 합대양 3-4만원에 달하기도 했다. 그러나 1929년부터 대두가공업이 부진했고 대두의 가격도 떨어져 1930년에는 합대양 3만원, 1931년에는 34만원의 막대한 손실을 보기도 했다. 광신원廣信源은 양조업과 양잔을 겸영했는데, 1926년에는 영업이익이 11만원, 1927년에는 5만원, 1928년에는 대두매매에 적극 나서면서 20만원의 영업이익을 보았다. 그러나 1929년에는 영업이익이 2만 5천으로 감소했고 1930년에는 세계공황의 여파로 28만원의 적자를 보게 되었다.

광신공사의 연호 중 양잔을 겸영했던 광신승, 광신통, 광신풍, 광신창의 주요 자산항목과 부채항목을 분석해보면 본점과의 관계 및 자본의 흐름도 파악할 수 있을 것이다. |도표 13|에 의하면 광신승, 광신통, 광신풍, 광신창은 모두 관은호본점의 출자로 설립되었으며 본점으로부터 원조자금을 받는 한편, 본점이나 지점에 대출을 해주는 위치에 있는 등 채무, 채권관계가 복잡하게 얽혀있었다는 것을 알 수 있다. 또한 중국, 변업, 극동極東은행 등 금융기관으로부터의 차입은 물론이고 광신승, 광신통 등 동일 연호관계에서 대출을 받기도 했다. 다른 연호관계에 있는 영형통, 영형무 즉 영자호로부터 대출을 받거나 동삼성관은호와도 거래관계가 있었다. 영자호나 동삼성관은호는 다른 연호이기는 하지만 모두 동북의 관영 연호이기 때문에 특별한 관계에 있었던 것으로 보인다. 즉 동일한 연호에서 뿐 아니라 타 연호와도 다양한 방식을 통해서 거래관계가 있었다는 것을 알 수 있다.

**|도표 13| 광신공사 주요 양잔의 자산 및 부채항목**

| 廣信升 | | 廣信通 | |
|---|---|---|---|
| 주요 자산 항목 | 주요 부채 항목 | 주요 자산 항목 | 주요 부채 항목 |
| 관은호본점에 대부 | 자본금(관은호본점 출자) | 관은호본점에 대부 | 자본금(관은호본점 출자) |
| 관은호본점 별도 구좌 | 적립금 | 관은호하얼빈지점에 대부 | 邊業銀行 차입금 |
| 관은호하얼빈지점에 대부 | 연호(廣信通, 廣信航業處) 차입 | 廣信升에 예금 | 동삼성관은호 차입금 |
| 鶴立崗炭礦에 대부 | 관은호본점 차입(원조자금) | 기타 대부 혹은 예금 | 중국은행 차입금 |
| 海倫電燈廠에 대부 | 邊業銀行 차입금 | 製粉기계류 | 관은호본점 원조금 |
| (상품) 대두 | 곡물교역소 예금 | 보유 麻袋 | 영형관은호 차입금 |
| 薪, 麻袋, 앙베라 등 | 기타 차입 혹은 예금 | 보유 소맥 | 永衡通, 永衡茂 차입금 |
| 소유토지가옥 | | | 기타 차입금 혹은 예금 |
| 보유 현금 | | | |
| 곡물, 화폐 교역소 보증금 | | | |
| **廣信豊** | | **廣信昌** | |
| 주요 자산 항목 | 주요 부채 항목 | 주요 자산 항목 | 주요 부채 항목 |
| 관은호본점에 대부 | 자본금(관은호본점 출자) | 관은호본점에 대부 | 자본금(관은호본점 출자) |
| 관은호하일빈지점에 대부 | 관은호본점 차입 | 극동은행 예금 | 관은호본점 차입금 |
| 기타 예금 혹은 대부금 | 변업은행 당좌, 정기 차입 | 보유 대두 | 관은호하얼빈지점 차입금 |
| 보유 상품 | 중국은행 당좌, 영형관은호 차입 | 보유 두유 | 변업은행 차입금 |
| 薪, 麻袋, 앙베라 등 | 극동은행 차입금 | 예금 및 대부금 | 기타 차입금 혹은 예금 |
| 窄油 기계, 기구 | 기타 예금 및 차입금 | 東淸, 呼海철도 도입선 | 未拂 두병 |
| 소유 건물 | 未拂 상품 | 窄油 기계, 기구 등 | 영형관은호 차입금 |
| 기타 제 재료 등 | 기계 수선, 매각 준비금 | 薪, 麻袋, 앙베라 등 | |

* 흑룡강성관은호 본점은 관은호본점, 지점은 관은호지점으로 표기.

* 출처: 『滿洲國通貨金融方策關係資料: 哈爾濱大洋票發行銀行關係資料』, 286-332쪽에 의해 작성.[59]

### 4) 각 양잔 연호의 본・지점 관계

이상 동영무, 영자호, 광신공사를 통해 각 양잔 연호의 경영방식과 특징을 분석함으로써 각 연호의 종적 횡적 네트워크를 파악했다. 이와 함께 본・지점 관계도 살펴보았는데 다음과 같은 사실을 확인할 수 있었다. 첫째, 동삼성관은호, 길림영형관은전호, 흑룡강광신공사는 각각 동삼성의 중앙은행으로서 대두매입을 위해 화폐를 발행할 수 있는 위치에 있었으며, 연호관계에서는 총호로서 분호와 지호를 통해 각종 수익사업을 경영함으로써 성내에서 우월한 위치에 있었다.

---

59) 원 출처에는 금액이 표기되어 있지만 哈大洋, 鈔票, 金票 등으로 나뉘어져 복잡하기도 하고 본문에서는 그 액수보다는 자금의 흐름과 관계를 보기 위한 것이므로 금액 없이 항목만을 표기했다.

둘째, 지호의 출자금이나 대두 매입자금은 본점 즉 총호에서 조달했다. 길림영형관은전호는 총호에서 출자하기 보다는 지호에서 출자하는 경우가 많았지만 광신공사(흑룡강성관은호) 양잔의 출자금은 모두 총호에서 출자했다. 각 지호의 대두매입을 위한 자금도 총호로부터 공급받았다. 이것은 연호관계에서 총호의 가장 큰 임무였던 것으로 보인다. 그런데 광신공사의 총호는 치치하얼에 있었지만 하얼빈 분호는 총호가 아니었음에도 불구하고 해당 지역이나 주변 지역의 연호에 자금을 조달하는 임무를 맡고 있었다. 하얼빈은 북만 경제의 중심지로 광신공사의 지호가 많이 설립되어 있었기 때문에 실제로는 총호에 버금가는 역할을 했던 것으로 보인다.

셋째, 지호는 매년 음력 연말에 결산하고 약간의 적립금을 공제하고 난 후 나머지는 양분하여 반은 총호에 납입하고 나머지 반은 지호의 경리 이하에게 분배하는 구조였다. 그러나 영자호의 경우 실제로는 지호의 이익금은 총호에 납입하지 않고 지호의 차입금으로 이체하여 사용하는 경우가 많았다. 또한 지호에서 영업 손실이 나면 총호에서 이를 충당해주어 지호가 계속 영업을 해나갈 수 있도록 손실을 보전해주었다.

넷째, 총호는 지호에 대해 거래와 경영상황을 감독하고, 지호는 이를 매월 총호에 보고하는 구조였다. 영자호의 경우 총호는 지호에 대해 총괄적으로 감독하고 그 책임을 지지만 실제로는 지호 중 영형무永衡茂, 영형장永衡長, 영형태永衡泰의 세 상호의 경리가 총호 회판의 명에 따라 각지의 영자호를 분담하여 감독했다. 각 지호는 이 세 상호에 영업 상황을 보고하고 지시를 받아 운영하는 등 이 세 상호가 각 지호에 대한 실질적인 운영과 감독을 담당했다.

다섯째, 총호의 지휘 하에 지호 간의 연락이 긴밀했다. 대두 매입에 관한 총괄적인 방침은 총호의 지휘를 따랐지만 구체적인 것은 지호 간의 긴밀한 연락에 의존했다. 특히 대두매입 시기에는 지호 상호 간에 전화 통화를 하거나 동일 지역의 경리들이 회동하여 대두 매입 시기, 수량, 가격 등에 대해 의논한 후 각 지역에서 이루어졌다.

이상에서 살펴본 바와 같이 양잔은 대두유통의 중심적인 위치에서 생산자인 농민에서부터 권력에 이르기까지 각 사회계층을 종적으로 연결시켜 주었던 존재였다. 특히 양잔은 동북정권과의 긴밀한 관계를 통해 관상으로서 동북에서 부와 특권을 누릴 수 있었을 뿐 아니라, 양잔 상호 간은 물론이고 곡물상, 대두가공업자, 수출상 등 각 상인계층을 연결시켜 주는 중간 역할을 했다. 또한 양잔은 연호관계를 통해 인적, 물적 네트워크를 확보함으로써 성내에서 막강한 세력을 형성할 수 있었다. 양잔 네트워크의 범위는 전 동북지역이었고 연호관계를 통해 자금과 물자가 종횡으로 유통되었다. 뿐만 아니라 총호와 지호라는 관계를 통해서도 종적으로 연결되어 있었다. 유력한 대부분의 양잔은 동북정권의 비호 하에 관상으로 활동했으며, 연호관계를 통해 각 상점 혹은 동북사회의 유력자들과 다양한 층위의 네트워크를 형성했던 것이다. 양잔에 의해 다양한 방법으로 축적된 부는 다시 각지의 직·방계 연호조직으로 확대되었다. 이렇듯 양잔은 대두상품의 유통을 통해 동북사회의 경제발전을 견인하는 거대한 상인세력으로 성장할 수 있었던 것이다.

# 봉천의 상업자본과 상점 네트워크

_ 김희신

흔히 만주라 불리던 동북의 사회경제 변화의 추동력은 모두 외부에서 얻었다고 말할 수 있다. 하나는 인류역사상 최대의 인구이동 중 하나라 할 수 있는 청·민국시기 한족의 대규모 인구 이동이며, 다른 하나는 19세기 개항이라는 외국의 충격이었다. 동북사회경제 변화의 성격에 관한 기왕의 평가가 '중국화(내지화內地化)' 혹은 '식민주의'로 이해되거나 '중국화' 그 이면에 식민주의가 동전의 양면을 이루고 있다는 점에서 '내부 식민' 혹은 '외부 식민'이라 표현되는 이유가 바로 그 때문이었다.[1] 물론 동북사회경제의 변화과정은 넓은 의미에서 중국화에 기

* 이 글은 『중국근현대사연구』 제62집(2014.06)에 게재된 필자의 원고를 수정하여 본 총서체제에 맞게 재편집한 것이다.

1) 漢族의 동북이민이나 동북사회경제사와 관련해서는 일일이 나열하기 어려울 정도로 국내외에 상당한 연구가 축적되어 있다. 대표적인 연구서로는 範立君, 『近代關內移民與中國東北社會變遷(1860-1931)』(2007); 路遇, 『清代和民國山東移民東北史略』(1987); 林士鉉, 『清季東北移民實邊政策之研究(政治大學史學總書7)』(2001); 孔經緯, 『東北經濟史』(1986); 石田興平, 『滿洲における植民地經濟と史的展開』(1964); 西村成雄, 『中國近代東北地域史研究』(1984); 松本俊

반한 식민지적 요소들을 내포하면서 진행될 수밖에 없다. 여기서는 '중국화'라는 의미에서건, '내부 식민'이라는 의미에서건 현실적으로 한족의 대규모 이동이 동북사회경제 변화의 주요 동력을 제공했다는 사실에 주목한다. 주요한 관심은 한족의 이민 그 자체가 아니다. 사람은 문화, 정보를 전달하는 매개체이고, 사람의 이동으로 문화가 전달된다. 사람의 이동이 지역 간의 경계를 깨고 사회경제문화의 전파, 교류 융합을 촉진한다는 의미에서 인구 이동으로서의 이민, 특히 한족상인의 이민이 동북지역의 사회경제문화 구조를 형성하는데 큰 의미를 갖는다는 점에 주목한다.

본고에서는 1930년대 초반 도시 봉천의 사례를 중심으로, 중국동북지역의 상업자본 구성과 상점 내・외부조직의 존재양태에 대한 분석을 시도하였다. 우선 한족의 동북 이민이 상업발달에 어떠한 영향을 미쳤는지를 검토한다. 다음으로 상점의 내부조직형태로서 합고合股의 개념을 정리하면서 자본주와 경영자의 관계를 중심으로, 상점조직의 운영방법과 실태에 대해 규명한다. 마지막으로 강력한 상점연계조직으로서 연호聯號 상점의 존재양태와 그 특징에 대해 분석한다. 이로부터 동북지역의 상업과 상점조직의 경영형태에 대한 이해뿐만 아니라 그 구조를 안정적으로 지탱하는 문화요소로서 다양한 사회관계의 작동 실태를 단편적으로나마 엿볼 수 있기를 기대한다.

---

郎, 『日本資本主義と中國植民地化』(1992); 松本俊郎, 『日本資本主義と中國植民地化』(1992); 安富 步, 『滿洲國の金融』(1997); 塚瀨進, 『中國近代東北經濟史研究』(1993); 安藤彦太郎, 『滿鐵: 日本帝國主義と中國』(1965); 滿洲移民史研究會, 『日本帝國主義下の滿州移民』(1976); 安富 步・深尾葉子 編, 『「滿洲」の成立-森林の消盡と近代空間の形成』(2010); 上田貴子, 「近代中國東北地域に於ける華人商工業資本の研究」(大阪外國語大學語言社會研究科博士論文, 2010); 윤휘탁, 『만주국: 식민지적 상상이 잉태한 '복합민족국가'』(2013) 등이 있다.

# 1. 봉천의 상업과 상업자본

## (1) 이민도시형성과 한족 상인

청대 초기 동북이민은 대부분 화북지역에서의 한족농업이민이었고, 동향·동족의 집단적 이주를 통해 농업개간을 하며 동북 각지에 정착하였다. 이주자의 증가는 생활필수품 공급을 담당할 한족 상인의 동북 유입을 촉진했다. 봉천지역에도 마찬가지로 농업의 발달과정에서 순치 시기로부터 강희, 옹정 연간에 이르기까지 유민流民과 함께 상인, 수공업 장인들이 들어오기 시작했다.[2] 한족 상인들은 지형을 관찰하고 원근을 측정하여 각 지점을 통괄해야 할 지역을 점쳐서, 이주자들의 수요를 만족시킬 상점을 세웠다. 상점의 개설은 얼마 후 도시발달의 첫걸음이 되었다. 청말에는 봉천奉天, 개평蓋平, 금주錦州가 봉천성의 상업중심으로 간주되었고 한족 상인들은 그곳에 상점을 집중적으로 개설했다. 이들 상점은 대부분 관내關內에 상당한 자본과 공고한 기초를 가진 상점의 분·지점이었다.[3] 초기에는 종종 잡화상의 형태로 출현하였다가 후에 규모가 점차 확대되어 동북 각지의 각종 수요에 따라 면포, 목면, 약품 등을 주로 취급했다.[4] 잡화포 외에도 점차 수공업 방식의 양조, 대두가공, 제분, 곡물거래, 전통금융업 등에 종사하는 상인집단이 각 도시 내에 출현했다.[5] 이민 인구 증가와 함께 동북의 도시 내에는 중

---

2) 劍虹, 「漢族開拓滿洲史」, 『民鐸雜誌』 1-3(1916), 242-243쪽.

3) 石田興平, 「滿洲における農業經濟の植民的形成と商業資本の媒介」, 『彦根論叢』 46·47號(1958), 294-295쪽.

4) 範立君 著, 『近代關內移民與中國東北社會變遷(1860-1931)』(人民出版社, 2007), 263쪽.

5) 劍虹, 「漢族開拓發達史」, 『民鐸雜誌』 1-3(1916), 242-243쪽; 門馬驍, 「戰時下農村土著資本の課題とその基調」, 滿鐵調査部 編, 『滿洲經濟研究年報(昭和16

국인 거리의 기초가 만들어졌다. 일반적으로 청대 동북의 한족 상인은 산서상인과 직예상인이 중심이 되며, 동북 개발의 진전과 함께 그 활동도 활성화되었다고 평가한다.[6] 1931년 『동북연감東北年鑑』에서는 "동북에 와서 상업을 경영한 자는 대부분이 내지 각 성省의 객적客籍 상인, 특히 직예, 산동, 산서 3성 출신이 대부분"이라 했다.[7]

산동 상인들은 주로 산동반도의 상업경제권에 속하는 황현黃縣, 봉래현蓬萊縣, 초원현招遠縣, 액현掖縣 등지에서 봉천으로 이주해 왔다. 동북지역에서 산동인의 상업 활동은 초기에 사방絲房, 당포當舖 경영을 중심으로 했다. 그 외에도 전장錢莊, 양행糧行, 약방藥房, 방적紡績, 석탄 등 그 경영범위는 비교적 광범위했다.[8] 그 중에서도 산동인이 다수 종사했던 업종은 사방이었다. 산동인의 사방업은 청조 순치시기 산동상인이 자수용 견사를 봉천으로 팔러왔고, 이후 상인들은 공방工房을 만들어 자수용 견사를 봉천에서 생산했던 것에서 시작된다. 사방이 규모를 확대하는 과정에서 견사의 생산판매 외에도 경영범위를 넓혀 잡화판매업으로 전환해 갔다. 이후 일반적으로 사방업 종사자는 각종 잡화의 수입과 판매를 행했던 유력 잡화상(백화상점)으로 통칭하게 되었다. 다른 한편으로는 동북에서 대두, 고량 등 농산품을 구매하거나 농산품을 가공하여 관내로 운송했다. 이러한 교환을 통해 산동의 잡화상들은 점차 자본을 축적하였고, 이 기초위에 동북 각지에 상업망을 구축해 갔다. 그리고 이 상업망을 기초로 각지에서 상당히 영향력 있는 상방商幇이 되었

---

年版)』(改造社, 1941), 249쪽.

6) 楊合義, 「淸代活躍於東北的漢族商人」, 『食貨』 5卷 3號, 1975.(塚瀨進, 『中國近代東北經濟史硏究』, 東方書店, 1993, 28쪽에서 재인용)

7) 東北文化史編印處, 『東北年鑑』(1931年版), 1014쪽.

8) 蔣惠民, 上田貴子 譯, 「中國山東省黃縣人の商慣習」, 『民俗文化』 23(近畿大學民俗學硏究所 編, 2011-6), 285-286쪽.

다. 봉천에는 산동 황현 출신이 압도적으로 많다. 황현은 인구가 많은데 비해 토지가 협소한데다 지리적으로도 동북지역과 비교적 가까워 수륙 교통의 편리성을 갖추고 있다. 역사적으로도 상업경제권에 속했던 지역이었기 때문에 "동북으로 드나들며 상업에 종사하는(당시 '틈관동闖關東'이라 함)" 관습은 일반적인 것이었다. 청대 광서 년간 황현 성내城內에만도 300여개의 환전상과 잡화점이 있었다고 한다.[9] 산동 황현 성내 4대 부호였던 단흥순單興順, 임성林姓 신덕당慎德堂, 정안소당鄭安素堂, 조적안당趙積安堂 등이 아주 이른 시기 사방업의 천합리天合利, 길순창吉順昌, 겸상태謙祥泰, 조흥융趙興隆 등을 봉천에 개설했다. 이후에도 계속 동북각지에 점포를 세웠고, 점차 동북 내에서 세력을 증대해 갔다. 1930년대 초반까지 정안소당鄭安素堂 가족이 동북의 상공업에 대한 투자액이 200여만 원 이상이며, 점포수는 100여 곳에 달했다고 한다.[10] 다만 1920년대 후반 동북지역정권의 수입대체공업 육성정책과 일본상품 보이콧운동은 국내외의 상품수입으로부터 이익을 축적해 왔던 사방(백화상점)과 산동자본의 쇠퇴에 영향을 미쳤다.[11]

산서상인은 주로 태원현太原縣, 초현初縣, 태고현太古縣, 태곡현太穀縣, 서구현徐溝縣 등에서 이주해 왔고 전당포, 양조 등의 업종에서 그 특성을 발휘하였다. 일찍이 명대에 산서인들이 원거리간 상업거래에서 현은現銀 휴대의 불편을 해소하기 위해 표호票號(표장票莊)를 개설했던 것은 잘 알려진 사실이다. 표호는 환업무를 주로 했던 구식상업금융기관이며,

---

9) 蔣惠民, 「中國山東省黃縣人の商慣習」(2011), 271-274쪽.
10) 奉天興信所, 『(第1回)滿洲華商名錄(이하 『名錄』으로 표기)』(1932), 4-9쪽; 23-24쪽.
11) 上田貴子, 「東北アジアにおける華人ネットワークの生成と衰退」, 『現代中國研究』 18(2006), 80-81쪽.

산서인의 과점 업종으로 전국적인 네트워크를 가진 조직이었다. 명·청대 동북의 주요 도시들은 주로 군軍주둔지였고, 주둔지로의 양식 및 군비의 공급은 동북으로의 주된 물류 중 하나였다. 이로부터 환업무도 생겨나게 되고 동북내 군주둔지를 중심으로 산서상인이 거점을 갖기 시작했다.[12] 봉천지역의 초기 표호 영업의 성쇠와 관련된 단서를 『명록名錄』에서도 찾아볼 수 있다. '전포錢舖' 항목으로 분류된 상점가운데 융풍동隆豊東(도광년간 개업), 부삼준富森竣(1827년 개업), 만억항萬億恒(1853년 개업), 의태장義泰長(1858년 개업), 연천부淵泉溥(1871년 개업) 등이 영업 초기 표호 업무를 주로 했던 상점이었다.[13] 이들 전포는 비교적 이른 시기 모두 산서인이 출자하여 개설된 것으로, 그 업무 범위는 간단한 태환 업무에서부터 예금, 대출 업무를 겸했다. 그 가운데 일부 전포는 개설초기 봉천성정부와의 관계를 이용하여 영업발전을 도모하였다. 근대은행이 아직 개설되지 않았던 청대에 연천부는 구식지폐(사첩私帖) 발행, 성고省庫 재정 관리의 특권을 향유했고 봉천에서 매우 주요한 금융기관으로 성장해갔다. 부삼준도 성고 재정관리 등의 특권을 향유하여 구식 금융업계에서 뚜렷한 업적을 남겼다. 그런데 청말 봉천장군 조이손趙爾巽이 1905년 동북지역의 폐제통일을 목적으로 동삼성관은호東三省官銀號를 설립하였고, 이는 산서 표호에게는 치명적인 사건이었다. 동삼성관은호가 성립된 후 연천부와 부삼준 등이 누렸던 기왕의 특권은 모두 취소되었고 영업범위도 예금, 대출, 환 관리 등으로 축소 변경되었다.[14] 한편 청말 은행이나 저축회라 불리던 새로운 근대 금융기관의 등장도 표호와 같은 전통적인 금융기관의 쇠퇴에 영향을 미쳤

---

12) 上田貴子, 「奉天-權力性商人と糧棧」, 『「滿洲」の成立』(2010), 372쪽.
13) 『名錄』, 93쪽; 95-96쪽; 98쪽; 100쪽.
14) 『名錄』, 93쪽; 95쪽.

다. 기존 전포에 예치되었던 자금 대부분이 동삼성관은호나 새로운 금융기관으로 흘러들어갔다. 산서인의 과점 업종이었던 표호 기능의 쇠퇴는 봉천지역에서 구식 금융기관과 산서자본의 쇠퇴를 의미하는 것이기도 했다.

한편 하북(직예) 상인은 하북의 동쪽, 즉 창려현昌黎縣, 임유현臨榆縣, 무녕현撫寧縣, 낙정현樂亭縣, 심현深縣 등에서 유입된 인구수가 가장 많아 '기동방冀東幇'이라 불렀다. 기동冀東 지역도 동북지역과 거리가 가장 가깝고 역사상 농민의 '틈관동' 전통이 있다. 농민뿐만 아니라 하북 이민자 중에는 학식이 있는 사람이 비교적 많았다. 장사 수완도 좋아서 동북에 들어온 후 주로 상업 활동에 종사하여 양잔, 약방, 잡화포, 유방, 당포 등을 운영했다.[15] 청대 사방과 전포가 산동과 산서상인들의 과점 업종이었던 것에 대해 하북 상인이 비교적 이른 시기 봉천에 개설한 천태호天泰號(강희년간 개업), 광생당廣生堂(1739년 개업), 항발성恒發成(1853년 개업)은 봉천 양곡상, 약방, 잡화상 가운데 가장 오랜 역사를 가진 점포로 1930년대까지 누대로 영업을 이어오고 있다.[16]

이상에서 보았듯이 산동, 하북 지역은 지리적으로 다른 지역에 비해 동북지역과 가깝고, 역사적으로도 동북에서의 상업경영은 '틈관동'을 통해 경제적 성공의 기회를 찾는 하나의 습속으로 형성되어 있었다. 한편 산서상인의 경우는 표호처럼 투자한 업종의 경쟁력의 측면에서 전통적으로 다른 지역에 비해 우세한 측면이 있었다. 하북, 산동, 산서 출신이 청대 동북에서 경제적 기반을 선점함으로써 그들보다 뒤에 진출해 온 다른 지역 출신 이민자들에 비해 유리한 입장에 있었다.

---

15) 範立君, 『近代關內移民與中國東北社會變遷(1860-1931)』, 264쪽.
16) 『名錄』, 41쪽; 106-107쪽; 124-125쪽.

중국의 경우 전통적으로 타지에서의 정착과정을 설명하는데 개인적인 네트워크, 특히 혈연, 지연의 중요성을 강조하는 것이 일반적이다. 시가지의 팽창과 함께 동향인이 증가하게 되고, 동향단체인 준準혈족단체의 결성을 가져오게 된다. 봉천 소재의 동향회관들은 한족이 동북으로 대거 이주한 후 건설되었을 것이기 때문에 중국 관내와는 달리 오랜 역사를 가지지 않는다. 봉천경제가 발전함에 따라 이민 인구는 더욱 증가하였고, 이민자들 사이의 경쟁과 갈등은 매우 치열하게 전개되었다. 이 과정에서 자연스럽게 각 지역의 동향인들은 동향인을 대표하는 회관을 세워 각 방幇의 이익을 보호하였다. 그 역사가 언제 시작되었는지는 명확하지 않다. 만철조사에 의하면 봉천에는 1722년 봉천직예회관奉天直隷會館 설립을 시초로 하고, 뒤이어 1792년 산동회관 등이 조직되었다고 한다.[17] 이후 회관의 수도 점차 증가해 갔고, 〈해관십년보고海關十年報告(제1기:1882~1891년)〉에서는 1882~1891년간 봉천성省에 다른 지역 상인이 세운 회관이 10개가 있고, 봉천(당시 성경盛京)에는 직예, 삼강三江, 산동, 산서회관 등이 존재한다고 보고되었다.[18]

『명록』을 기초로 분석한 바에 의하면 1932년초 당시 상계商界에 종사하는 사람들을 중심으로 조직된 성 단위의 동향회는 산서동향회, 절강동향회, 산동동향회, 직예동향회 등 4개가 존재했다.[19] 그 외에 현 단위의 동향조직, 즉 하북의 심현深縣동향회・무녕현撫寧縣동향회・임유현臨楡縣동향회・창려현昌黎縣동향회, 절강의 소흥紹興동향회, 산동의 초원현招遠縣동향회・황현黃縣동향회 등 모두 7개의 동향단체가 존재했던 것

17) 枝村 榮, 「奉天に於ける會館に就いて」, 『滿鐵調查月報』 13卷 10號(1933.10), 2쪽.
18) 彭澤益 主編, 『中國工商行會史料集』 下(中華書局, 1995), 625~626쪽.
19) 『名錄』, 1쪽; 26쪽; 54쪽; 77쪽.

으로 확인되었다.[20] 봉천에 하북, 산동 관적을 가진 인구수가 많아지면서 주요 부府・현縣마다 동향단체를 구성하는 지역별 분화 현상이 나타났던 것으로 짐작된다. 적어도 이들 현 단위 동향단체의 존재를 통해 봉천상인의 주요 내원과 규모를 성省・부府・현縣 단위로까지 확인하는 것이 가능하게 된다. 그런데 여기서 주목되는 것은 봉천에 절강 관적을 가진 상업종사자가 적었음에도 불구하고 소흥동향회가 존재했다는 점이다. 『명록』에 의하면 화발영和發永 사방의 자본주(재동財東) 서문徐文이 봉천에서 30년 넘게 머물며 상업으로 치부하였고, 당시 봉천 소흥동향회의 회장이었다.[21] 원래 봉천에 절강인, 특히 소흥인 관리가 많았고, 이들 관리가 회관의 중심이 되어 소수 상인과 연계하여 회관을 조직했던 것으로 알려져 있다. 만주사변이 발발하자 소흥인 대부분이 회적하였고 그 숫자가 급감하여 소흥동향회는 1932년초 조사당시 회장 이하 3명으로 겨우 유지되는 정도였던 것으로 짐작된다.[22]

원래 동향회는 동향인이 상호부조를 목적으로 하는 것이기 때문에 원칙적으로 동향인이 무조건 가입자격을 갖고 있어야 하지만, 봉천의 직예회관, 산서회관, 산동동향회 등은 거의 동향 상인계층에 의해 조직되었다는 점이 특징적이다.[23] 일반적으로 동향단체의 활동내용은 회관

---

20) 『名錄』, 9쪽; 17-19쪽; 33쪽; 38쪽; 44쪽; 64쪽.

21) 『名錄』, 19쪽.

22) 원래 소흥인들이 법리적 두뇌와 문학적 재간을 갖고 있어 공문서의 기초, 재판, 재정고문 등 각종 公務에 종사하는 자가 많았다.(枝村 榮, 「奉天に於ける會館に就いて」, 1933, 11쪽)

23) 그 외에 안휘, 민강, 강서, 호광회관 등이 존재했는데, 동향회는 주로 군인, 관리, 상인 등을 중심으로 조직되었다. 만주사변 이전 호광회관은 군인정치가 등이 입회하였지만, 사변이후 군인정치가들이 귀국하자 호북성 이발업자 100여명에 의해 조직이 유지되었다. 그 실질은 호광회관이 아닌 호북회관이며, 동업단체였다. 민강, 강서회관의 회원도 대부분 군인관리였는데 사변 후 대부분 귀국하면서 유명

|도표 1| 봉천소재 동향회와 전·현직 임원(1932년)

| 동향회 | (前)직책 | 이름(나이) | 관적 | 소속상점(업종) | 신분 |
|---|---|---|---|---|---|
| 직예 | 회장 | 王子正(53세) | 하북 임유현 | 德順成(면사) | 경리 |
| 산동 | 회장 | 劉敬齋(65세) | 산동 황현 | 天合利(사방) | 경리 |
| | 監察賬人 | 張子揚(60세) | 산동 황현 | 吉順洪(사방) | 경리 |
| 산서 | 회장 | 時立山 | 산서 태곡현 | 興茂厚(사방) | 재동 |
| | (前)회장 | 楊子和(47세) | 산서 기현 | 馥泉泳(소과) | 경리 |
| 절강 | (前)간사 | 朱子範(37세) | 절강 영파현 | 吉祥甡(잡화) | 재동, 경리 |
| 하북 심현 | 부회장 | 夏惠民 | 하북 심현 | 天德成(사방) | 재동 |
| 하북 무녕현 | 회장 | 李滋然(60세) | 하북 무녕현 | 源豊盛(사방) | 경리 |
| | (前)회장 | 崔仲三(54세) | 하북 무녕현 | 天增順(면사) | 재동 |
| | (前)부회장 | 王錫九(39세) | 하북 무녕현 | 福順恒(잡화) | 경리 |
| 하북 임유현 | 회장 | 陸政明(53세) | 하북 임유현 | 志誠信(잡화) | 재동, 경리 |
| | (前)회장 | 王興甫(59세) | 하북 임유현 | 全順成(산화) | 경리 |
| 하북 창려현 | (前)察賬員 | 韋熙亭(55세) | 하북 창려현 | 大順永(잡화) | 재동, 경리 |
| | (前)간사 | 於金泉(55세) | 하북 창려현 | 滙泉遠德記(잡화) | 경리 |
| 절강소홍 | 회장 | 徐文 | 절강 소홍현 | 和發永(사방) | 재동 |
| 산동 초원현 | 회장 | 王潤征(50세) | 산동 초원현 | 謙祥源(사방) | 경리 |
| 산동 황현 | 간사 | 李玉山 | 산동 황현 | 春發長(잡화) | 재동 |
| | (前)간사 | 閻貫一(56세) | 산동 황현 | 謙祥泰(사방) | 경리 |

* 출처: 『名錄』, 4-131쪽으로부터 작성.

에 따라 차이가 있어도 대체로 동향인의 친목, 자선구제 사업을 중심으로 한다. 다만 동향단체가 상호 부조의 목적을 관철하고, 단결력을 공고하게 하는데 종교의 힘을 필요로 하기도 했다. 회관사업 중 종교기관으로서의 활동이 중요했던 이유가 바로 여기에 있다. 회관내부에는 거의 대부분 제단을 설치하여 각종 신을 모셨고, 종교적 부속기관으로서 관을 안치해 두는 공간이나 일종의 공동묘지를 소유하기도 했다.[24]

무실해졌다.(枝村 榮, 「奉天に於ける會館に就いて」, 1933, 11쪽)

24) 枝村 榮, 「奉天に於ける會館に就いて」(1933), 29쪽.

동북내 동향회 조직의 역사가 짧기는 하지만, 다른 지역과 마찬가지로 다양한 동향네트워크의 거점들이 존재했다. 동북 경제의 발달과정에서 유입된 이민인구가 지역별로 각 방을 형성하고, 회관을 세우는 전통적인 중국 상인사회의 특징이 봉천에도 예외가 없이 드러나고 있다. 동향회는 이민도시로 성장해갔던 봉천의 상인사회에서 영향력을 발휘할 수 있는 주요한 조직 중 하나였다. 이와 관련해서 동북의 동향회가 친목, 자선 등에서 의미가 있을 뿐 상업적 측면에서는 가치가 적다고 평가하는 경향이 있다.[25] 그러나 앞서 언급했듯이 주요한 동향단체가 전적으로 상인들을 중심으로 구성되었다는 점에 주목한다면 동향 상인들의 이해관계를 반영하지 않는다고 단언하기 어렵다. 특히 황현동향회가 제동은호濟東銀號의 설립을 추진했던 것을 구체적인 사례로 들 수 있다. 1926년 황현동향회가 여유자금 10만원과 봉천소재 황현방 상점으로부터 10만원을 모집해서 자본금 20만원으로 전포를 개설했다. 1926년은 당시 봉천표 폭락으로 전업錢業에 대한 봉천당국의 단속 때문에 금융이 경색되는 등 시장 상황이 매우 좋지 않았던 시점이었다.[26] 제동은호는 개설과 함께 황현방에 속하는 사방, 잡화업, 면사포업 종사자들로부터 크게 환영을 받았고, 해당 동향회를 중심으로 협력을 유지하며 자금을 원조했기 때문에 전포의 자금회전은 매우 원활했다. 황현방 외에 봉천내 다른 객방과의 거래도 활발했고, 1931년 연대출 총액은

25) 外務省 編,『南滿洲ニ於ケル商業』(金港堂書籍, 1907), 337-338쪽; 滿鐵 編,『南滿洲經濟調査資料(4)』(1910), 82쪽.

26) 1926-1927년간 봉천지방당국의 錢商에 대한 단속과 처벌 등에 대해서는「上將軍嚴整錢法」,『盛京時報』 1926.07.27;「維持金融方策三志」,『盛京時報』 1926.08.01;「各商不買不賣」,『盛京時報』 1926.08.07; 南平正治,「奉天錢業公會に就いて-公會を中心としたる奉天錢業界」,『滿鐵調査月報』 14-1(1934.01), 127-128쪽을 참조.

120만원으로 업계 1위였다.(|도표 3| 참조)[27] 황현동향회가 출자하여 개설한 제동은호의 사례는 동향회가 단순히 친목단체로만 존재했다고 평가할 수 없으며, 한족상인의 상업 활동에 여전히 적극적 역할을 했을 가능성이 있다는 단서를 제공한다.

### (2) 상업자본구성과 상업분포

아래의 |도표 2|는 1932년 봉천소재 233개 주요 상점의 조직형태, 주요 업종별 자본주의 관적분포 등 봉천 상업자본의 구성을 상점수로 나타낸 것이다. 이를 통해 중국 관내자본과 동북상업발달은 어떠한 관계가 있고, 당시 봉천재지자본의 위상은 어떠했는지 간단히 살펴보자.

**|도표 2|** 봉천상점의 조직형태·자본주 관적분포(1932년)

(단위: 상점수)

| 조직 / 관적 / 업종 | 독자 | | | | | | | | 합자 | | 공사 | 총합 |
|---|---|---|---|---|---|---|---|---|---|---|---|---|
| | 산동 | 산서 | 하북 | 봉천 | 기타 | 미상 | 합계 | 경영참여 | 합계 | 경영참여 | 합계 | |
| 絲房 | 24 | 1 | 4 | 3 | 2 | 7 | **41** | 1 | **19(2)** | 12 | 1 | **61** |
| 雜貨 | | | 7 | 3 | 1 | 3 | **14** | 3 | **42(15)** | 20 | | **56** |
| 棉絲布 | 4 | | 1 | 7 | 1 | 5 | **18** | 1 | **24(6)** | 7 | | **42** |
| 山貨細皮 | | | 1 | 1 | | | **2** | 0 | **6** | 5 | | **8** |
| 錢鋪 | | 8 | 1 | 2 | | | **11** | 0 | **6(1)** | 4 | 1 | **18** |
| 藥房 | | 2 | 2 | 2 | | 1 | **7** | 1 | **3** | 3 | | **10** |
| 燒鍋 | | 6 | | 2 | | | **8** | 0 | **4** | 1 | | **12** |
| 糧棧 | | | 4 | 12 | | 1 | **17** | 1 | **9(1)** | 4 | | **26** |
| 합계 | 28 | 17 | 20 | 32 | 4 | 17 | **118** | 7 (5.9%) | **113 (25)** | 56 (49.6%) | 2 | **233** |

* 하북은 천진, 북경자본을 포함하며, 기타에는 강소(1), 하남(1), 절강(2) 자본을 포함한다.
* 합자상점 합계난의 괄호 내 숫자는 자본주의 관적정보가 전혀 없는 상점수이다.
* 출처: 『名錄』, 4-131쪽으로부터 작성.



27) 『名錄』, 102쪽.

우선 봉천의 주요상점이 산동, 산서, 하북, 봉천 등 4방 자본에 의해 주로 개설되었고, 자본주의 관적에 따라 개설 업종에도 차이가 보인다는 점에 주목할 필요가 있다. 분석대상 233가家 가운데 자본주의 관적이 미상未詳(독자 17, 합자 25) 혹은 기타(독자 4) 등으로 분류된 46가를 제외하고, 187가(80%)가 4방에 의해 개설되었다. 독자 상점의 경우 4방의 출자가 97가(82%)를 차지한다. 업종별로 산동자본은 사방과 면사포에, 산서자본은 전포 및 소과에 집중 출자되는 경향을 보였다. 반면 하북과 봉천자본은 전 업종에 고루 분포되어 있다. 기타 강소·절강·하남인의 자본출자는 4가에 불과하다. 이러한 경향은 합자상점의 자본구성을 분석해도 동일한 결과로 나타난다.

합자 상점의 경우 113가 중 자본주의 정보가 없는 관적 미상의 상점이 25가이고, 나머지 88가 중 자본주가 모두 동향인으로 확인된 상점은 모두 15가였다. 봉천 7가(사방·약방·전포·산화세피점 각 1, 면사포 3), 산동 4가(사방 1, 잡화 2, 면사포 1), 산서 1가(소과 1), 하북 3가(사방 2, 산화세피점 1)이다. 나머지 73가의 자본주 관적구성은 주로 봉천-하북, 봉천-산동, 하북-산동의 조합이 많고, 산동-산서의 조합은 거의 찾아볼 수 없다. 그 외에 항주-소홍 등 절강인이 합자하여 개설된 상점 1곳만이 확인된다.[28] 합자상점의 경우 산동자본은 주로 사방·잡화·면사포 업종에, 산서자본은 소과·전포 업종에 집중되며 하북·봉천자본은 전 업종에 고루 분포되어 있다. 산동과 산서자본의 투자업종별 분화현상이 산동-산서 합자의 부재를 초래한 셈이었다.

한편 공사公司로 분류된 상점은 동협리同協利 사방, 제동은호 등 2가에 불과했다. 동협리 사방은 1고股당 1백원으로 하고, 총 5백고股를 한도로

28) 『名錄』, 18-19쪽.

발행하여 자본금 5만원을 전액 불입하여 조직한 고분공사股份公司였다. 최대 고주股主(자본주)는 곽연산郭連山, 부중원富仲元, 왕홍남王洪南, 맹상해孟常海, 왕진화王振和 등이며, 이외에 25명이 참여하여 총30명의 자본주가 투자했다. 경영은 최대 자본주이기도 했던 왕홍남(48세)이 맡았는데, 산동 황현인으로 황현방에서 존경받는 인물이었다. 기능과 경험도 풍부하여 일찍이 시상회市商會 동사 및 사방동업회絲房同業會 간사를 수차례 역임한 이력을 갖고 있다.[29] 한편 제동은호는 앞서도 언급했듯이 황현동향회가 제안하여 산동 황현인들이 조직한 고분유한공사股份有限公司(주식회사)이다. 자본금 20만원은 동향회 외에도 천합리天合利, 길순창吉順昌, 홍순성洪順盛, 겸상태謙祥泰, 부풍동阜豊東, 중순창中順昌, 길순사방吉順絲房 등 황현방의 사방자, 면사포상, 잡화상점 등이 투자하여 마련했다. 상점의 경영은 산동 모평현牟平縣 출신의 왕자범王子範(53세)이 맡았는데, 봉천에서 오랫동안 전업에 종사하였고 황현방 상계에서 존경하는 인물이라 조사되었다.[30] 이상 두 개의 상점이 가장 근대적 기업형태에 속하는 공사(고분공사, 고분유한공사)로 조직되었지만, 자본 모집이나 경영자의 선택에 동향관계가 여전히 중요한 요소로 작동하고 있었던 것을 알 수 있다.

이렇듯 청말, 민국시기 봉천 상업사회에서 중국 관내의 '3방', 즉 하북, 산동, 산서 자본이 주도하는 상업 경영은 현저한 현상으로 나타난다. 이러한 현상은 한족 이민에 의한 동북 경제의 진전이라는 특징을 잘 드러내고 있지만, 다른 한편으로는 동북(봉천) 경제의 불안정성으로 해석될 수도 있다. 러일전쟁, 만주사변 등 동북지역내 정치군사적 혼란

29) 『名錄』, 36쪽.
30) 『名錄』, 102쪽.

의 과정에서 상업거래가 마비되고 금융시장이 불안정하게 되는 경우, 도산되는 경우가 아니더라도 관내 자본상점은 일시 휴업을 하거나 폐업 후 회적해 버리는 일이 종종 있었다. 만주사변 직후 봉천에도 도산하거나 폐업한 상점이 많았고, 영업을 계속했던 상점 수는 과거의 절반에도 미치지 못했다고 한다.[31] 더욱이 객방이 관내에 본점을 두고 봉천에 지점을 설립한 경우라면 영업으로 얻어진 자본이 본점으로 흘러들어가는 등 구조적인 취약점을 피할 수 없었을 것이다. 이 경우에 대해서는 뒤에서 다시 언급하겠지만 1931년 봉천소재 상점의 경우 중국 관내關內에 본점을 두고 봉천에 지점을 설치한 상호가 매우 적다는 점, 또 상점의 개설시기가 광서 연간과 민국 시기에 집중 분포되어 있지만 길게는 200여년 이상의 시기를 이어온 대점포들이 몇 대를 이어 봉천에 뿌리를 내리고 상업에 종사하고 있다는 점 등은 주목할 필요가 있다. 동북에 뿌리내린 객방 자본의 토착화 경영이 의미하는 바는 중국 관내지역에서 동북소재 상점을 바라보는 시선에서도 짐작할 수 있다. 예를 들어 동북에 개설된 상점이 상해나 일본 오사카 등지에 지점을 설치한 경우 그 지점이 설치된 지역에서는 자본주의 관적과 관계없이 그 상점의 본점이 위치한 지역의 명칭을 따서 그들을 '봉천객방奉天客幇, 대련객방大連客幇, 영구객방營口客幇, 안동객방安東客幇, 만주객방滿洲客幇' 등으로 불렀다.[32]

여기서 주목해야 할 것이 바로 봉천재지자본의 약진이다.[33] 봉천재

31) 사실 대부분의 휴업자는 여관, 음식점, 신발가게, 소잡화상 등이었다.(奉天商工會議所, 『奉天經濟三十年史』, 奉天商工公會, 1940, 423-424쪽)

32) 「滿洲客幇の現狀」, 滿鐵 編, 『對滿貿易の現狀及將來』, 下卷(1927), 附錄Ⅰ, 51-66쪽.

33) 자본주가 심양, 영구, 해성, 개평, 금주, 흑산, 신빈 등을 관적으로 하는 봉천성 출신인 것에서 '봉천자본' 또는 '봉천재지자본'이라는 표현을 사용했다.

지자본상점의 수가 3방 각 상점의 수를 넘어설 뿐만 아니라 봉천자본은 업종상 과거 거의 예외가 없이 산서상인이 과점했던 전포 등에도 투자되고 있다. 독자・합자를 불문하고 사방(4가), 잡화포(8가), 면사포(12가), 산화세피(3가), 전포(5가), 약방(5가), 양조(2가), 양잔(18가) 등 전 업종에 걸쳐 총 57가, 24.5%를 차지한다.(|도표 4| 참조) 천성주점天成酒店, 천익당天益堂, 천성영天成永, 경융태慶隆泰, 경태장慶泰長 등과 같이 비교적 이른 시기 개설되어 역사가 오래된 상점도 있지만 20세기 이후 개설된 상점이 대부분이다.[34] 20세기 이후 봉천자본상점이 증가했던 것과 관련하여 기존연구에서는 객상客商의 후손들이 갖게 된 재지의식, 즉 동북인 의식의 형성과 강화를 그 원인으로 지적해 왔다.[35] 과연 이렇게 단순하게 재지의식의 강화만으로 이런 변화양상을 설명할 수 있을까.

봉천재지 자본주의 이력을 살펴보는 것은 그 집단의 면모를 파악하는데 도움이 될 수 있다. 그들이 중첩되는 이력을 갖고 있어 분명하게 구별하기 어렵지만, 대략 다른 성격을 갖는 4개 그룹으로 분류될 수 있다. 우선 일찍이 상공업에 종사하여 자본을 축적해 갔던 상업・금융계의 자본가, 둘째 동북의 전・현직 성의원・관료・군벌과 그 자손, 셋째 구舊만주귀족과 기인旗人 출신, 마지막으로 동삼성관은호와 같은 성정부

34) 『名錄』, 52-53쪽; 80쪽; 107-108쪽; 112쪽; 121쪽.

35) 1924년 봉천전성상회연합회의 회장, 동사 관적을 살펴보면 총123명의 회장・부회장・동사 중 71명, 총57.7%가 봉천관적으로 표기되었다.(〈奉天全省商會聯合會公函第112號(1924.12.21)〉, 遼寧省檔案館 編, 『奉系軍閥檔案史料匯編 第4冊』, 江蘇古籍出版社, 1990, 531-534쪽) 봉천상업단체내 봉천관적의 위상변화를 재지의식의 강화와 관련해서 설명한 연구는 上田貴子, 「'滿洲'の中國化-19世紀後半から20世紀前半期の奉天地域アィデンティの形成」(동북아역사재단 編, 『역사적관점에서 본 동아시아의 아이덴티티와 다양성』, 2010, 221쪽) 및 박경석, 「청말민국시기 봉천상인단체의 개황과 '복합구조'」(『中國近現代史研究』 58, 2013, 111쪽) 등이 있다.

출자의 금융기관 등이다. 대체로 그들은 동북지역에서 특권(지도) 그룹에 속했고, 과거 혹은 당시의 각종 이력을 바탕으로 다양한 네트워크를 가지고 있었다. 특히 지역경제의 규모 확대와 안정에 힘을 쏟고 있던 동북지방정권과의 적극적 관계형성을 통해 상점 경영의 유지 확대를 도모하는 경향이 매우 강했던 것으로 보인다.[36] 봉천성정부출자의 금융기관인 동삼성관은호[37]가 관영사업으로 양잔糧棧을 개설한 것이 그 대표적인 사례이다.

사실 만철이 개통된 이후 만철연선의 각 철도역을 중심으로 특산물이 집산하였고, 봉천은 대규모 특산물 집산지로서의 시장 기능은 사라졌다. 시내 및 인근지역의 소비를 위한 농산물의 집하, 보관, 판매를 주요 업무로 하는 양잔대리점이 유지되는 정도였다.[38] 봉천에서는 대규모 농산물 거래는 없었기 때문에 개설된 양잔의 수는 많지 않았다. 그런데 곡물유통업으로서의 양잔은 집산과 분산과정에서 당시 동북의 가장 유력한 재화축적의 수단이었다. 이는 동삼성관은호가 관영사업으로 동북 각지에서 양잔대리점 영업에 적극 관여했던 이유이기도 하며, 봉천에서도 예외는 아니었다. 봉천에 개설된 26가의 양잔대리점 가운데 18가, 69%가 봉천자본에 의해 장악되었다. 1918년 설립된 공제량잔公濟糧棧은 자본주인 동삼성관은호가 발행하기 시작한 봉천표奉天票를 위탁하여 해당 양잔이 대량의 잡량을 구입하고 수출항으로 운반 판매하는

---

36) 滿鐵經濟調查會 編,『滿洲經濟年報(1933年版)』, 改組社, 60-61쪽.
37) 東三省官銀號는 봉천성정부가 現大洋 2천만원의 자본금으로 개설하였고 省庫의 대리, 예금, 대출, 환업무, 지폐발행, 부속영업의 경영 등의 업무를 담당했다. 조사당시 임원은 경리 吳恩培(38세, 동경제국대학 경제과 졸업), 부경리 劉德文, 總文書 王述文, 總稽核 王德恩, 副稽核 孫耀宗이 맡았다.(『名錄』, 1쪽)
38) 김희신,「만주국 수립이전 봉천의 상업과 중국 상인의 동향」,『中國近現代史研究』60집(2013), 171쪽.

과정에서 현금으로 태환하는 등 화폐제도의 원활한 유통을 돕고, 봉천 성내 금융상황을 안정시키기 위한 목적에서 설립되었다. 뿐만 아니라 지역통화인 봉천표와 국제결제통화(동북에는 금표金票, 루블화 등이 국제무역거래에 사용되었지만 봉천에서는 금표가 주요한 국제결제통화였다)의 환전을 통한 시세차익도 얻을 수 있었다.[39] 또 동삼성관은호의 재력에 의지하여 대량으로 잡량을 저장 보관하였다가 고가일 때를 기다려 판매함으로써 거액의 시세차액을 얻을 수 있었다.

1921년 동삼성관은호가 영업권을 획득했던 동흥천東興泉도 초기에는 양조업을 전적으로 운영하다가[40] 1924년에는 영업을 양잔으로까지 확장한 후 거대한 시세차익을 얻었다. 1931년 조사당시 백미, 대두, 유량油糧 등 둔적 화물이 봉천 성내城內 축적 총액의 80-90%를 차지했다. 고량, 좁쌀, 멥쌀, 팥, 옥수수 등 잡곡의 저장도 적지 않아 봉천의 양잔대리점 중에서 저장량이 가장 많은 상점으로 조사될 정도였다.[41] 대부분의 양잔이 100만 원 이하의 연매출을 기록했던 것에 반해 동삼성관은호의 관영사업으로 개설된 공제양잔과 동흥천 등 두 양잔의 연매출이 각각 400만원과 300만원으로 업계의 1-2위를 차지했다. 한편 봉천군용양미창奉天軍用糧米廠 등 정부주도의 식량경매 사업에 참여했던 봉천재지자본상점으로서 유풍원裕豊源, 경태장慶泰長 등도 연매출이 각각 160만원과 110만원으로 공제양잔과 동흥천에 이어 업계 3-4위 매출 실적을 올렸다.[42] 이러한 사례들을 통해 1920년대 장작림, 장학량 정권과의 관

39) 『名錄』, 118-119쪽.

40) 東興泉(양조업)은 1870년 王姓의 山西 太古縣人이 개설했다. 1921년 동삼성관은호에 대한 채무상환능력을 상실하여 영업권을 관은호에게 양도하였다. 관은호 접수 후 충분한 자금을 바탕으로 양호한 영업실적을 올렸다.(『名錄』, 111쪽)

41) 『名錄』, 119쪽.

42) 『名錄』, 117-118쪽; 121쪽.

계 속에서 일부 봉천재지자본이 급속하게 성장해 갔음을 확인하게 된다. 지역정권과의 관계를 고려치 않는다 해도 봉천재지자본 상점의 연 매출액이 봉천상점 전체 평균 이상의 실적을 올리고 있었다는 점도 1930년대 초반 봉천재지자본 상점의 위상이 어느 정도였는지를 가늠할 수 있게 해 준다.

### |도표 3| 주요 업종별 상점 연매출 분포(1932년)

(단위: 상점수)

| 연매출 / 업종 | -10 | 11-20 | 21-30 | 30-40 | 41-50 | 51-100 | 101-150 | 151-200 | 201-300 | 301-400 | 합계 |
|---|---|---|---|---|---|---|---|---|---|---|---|
| 絲房子 | | 7 | 14 | 15 | 5 | 16 | 3 | | 1 | | 61 |
| 雜貨 | 2 | 10 | 14 | 13 | 10 | 4 | | | | | 56 |
| 棉絲布 | | 13 | 12 | 6 | 5 | 6 | | | | | 42 |
| 山貨細皮 | | | | | 1 | 1 | 3 | 1 | 2 | | 8 |
| 錢舖* | | 2 | 1 | 1 | 3 | 10 | 1 | | | | 18 |
| 藥房 | 1 | 4 | 1 | 1 | 1 | 2 | | | | | 10 |
| 釀造 | | | | | | 7 | 4 | 1 | | | 12 |
| 糧棧 | | | 1 | 1 | 1 | 18 | 2 | 1 | 1 | 1 | 26 |
| 합계 | 3 | 39 | 43 | 37 | 26 | 64 | 13 | 3 | 4 | 1 | 233 |

* 출처: 『名錄』, 4-131쪽으로부터 작성. 전포는 연간 대출액 기준 작성.
* 연매출 단위: 현양現洋 만원萬元

### |도표 4| 봉천재지자본 상점현황 및 연매출(1932년)

| 상호명 | 업종 | 개설 | 재동 | 관적 | 재동출신 이력 | 경리 관적 | 연매출 |
|---|---|---|---|---|---|---|---|
| 同義合 | 사방 | 1912 | 馮傭 | 해성 | 故馮麟閣 長子. 馮庸大學설립 | 하북 | 42 |
| 天增福 | 사방 | 1900 | 楊吉祥등 4명 | 봉천 | 봉천대자본가. 공상업 투자경영 | 봉천 | 23 |
| 英利源 | 사방 | 1904 | 多鳳閣 | 봉천 | 滿旗籍. 최대 莊頭의 대지주, 富商 | 하북 | 26 |
| 大德祥 | 사방 | 1916 | 薛子遠 | 봉천 | - | 하북 | 11 |
| 全順成 | 잡화 | 1910 | 鄭瑞廷등 | 봉천 | 奉軍旅長 역임, 奉天 富商 | 봉천 | 45 |
| 鄉鏍室 | 잡화 | 1901 | 恩永堂 | 봉천 | 봉천의 가장 오래된 오금잡화상 | 봉천 | 45 |
| 東德昌 | 잡화 | 1913 | 陳錫榮등 | 봉천 | 奉軍27師團長 역임 | 하북 | 15 |
| 信成興 | 잡화 | 1902 | 張廣泰등 | 봉천 | 政界출신. 봉천 桓仁·臺安縣지사, 盤山稅捐局 국장 등 역임 | 하북 | 35 |

| 상호명 | 업종 | 개설 | 재동 | 관적 | 재동출신 이력 | 경리 관적 | 연매출 |
|---|---|---|---|---|---|---|---|
| 慶隆泰 | 잡화 | 1877 | 許純卿 | 개평 | 富紳. 舊성의원 및 蓋平縣교육회장 등 역임 | 산동 | 31 |
| 德聚和 | 잡화 | 1906 | 同介臣등 | 봉천 | 봉천 旗族 중 대자산가. 內王府 佐領, 奉天府陵 관리 역임 | 산동 | 49 |
| 四合堂 | 잡화 | | 齋國權등 | 봉천 | - | 봉천 | 16 |
| 隆記洋行 | 잡화 | 1912 | 趙叔平 | 영구 | 영구현 大糧戶, 성의원 역임 | 봉천 | 15 |
| 同順祥 | 면포 | 1870 | 羅清齋등 | 봉천 | 당지 부상 | 봉천 | 53 |
| 慶昌福 | 면포 | 동치 | 陳紹文등 | 봉천 | 자산가로 공상업에 투자경영 | 하북 | 31 |
| 同義成 | 면포 | 1910 | 雙蔚林 | 봉천 | 襄黃旗(黃地紅邊) 재정청 제3과장, 성공서 비서 등 역임 | 산동 | 13 |
| 天成永 | 면포 | 동치 | 李錫九 | 봉천 | 錢業 경영으로 발재 치부 | 산동 | 35 |
| 長興隆 | 면포 | 1909 | 劉純修 | 봉천 | 봉천 富家, 正紅旗人 | 하북 | 30 |
| 裕慶德 | 면포 | 1910 | 陸福興 | 봉천 | 官界. 길림성 각 縣지사, 봉천성 法庫縣 稅捐局長 등 역임 | 하북 | 36 |
| 德泰永 | 면포 | 1906 | 劉厚軒 | 봉천 | 봉천 軍界 출신. 28師團長 역임 | 하북 | 30 |
| 成泰永 | 면포 | 1915 | 三合永, 成記號등 | 봉천 | 봉천 富商. | 하북 | 42 |
| 天增洪 | 면포 | 1901 | 文增利 | 심양 | 재정청 제2과장, 長白縣 지사, 營口稅捐局長 등 역임. 관료파. | 봉천 | 25 |
| 太山祥 | 면포 | 1902 | 褚作新등 | 봉천 | 滿洲旗籍. 守陵大臣 등 역임. | 하북 | 35 |
| 源順興 | 면포 | 1920 | 劉金耀등 | 遼陽 | 봉천요양 부호. 봉천군용피복창 재료과장 역임. | 산동 | 32 |
| 正記布莊 | 면포 | 1919 | 福聚正 | 安東 | 안동의 저명한 면사포, 잡화상 | 산동 | 70 |
| 永和店 | 산화 | 1910 | 張子求등 | 봉천 | 봉천富商. 시상회동사·산화점동업공회회장 역임 | 봉천 | 85 |
| 廣勝公 | 산화 | 1916 | 厚生堂, 永善堂등 | 봉천 | 봉천 당지 자산가 | 하북 | 150 |
| 福順隆 | 산화 | 1931 | 毛純熙 | 봉천 | 봉천 富商. 모피상으로 치부. | 하북 | 43 |
| 益增慶 | 전포 | 1918 | 鄒孟軒 | 봉천 | 구군벌시기 관리. 法庫, 西安 등 지사 및 재정청과장 등 역임 | 봉천 | 50 |
| 會元公 | 전포 | 1922 | 孫會元堂 | 海城 | 故길림독군 孫烈臣, 子 孫憲鈞 | 하북 | 85 |
| 東記銀號 | 전포 | 1924 | 陳儒林등 | 봉천 | 봉천금융업계의 능력자. 동삼성관은호 總稽核長, 동삼성관은호경제월간편집 역임 | 하북 | 15 |
| 裕通銀號 | 전포 | 1926 | 孫憲鈞등 | 海城 | 古길림독군 손열신의 미망인·자손 합자조직 | 하북 | 43 |
| 長發銀號 | 전포 | 1927 | 趙君堂등 | 봉천 | 봉천당지 전업계의 거두 | 하북 | 18 |
| 新新大藥房 | 약방 | 1928 | 韓作舟등 | 遼陽 | 봉천 요양현 부호 | 봉천 | 21 |
| 文雅齋藥房 | 약방 | 1910 | 孫雅軒 | 營口 | 봉천영구보제의원 약제과 졸업. 봉천의학연구사 서의부 부장·시상회 동사 현임 | 봉천 | 18 |
| 天益堂 | 약방 | 도광 | 武啓明 | 錦縣 | 봉천 錦縣 명문귀족. 선친이 현 지사, 안동도 역임. 약종상 거두 | 하북 | 33 |
| 志仁堂 | 약방 | 1901 | 安樂堂등 | 봉천 | 안락당은 봉천 명문귀족인 楊守志의 당명. 양수지는 봉천성의원 역임 | 봉천 | 21 |
| 春和堂 | 약방 | 1825 | 郭樹藩등 | 봉천 | 봉천 부상, 시상회 동사, 봉천 재정청 제2과장 역임 | 봉천 | 28 |
| 東興泉 | 양조 | 1875 | 동삼성 관은호 | 봉천 | 동삼성관은호 투자, 관영사업 | 봉천 | 200 |

| 상호명 | 업종 | 개설 | 재동 | 관적 | 재동출신 이력 | 경리 관적 | 연매출 |
|---|---|---|---|---|---|---|---|
| 天成酒店 | 양조 | 1737 | 艾福臣 | 遼陽 | 요양현 명문귀족. 조부가 심양장군 조이손의 武巡捕, 장군행서의 門房 등 吏職 역임 | 하북 | 52 |
| 福勝公 | 양잔 | 1901 | 多立山등 | 봉천 | 봉천 富紳. | 하북 | 30 |
| 裕豊源 | 양잔 | 1927 | 王子除 | 봉천 | 봉천 대자산가로 개인독자 투자경영 | 봉천 | 160 |
| 會元亭 | 양잔 | 1924 | 會元堂 | 錦州 | 古 흑룡강독군 손열신의 자손. 상공업출자 | 하북 | 110 |
| 公濟糧棧 | 양잔 | 1918 | 동삼성관은호 | 봉천 | 동삼성관은호 투자, 관영사업 | 봉천 | 400 |
| 東興泉 | 양잔 | 1921 | 동삼성관은호 | 봉천 | 동삼성관은호 투자, 관영사업 | 봉천 | 300 |
| 同義隆 | 양잔 | 1917 | 張景惠 | 臺安 | 길림, 흑룡강 독군 역임 | 봉천 | 85 |
| 厚記糧棧 | 양잔 | 1916 | 善繼堂등 | 봉천 | 봉천 富紳. 상공업 투자경영. 전직 성의회의원 | 하북 | 95 |
| 慶泰長 | 양잔 | 1894 | 郭恒久등 | 봉천 | - | 하북 | 110 |
| 慶裕長 | 양잔 | 1926 | 興順糧棧등 | 黑山 | 興順糧棧의 재동은 張作仁. 봉군 26려 野砲團長, 騎兵旅長 등 역임 | 하북 | 61 |
| 長興順 | 양잔 | 1919 | 明遠堂 | 봉천 | 明遠堂은 張立中의 堂名. 장립중은 봉천 대남관의 부호. 장사로 치부. | 하북 | 68 |
| 天和湧 | 양잔 | 1916 | 袁昆山 | 新賓 | 新賓縣의 富商. | 산동 | 55 |
| 全興長 | 양잔 | 1916 | 龐哲卿 | 錦縣 | 錦縣 부상. 황고둔상회 회장 역임. | 봉천 | 35 |
| 成泰店 | 양잔 | 1918 | 顧文閣 | 봉천 | 봉천 양식업계의 명장. 시상회 동사, 량행동업공회 현역 정부회장. | 하북 | 43 |
| 東成玉 | 양잔 | 1916 | 張換相등 | 錦縣 | 봉천성 명망귀족. 길림독군, 봉천군군장 역임 | 봉천 | 63 |
| 天合號 | 양잔 | 1923 | 王渠用 | 海城 | 선친이 봉천에서 糧業경영, 치부 | 하북 | 78 |
| 鴻順隆 | 양잔 | 1918 | 馬占鰲 | 봉천 | 봉천 명망귀족. 선친이 길림 각 현지사, 세연국관직 역임. | 하북 | 83 |
| 春和店 | 양잔 | 1904 | 景佩芝 | 봉천 | 봉천상계의 거두. 장춘, 하얼빈, 대련 등 상업번성 지점에 투자. | 하북 | 65 |
| 天聚厚 | 양잔 | 1917 | 張明久등 | 瀋陽 | 심양 명망귀족. 전 봉천성의회 평의원, 북평중의원 의원 역임. | 하북 | 81 |

* 출처: 『名錄』, 4-131쪽으로부터 작성.

* 연매출 단위: 현양現洋 만원萬元

## 2. 상점의 내부조직 : 동업관계로서의 합고

### (1) 합고의 개념과 운영구조

1930년대 초반 봉천소재 중국 상점은 상점조직형태에 따라 크게 독자獨資와 합자合資, 그리고 공사公司 등 세 가지 유형으로 구별되어 나타난다. 앞 절에서 제시한 |도표 2|에 의하면 8개 주요 업종, 총233개의 상점가

운데 독자는 118가(50.6%), 합자는 113가(48.5%), 고분공사 2가(0.9%)였다. 독자와 합자조직이 수적으로 절대다수를 차지하며 근대적 기업형태인 공사는 2가에 불과했다.[43] 사실 조사대상에 포함되지 않은 신흥 공업기업을 염두에 둔다고 해도[44] 봉천에서 근대적 기업형태로의 전환은 매우 미미했고, 전통적 상점 경영형태가 거의 변함없이 지속되었다.[45]

전통적으로 중국에서는 두 사람 이상이 공동으로 출자해 공동의 사업을 경영하고 얻은 이익을 일정한 비율로 분배하는 '관습적' 영업활동 혹은 그 조직을 '합고合股'라 불렀다. 지역, 시대마다 다양한 용어가 있지만 일반적으로 합과合夥, 합자合資 등 다양한 명칭으로 사용된다. 이때 합고의 출자는 '자본출자'와 '노무출자'를 모두 포함하는 것이 특징적이며, 전자는 '전고錢股(전분錢份, 재고財股=자본주)', 후자는 '신고身股(혹은 신분身份)'라 불렀다. 또 합고 조직 내에서 전고를 가진 자본출자자를 '동가東家(혹은 재동財東, 고동股東=자본주)'라 하고, 신고를 가진 노무출자자를 '서가西家(혹은 과계夥計, 장궤掌櫃, 집사執事, 경리經理=경영자)'

---

43) 중국의 전통적인 상점조직형태는 독자와 합자형태였다. 근대 이후 사회경제 상황의 변화에 따라 1904년에 〈欽定大淸商律 公司律〉이 제정된 후, 〈公司條例〉, 〈公司法〉 등 관련 법률의 개정이 이루어지면서 법인격을 갖는 단체로서 公司와 같은 새로운 형태의 기업 조직이 점차 등장하기 시작했다.(〈欽定大淸商律 公司律(1904년)〉, 『淸末法制變革史料(下): 刑法, 民商法編』, 865-872쪽; 〈公司條例(1914년)〉; 〈公司法(1931년)〉; 〈公司法(1946년)〉, 『民國法規集成』 25冊, 1-41쪽; 65冊, 123-134쪽; 57冊, 181-230쪽)

44) 『名錄』내 '기타 업종'으로 분류된 상점, 공장 가운데 공사기업은 商務印書館, 中國無線電材料有限公司, 四先公司, 奉天紡紗廠, 惠臨火柴公司, 東興紡織工廠, 多小公司, 華北琺瑯有限公司, 東興帆布染色公司, 溥源公司 등이 있다.(『名錄』, 139쪽; 145-146쪽; 151-152쪽; 154-158쪽)

45) 이러한 현상은 봉천만의 문제가 아니며, 1920-30년대 근대기업이 가장 번성했던 상해지역에서조차 근대적 기업형태인 공사의 비중이 20% 전후에 불과했던 것에서 보면 전국적 현상이었다.(전인갑, 「중국 근대기업과 전통적 상관행-합고관행, 지연망 그리고 사회자본-」, 『東洋史學硏究』 90, 2005, 75-76쪽)

라 불렀다.

이렇게 보면 독자형태의 경우라도 자본과 경영이 분리되었다면 자본출자와 노무출자의 결합 형태인 합고의 한 형태로 간주될 수 있다. 앞서 제시한 |도표 2|에 의하면 독자상점은 자본주가 경영에 직접 참여한 경우가 매우 적고, 자본과 경영의 분리가 일반적이다. 독자상점으로 자본주 개인이 직접 경영에 참여했던 7가를 제외하더라도, 전체 233가 중 224가, 96%의 상점이 중국 특유의 합고 형태의 경영을 유지했다는 얘기가 된다. 작은 것은 소잡화상에서부터 크게는 수입도매상, 특산물 및 각종 수공업경영에 이르는 합고 상점이 봉천에서 가장 일반적인 형태였다.[46] 청말 근대적 〈공사법〉의 도입으로 전환기를 맞이했지만, 사회적으로 널리 유행하여 민간의 상업경제활동을 지탱해 왔던 합고 조직이 여전히 봉천상점의 조직형태상에서 우위를 차지하고 있었음이 명확하다.[47]

자본과 경영이 분리된 합고 조직내부에서 각 출자자들의 출자 가치를 얼마로 산정할 것인지는 계약을 통해 정하게 되며, 이 계약은 흔히 '홍장紅帳(혹은 합동合同, 만금장萬金帳)'이라 불렀다. 즉 각 상점이 개업하거나 상점조직의 변경이 있을 경우 자본주와 경영자간의 이윤분배비율 등을 정하여 작성한 일종의 계약서이다. 작성된 계약서는 이해당사자(자본주와 경영자)가 각 1통씩 소지하거나 상점 내에 보관했다가 결산 혹은 해산할 때 준수해야 할 규정으로 삼았다.

홍장은 영업개시와 함께 작성하는 것이 일반적인 상가의 관습이지만 지역마다 차이가 있었다. 개별 상점에서 작성된 홍장은 상점 내부에서

46) 滿鐵經濟調查會 編, 『滿洲經濟年報』(1933年版), 改造社, 57쪽.
47) 千原曆次, 「滿洲に於ける聯號の硏究」, 『滿鐵調查月報』 17-2, 1937.

분쟁이 일어나 소송이 발생하지 않는다면 계약 내용이 외부에 공개되는 일은 좀처럼 드물었다.

일반적으로 계약서에는 계약당사자(자본주와 경영자), 상호의 명칭과 소재지, 자본주의 출자금, 출자물의 종류, 고수股數(전고錢股·신고身股·재신고財神股 등),[48] 영업의 범위, 경리인의 권한, 신용설정의 한도, 결산의 방법 및 시기, 퇴점의 조건, 이익배당의 비율, 경리經理 이하 점원(과우夥友)의 급여, 관리官利의 유무, 결산 시 공적금公積金 등 공제의 유무 등 주요사항을 기재했다.

소송과정에서 제출된 봉천 소재 상점의 천덕신과 홍태호의 계약서 초록을 통해 봉천지역의 기본적 홍장 형식과 합고 조직의 구조를 엿볼 수 있다. 계약서 초록에는 계약 체결일이 기재되어 있지 않다. 내용상 합고 개업 당초 작성된 것으로 보이지만 명확하지 않다. 『명록』에서는 천덕신은 1914년, 홍태호는 1920년에 각각 개업한 것으로 조사되었다.[49] 〈천덕신天德信 합동合同〉에서는 기본적인 주요 사항을 비교적 간략하게 기재한 반면, 〈홍태호興泰號 홍장紅帳〉은 주요사항과 관련해서 문제가 발생할 수 있는 여지를 줄이고자 상세히 별도의 11조를 규정하였다. 점원의 신고 획득, 자본주 퇴점시 자호字號 변경청구 등에 대해 구체적으로 언급하였다.[50]

48) 신고를 소유한 자에게는 일반 고동과 동일한 계산방법, 즉 신고의 비율에 따라 이익배당이 이루어진다. 단, 신고를 가지고 있다 해도 합고 재산에 대한 지분을 의미하는 것이 아니라 단순히 이익분배를 위한 계산상에서의 지분만을 의미한다. 한편 財神股는 일종의 적립금, 준비금의 성질을 갖는다. 적립의 방법은 주로 결산기마다 이익이 발생할 때 임의의 비율 혹은 액수를 공제하여 적립했던 것이 많다.

49) 『名錄』, 70쪽; 137-138쪽.

50) 司法部總務司調查科, 『滿洲に於ける合股』(1936), 「부록 I 제24호」, 59-60쪽; 「부록 I 제22호」, 52-54쪽.

중국관내 합고 계약서의 일반적 내용과 동북지역의 계약서를 토대로 비교해 본 결과, 봉천(혹은 동북) 합고 상점조직의 특징은 다음 몇 가지로 정리할 수 있다. 우선 영업이익으로서 홍리는 기본적으로 3년에 1회 분배했다.[51] 3년 동안 영업하여 이익이 발생한 경우 이익배당은 예정된 계약서, 즉 홍장에 기재된 전고·신고에 따라 균등 분배되었다. 이익금의 분배에는 전고와 신고 외에도 영업발전을 위해 합고의 재신고財神股·후성厚成·호본護本 등 자기자산의 명목인 공적금 등을 포함한다. 그 성격은 다양하지만 적립 후 손실의 보진에 대비하거나 지점 개설의 경우 유용하는 경우도 있었다.[52]

흥미로운 것은 봉천 소재 개설상점의 합고 계약서에는 관리官利에 대한 규정이 전혀 없다는 사실이다. 합고 조직에서 관리는 영업이익의 유무를 불문하고 자본출자금(고본股本)에 매년 지불되는 약정 이자로, 관식官息 혹은 노본식老本息이라고도 한다. 이는 합고에 투자된 자본의 성격과 관련이 있는데, 관리의 존재는 투자자본의 성격 외에도 일정정도 투기적 성격을 띤 고리대자본의 성격을 갖는 것으로 이해되었다. 앞서 언급한 두 상점의 합동을 포함하여 현재 확인 가능한 봉천지역 8개 상점의 합동에는 모두 관리에 대한 규정이 없다.[53] 한편 확인 가능했던 동북지역의 합고계약서 총38개 중 관리 규정이 있는 것은 5개 합동에서만 확인된다.[54] 또 출자금이 아닌 호본護本(내부차입금)에 대한 관리

51) 예외적으로 營口에서 製油 및 代客業에 종사했던 某 상점이 2년 1회 이익을 분배했다.(司法部總務司調査科, 『滿洲に於ける合股』(1936), 「부록Ⅰ 제15호 合同(營口)」, 27-28쪽)

52) 司法部總務司調査科, 『滿洲に於ける合股』(1936), 104-105쪽.

53) 司法部總務司調査科, 『滿洲に於ける合股』(1936), 「부록Ⅰ 제17호; 제18호; 제19호; 제20호; 제21호; 제22호; 제23호; 제24호」, 40-61쪽.

54) 司法部總務司調査科, 『滿洲に於ける合股』(1936), 「부록Ⅰ 제29호(대련); 제30

규정도 있는데 영구營口 소재 상점의 합동이 유일하다.[55] 이렇게 보면 관리지급이 동북지역에서 일반적인 관행이었는지 의문이 생기지 않을 수 없다. 전반적으로 근대 상해기업에서도 관리와 홍리가 점차 통합되는 추세라고 했지만, 이는 관리의 실질이 없어진 것이 아니라 홍리내에 관리가 흡수되는 과정에 있다고 이해되었다.[56] 봉천 합고 조직의 합동 내에 관리 지불규정이 없는 것에 대해서도 이와 같은 의미로 해석할 수 있는지는 여전히 과제로 남겨둘 수밖에 없다.

마지막으로 위의 계약서 내에는 합고의 손실에 대한 언급 및 청산절차에 대한 언급이 전혀 없다는 점이다. 청말 민국시기를 불문하고 상해 등 합고 기업의 합동에 손실 분담에 대해 명기하고 있는 것과는 차이가 있다.[57] 일본자료에 의하면 중국인들이 불길한 것을 꺼려서 이익이 있는 경우만을 규정하고, 손실의 분담에 대해서는 계약서에 규정하지 않는 것이 일반적이라고 했다.[58] "본 상점에 뜻밖의 일이 발생한 경우, 자본주(재동財東) 모두가 그 전분에 따라 이를 분담하도록 한다"거나 "3년 총결산의 시기에 결손이 발생했을 때는 고수股數에 따라 보충해야 한다"는 규정이 있는 경우도 있지만 매우 예외적인 것에 속했다.[59] 1918년 9월 5일 대리원大理院이 길림고등심판청吉林高等審判廳에 보낸 답신, 즉 「합고고동의거습관자계분담무한책임合夥股東依習慣自係分擔無限責任」에서는 합과 고동股東의 책임은 관행상 연대하지 않고 분담하는 것으로

---

호(미상); 제32호(영구); 제33호(미상); 제37호(안동)」, 77-88쪽; 92-96쪽.

55) 司法部總務司調査科, 『滿洲に於ける合股』(1936), 「부록Ⅰ 제1호(營口)」, 1-3쪽.

56) 전인갑, 「중국 근대기업과 전통적 상관행-합고관행, 지연망 그리고 사회자본-」(2005), 86-87쪽.

57) 전인갑, 「중국 근대기업의 지배구조와 合夥 관행」(2004), 213-214쪽.

58) 司法部總務司調査科, 『滿洲に於ける合股』(1936), 44쪽.

59) 司法部總務司調査科, 『滿洲に於ける合股』(1936), 「부록Ⅰ 제26호(제12조); 제30호(제3조)」, 71쪽; 80쪽.

명기되고 있다.[60] 적어도 동북 길림성 합고에서의 실제 관행은 자본출자액의 다과에 따라 자본주가 책임을 지는 '안고분담按股分擔'이며, 신고는 분담 책임이 없는 것이 일반적 관행이었다고 할 수 있다. 그런데 1931년 국민정부의 『중화민국민법(1931년)』 채편 제681조에서는 "합과재산이 합과의 채무를 청산하는데 충분하지 않을 때는 각 합과인이 부족한 액수에 대해 연대해서 그 책임을 진다"고 되어 있다. 실제 봉천 상업계에는 '전고에 따른 분담' 등의 관행이 있었던 것으로 보이지만, 민법 공포이후 손실 및 청산문제와 관련해서는 별도의 논의가 필요하다.

### (2) 합고 경영과 인적 네트워크

합고의 조직 개념에 의거해 보면 합고 상점은 출자자, 즉 자본출자자와 노무출자자 사이의 인적 신용관계에 기초한 공동경영조직이었고, 상점경영상에서 자본주-경영자간의 관계는 상점의 지배구조를 이해하는 매우 중요한 요소 가운데 하나라 할 수 있다.

합고 경영은 자본주 전체의 동의를 거쳐 경영자를 선임하고 경영자에게 영업상 중요한 사항에 대한 의결권을 제외한, 통상 영업에 속한 모든 업무를 집행하도록 위임했다.[61] 이 때 경영자는 자본주 중에서 추천되기도 하고, 자본주가 아닌 사람을 고용하기도 했다. 전통적으로 자본주는 합고 영업상의 모든 것을 경영자에게 위임하고 관여하지 않

---

60) 司法部總務司調査科, 『滿洲に於ける合股』(1936), 「부록III 제16호」, 118-119쪽.

61) 지점의 개설 및 다른 사업에로의 투자, 금전의 유용, 합고 재산의 처분, 자본주의 가입탈퇴, 錢股의 양도와 같은 영업상의 중요한 사항이나 합고의 해산, 영업권의 이전 등과 같은 중요사항에 관한 의결권, 합고의 업무집행 및 재산상황에 대한 감독권, 이익배당 혹은 官利 청구권 등은 모두 자본주, 즉 股東(財東)의 권리에 속한다.(司法部總務司調査科, 『滿洲に於ける合股』, 1936, 65-68쪽)

는 것이 일반적이라 인식되었다. 근대 이후에는 자본출자자 스스로가 경영 제일선에 서서 그 경영을 통솔하는 경우가 점차 많아졌다. 앞서 제시한 |도표 2|에서 합자상점 자본주의 경영참여 비율이 49.6%로 거의 절반수준에 달했던 것은 시세의 추이와 함께 합고조직 내부에서도 새로운 경향이 출현하고 있음을 보여준다. 단 자본출자자가 합고 경영에 참여할 경우 합고 조직 내에서 자본출자자와 노무출자자 두 개의 지위를 모두 가지며, 경영상의 참여는 노무출자자로서의 지위로 간주된다. 상호의 대표로 위임된 경영자는 홍장에 별도로 기재된 권한 외에 합고내 영업일체에 대한 전권을 소유했다. 경영자는 일정액의 급여를 받는 것이 아니라 '양자 간에 형성된 신용(신뢰) 정도에 따라' 홍장에 기재된 '신고身股'의 명의아래 경영을 통해 얻은 이익분배를 보장받았다. 이익분배의 총결산기까지 3년간 자신의 능력을 충분히 발휘할 여지가 있었다.

반면 손실에 대해서는 자본주가 전적으로 책임을 지는 '안고분담按股分擔'의 무한책임 구조였기 때문에 노무출자자의 인격, 수완, 역량 등 경영자로서의 적합여부는 자본주의 자본에 중대한 영향을 미쳤다. 자본주가 어떤 경영자를 선호했는지는 분명하지 않다. 다만 합고 구조상, 기본적으로 합자 파트너나 경영자의 선정에서 신용이라는 요소가 매우 중요했기 때문에 혈연, 지연 등의 관계로 긴밀하게 연결되어 있는 경우가 많았다. 특히 중국 상업관습에는 고향을 떠나 외지로 가서 장사하는 객방의 경우, 현지에서 점원을 물색하기보다는 동향과 종족이라는 두 가지 루트로 주로 고향에서 조달했던 것은 잘 알려진 바이다. 아래의 표는 업종별로 봉천상점의 경영인 관적분포를 나타낸 것이다. 이미 앞서 제시한 |도표 2|의 자본주 관적분포와 비교하여 몇 가지 특징이 나

**|도표 5|** 업종별 경영인(장궤掌櫃) 관적분포(1932년)

| 업종 \ 관적 | 산동 (%) | 산서 (%) | 하북 (%) | 봉천 (%) | 기타* (%) | 미상 (%) | 합계 |
|---|---|---|---|---|---|---|---|
| 사방자(잡화) | 40 | 3 | 15 | 1 | 2 | | 61 |
| 잡화포 | 8 | | 40 | 7 | 1 | | 56 |
| 면사포 | 17 | | 17 | 2 | 1 | 5 | 42 |
| 산화세피점 | | | 6 | 2 | | | 8 |
| 전포 | 1 | 9 | 7 | 1 | | | 18 |
| 약방 | | 2 | 3 | 5 | | | 10 |
| 소과(양조) | | 6 | 5 | 1 | | | 12 |
| 양잔대리점 | 1 | | 19 | 6 | | | 26 |
| 합계 | 67 (28.8) | 20 (8.6%) | 112 (48.1%) | 25 (10.7%) | 4 (1.7%) | 5 (2.1%) | 233 |

* 기타에는 하남인과 절강인 각 2명을 포함한다.

* 출처: 『名錄』, 4-131쪽으로부터 작성.

타난다. 우선 경영자의 관적구성은 자본주의 구성과 마찬가지로 산동·산서·하북·봉천 등 '4방' 출신이 96%(224명)를 차지한다. 단 4방구성상 동북으로의 주요한 이민 송출지이며 '틈관동'의 전통이 있었던 하북과 산동출신이 압도적 다수를 차지한다. 특히 하북인이 112명(48.1%)으로 가장 많았던 것은 '기동冀東' 출신이 장사수완이 매우 뛰어났고 동북에 들어온 후 주로 상업 활동에 종사하며 치부하여 동북지역의 이름난 대상인이 되었다는 사실과도 관련이 있는 듯 보인다.[62)]

둘째 앞서 자본주의 관적에 따라 개설업종의 차이가 있음을 지적했는데, 마찬가지로 경영자의 관적에 따른 업종 차이가 분명하고 업종의 분포도 거의 동일하게 나타난다. 즉 산동인 경리가 경영한 상점은 주로

62) 『名錄』에서도 하북 동쪽에 소재한 冀東縣, 즉 樂亭, 昌黎, 撫寧, 臨楡縣의 관적이 다수를 차지하며 그 외에 東鹿, 翼縣, 深縣, 河間縣, 通州 등 관적을 확인할 수 있다.

사방·면사포·잡화업에 집중되며, 산서인 경리는 전포·소과·약방에, 하북인과 봉천인 경리는 전 업종에 걸쳐있다. 이는 당시 자본주와 경영자의 관적이 상당부분 일치하고 있다는 의미이며, 또 자본주가 경영자를 선정하는데 기본적으로 동향인을 선호했음을 의미했다.

셋째 앞서 언급했듯이 봉천재지자본상점의 약진에도 불구하고(총57가, 24.5%), 봉천재지자본상점 57가 가운데 봉천인이 경영한 점포는 20가(35.1%)이며, 나머지 37가(64.9%)는 하북인(30명)과 산동인(7명)이 경영을 맡았다.(|도표 4| 참조) 반면 봉천관적 경리에게 상점경영을 위탁한 객방 자본은 2가(흥성동興盛東, 주덕윤周德潤)에 불과했다.(|도표 6| 참조)

이를 종합해 보면 봉천재지자본상점은 봉천인 외에도 '신용과 능력을 겸비한' 하북·산동 등 객방출신의 전문경영인에 경영을 위탁하는 경향이 강했다. 반면, 객방客幇 자본상점은 동향인이나 하북인 경영자를 선호했고 봉천인은 선호하지 않았던 것으로 나타난다. 동북지역이 신개척지이고, 한족 상인들이 애초 혈연·지연 관계를 기초로 해서 동북의 상업발달을 이끌었던 것은 이미 언급한 대로이다. 타향에서 이러한 혈연·지연관계는 한층 공고한 것으로 되어 이주 한족의 습관이 유지되는 경향이 있었다. 합고와 같은 상점의 경영형태나 혈연, 지연에 기반한 상점의 운영방식이 봉천에서도 답습되었다.

**|도표 6|** 봉천성 관적의 경리 이력(1932년)

| 상호명 | 업종 | 조직 | 개설 | 경리 (관적/나이) | 경리 출신 이력 | 재동 관적 |
|---|---|---|---|---|---|---|
| 天增福 | 사방 | 합자 | 광서26 | 楊祝三 (遼陽/58) | 봉천사방업계에서 저명. 시상회 동사, 교육회 간사 역임 | 楊吉祥 (봉천)등 |
| 全順成 | 잡화 | 합자 | 선통2 | 石麗峰 (遼中/63) | - | 鄭瑞廷 (봉천)등 |
| 娜嬛室 | 잡화 | 개인 | 광서27 | 李福臣 (봉천/68) | 내외오금잡화상의 良將. 오금행동업공회 회장 역임. 봉천병공창 재료 공급. | 恩永堂 (봉천) |
| 興盛東 | 잡화 | 합자 | 민국11 | 白鳳崗 (營口/47) | - | 吉順昌 (산동)등 |

| 상호명 | 업종 | 조직 | 개설 | 경리 (관적/나이) | 경리 출신 이력 | 재동 관적 |
|---|---|---|---|---|---|---|
| 源昇東 | 잡화 | 합자 | 광서30 | 趙子彬 (綏中/62) | - | 關連凱 (미상)등 |
| 義增厚 | 잡화 | 합자 | 민국2 | 趙振福 (遼陽/58) | 상해에서 장사. 1912년 봉천 회적, 경영 위탁으로 義增厚洋貨莊 개설. | 王秀廷 (미상)등 |
| 四合堂 | 잡화 | 합자 | 민국1 | 齋國權 (봉천/42) | 和洋雜貨商同業公會 부회장, 시상회 會董 등 역임. 시내 존경받는 인물. | 齋國權 (봉천)등 |
| 隆記洋行 | 잡화 면사 | 개인 | 민국1 | 劉善堂 (營口/64) | - | 趙叔平 (영구) |
| 天增洪 | 면사 | 개인 | 광서27 | 田鐘山 (瀋陽/48) | 前 商工會 董事 역임 | 文增利 (심양) |
| 永和店 | 산화 세피 | 합자 | 선통2 | 賈榮五 (營口/58) | - | 張子求 (봉천)등 |
| 同德潤 | 산화 세피 | 개인 | 광서21 | 劉心裁 (錦縣/44) | - | 劉峰亭 (하북) |
| 益增慶 | 전포 | 개인 | 민국7 | 朱向陽 (蓋平/36) | - | 鄒孟軒 (봉천) |
| 新新大藥房 | 약방 | 합자 | 민국18 | 韓作舟 (遼陽/43) | 南滿醫學 졸업. 醫學士 관등 획득 | 韓作舟(요양) 閻錫廣(산서) |
| 文雅齋藥房 | 약방 | 개인 | 선통2 | 孫雅軒 (營口/?) | 營口普濟醫院藥劑科 졸업, 약재학술에 정통. 현 奉天醫學研究社西醫部長, 시상회 동사인 | 孫雅軒 (영구) |
| 老福順堂 | 약방 | 개인 | 광서29 | 李純璞 (봉천/37) | - | 李福堂 (봉천) |
| 志仁堂 | 약방 | 합자 | 광서27 | 高振鐸 (봉천/56) | 시상회 동사, 醫學研究社 社員 재임 | 高振澤(봉천) 安樂堂(봉천) |
| 春和堂 | 약방 | 합자 | 도광5 | 郭樹藩 (봉천/58) | 당지 富商. 현 시상회 동사. | 郭樹藩 (봉천)등 |
| 東興泉 | 소과 | 개인 | 광서1 | 吳秀山 (海城/58) | 재학이 우수한 상인. 奉天燒鍋同業公會 회장 추대. | 동삼성관은호 |
| 裕豊源 | 양잔 | 개인 | 민국16 | 李閣忱 (錦縣/40) | 山城子鎮 양식업 慶增의 副경리로 활동. 대련·영구·安東幇 糧商과 교제 | 王子除 (봉천) |
| 公濟糧棧 | 양잔 | 관영 | 민국7 | 李子敬 (遼陽/52) | - | 동삼성관은호 |
| 東興泉 | 양잔 | 관영 | 민국10 | 吳秀山 (海城/59) | 동삼성 경내에서 錢糧사업을 한지 40여 년. 糧業에서 숙련된 명장. | 동삼성관은호 |
| 同義隆 | 양잔 | 개인 | 민국6 | 賈守田 (開原/60) | - | 張景惠 (봉천臺安) |
| 全興長 | 양잔 | 개인 | 민국5 | 龐哲卿 (錦縣/?) | 경리대권은 재동인 龐哲卿이 장악, 경영업무는 二老板 祝印芝(三八)대행 | 龐哲卿 (금현) |
| 東成玉 | 양잔 | 합자 | 민국5 | 侯稔軒 (鐵嶺/62) | - | 張換相 (錦縣) 등 |

* 출처: 『名錄』, 4-131쪽으로부터 작성.

그렇다고 해도 합고 경영자의 역할과 책임이라는 측면에서 보면 경영에 직간접적으로 영향을 미칠 수 있는, 즉 일정수준 이상의 교육문화 수준, 풍부한 상점운영 경험, 그리고 지역사회 및 정치세력과의 다양한 관계를 갖는 인재의 발탁은 무엇보다 중요했을 것이다. 실제 장기간의 신뢰를 바탕으로 한 혈연・지연관계 외에도 당시 자본주들은 어떤 '능력'을 가진 전문경영 인재를 선호했는가. 그리고 그들이 가진 '능력'은 상점 경영상에서 어떠한 편의를 제공하고 어떻게 작동했는가. 예를 들어 경영인재의 선정, 경영위기 때의 작용, 정보교환, 자금융통 등의 측면에서 그들이 가진 '능력'은 어떻게 활용되었는가. 각 업종별 경영자(경리)의 이력 분석을 통해 이러한 문제들을 단편적으로나마 이해하는 것이 가능할 것으로 보인다. 이를 정리하면 다음과 같은 몇 가지 주목할 만한 사실을 발견할 수 있다.

첫째 관련 각 업종의 장기근속자, 그리고 국내외 무역거래에 정통한 각 업계의 능력자들을 가장 선호했다. 일반적으로 상품의 공급과 판매 등 영업상에서 가장 직접적으로 영향을 미칠 수 있는 조건을 갖추고 있기 때문이다. 예를 들어 사방・면사포・잡화를 취급했던 수이입 무역유통업의 경우에는 일본 오사카, 상해, 천진 등지에서 여러 해 동안 작객作客을 거치면서 국제무역 상황, 수입 잡화의 구입운반 방법 등에 정통한 인물이 선호되었다.[63] 길순창의 경리 장자양張子揚(장지성張志聖)은 길순창에서 40여 년간 근무하면서 국내・외 각 주요 상업도시에서 작객을 거쳤기 때문에 상업무역 지식과 경험이 풍부했다. 장자양이 길순창 뿐만 아니라 연호상점인 길순홍吉順洪, 길순융吉順隆의 경영을 모두

63) 『名錄』, 5-6쪽; 8쪽; 17쪽; 39쪽; 42-44쪽; 50쪽; 58쪽; 60-63쪽; 69쪽; 77쪽; 79쪽; 82-84쪽; 88쪽; 112쪽; 119쪽; 121-122쪽; 125쪽; 129쪽.

책임지고 있었던 것에서 상점 내에서 그의 위상이 어떠했는지 짐작할 수 있다.[64] 또 길순사방吉順絲房의 경리 왕집문王緝文도 일본 오사카 소재 상점에서 작객으로 오래 활동하여 국제무역에 능통했다. 왕집문이 길순사방의 경영을 맡은 이후 상점의 연매출은 150만원(현양現洋)으로 업계 2위였고, 이는 다른 사방에 비해 매우 양호한 것이었다.(|도표 3| 참조) 만주사변 직후 시내의 여러 상점이 모두 매출 감소를 보이는 와중에도 유독 매출이 탁월했던 것은 바로 경리 왕집문의 경영 때문이라 평가되었다.[65] 또 양잔, 양조, 산화모피점 등 특산물 거래업의 경우도 마찬가지로 생산품의 주요 판로였던 대련, 영구, 안동 등지의 객방과의 교제 및 업계에서의 풍부한 경험은 자본주가 경영자를 선택하는데 중요한 기준이 되었다.[66]

어떤 상점의 경리가 짧게는 20년, 길게는 40년간 한 업계에서 장기 근속했다는 사실 자체만으로도 그가 시장 사정에 매우 밝은 숙련자이며 해당 업계에서 신용, 경험, 재능 등을 모두 인정받았다는 것을 의미했다.[67] 일반적으로는 혈연, 지연을 바탕으로 어릴 적부터 해당 상점에서 상업지식을 학습하고 여러 차례 승임하여 경리가 되었으며, 그것은 매우 힘들고 고단한 과정이었다. 봉천소재의 산동 황현방 상점 경리의 성장과정이 그 대표적인 사례이다. 봉천에서 오래된 상점 가운데 하나였던 '노천합老天合' 상점에서 한평생 일해도 신고를 소유하지 못한 사람이 대부분이었다는 회고로부터 그것이 얼마나 어려운 일인지를 짐작할 수 있다.[68] 이러한 전통적인 인재양성 기제를 통해 성장해온 경영자들

64) 『名錄』, 5-7쪽.
65) 『名錄』, 7쪽.
66) 『名錄』, 90-91쪽; 112쪽; 116-119쪽; 122쪽; 125쪽; 129쪽.
67) 『名錄』, 14-16쪽; 38-39쪽; 98쪽; 100쪽.

은 대체로 자본주와 동향이라는 지연망에 중첩되어 나타난다.

둘째 금융과 관련된 재능과 신용이 탁월하거나 당지 금융업계와 교류가 있는 인물을 등용함으로써 시장이 불안한 상황 하에서도 비교적 안정적인 자금조달을 기대할 수 있었다. 특히 전포 경영에 있어서 당지 금융업계와의 교제, 신용 유무는 매우 중요한 요소였다. 예를 들어 연천부淵泉溥, 의태장義泰長의 경리는 봉천상업은행奉天商業銀行의 동사회장, 감찰원의 지위에 있었으며, 영화구永和久의 경리도 연천부淵泉溥의 경리를 지냈던 대자본가로 당지 각 주요은행 등과 교제가 있었다.[69] 또한 홍무후興茂厚 사방의 경리 당덕黨德은 산서 태원현太原縣 출신으로, 상업상 지식이나 재능은 보통 수준이었지만 유독 산서방 전포 대금업자의 신용이 두터워 상점내 자금 회전이 매우 원활했던 것으로 조사되었다.[70] 또 잡화포 복융순福隆順의 이몽령李夢齡이 봉천흥업은행奉天興業銀行의 은행점원으로 일한 경험이 있어 은행계 직원과의 친분이 두텁고, 각 은행의 신용이 높아 은행과 신용당좌대월계약을 체결하는 등 자금회전력에서 탁월한 능력을 발휘했다. 때로는 각 해당 은행으로부터 저리로 차관을 들여와 고리로 전대轉貸 했다. 이로부터 얻은 이익이 매우 컸고, 상점의 영업상황도 기타 동업자에 비해 매우 양호했다.[71]

셋째 봉천 내의 각종 사회단체의 임원, 간부 등을 역임했거나 재임중인 인물들로, 관련 각계에서 중심적 세력으로서 발언권을 확보할 가능성이 있었다. 주요 사회단체로는 동향회, 상회, 동업공회,[72] 국화촉

68) 曲天乙, 「老天合興衰記」, 『遼寧文史資料』 26(1989), 229-245쪽; 蔣惠民, 「中國山東省黃縣人の商慣習」(2011), 276-277쪽.

69) 『名錄』, 93-96쪽; 103쪽.

70) 『名錄』, 26쪽.

71) 『名錄』, 55-56쪽.

72) 『名錄』에서 확인된 8개 업종, 17개 동업공회는 絲房同業公會, 奉天雜貨商同業

진회, 봉천청년회, 교육회, 의학연구사 등이 있다. 주지하듯이 상회, 동업공회, 동향회는 한족 상인이 대거 이주하면서 봉천 거주 상공인들이 결성한 단체였다. 상인들이 이런 단체를 통해 친목도모, 정보교환 외에도 자신들의 상업 이익을 확보하고, 자신들의 이해관계에 따라 관련 각계에서 영향력을 행사했을 것이라는 것은 충분히 짐작할 수 있다. 앞서 살펴보았듯이 황현동향회는 금융시장이 경색된 상황 하에서 스스로 자본을 모집하여 전포를 개설하고 황현 상공업자들에게 자금을 조달함으로써 위기 극복에 기여했다. 또 상회도 각지 상회조직이나 임원 간에 모두 연계가 있었고 이를 바탕으로 상품 판로를 확대해 나갈 수 있었다. 항취성恒聚成(잡화)의 점주이자 경리였던 교개경喬蓋卿이 상회의 동사로 추천된 후 현縣 내·외 시장에서 크게 활동하면서 매출이 증가하였고, 갈수록 번창하여 봉천시내 잡화도매상 중 최고가 되었다.[73]

한편 국화촉진회는 동북에서 일본세력의 확대를 막기 위한 일본상품 배척운동의 일환으로 조직되었다. 일본인상점과 경쟁해야 했던 면사포, 잡화 등 업종의 상점 경리들이 위원, 간사직을 맡아 활동하였고 중국인 상점에서는 국산품 판매증가의 호기를 노릴 수 있었다.[74] 국화촉진회가 실제 어떠한 활동을 했는지는 분명하지 않다. 전순성全順成 잡화점의 경우 1910년 개업 후 줄곧 실적이 좋지 않았지만, 1921년 이후 재동 정서정鄭瑞廷, 염택부閻澤溥 등이 시내에서 일본제품의 배척을 고취한 결과 점차 해당 상점의 매출도 상승하여 지점 설립 등 확장을 통해 봉천시

---

公會, 小南關房産公會, 批拔商同業公會, 奉天綢緞莊同業會, 雜貨批拔莊同業公會, 綿絲布商同業公會, 和洋雜貨商同業公會, 五金商同業公會, 新衣莊同業會, 靴鞋同業會, 京貨莊同業公會, 山貨店同業公會, 錢業同業公會, 藥種商同業公會, 糧行同業公會, 燒鍋行同業公會 등이다.(『名錄』, 4-131쪽)

73) 『名錄』, 37쪽; 106쪽.

74) 『名錄』, 47쪽; 54-58쪽; 67-68쪽; 79쪽.

내 잡화상 중 최고가 된 것으로 조사되었다.[75]

넷째 군벌 혹은 동북지방정권과 관계가 있는 인물로, 관영사업의 위탁 및 독점적 납품 등을 통해 영업 이익을 확대할 수 있었다. 오금잡화상 낭현실鄉嬛室의 경리 이복신李福臣은 오금행동업공회五金行同業公會의 회장을 역임했고 봉천병공창奉天兵工廠과의 교제를 통해 병공창에 재료를 납품하여 많은 이익을 올렸다. 면사포상 원순흥源順興의 경리 유명오劉明鰲도 구군벌과의 교제를 바탕으로 주로 봉천·길림 군용피복창과 거래함으로써 매출 증가에 기여했다.[76]

다섯째 기술·경험이 풍부한 수공업장인 출신으로, 대부분 근면 성실하여 자본주들의 신뢰를 얻기에 충분했다. 특히 광사纊絲·직포織布·신발제작 등에 종사했던 수공업 장인들은 당시 소비자의 기호에 맞는 제품을 직접 생산하여 시장의 요구에 부응한다는 장점이 있었다.[77] 반면 기술력에 비해 장사 수완은 부족하여 인간관계의 확장을 통한 경영 확대의 측면에서는 크게 기여하지 못했다고 평가되기도 했다.[78]

그 외에도 신식 상업학교를 졸업하거나 재학才學이 뛰어나 비교적 젊은 나이에 경리가 된 상공업계 신진세력의 약진이 눈에 띤다.[79] 과거 경리가 어린 나이에 상점 내에서 학도學徒를 거쳐 오랜 시간 상업현장에서의 경험을 쌓고 성장해 갔던 것과는 달리 이러한 신진세력들은 상업학교에서 전문 교육을 받아 육성되었다. 보통 경리의 연령이 45-65세 내외였던 것에 비해 이러한 신진세력의 평균 연령은 35세에 불과했

75) 『名錄』, 40쪽.
76) 『名錄』, 41-42쪽; 88쪽.
77) 『名錄』, 12-13쪽; 16쪽; 57-58쪽; 75쪽.
78) 『名錄』, 86쪽.
79) 『名錄』, 17쪽; 45-46쪽; 62-63쪽; 70-71쪽; 74쪽; 79쪽.

다. 이런 사례가 많지는 않지만, 시세의 추이와 함께 상점 조직내 경영 인재의 충원과 교육메커니즘에도 변화의 경향이 점차 나타나고 있다는 점에서 시사되는 바가 있다.

이상에서 보면 경영자는 경리 개인의 교육수준, 경험정도, 정보수준, 나이 등과 같은 개인의 능력 외에도 동향회, 상회, 공회, 국화촉진회 등 제도화된 조직이나 경영자 개인이 소유한 각계各界와의 다양한 인적 네트워크를 적극적으로 활용했다. 결과적으로 이러한 경영자의 사회적 행위가 합고 공동의 이익을 확대하는데 중요한 역할을 했다면, 자본주는 합고 공동의 이익추구에 관건이 될 '능력'을 소유한 경영자를 자신의 점포로 끌어들여 시장에서의 경쟁력을 확보해야만 했을 것이다.

## 3. 상점의 외부조직 : 자본결합관계로서의 연호

### (1) 연호의 결합원리와 형태

개념적으로 보면 연호관계는 풍부한 자본을 가진 자본주가 영업의 발전 팽창과정에서 단독으로 혹은 다른 출자자와 공동으로, 다양한 지역에서 자본결합 관계를 갖는 상점을 연쇄적으로 세워 관계를 맺는 것을 의미한다. 앞서 언급한 합고가 '상점내부의 자본출자자와 노무출자자간 동업관계'를 원리로 구성된 상점조직이라면, 연호는 '상점 간의 자본결합관계'를 원리로 구성된 조직이다.[80] 동북에서 독립적인 각 합고

80) 1920-30년대 일본측의 자료조사 차원에서 서술된 것으로, 『對滿貿易の現狀及將來』, 下卷(滿鐵 編, 1927); 「滿洲に於ける糧棧」(滿鐵經濟調査會, 1930); 『滿洲に於ける合股』(1936); 「滿洲に於ける聯號の硏究」(千原曆次, 『滿鐵調査月報』

상점이 '동일한 자본주의 자본결합'으로 서로 연결된 경우 연호聯號관계에 있다고 하고, 모든 연호상점은 기본적으로 '연동聯東' 관계에 있다고 간주된다. 여기서 '연동'의 동東은 동가東家(혹은 재동財東, 동고東股), 즉 '자본주'를 의미한다. 즉 '합고 상점 A의 자본주(개인, 조직 불문)'가 단독 혹은 다른 자본출자자와 공동으로 자본을 투자하여 별도의 상점 B를 세운 경우, A와 B 상점은 연호관계에 있다고 말한다. 상점 A와 상점 B는 기본적으로 모두 합고 조직이며, 각자 별도로 회계를 처리하고 영업상 각 상점의 경영자가 독립적으로 경영을 책임진다.

모든 연호상점, 즉 '연동' 관계에 있는 상점은 '자본의 융통이나 손익의 보진'이라는 측면에서 크게 두 가지 형태, 즉 '연동연재聯東聯財'와 '연동불연재聯東不聯財'의 연호로 구분된다. 여기서 연재聯財의 '재財'는 재본財本, 즉 재산으로써의 자본을 의미한다. 따라서 '연동연재'의 연호상점은 '동일한 자본주'로 서로 연결되어 있을 뿐만 아니라 각 합고 상점의 '재산' 관계로도 서로 연결되어 있다. 각 상점은 본·지점과 같은 관계를 가지며, 각자 별도의 경리에 의해 경영되지만 전체 영업방침은 본점의 지배를 받는다. 또 각자 별도의 회계를 갖지만 손실은 상호 융통(보진)하도록 되어 있다. 이런 관계에서 각 연호상점의 영업성적은 연동연재 연호조직 전체에 직접적으로 영향을 미치게 된다. 단 손실을 상호

---

17-2, 1937) 등이 있는데, 모두 1927년에 출간된 『對滿貿易の現狀及將來』(下卷)를 저본으로 삼고 있어 내용이 천편일률적이다. 한편 戰後 연구로는 일찍이 石田興平이 동북에서의 중국적 상업자본 문제와 관련하여 聯號 연구를 진행한 바 있다.(石田興平, 「淸代滿洲における聯號の展開と農產物加工業の勃興」, 『彦根論叢』 65·66·67號, 滋賀大學經濟學會, 1960) 국내에서는 동북상점조직연구의 일환으로서 청대 연호를 분석한 연구가 있으며(이화승, 「청대 동북지역의 상점조직에 관한 연구」, 『明淸史硏究』 12, 2000), 최근 동북 대두 유통네트워크에 대한 분석을 시도하는 가운데 糧棧 연호에 주목한 연구가 있다.(손승희, 「만주국 이전시기 동북 대두의 국내 유통 네트워크」, 『中國近現代史硏究』 61, 2014)

융통한다고 해도 이 융통은 단순히 금전 융통의 문제에 그친다. 기설된 상점 A가 자기자본의 일부를 출자해서 자신의 자본만으로 별도의 상점 B를 조직할 때 '연동연재' 관계에 있게 된다. 〈사례1〉의 천합리, 천합동, 천합보, 원합동 등의 상점이 모두 연동연재의 관계에 있고, 총결산기간에 각 연호상점의 이익은 모두 천합리 본점으로 귀속되어 '본점과 동일한 홍장' 규정에 따라 홍리가 분배되었다. 그 외에도 〈사례2〉의 A, B, C, 〈사례3-1〉의 B와 C, 〈사례3-2〉의 A와 D의 경우 등이 기설된 상점 A와 동일한 홍장을 쓰는 연동연재 연호상점의 예이다. 특히 〈사례1〉의 A-D과 〈사례2〉의 A-C경우는 '상품조달을 본점이 책임'지며, 거래은행과의 관계(자금조달)도 '본점이 그 운용을 책임지고' 있다.

반면 연동불연재의 연호관계는 글자 그대로 '연동할 뿐 연재하지 않는' 연호관계이다. 자신의 자본을 출자하지만(연동聯東), 자신의 자본에 다른 자본을 더해서 별도의 상점을 조직한 경우가 여기에 해당된다. 이때 자본주만이 연결되어 경영상 연쇄관계를 형성하지만, 연호내 각 상점의 회계가 완전 별개로 독립적일 뿐만 아니라 금융도 하지 않는 것이다. 예를 들어 A와 B상점이 연동불연재 관계에 있다면 B상점은 기설된 상점 A의 자본주가 투자한 합고상점에 불과했다. 따라서 '각각 별도의 홍장을 작성'하게 되어 완전히 독립적인 이익분배제도를 가지며 각 연호 상점 간의 손익은 상호간에 어떠한 영향도 미치지 않는다.(불연재不聯財)

아래 〈합동사례〉에서 연동불연재의 연호상점의 예를 구체적으로 확인할 수 있다. 길순창이 자본으로 금전과 점포를 출자하고, 다른 출자자 공여당公餘堂이 자본을 더해 길순사방통기吉順絲房通記를 개설하였다. 이 때 길순창(A)과 길순사방통기(B)는 연동할 뿐 연재하지 않는 연호관계에 있게 된다.

〈합동 사례: 길순사방통기 합동〉[81]

합동 작성자 왕경삼王敬三은 지금 봉천 사평가四平街 길순창吉順昌의 출자금(동본東本) 은 24,000원과 공여당公餘堂의 출자금 은원銀元 28,800원을 받아 봉천 사평가로북四平街路北에 길순사방통기를 개설한다. 영업 동업자 모두 은원 4800원을 1고股로 하여, 은원고銀元股를 11분分으로 하기로 하였으므로 기록으로 남긴다. 이외에 임신덕당林愼德堂의 포점舖店은 은원 2,400원으로 계산하여 포점고作舖店股 5리厘로 삼는다. 신고身股는 모두 7분分 3리厘로 한다. 신고는 매년 1리厘당 은원銀元 40원을 약정 지급(약지約支)하고, 초과 지급을 허락하지 않는다. … (중략) … 결산기(장기賬期)는 3년으로 한다. 일체의 사용비는 해마다 지출을 명확히 하고, 결산기에 얻은 이익은 의논하여 공동적립금(공존公存)을 공제한다. 이렇게 해서 영업을 육성해야만 상호의 이름을 세울 수 있다. 모년某年, 모고某股 몇 분份을 남겨 보존하였는지를 상세하게 명시하고, 공동적립금을 제외하고 난후 각 고股에 따라 지급(지사支使)한다. 만일 미회수된 외상거래대금이 있을 때는 이를 공제한다. 점포내 집기(포점舖墊)의 손실에 대해서는 이를 배상하지 않으며 추가로 구입한 것은 이를 분배하지 않는다. 신고를 소유한 자는 모두 이익을 얻을 수 있다. 만일 스스로 사직을 청한 때는 매년의 결산대장성규結算大賬成規에 따라 신고를 청산하는데, 모든 점포내 집기 및 채무(광장曠賬)는 신고와 무관하다. 함께 직접 만나 무리가 모두 승인하니 후일 이의가 없음을 언명한다. … (중략) … 후일 증빙으로 이 천금千金 합동을 작성하니 영원히 증거로 삼는다.

강덕康德 2년 11월 16일

연호의 결합방식은 어떠한가. 〈사례2〉의 길순창이 자기자본을 출자하여 조직한 길순홍, 길순융은 모두 연동연재의 연호이지만, 홍성동은 길순창 뿐만 아니라 길순창의 경리 장자양張子揚, 그리고 양석구楊錫九라

81) 司法部總務司調査科, 『滿洲に於ける合股』(1936), 「부록Ⅰ 제23호」, 58-59쪽.

는 새로운 출자자가 공동출자한 상점으로 연동불연재 관계에 있다. 또 길순사방의 경우도 길순창의 자본주 개인이 단독 출자하였지만 실제 길순창과 "동東만 같을 뿐, 길순창과 재財는 다른 독립상점"[82]이었다.

한편 동일 당명堂名을 사용하거나 유사 자호字號를 사용하여 언뜻 보면 연호 관계에 있었던 것으로 보이지만, 자료를 해석할 때 〈사례3〉처럼 주의가 필요한 부분이 있다. 〈사례3-1〉의 겸상항과 겸상태의 경우 정안소당鄭安素堂이라는 동일한 당명을 갖는 가족이 자본주로 되어 있고, '겸상謙祥'이라는 유사한 자호를 쓰지만 두 상점은 분가分家에 의해 '불연동, 불연재'하며, 자본주가 다른 완전히 별개의 독립상점이다.[83] 즉 정안소당이 출자하여 1895년 겸상항을 설립한 후 정鄭씨 형제 2명이 분가하였고, 1900년 분가한 정씨 중 1명이 자본을 내어 겸상태를 개설했다. 상점 개설시 '겸상'이란 기존의 자호에 '태泰'를 붙여 '겸상태'란 상호로 사용하였고, 또 자본주도 정안소당이란 당명을 그대로 쓰고 있어서 마치 양자가 연동 관계인 듯 착각하기 쉽다. 결론적으로 말하면 두 상점의 재동이 혈연관계에 있을 뿐 두 상점은 연호관계에 있지 않다.

반면 〈사례3-2〉와 〈사례3-3〉은 조후덕당曹厚德堂, 손회원당孫會元堂 등 동일 당명을 사용한 동일 재동이 출자하여 개설된 사례인데, 모두 연동하지만 불연재하는 연호관계에 있다. 손회원당과 회원당會元堂은 길림성 독군이었던 고故 손열신孫烈臣의 당명이다. 손열신이 사망한 후 아들인 손헌균孫憲鈞과 미망인, 딸이 자본주의 지위를 계승하면서 연동불연

82) 『名錄』, 7쪽.
83) 중국 상인이 상호를 짓는데 몇 가지 일정한 규칙이 있어 명칭만으로 각 지역에 있는 자호 상점의 연관성을 고찰하기도 한다. 동일 자호를 써서 자본주와의 관계를 드러내고, 거래상 자신의 신용을 무겁게 할 목적에서 나온 것으로 자본가의 재력과 그 상점의 지위를 표시하는 하나의 수단이기도 했다. 다만 이 경우는 그 역사적 연원을 짐작하는데 유용할 뿐 연호관계의 유무를 확인하는데 유용하지 않다.

재하는 연호상점이 되었다. 〈사례4〉는 유태성 상점을 중심으로 새로운 출자자를 더해서 유태동, 익풍상점 등을 개설한 경우인데, 기존 상점(A)의 출자에 새로운 자본가를 더해서 B와 C 상점을 개설한 연동불연재 연호관계이다.

〈사례1: 천합리天合利의 연호상점(1932년)〉

| 상호명 | 天合利(A) | 天合東(B) | 天合輔(C) | 源合東(D) |
|---|---|---|---|---|
| 업종 | 사방 | 사방 | 사방 | 사방 |
| 설립년도 | 가경년간 | 함풍년간 | 동치2년 | 광서20년 |
| 자본주 | 單少卿 | 天合利 | 天合利 | 天合利 |
| 경리 | 劉敬齋 | 王敏卿 | 王紀常 | 馬維厚 |
| 연호형태 | A, B, C, D 모두 연동연재 | | | |

* 출처: 『名錄』, 4-5쪽; 9-11쪽.

〈사례2: 길순창吉順昌의 연호상점(1932년)〉

| 상호명 | 吉順昌(A) | 吉順洪(B) | 吉順隆(C) | 吉順絲房(D) | 興盛東(E) |
|---|---|---|---|---|---|
| 업종 | 사방 | 사방 | 사방 | 사방 | 잡화 |
| 설립년도 | 광서27년 | 광서27년 | 광서34년 | 민국3년 | 민국11년 |
| 자본주 | 林姓 愼德堂 | 吉順昌 | 吉順昌 | 林姓 愼德堂 | 吉順昌, 張子揚, 楊錫九 |
| 경리 | 張子揚 | 張子揚 | 張子揚 | 王緝文 | 白鳳崗 |
| 연호관계 | A, B, C 연동연재 | | | A-E 연동불연재 | |

* 출처: 『名錄』, 5-7쪽; 58-59쪽.

〈사례3-1: 동일 당명堂名, 동일 자호字號 상점간 관계(1932년)〉

| 상호명 | 謙祥恒(A) | 謙祥泰(B) | 謙祥源(C) |
|---|---|---|---|
| 업종 | 사방 | 사방 | 사방 |
| 설립년도 | 광서21년 | 광서26년 | 광서34년 |
| 자본주 | 鄭安素堂 | 鄭安素堂 | 謙祥泰 |
| 경리 | 遇永新 | 閻貫一 | 王潤征 |
| 연호관계 | 불연동·불연재<br>(연호관계無) | B, C 연동연재 | |

* 출처: 『名錄』, 8-9쪽; 14쪽.

〈사례3-2: 동일 당명堂名의 자본 상점간 관계(1932년)〉

| 상호명 | 富森竣(A) | 淵泉溥(B) | 錦泉福(C) | 醴泉湧(D) |
|---|---|---|---|---|
| 업종 | 전포 | 전포 | 전포 | 소과 |
| 설립년도 | 도광8년 | 동치10년 | 선통2년 | 동치7년 |
| 자본주 | 曹厚德堂 | 曹厚德堂 | 曹厚德堂 | 富森竣 |
| 경리 | 趙保安 | 趙秀峰 | 胡潤圃 | 趙中安 |
| 연호관계 | A, B, C 연동불연재 | | | A, D 연동연재<br>B, C, D 연동불연재 |

* 출처: 『名錄』, 93-95쪽; 114-115쪽.

〈사례3-3: 유사 당명堂名, 동일 자호字號의 상점간 관계(1932년)〉

| 상호명 | 會元公(A) | 會元亨(B) | 裕通銀號(C) |
|---|---|---|---|
| 업종 | 전포 | 양잔 | 전포 |
| 설립년도 | 민국11년 | 민국13년 | 민국15년 |
| 자본주 | 孫會元堂 | 會元堂 | 孫烈臣의 子·妻·女 |
| 경리 | 楊守奎 | 趙中孚 | 晏錫九 |
| 연호관계 | A, B, C 연동불연재 | | |

* 출처: 『名錄』, 99쪽; 101쪽; 118쪽.

〈사례4: 유태성裕泰盛의 연호관계(1932년)〉

| 상호명 | 裕泰盛(A) | 裕泰東(B) | 益豐商店(C) |
|---|---|---|---|
| 업종 | 사방 | 사방 | 면사포 |
| 설립년도 | 광서26년 | 민국12년 | 민국17년 |
| 자본주 | 李東忱, 李德馨, 裕新堂 | 裕泰盛, 裕泰公, 李東忱 | 裕泰盛, 馬瑞豊 |
| 경리 | 李東忱 | 劉子英 | 譚文斌 |
| 연호관계 | A, B, C 연동불연재 | | |

* 출처: 『名錄』, 13-14쪽; 20쪽; 69쪽.

이상에서 보면 연호의 결합방식은 매우 다양하고 복잡한 형태로 나타나지만, 연호가 어떻게 발전해 갔는지를 짐작케 하는 부분이 있다. 단독경영을 하던 한 집안의 상점이 균분상속제도하에서 공동경영의 합고로 옮겨가게 되더라도 신용상의 문제로 종전의 상호명을 사용해서 거래를 계속하게 된다. 합고 운영과정에서 상점 내부에 불화가 생겨 되점을 희망하거나 시장상에서 경쟁력의 확보를 이유로 증자가 필요한 경우 합고 조직의 범위는 한 가족, 한 종족으로부터 친구로, 친구에서 동향인으로, 더욱 동향인으로부터 타향인으로 진전하는 추세를 보이면서 다양하고 복잡한 형태의 연호가 광범위하게 생겨나게 되는 것이다. 이 때 공동경영의 내용이 변화하지만 여전히 혈연·지연 관계가 그 바탕에 존재한다. 더욱이 '채무변제의 무한책임'라는 중국적 특성으로 인해 사회적 신용증진에 힘써 공고한 경영조직을 유지해야 할 필요성은 더욱 커지게 된다.

### (2) 연호 네트워크의 존재양태

중국 상인들은 전통적으로 한 지역에서 상권의 우위를 확보하는 과정에서 이를 유지 확대하기 위해 동일 또는 다른 지역에 자호 상점을 설치하였다. 중국 특유의 '자본결합형태'인 전통적 자호 상점이 이민지였던 동북지방에는 연호, 글자 그대로 해석하면 상점(자호字號)을 연결한 형태로 나타났다. 동북의 연호상점은 전통적 자호 상점의 발전과 마찬가지로 혈연, 지연이라는 가장 전통적인 인적관계에 의한 구성원간의 신뢰를 바탕으로 한다. 다만 동북지역의 치열한 시장경쟁에서 위험성을 최소화하고, 철저하게 동북의 환경에 적응하기 위한 네트워크로 발전해 갔다. 청대 동북에서의 상업은 기본적으로 중국관내에서 들여온 생활필수품과 동북의 특산물 혹은 특산물가공품의 교환이었다. 동북 시장의 환경에 맞추어 서로 관련 있는 업종들을 연계한 상업망을 통해 이익의 극대화와 사업의 지속적 안정을 꾀할 필요가 있었고, 이러한 필요에 따라 형성된 상점조직이 바로 연호였다. 연호라는 연계망을 통해 새로운 정보를 얻고 신속하게 각지에서 특산물을 구매하고 수입상품을 판매할 수 있었다. 또 업종별로 곡물구매나 대두가공업 등 계절적으로 발생하는 상점의 유휴인력을 원활하게 운용할 수도 있었다. 또한 은銀 부족이라는 동북시장의 특성상 연호간에는 신용 화폐와 장부를 통한 상호 거래를 통해 상거래비용의 절감을 가능하게 했다. 이 때 신용 상거래에 수반되는 위험부담으로 인해 내부 구성원간의 결속을 더욱 강고히 할 필요성이 있었고 혈연, 지연 등 신뢰를 바탕으로 한 구조로 발전해 갔던 것이다.[84]

봉천의 상점 가운데 비교적 이른 시기 개설된 연호로는 홍순리興順利, 천태호天泰號 및 천합리天合利 사방과 연계된 상점조직을 들 수 있다. 홍순리는 1644년에 개업하여 봉천 사방 업종의 아주 오래된 상점으로 일찍부터 지점을 설치하여 동업자들 사이에 모범 상점으로 인정되었다. 1932년초 조사 당시 홍순리 상점은 봉천 3가, 정가둔鄭家屯 1가, 장춘·길림 각 2가 등 모두 8가의 연호 지점을 가지고 있고, 지설된 상점에 대한 투자액만도 현양現洋 20만원에 달했다. 홍순리 본점과 봉천의 홍순의興順義, 홍순서興順西 등은 연호상점간에 자본 회전을 돕고, 자본 결손을 막는 연동연재의 연호관계에 있었다.[85] 또 양잔대리점을 운영했던 천태호는 일찍이 광서 말년에 통요, 조남, 범가둔 등(사조로四洮路 철도연선)에 지점을 설치했지만, 1932년에는 본점과 하나의 홍장으로 손익계산을 하는 연동연재의 연호로 통요通遼의 천태덕天泰德 지점만 유지하고 있다. 천합리 사방도 청 가경嘉慶년간에 개업하여 비교적 오래된 대상점이다. 영업이 가장 홍성했을 때는 외현外縣에 개설된 분점이 40여 곳이나 되었는데, 앞서 언급했듯이 얻은 이익이 모두 봉천의 천합리 본점의 결산으로 귀속되어 홍리가 분배되었던 연동연재의 연호였다.

---

84) 이화승, 「청대 동북지역의 상점조직에 관한 연구」, 『明淸史硏究』 12(2000), 127-131쪽.

85) 『名錄』, 14-16쪽.

민국 이후 시국이 불안정한데다 지방마다 불경기여서 각 분호分號가 벌어들인 돈이 적었기 때문에 일부 분점을 폐지하여 서로 연루되는 것을 피한 결과 1931년 당시에는 17개의 분호만 남았다.86)

이렇게 보면 연호조직이 그 시간의 흐름에 따라 발생, 변동, 소멸해가기 때문에 역사적으로 어떻게 전개되었는지를 구체적으로 밝혀낼 방법이 없다. 여기서는 1932년초 조사된 233개 봉천상점의 연호조직 상황을 분석하여 1930년대 초반 동북 연호조직이 어떠한 특징과 의미를 갖는지 살펴보자.

|도표 7| 업종별 봉천상점의 연호관계 현황(1932년)

(단위: 상점수)

| 업종 \ 상점 | 조사대상 | 연호 개설 | 봉천내 연호개설 | 外縣 연호개설 | 內·外縣 동시개설 |
|---|---|---|---|---|---|
| 絲房子 | 61 | 38(62.3%) | 17 | 14 | 7 |
| 雜貨 | 56 | 40(71.4%) | 20 | 18 | 2 |
| 棉絲布 | 42 | 29(69.0%) | 10 | 19 | - |
| 山貨細皮 | 8 | 5(62.5%) | - | 4 | 1 |
| 錢鋪 | 18 | 9(50.0%) | 1 | 6 | 2 |
| 藥房 | 10 | 6(60.0%) | 1 | 4 | 1 |
| 燒鍋 | 12 | 10(83.3%) | 4 | 1 | 5 |
| 糧棧 | 26 | 18(69.2%) | 2 | 14 | 2 |
| 합계 | 233 | 155(66.5%) | 55 | 80 | 20 |

* 출처: 『名錄』, 4-131쪽으로부터 작성.

봉천소재 233개 조사 상점 가운데 155개, 66.5%에 달하는 상점이 동북 각지에 연호를 둔 것으로 나타났다. 나머지 78개의 상점에는 위의 155개 상점과 '연호관계'에 있는 봉천소재상점이 상당부분 포함되어 있다. 이에 실제 연호를 세운 상점의 비율이 더욱 높을 것이라는 점을 고



86) 『名錄』, 4-5쪽.

려하면, 동북에 연호가 얼마나 광범위하게 존재했는지를 짐작케 한다. 1926년 1월 만철에서 조사한 121개와 비교해도 25개가 많은 수치이다.[87] 1926년 이후 봉천표 급락 등 시장상황이 좋지 못했던 시기였음에도 불구하고 연호를 개설한 상점의 수가 줄어들지 않았다는 점에서 의미가 있다. 1932년 봉천에 연호를 둔 경우가 55가이며, 외현에 둔 경우가 80가, 봉천 내외 동시에 존재한 경우도 20가에 달한다.

연호가 소재한 지역의 분포는 업종별로 원료의 생산지와 집산지, 그리고 상품의 판매지역을 상당부분 반영하고 있다. 무역유통업과 관련이 있는 업종으로, 사방자·면사포·잡화점의 경우 연호상점이 봉천내에는 상부지 혹은 부속지에, 외현에는 주로 철도연선을 중심으로 장춘, 길림, 하얼빈 지역에 이르기까지 광범위하게 분포되어 있다. 봉천내 만철부속지는 봉천당국에 대한 과세회피나 만철 철도역이라는 물자수송의 편리성이 있었고, 상부지는 봉천당국의 개발전략에 따른 성내 상권의 확장이라는 점에서 의미가 있었다.[88] 또 봉천으로 수이입된 물자가 주로 봉천 및 인근지역과 심해로瀋海路, 만철선滿鐵線, 안봉로安奉路, 태산로奉山路, 사조로四洮路 등 각 철로 연선지역을 따라 동북 전역으로 재수출되었는데, 연호 소재지는 대체로 이러한 수이입된 물자의 주된 판로와 중첩되어 나타난다. 한편 특산물 거래업종으로서 양잔과 산화세피점, 약방의 연호상점이 동일 업종으로 봉천내에 개설된 경우는 드물고, 주로 외현에 집중되는 경향이 있다. 주요 취급상품인 곡물, 모피, 약재 등 특산물의 생산·집산 지역인 길림, 흑룡강 그리고 심해로 연선 등이

87) 1926년 1-3월간 만주 각 지역별로 조사된 연호의 수는 대련 67개, 요양 4개, 영구 45개, 봉천 121개, 개원 11개, 장춘 54개, 사평가 40개, 하얼빈 128개, 공주령 41개, 안동 86개 등 총 594개이다.(「華商聯號調査表」, 滿鐵 編, 『對滿貿易の現狀及將來』 下卷, 1927, 附錄, 1-49쪽)

88) 김희신, 「만주국 수립이전 봉천의 상업과 중국 상인의 동향」(2013), 157-162쪽.

중심이 된다. 또 특산물 가공업으로서 양조(소과燒鍋)의 경우는 술 소비 지역인 봉천 당지와 영구, 요양, 팔면성八面城 등 인근 지역에 연호상점들이 주로 위치하였다. 원료의 구입, 시장의 개척, 시장의 유지, 시장으로의 공급 등과 관련해서 연호상점을 통하는 것이 편리했기 때문에 연호를 개설하는 경우가 많아지게 되었다. 특히 교통이 편리한 철로연선의 주요도시가 연호상점의 거점이었다.[89]

지역분포와 관련해서 지적할 수 있는 또 하나의 특징은 봉천 외현에 연호가 존재하는 경우 대부분 동북지역에 개설되었고, 중국관내에 봉천상점의 연호가 존재한 사례는 아주 드물었다는 점이다. 이는 봉천소재 상점과 관내소재 상점과의 자본관계가 적었다는 의미이기도 했다. 기존의 연구에서는 청초기 동북에서의 관내 상업자본이 대부분 관내자본의 소재지 혹은 상해 등과 같은 무역중심지의 상점과 연호관계를 맺었던 것에서 동북의 상업자본 축적이 진행되었다고 설명했다.[90] 또 관내 자본이 들어와 상점을 개설한 경우 이 자본을 관내자본으로 평가하고 "관내에서 들여온 상품으로 얻은 이익은 바로 관내본점의 장부에 올린 뒤 상해를 통해 회수되고 동북에는 일상생활에 필요한 정도만 남겨놓았다"[91]고 언급했다. 청말 민국시기를 거치면서 이러한 경향에도 변화가 있었다. 그 배경으로는 동북내 객방자본의 토착화 경영, 봉천재지 자본의 약진과 함께 불안정한 동북의 정치군사적 상황이 동북의 관내

89) 봉천은 滿鐵·安奉線·京奉線·瀋海線 등이 개통되면서 사통팔달의 교통 요지가 되었고, 외지의 연호는 遼陽, 鐵領, 開原, 遼中, 四平街, 本溪, 法庫, 營口, 昌圖, 長春, 西豊, 梨樹, 吉林, 朝陽, 興京, 新民, 撫順, 錦縣, 通遼, 洮南, 通化, 海倫, 하얼빈 등 철로 연선의 주요 도시에 개설되었다.

90) 石田興平, 「清代滿洲における聯號の展開と農産物加工業の勃興」, 『産根論叢(滋賀大學經濟學會)』 65·66·67, 1960, 19-20쪽.

91) 『海關10年報告』 牛莊, 18쪽.(이화승, 「청대 동북지역의 상점조직에 관한 연구」, 135쪽에서 재인용)

자본상점들의 도산, 폐업, 혹은 관내로의 철수를 초래했던 것이 아닌가 짐작된다. 그런데 1926년 만철조사에서 보면 봉천내외에 연호상점을 개설한 121개 상점 중 관내 상점과 연호관계를 맺고 있었던 것은 5개 상점에 불과했다.[92] 적어도 봉천의 경우, 흔히 짐작하듯이 만주사변이나 만주국 수립이라는 군사정치적인 이유에서 갑작스럽게 관내 자본과의 단절현상이 나타난 것이 아니라는 것으로 해석될 수 있다. 1932년 『명록』에서 확인한 바에 의하면 관내에 연호상점을 가진 봉천상점이 길순창吉順昌(사방)과 덕의상德義祥(면사), 구화융久和隆(사방), 오원상점五源商店(사방), 신순창新順昌(사방) 등 5가에 불과했다. 길순창이 산동 황현 현성의 길순화吉順和와 연호관계에 있었고,[93] 또 덕의상은 하남 정주鄭州 현성에 소재한 본점 덕의상 주단점의 연호상점이다. 봉천의 덕의상은 정주현의 본점과는 독립적 성질을 갖는 연동불연재의 '자본결합관계'에 있었고, 한편으로는 본점이 생산한 상품을 수입해 들여왔던 '거래처'이기도 했다.[94] 구화융, 오원상점, 신순창은 각각 본점을 항주 구화흥久和興, 북평 오원호五源號, 강소 온주의 인장주단장仁章綢緞莊에 두고 있었다. 위의 세 상점이 관내의 항주, 북평, 온주 본점과 어떤 연호관계에 있는지는 알 수 없지만, 모두 주요한 취급 상품을 공급한 거래처였던 것은 분명하다.[95] 즉 관내 연호상점과는 '자본주의 결합'에 의한 공동의 이해관계와 함께 '거래처'로서의 관계를 유지하였던 것이다.

한편 주요 업종별 연호지점관계를 분석한 바에 의하면[96] 동북에 개

92) 滿鐵 編, 『對滿貿易の現狀及將來』 下卷(1927), 附錄 〈華商聯號調查表〉, 25쪽; 27쪽; 29쪽.
93) 『名錄』, 5쪽.
94) 『名錄』, 83쪽.
95) 『名錄』, 18-19쪽; 34-35쪽.
96) 김희신, 「중국동북지역의 상업자본과 상점네트워크」, 『중국근현대사연구』 62 (2014), 〈부록Ⅰ-Ⅴ〉, 85-89쪽.

설된 연호상점의 상당수는 손실을 상호 융통하는 관계, 즉 총결산 기간에 각 연호상점의 이익이 본점으로 귀속되어 '본점과 동일한 홍장' 규정에 따라 이익이 분배되는 연동연재의 연호였다. 연동연재의 연호는 금융이나 손익보진의 측면에서 상호 직접 연결되어 있기 때문에 불연재 연호에 비해 더욱 밀접하고 강고한 관계를 갖는다. 동북 연호에 대해 언급한 일본측 서술에서 동북에는 연동연재의 연호는 거의 없고 연동불연재의 연호가 주요한 연호의 형태라 이해했던 것과는[97] 매우 다른 결과를 보여준다. 또한 다음의 내용은 연동연재의 연호상점간 관계를 명확하게 드러내 보여준다.

[천합리天合利는] 청 가경 연간에 개업하여 지금까지 이미 2백년이나 된 오래된 대점포이다. 봉천 풍속에 '내천합內天合, 외덕증外德增(성내에서 노천합老天合이 가장 뛰어나고 성외城外에서는 덕증영사방德增永絲房이 가장 뛰어나다)'이라는 말이 있다. 영업이 가장 홍성했을 때 외현外縣의 분점이 40여 곳까지 증가하여 얻은 잉여는 모두 봉천 천합天合 본점 결산으로 귀속되어 홍리紅利를 분배하였다. 민국 초년 이후 외현 각지 분호分號가 시국이 불안정하거나 불경기로 인해 각 분호에서 벌어들이는 돈은 적은데 분재分財가 많게 되자 얼마 후 동과東夥 결의를 거쳐 결산기부터 분점分店을 폐지하여 연루되는 것을 방지하였다. 그 결과 지금은 겨우 17개의 분호만 남아있다.[98]

[흥순의興順義 상호는] 1925년 이후 봉표奉票로 외상거래를 하여 피해를 입은 후 각 연호聯號가 상호 유지를 통해 다소 원상회복되었다. 작년 [만주]사변 이후 판매가 감소하여 동과東夥가 전체 점원 중 22명을 원적으로

97) 林鳳麟, 「滿洲の商取引に於ける責任分配の諸慣行」, 『法律時報』 11권 6호(1939), 540쪽; 石田興平, 「清代滿洲における聯號の展開と農産物加工業の勃興」(1960), 21쪽.
98) 『名錄』, 4-5쪽.

돌아가 장기간 머물도록 결의하였다. 또 연봉만 주어 식비를 줄이고 상점 내 각종 전등, 전화, 화로 등 설비비 절약, 영업비 축소 등 자본결손을 피하기 위해 노력하여 다행히 무사할 수 있었다.[99)]

거대한 자금력을 가진 상점이 내부 공적금을 일부 사용하여 분점을 개설함으로써 영업을 확대했던 것은 물론이고, 경영악화 상황에서도 연호간의 상호 자금을 원조하거나 폐지함으로써 원상회복을 도모할 수 있었다. 특히 성정부 출자의 금융기관인 동삼성관은호가 동북의 실업진흥과 경제안정을 명분으로 한 관영수익사업에 이 연호조직을 적극 활용하였다는 사실에 주목할 필요가 있다. 대표적인 것이 앞서 언급했던 공제량잔公濟糧棧, 동흥천東興泉 등 양잔대리점과 각지의 연호상점들이었다. 공제양잔은 대련의 지점, 하얼빈・장춘・개원・철령・공주령・신민・금현・산성사・해룡 등에 분점을 두었는데, 모두 봉천 본점과 하나의 홍장을 사용하는 연동연재의 관계에 있었다.[100)] 결국 이들 상점은 동삼성관은호라는 거대한 자본주의 신용과 지방정권의 정책적 지지뿐만 아니라, '자금, 물류, 정보'를 전천후로 지원할 수 있는 매우 강한 유대감을 갖는 연호상점 네트워크가 중첩되어 작동됨으로써 사회경제적으로 신용을 더욱 공고히 하게 되는 효과를 얻게 되었다.

봉천에서 상업관련 업종은 정도의 차이는 있어도 거의 대부분 동일지역 또는 원거리지역에서 동종 또는 이종 업종과 연호를 통해 연결망이 조성되어 있다. 그 결과 연호상점 간에 어떤 경우는 자금의 융통으로, 어떤 경우는 점원과 상품의 융통, 정보의 공유로 상호 부조하여 원활하게 상거래를 수행할 수 있었다. 즉 거래상 연호에게 특별한 편의를

99) 『名錄』, 15-16쪽.
100) 『名錄』, 118-119쪽.

제공하여 경영상 이익을 얻을 수 있었다. 한편으로는 연호간의 연계가 긴밀한 만큼 그 배후의 연호관계를 고려하여 외부적으로는 능력 이외의 과도한 신용을 주기 쉽고, 내부적으로는 이익을 내지 못하면서도 체면상 구조조정이 쉽지 않다고 하는 문제를 제기할 수도 있다.[101] 그러나 이는 연호관계에 의해 누릴 수 있는 이익을 생각하면 크게 문제가 되지 않는다. 연호의 자본주는 반드시 동향인이 아니더라도 친함이 있는 것에서 합자경영, 즉 합고라는 방식을 통해 경영하기 때문에 신뢰와 상호부조정신이 기본적으로 존재했다. 또 공통의 이해관계를 가지고 있었기 때문에 상호이익을 고려하는 위에서 상품, 금융, 정보, 기타 각종 편의를 제공하고 무의식적으로 원활한 거래를 이루어낼 수 있었다.

## 4. 상업 발달과 지역주의

청대 초기 동북이민은 대부분 화북지역에서의 한족농업이민이었고, 동북 개발의 진전과 함께 한족 상인의 활동도 활성화되었다. 특히 산동·하북 지역은 지리적으로 다른 지역에 비해 동북지역과 가깝고, 역사적으로도 동북에서의 상업경영이 경제적 성공의 기회를 찾는 하나의 습속으로 형성되어 있었다. 산서상인의 경우는 표호처럼 투자한 업종의 경쟁력 측면에서 전통적으로 다른 지역에 비해 우세한 측면이 있었다. 청대 동북에서 경제적 기반을 선점함으로써 그들보다 뒤에 진출한 타지 출신 이민자들에 비해 유리한 입장에 있었다.

동북은 신개척지였고 관내 한족상인은 국가의 보호 없이 동북으로



101) 『名錄』, 9-10쪽.

들어갔기 때문에 애초 혈연·지연 관계를 기초로 해서 동북의 상업발달을 이끌었다. 동향네트워크의 거점으로 동향회관을 세우고, 상인단체를 조직해서 그들에게 익숙한 상업조직과 상거래 방식을 바탕으로 영업규칙을 정하고 상업 질서를 유지하는 등 관내의 상거래 관행이나 제도를 동북에도 적용해갔다. 이는 동북지역이 중국 관내의 경제행위 방식을 공유하는 구조로 재편되어가는 과정이라고 평가할 수 있다. 관내 이주상인들은 친인척 혹은 동향관계를 이용해서 자금을 모집하여 상점을 조직했고, 이것이 바로 합자경영형태로서의 합고조직이었다. 또 동북 시장의 환경에 맞추어 서로 관련 있는 업종들을 연계한 상업망을 통해 이익을 극대화하고, 사업의 지속적 안정을 꾀할 필요가 있었다. 이러한 필요에 따라 형성된 상점조직이 바로 연호였다. 가장 전통적인 인적관계에 의한 구성원간의 신뢰를 바탕으로 시장의 위험성을 최소화하는 방법을 선택했던 것이다. 이익의 극대화를 공통의 이해관계로 하는 경영 활동에서 제도화된 네트워크와 함께 다양한 인적 네트워크가 작동되었다. 그런데 동향관계가 중첩되어 나타나는 경향이 강해서 상점 경영상 여전히 동향관계가 여전히 가장 강고한 연결망으로 작용하고 있다.

중국에는 '지역' 단위로 상업행위를 해 왔던 상방商幇이라 일컫던 거대한 상인집단들이 존재하는데, 이런 지역 단위 상방이 크게 대두되었던 것은 명청 시기, 특히 명 중기 이후였다. 동북지역을 거점으로 한 상방이 당시에는 존재하지 않았지만 청대 한족들이 대거 동북으로 이주하고 산서, 산동, 하북 등 3방을 중심으로 동북경제가 활성화되는 가운데 동북에도 지역단위의 상인집단이 형성될 조건이 마련되었던 것이다. 이렇게 19세기 말부터 20세기 초에 걸쳐 관내 한족의 동북으로의 인구이동에 의해 봉천경제가 급속히 발전하였고, 이러한 경제력에 힘입어 성장한 것이 바로 장작림 정권이었다. 그리고 동북지방정권의 정책적 지지를 배경으로 봉천재지자본이 '토착화'된 3방(관내 객방客幇) 자본과 함께 봉천의 상공업발달을 이끌어갔다.

여기서 주목해야 할 것이 바로 봉천재지자본의 약진이다. 봉천재지자본가 집단은 중첩되는 면모를 보이지만 대체로 4개 그룹으로 분류될 수 있다. 우선 일찍이 상공업에 종사하여 자본을 축적해 갔던 상업·금융계의 자본가, 둘째 동북의 전·현직 성의원·관료·군벌과 그 자손, 셋째 만주귀족과 기인 출신, 마지막으로 동삼성관은호와 같은 성정부 출자의 금융기관 등이다. 대체로 그들은 동북지역에서 특권지도 그룹에 속했고, 과거 혹은 당시의 각종 이력을 바탕으로 다양한 관계망을 가지고 있었다. 특히 동북지역경제의 규모 확대와 안정에 힘을 쏟고 있던 지방정권과의 적극적 관계형성을 통해 상점 경영의 유지 확대를 도모하는 경향이 매우 강했다. 동북지방정권은 봉천표라는 불환지폐로 자본을 만들어 내고, 관영사업을 통해 상인으로서 거대한 이윤을 창출하는 것이 가능했다. 봉천성정부출자의 금융기관인 동삼성관은호가 관영사업으로 양잔을 개설한 것이 그 대표적인 사례이다. 거대한 자본력, 시장에서의 강고한 신용, 봉천성정부의 정책적 지지에 기반하여 성장한 상점의 사례는 1920년대 장작림 정권과의 관계 속에서 일부 봉천재지자본이 급속하게 성장해 갔음을 확인하게 된다. 봉천재지자본은 성장과정에서 한편으로는 외국상인에 대항하는 민족운동이라는 배외排外 운동의 거대한 흐름을 따라, 이익을 옹호하기 위한 소위 '국화제창' 운동에서 배화排貨 운동으로, 다른 한편으로는 사회경제적 측면에서의 '지역주의'로까지 호소되면서 경쟁력을 확보해 갔다.

# 3

# 경제 유통망의 변화와 지역 간 교류

# 철도 부설과 상품 유통망의 변화

_ 김지환

근대 제국주의 열강이 식민지 및 반식민지를 침략하는 방식을 "철도와 은행을 통한 정복(Conquest by Railway and Bank)"으로 비유할 정도로 철도는 제국주의의 전형적인 침략 방식이었다. 철도 부설권은 교통운수와 관련된 권리뿐만 아니라 연선지역에서의 철도 수비권, 철도 부속지 수용권, 면세 특권, 부속지에서의 행정권, 광산 채굴권 및 삼림 벌채권 등을 포함함으로써 사실상 철도 연선지역에 대한 광범위한 세력권을 형성하게 되는 것이다.

아편전쟁 이후 청일전쟁 시기까지 중국에 대한 열강의 경제 침략은 상품 수출이 주요한 형식이었다. 그러나 청일전쟁 이후 제국주의가 중국에 투자한 새로운 항목이 바로 철도였는데, 이는 외국자본의 추세가 고정성의 투자로 향하고 있음과 더불어 식민지적 성격이 일층 강화되었음을 의미한다. 이와 같이 청일전쟁 이후 중국철도의 발전은 중국공

* 이 글은 『중국근현대사연구』 제63집(2014.09)에 개재된 원고를 본 총서체제에 맞게 제목과 일부 내용을 수정한 것이다.

업의 발전으로 인한 운송의 필요로부터 출현한 것이 아니라 열강이 철도 부설권과 철도차관의 공여를 통해 중국을 분할한 결과로서 나타난 것이다.

중국 동북지역의 근대를 가져온 주요한 동인으로서 두 가지 키워드를 꼽는다면 바로 철도와 이민을 들 수 있다. 그런데 이민은 철도를 통해 이루어졌다는 점에서 이 지역 근대화의 핵심적인 키워드는 바로 철도임을 알 수 있다. 철도는 전통시장과 유통망에 거대한 변혁을 가져와 철도와 격절된 지역의 도시는 이내 쇠퇴하고 말았으며, 철도를 따라 새롭게 도시가 형성되고 인구가 밀집되었다. 또한 철도를 따라 시장이 형성되었으며, 상공업도 번성하였다. 이렇게 볼 때 철도는 중국 동북지역의 근현대사를 규명하기 위한 매우 중요한 통로임을 알 수 있다.

청일전쟁 종결 직후 러시아는 프랑스, 독일과 함께 삼국간섭을 주도함으로써 요동반도를 일본으로부터 회수하는데 결정적인 역할을 수행하였다. 이를 통해 중국 동북지역(만주)을 관통하는 중동철도의 부설권을 획득하고, 철도의 관리와 경영에 대한 권리를 바탕으로 이 지역에서 배타적 세력권을 확대해 나갔다.[1] 러일전쟁에서 승리한 이후 일본은 남만주철도 부설권을 획득하였으며, 이러한 결과 러시아가 북만주철도를, 일본이 남만주철도를 장악함으로써 만주에서의 세력권을 양분하게 되었다. 이와 같이 남만주철도는 일본의 대륙침략정책, 특히 중국 동북지역에 대한 세력권의 확보와 확대 과정에서 매우 중요한 의미를 가지고 있으며, 이러한 의미에서 이 지역의 철도에 대한 기존의 연구 역시 대부분 만철에 집중되어 있다고 해도 과언이 아니다.[2]

1) 王鐵崖編, 『中外舊約章彙編』 第一冊, 三聯書店, 1957, 672-674쪽 참조.

2) 만철에 대한 기존의 연구는 매우 많아 일일이 열거하기도 어렵지만, 대표적인 연구 성과로 安藤彦太郎, 『滿鐵-日本帝國主義と中國』, 禦茶の水書房, 1965; 原

이 글은 남만주철도로 상징되는 일본의 세력과 중동철도(신해혁명 이전의 동청철도)로 상징되는 러시아(이후 소련)의 양대 세력이 충돌하는 중국 동북지역(만주)에서 랍빈철도 부설의 의미를 살펴보는 것이 주요한 목적이다. 양대 철도가 세력균형을 유지하고 있던 만주지역에서 일본이 부설하는 철도는 당연히 양국 간의 세력균형에 일정한 영향을 미칠 수밖에 없으며, 따라서 랍빈철도의 부설은 일본제국주의의 대륙침략정책 속에서 매우 중요한 의미를 가지고 있다고 할 수 있다

그러나 이와 같은 중요성에도 불구하고 현재까지 랍빈철도와 관련된 전론적인 연구가 전혀 부재한 실정이다. 여기에서는 랍빈철도 부설의 의의를 일본제국주의의 대륙침략정책과 일소 간의 세력관계 속에서 살펴보고자 한다. 특히 중국 동북지역에서 일소 간의 대결 구도 속에서 랍빈철도가 어떠한 목적에서 부설되었으며, 그 결과가 이 지역의 세력관계에 어떠한 영향을 미쳤는지 살펴보고자 한다. 기존 연구 성과의 부재로 말미암아 주로 일본외무성 자료나 당시 발행된 기간물, 신문 등의 일차사료를 통해 위의 문제를 살펴봄으로써 향후의 진전된 연구를 위한 기초를 마련하고자 한다.[3)]

---

田勝正, 『滿鐵』, 岩波新書, 1981; 蘇崇民, 『滿鐵史』, 中華書局, 1990; 李新主編, 『中國館藏滿鐵資料聯合目錄:滿鐵史』, 東方出版中心, 2007; 解學試 等編, 『滿鐵史資料』, 中華書局, 1979 등을 들 수 있다.

3) 특히 『拉賓鐵道關係一件』(昭和7年9月3日-昭和10年6月24日)을 비롯한 日本外務省 外交史料館 소장자료와 南滿洲鐵道株式會社의 조사자료, 그리고 당시 일본과 만주 등에서 출판된 신문 등 일차사료를 적극 활용하였다.

## 1. 만주철도 부설권과 러일관계

아편전쟁 이후 중국에서 철도 부설권의 분포는 해당 지역에 대한 열강의 세력범위를 그대로 반영하고 있다. 비록 철도가 제국주의 열강이 식민지나 반식민지를 침략하는 매우 유효하고 보편적인 수단이었지만, 열강은 외면상 철도를 경영하기 위한 기업을 설립하여 이를 통해 자국 정부의 직접적 개입을 노골적으로 드러내지 않으면서도 실질적으로는 이를 관철하는 방식을 사용하였다. 대표적으로 영국이 동인도회사를 설립하여 인도의 통치에 적극 활용한 사례를 들 수 있다. 중국 동북지역의 경우에도 러시아가 중동철도를 경영하기 위해 중동철도공사(동청철도공사)를 설립하거나, 일본이 남만주철도를 경영하기 위해 남만주철도주식회사를 설립한 것 역시 기업의 형식을 통해 만주지역에 대한 지배를 노골적으로 드러내지 않으면서도 실질적으로 이를 관철시키기 위한 방편으로 해석할 수 있다.

청일전쟁 이후 삼국간섭을 통해 러시아는 당시 청조로부터 중동철도 부설권을 획득할 수 있었다. 중동철도를 관리하기 위해 러시아는 1896년 12월 중동철도공사를 설립하였는데, 중국에서는 이를 '대청동성계사철로진관공사大淸東省稽査鐵路進款公司'라고 명명하였다. 중동철도공사는 설립 당초부터 러시아정부와 불가분의 관계를 가지고 있었다. 설립 당시 조례에 따라 공사의 자본금 500만 루블은 러시아정부의 보증 하에 러청은행을 기관은행으로 채권을 발행하여 조달하였다. 500만 루블은 먼저 주식으로 발행되었으며, 발행된 주식은 러청은행에 의해 다시 매입된 이후 러시아국립은행에 보관되었다. 더욱이 중동철도의 부설을 위해 러시아는 총 6억 6,200만 루블을 국고에서 지출하였으며, 이밖에도 매년 약 2천만 루블을 보조하였다. 이와 같이 이 공사는 사실상 러시아 대장성에 의해 설립되고 운영된 기업이었으며, 재원의 조달은 러청은행의 감독권을 가진 러시아 대장대신의 통제 하에 있었다고 할 수 있다. 따라서 공사는 명의상 철도공사이지만 실제로는 러시아정부의 직영이라고 할 수 있다.[4)]

주지하다시피 러시아는 1896년의 청러밀약을 통해 중동철도의 부설권을 획득하였으며, 이를 통해 만주지역은 사실상 러시아의 세력권으로 편입되었다고 해도 과언이 아니다. 그러나 러일전쟁에서 승리한 일본은 1905년 9월 5일 포츠머스에서 체결된 〈러일강화조약〉 제6조에서 러시아로부터 장춘(관성자寬城子)에서 여순에 이르는 철도 및 기타 일체의 지선, 그리고 철도에 부속된 모든 특권 및 자산, 광산을 일본에 양도하기로 합의하였다.[5)]

러일강화조약에서 러일 간에 합의된 원칙은 다시 일본과 청조 사이에 체결된 〈회의동삼성사의정약會議東三省事宜正約〉 및 〈부약附約〉에서 확인되었다. 이 지역에서 일본의 철도 권리와 관련하여 〈정약〉의 제1조는 "중국정부는 러일조약의 제5조 및 제6조에서 합의된 러시아가 일본국에 양도하기로 한 사항을 승인한다"라고 규정하였으며, 철도를 부설하기 위한 토지의 조차와 철도의 부설 역시 재차 확인하였다.[6)] 더욱이 〈부약〉의 제7조 및 제8조는 운수의 편리를 도모하기 위해 일본의 남만주철도가 중국의 각 철도와 상호 연계하여 화물을 운송할 수 있도록 편리를 제공하며, 남만주철도의 부설에 필요한 각종 자재에 대한 면세 특권을 부여하였다.[7)]

---

4) 金志煥, 『鐵道로 보는 中國歷史』, 學古房, 2014, 397쪽.
5) 日本外務省, 「日露講和條約」, 『日本外交年表竝主要文書』 上, 原書房, 1965, 246쪽.
6) 王鐵崖編, 「會議東三省事宜正約」, 『中外舊約章彙編』 第二冊, 三聯書店, 1957, 339쪽.
7) 王鐵崖編, 「附約」, 『中外舊約章彙編』 第二冊, 三聯書店, 1957, 341쪽.

포츠머스조약 제6조는 "장춘-여순 간의 철도 및 일체의 지선, 그리고 이 지역에서 이에 부속된 일체의 권리, 특권 및 재산, 그리고 이 철도에 속하거나 그 이익을 위해 경영되는 일체의 탄광을 일본에 인계한다"라고 규정하였다.[8] 이에 따라 1906년 6월 9일 남만주철도주식회사의 설립이 공포되고, 같은 해 말 정식으로 성립되었다. 만철의 자산은 1914년 2억 1천만 원에 달해 중국에 대한 일본의 직접투자 가운데 약 55%, 그리고 만주에 대한 투자의 약 80%에 해당되는 사업재산을 보유하고 있을 정도로 방대한 규모를 자랑하였다.[9] 이 철도 노선이 바로 동청철도의 지선인 남만주철도로서, 이후 중국 동북지역에서는 중동철도로 대표되는 러시아의 세력과 남만주철도로 대표되는 일본의 세력이 북만주와 남만주에서 첨예하게 대치하게 되었다.

이러한 가운데 중국 동북지역의 상품이 남만주철도를 통해 대련항으로 운송되어 이출되거나 혹은 중동철도를 통해 러시아의 블라디보스톡항으로 이출되면서 양 철도는 이 지역의 상품 운송을 둘러싸고 치열한 경쟁을 전개하였다. 중동철도이사회는 남만주철도와의 경쟁에서 우위를 확보하기 위해 운임의 할인을 통해 물동량을 중동철도로 흡수하기 위한 정책을 적극 강구하였다. 일찍이 1907년 중동철도이사회는 〈중동철도의 영업방침 및 운임정책에 대하여〉라는 제목의 보고서를 러시아 재무장관에게 제출하였다. 중동철도는 이 보고서에 기초하여 운임정책을 수립하였으며, 1908년에 특별회의를 개최하여 운임 개정에 착수하였다. 중동철도이사회는 운임정책을 결정하는 과정에서 일본과 남만주철도를 적극 견제하였으며, 이러한 사실은 특별회의에서 제기된 다음

8) 日本外務省, 「日露講和條約」, 『日本外交年表竝主要文書』 上, 原書房, 1965, 246쪽.

9) レーマー, 『列國の對支投資』, 東亞經濟調査局, 1934.12, 523쪽.

과 같은 몇 가지 원칙에서 명확히 살펴볼 수 있다.

1) 중동철도 운임정책의 근본적인 목적은 러시아제품을 북만주로 유도하여 만주시장을 장악하는 데에 있다.
2) 외국제품, 특히 일본제품의 북만주 유입을 극력 저지한다.
3) 북만주에서 공업의 발달을 조장한다.
4) 러시아의 공업 발전을 위해 만주, 몽고로부터 원료품의 공급을 용이하도록 한다.
5) 만주 상품의 수출은 동행東行, 즉 중동철도-블라디보스톡 노선을 경유할 수 있도록 노력한다.[10)]

**|도표 1|** 만주지역 내 중동철도와 남만주철도의 상품 운송량 비교(1913년)

| 철도별 | 화물 운송거리 (100만 露裏) | 여객 운송거리 (100만 露裏) | 화물 운송수익 (1000루블) | 여객 운송수익 (1000루블) |
|---|---|---|---|---|
| 중동철도 | 38,187 | 14,928 | 12,648 | 4,136 |
| 남만주철도 | 45,989 | 23,032 | 10,902 | 4,720 |

* 출처: 南滿洲鐵道株式會社, 『北滿洲と東支鐵道』 下, 大阪每日新聞社, 1928.7, 273쪽.

위의 표를 살펴보면 중국 동북지역에서 중동철도와 남만주철도가 화물과 여객의 운송을 분담하고 있었으며, 운송 수익을 대체로 양분하였음을 알 수 있다. 이와 같은 양상은 1920년대 중반의 통계에서도 나타나는데, 대련항과 블라디보스톡항의 상품 운송량의 비중을 비교해 보면 전자가 55%, 후자가 45%로서 여전히 치열한 경쟁을 지속하고 있었음을 알 수 있다.[11)]

10) 金志煥, 「中國 東北地域 상품유통망의 변화와 東淸鐵道의 매각」, 『歷史學報』 217輯, 2013.3, 339쪽.
11) 町田耘民, 『滿蒙の鐵道戰』, 民衆時論社, 1926.1, 3쪽.

**|도표 2|** 남만주철도와 중동철도의 만주상품 운송도

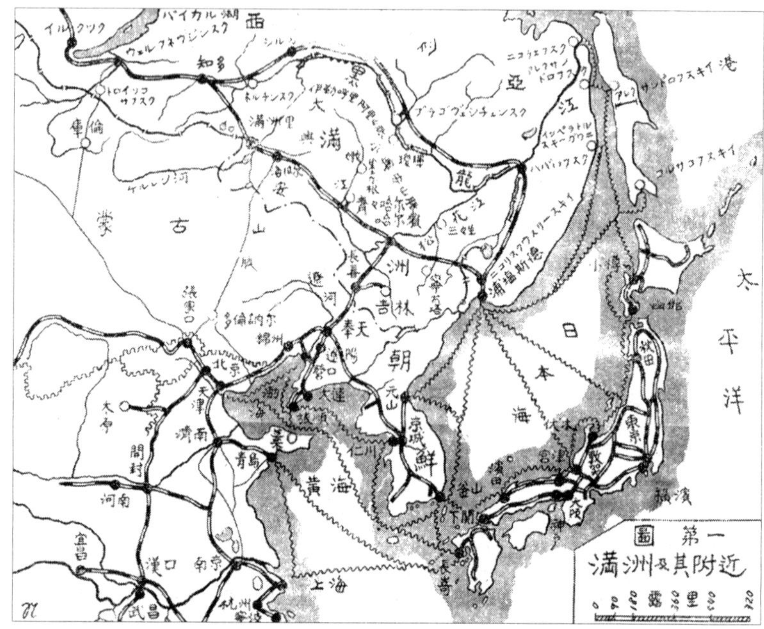


* 이 지도에는 중국 동북지역을 T자형으로 횡단하는 중동철도와 종단하는 남만주철도, 그리고 중국 국경을 따라 횡단하는 시베리아횡단철도가 선명하게 나타나 있다.

* 출처: 南滿洲鐵道株式會社, 『北滿洲と東支鐵道』 上, 大阪每日新聞社, 1928.7, 12쪽.

대두와 두박, 두유, 소맥, 소맥분 등의 물류유통을 두고 전개된 경쟁은 철도 운임에서도 그대로 반영되었다. 중동철도는 블라디보스톡으로의 물류유통을 확대하기 위해 운임의 할인이라는 유인책을 도입하였다. 1920년 1월 중동철도는 하얼빈에서 블라디보스톡으로 운송되는 대두 등의 상품에 대한 운임률을 일률적으로 인하하였다. 그러자 이에 대항하여 남만주철도 측은 1921년 5월 11일 장춘에서 대련으로 운송되는 대두, 소맥 등에 대한 운임을 34.2% 인하하였다. 1921년 9월, 대두 1톤당의 운임은 중동철도를 통해 블라디보스톡으로 운송될 경우 32.985원, 남만주철도를 통해 대련으로 운송될 경우 39.20원으로 전자가 후자에

비해 6.215원 저렴하였다.[12)]

이로부터 일본이 남만주지역에 대한 지배권을 공고히 하기 위해서는 남만주철도의 정상적인 경영과 발전이 불가결함을 보여주는 동시에, 나아가 북만주로 세력을 확장하기 위한 가장 큰 장애는 바로 중동철도를 기반으로 한 소련 세력이었음을 알 수 있다. 다시 말해, 남만주철도가 중국 동북지역에서 상품 운송의 분담률을 높여 수익을 증대시키기 위해서는 결국 중동철도를 통한 상품 운송량의 감소가 전제되지 않고서는 불가능한 일이었던 것이다. 이러한 이유에서 일본의 만주정책 역시 자연히 소련세력의 억제 및 중동철도의 견제에 중점을 두지 않을 수 없었다.[13)]

## 2. 랍빈철도 부설의 정책적 목적

일본제국주의는 만주국 수립 직후 최우선적으로 완공해야 할 주요 철도 노선을 공포하였는데, 이 계획에 포함된 노선 가운데 하나가 바로 랍빈철도였다. 만주국은 1933년 3월 1일 제1차 완공 노선으로서 1)돈화-도문강 노선, 2)랍법-하얼빈 노선(즉 랍빈철도), 3)태동-해륜 노선을 공포하였으며, 이를 위해 1억 엔의 예산을 책정하여 남만주철도주식회사에 철도의 부설을 청부하였다.[14)]

러시아는 중동철도를 부설한 이후 수차례의 운임 할인과 인하를 통해 북만주의 농산물을 적극 흡수하는 정책을 시행해 왔다. 중동철도의

12) 金志煥, 『鐵道로 보는 中國歷史』, 學古房, 2014, 143쪽.
13) 金志煥, 『鐵道로 보는 中國歷史』, 學古房, 2014, 439쪽.
14) 「着々整備される滿洲國鐵道網」, 『中外商業新報』, 1935.2.12.

화물수송량은 1903년까지는 매년 약 40만 톤이었지만, 1929년에는 약 560만 톤에 달하여 약 13배의 증가를 보이고 있다. 화물은 농산물, 특히 대두의 비율이 높아 발송량의 절반 정도를 차지하였다.[15)]

특히 하얼빈의 발전은 중동철도의 부설 및 발전과 불가분의 관계를 가지고 있었다. 하얼빈은 중동철도가 부설되기 시작한 1898년 경에는 송화강 연안에 위치한 작은 집락에 불과하였다. 그러나 중동철도의 부설 이후 대련으로 향하는 지선의 분기점이 되었으며, 중동철도의 발전과 더불어 대규모 시가지가 건설된 이후 인구가 급증하였다. 1903년에는 4만 명을 넘어 섰으며, 1930년대에는 50만 명의 대도시로 성장하였다. 특히 하얼빈은 중동철도와 송화강의 수운을 이용할 수 있는 중동철도의 거점이자 북만주의 상업중심지였으며, 세계 각국의 무역업자가 다투어 사무소를 개설하는 국제적 도시로 성장할 수 있었다.[16)]

이와 같이 중동철도 부설 이후 하얼빈은 상업중심지로 급성장하였으며, 이는 다시 인구의 급증을 수반한 대도시로 도약할 수 있는 기초를 제공하였다. 하얼빈은 주변 지역의 물자집산지로서의 역할뿐만 아니라 송화강유역, 흑룡강유역과 중동철도 연선지역의 상권을 장악하였다. 하얼빈은 농산물 발송수량이 중동철도 전체의 약 30%를 차지할 정도로 중동철도의 거점도시이며, 농산물의 집산지라 할 수 있다.[17)]

---

15) 塚瀨進, 『中國近代東北經濟史研究』, 東方書店, 1993, 54쪽.

16) 塚瀨進, 『中國近代東北經濟史研究』, 東方書店, 1993, 54-55쪽.

17) 예를 들면, 1930년의 경우 중동철도가 발송한 화물 수량은 대두 169만 2,000톤, 소맥 16만 3,000톤, 총계 270만 6,000톤에 달하였다. 이 가운데 하얼빈 지역의 발송량이 99만 7,000톤, 서부선 발송량이 89만 2,000톤, 동부선이 49만 4,000톤, 남부선이 32만 3,000톤에 달하였다. 즉 하얼빈 지역의 발송량이 전체의 약 37% 정도를 차지하고 있을 정도로 중동철도의 거점도시이자 상업과 무역의 중심지라 할 수 있다.(塚瀨進, 『中國近代東北經濟史研究』, 東方書店, 1993, 57쪽)

**|도표 3|** 랍빈철도 노선도

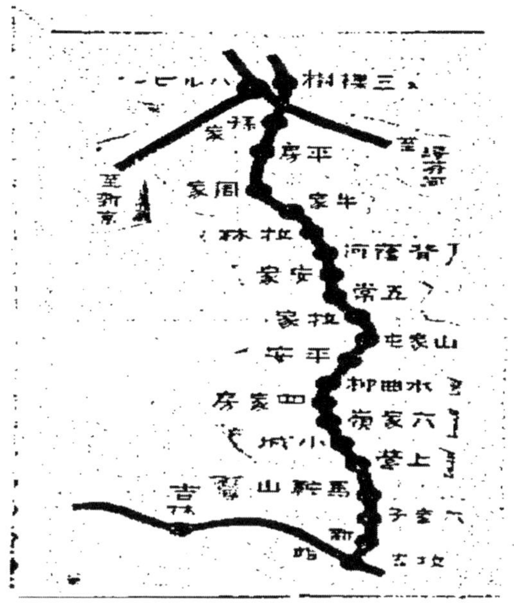

* 출처: 「拉浜線の使命」, 『滿州日報』 1933.12.17.

랍빈철도는 만주의 핵심지역을 관통하여 전략적으로 매우 중요한 노선으로서, 총연장 265킬로미터에 달하며, 랍법, 신참新站, 육가자六家子, 마안산馬鞍山, 상영上營, 소성小城, 육도령六道嶺, 사가방四家房, 수곡류水曲柳, 평안平安, 산가둔山家屯, 두가杜家, 오상五常, 안가安家, 배음하背蔭河, 랍림拉林, 우가牛家, 주가周家, 평방平房, 손가孫家, 삼과수三課樹를 경유하였다. 랍빈철도는 1932년 부설 공사에 착수하여 1934년 완공되었으며, 중동철도의 최대 거점이라 할 수 있는 하얼빈역을 관통함으로써 이를 직접적으로 견제하는 효과를 기대할 수 있었다. 랍빈철도는 중동철도의 남부선을 경유하지 않고도 하얼빈과 대련까지의 수송을 가능하게 한 것이다. 북만주의 3대 곡창지역의 하나인 오상이 랍빈철도의 영향권 하에 들어가게 되고, 기타 쌍성雙城, 아성阿城, 유수榆樹, 주하珠河, 빈객현賓客縣의 특산물 운송도 대부분 이 철도로 흡수될 것으로 예상되었다. 또한 종래 하구태下九台와 신경(장춘)에서 마차로 운송되던 상품 역시 상당 부분 랍빈철도로 흡수될 것이며, 나아가 중동철도의 남부선, 동부선 및 하얼빈 지역의 운송 역시 크게 침식될 것으로 예상되었다.[18)]

랍빈철도의 부설은 중동철도의 견제에 그 목적이 있었으며, 이를 통해 중동철도의 물류유통을 상당 부분 흡수함으로써 해당 철도의 세력을 약화시키는 효과를 기대한 것이다. 일본외무성의 사료도 "랍빈철도 부설 계획은 종래 북만주지역에서 화물을 독점적으로 좌우해 왔던 중동철도에 대타격을 주기 위한 견지에서 입안된 것"[19)]이라고 지적하고 있다. 이와 같이 "랍빈철도는 중동철도 동부선과 남부선 사이에 개재하여 약 1,616만 리에 달하는 삼각지대를 남북으로 종단하는 중동철도 남부선의 대항 수송경로"[20)]였다. 이러한 이유에서 여론 역시 "랍빈철도의 부설로 인해 중동철도가 입을 타격은 상당할 것으로 예상된다"[21)]고 보도하였다.

18) 「早廻り競爭-滿洲各鐵道の素描」, 『滿州日報』 1934.4.5.
19) 日本外務省, 『拉賓鐵道關係一件』, 1935, 1쪽.
20) 南滿洲鐵道株式會社吉林事務所, 『拉賓沿線に於ける經濟概況』, 吉林商工會, 1934.5, 1쪽.
21) 「早廻り競爭-滿洲各鐵道の素描」, 『滿州日報』 1934.4.5.

**|도표 4|** 중동철도와 남만주철도, 랍빈철도의 상호관계

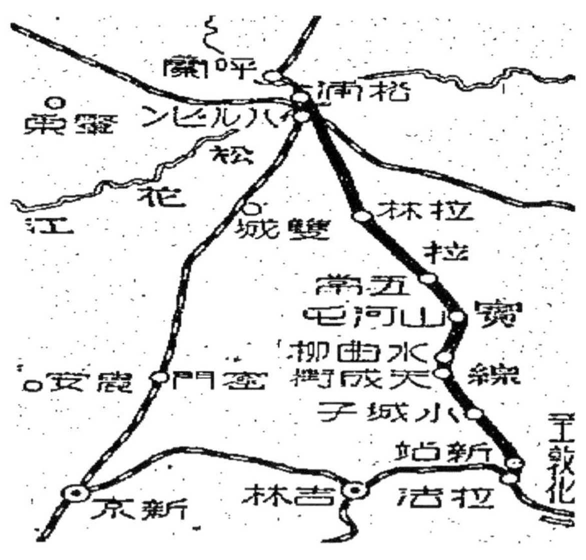


* 출처: 金志煥, 『鐵道로 보는 中國歷史』, 學古房, 2014, 451쪽.

유의할 점은 랍빈철도가 만주에서의 물류유통뿐만 아니라 이 지역을 포함한 동북아시아 범주에서 유통망을 새롭게 형성함으로써 해당 지역에서의 세력 변화를 기대하고 있었다는 사실이다. 위의 도표에서 잘 나타나듯이, 랍빈철도는 하얼빈시 삼과수를 기점으로 북으로는 송화강을 건너 호해철도와 연결되고, 남으로는 중동철도 동부선상을 횡단하여 길회철도 랍법역과 연결되었다. 랍빈철도는 호해철도, 길회철도와 연결되어 "조선 북부의 나진항을 경유할 경우 남으로는 일본의 시모노세키下關로부터 북으로는 하코다테函館까지 동해의 각 항이 약 480킬로미터의 활모양으로 굽은 선에 등거리이기 때문에 일본 전국과 북만주가 최단거리로 결합하게 되는 것이다."[22]

이러한 유통망은 비단 북만주 물자의 수출뿐만 아니라 일본상품의

수입 가격을 경감함으로써 해당 지역에서의 유통을 크게 촉진시킬 것으로 예상되었다. 즉 "랍빈철도의 개통으로 가장 큰 혜택을 입는 곳은 하얼빈이다. 종래 일본으로부터 수입되는 상품은 중동철도 남부선의 높은 운임으로 말미암아 하얼빈의 물가가 남만주에 비해 상당히 높은 수준이었다. 그러나 랍빈철도를 경유할 경우 운임이 절반 이하로 경감될 것이다."[23]

실제로 하얼빈에 집산된 대두(두유, 두박 등 포함)는 종래 대부분 블라디보스톡을 경유하여 일본으로 수출되었는데, 높은 운임 등 물류비의 부담은 하얼빈을 중심으로 하는 유방업油坊業에 적지 않은 어려움을 가중시켰다. 그러나 랍빈철도의 부설과 더불어 휴업 상태에 처해 있던 유방업에는 새로운 활기가 돌기 시작하였다.[24] 랍빈철도를 통한 물류의 유통은 운임의 경감 효과를 가져와 해당 지역의 공상업 발전과 물류유통을 촉진하였다. 이러한 이유에서 여론은 "운임이 높은 중동철도 남부선을 경유하지 않고 만철 경제선(즉 랍빈철도)만을 통해 하얼빈에 이를 수 있게 되어, 북만주의 상업 중심지인 하얼빈시를 더욱 발전하는 데 크게 기여할 것"[25]이라고 예상하였다.

더욱이 일본은 랍빈철도의 역할을 확대하기 위해 본 노선을 연장하여 북만주 내지로 더욱 깊숙이 진입하고자 시도하였다. 그 대표적인 정책이 바로 랍빈철도를 북만주지역의 호해선과 연계하는 정책이었다. 이를 위해 송화강에 부두를 설치하고 랍빈선 종단 삼과수로부터 부두까지 인입되는 지선 철도를 부설하였다. 이를 통해 송화강 하류지역의

22) 「拉浜線の使命」, 『滿州日報』 1933.12.17.
23) 「拉浜線の使命」, 『滿州日報』 1933.12.17.
24) 「拉浜線の使命」, 『滿州日報』 1933.12.17.
25) 「拉濱線の經濟價値」, 『滿鐵調査月報』 14卷 2號, 1934.2, 77쪽.

수출입 화물을 적극 랍빈철도로 흡수함으로써 이 철도의 경제적 가치를 극대화하고자 하였다. 이와 같이 랍빈철도의 경제적 효용성은 호해철도와의 연계를 통해 일층 제고되었으며, 이를 통해 호해철도 연선지역의 농산물 운송뿐만 아니라 해당 지역에 대한 일본상품의 수출에도 매우 중요한 역할을 수행하였던 것이다.[26] 일본의 여론은 "랍빈철도가 호해철도와의 상호작용을 통해 중동철도를 견제하는 효과를 극대화시킬 수 있다"[27]라고 보도하였다.

양 철도를 결합하기 위해서는 송화강을 건너는 철교의 부설이 필요하였는데, 이 철도가 중국 동북지역 최장의 철교인 송화강철교이다. 이 철교는 만주국이 수립된 이후 비로소 가설에 착수할 수 있었으며, 모든 공사는 남만주철도주식회사의 주관 아래 진행되었다.[28] 송화강철교는 총연장 1,100미터에 달하는 2층 구조의 철교로서 아래로는 철교, 위로는 마차도의 이단식으로 구성되었으며, 공사비는 총 420만 엔에 달하였다.[29]

호해철도는 하얼빈의 대안 송포(마가선구역馬家船口驛)로부터 호란呼蘭을 거쳐 해륜에 이르는 총연장 221.1킬로미터의 철도로서, 흑룡강성정부가 민간자본 합대양 1050만 원을 동원하여 1928년 개통하였다. 본 철도는 소위 북만주의 곡창지대를 관통하기 때문에 화객의 운송량이 매우 많았다.[30] 이 가운데 송포松浦-수화綏化 사이의 70리는 1926년 봄 부설공사에 착수하여 같은 해 가을 준공되었으며, 수화-해륜 사이의 부

26) 「拉濱線の經濟價値」, 『滿鐵調査月報』 14卷 2號, 1934.2, 77쪽.
27) 「早廻り競爭-滿洲各鐵道の素描」, 『滿州日報』 1934.4.5.
28) 日本外務省, 『拉賓鐵道關係一件』, 1935, 2쪽.
29) 「拉賓線愈々完成」, 『大阪每日新聞』 1933.11.19.
30) 飯野健次, 『滿蒙經濟の實勢』, 平凡社, 1934, 183쪽.

설 공사도 1928년 봄에 착수하여 같은 해 12월 7일 준공되었으며, 15일부터 객화의 취급을 시작하였다.[31] 랍법에서 하얼빈에 이르는 랍빈철도의 개통은 중동철도를 가로질러 하얼빈의 대안인 호란에서 해륜으로 통하는 호해철도와 접속되기 때문에, 북만주의 상품 유통의 상당 부분을 흡수할 수 있게 되었다.[32]

송화강철교의 부설로 랍빈철도와 호해철도가 상호 연결될 경우 북만주의 물류유통에서 어떠한 효과를 기대할 수 있을까. 일본은 랍빈철도와 호해철도를 북만주에서의 주요한 물류유통망으로 상정하였으며, 나아가 각 열차역을 중심으로 일본인의 이주를 적극 추진하였다. 이는 "현재 부설중인 각 열차역은 일본인 농상민이 철도 연선으로 집단 이주하는 대상지역이 될 것이다. 이 철도의 연선에는 길림성 내에서도 비옥한 경지와 대삼림을 포함하고 있어 많은 발전이 기대되고 있다"[33]라고 지적한 사실에서도 알 수 있다.

실제로 랍빈철도의 부설 이후 철도 연선지역은 일본의 만주 이민정책의 주요한 대상지로 부상하였다. 이러한 사실은 나가타永田 척무상이 각의에 제출한 이민정책에서 잘 나타나고 있다. 그는 각의에서 이민국책에 관해 설명하면서 다음과 같이 지적하였다.

1) 만주 이민 20개년 계획, 100만 호 500만 명 이민계획에 대한 예산 총액은 20억 엔이 소요되며, 농업 집단이민 40만 호, 자유이민 60만 호로 예상된다.

31) 佐藤四郎,『滿洲國年鑑』, 滿洲書院, 1932, 217쪽.
32) 「北滿の大動脈を繫ぐ敦図線全通と日滿交通の一大変革-2」,『神戸新聞』1933. 5.16.
33) 「拉賓線愈々完成」,『大阪毎日新聞』1933.11.19.

2) 이민지는 랍빈철도 연선을 중심으로 1만 정보의 경지, 방목지, 산림 등으로, 현재 만주국정부에서 조사중이다.
3) 이 계획을 수행하기 위해 척무국 동아과를 확충한 이민국을 설치하도록 요망한다.[34]

당시 일본의 언론은 랍빈철도의 부설과 송화강철교에 의한 호해철도와의 결합을 통해 새로운 유통망이 형성될 경우 그 경제적 효과에 대해 다음과 같이 예상하였다.

1) 랍빈철도는 중국 동북지역에서 가장 비옥한 지역을 관통한다.
2) 중동철도와 비교하여 운임이 저렴하여 경쟁력이 높다.
3) 호해철도로부터 대련행 화물의 직통 운수가 가능하게 될 것이다.
4) 이와 같은 이유로 말미암아 종래 중동철도로 반출되던 화물의 상당 부분이 랍빈철도로 흡수될 것이며, 또한 이에 따라 연선지역의 상공업 발흥도 수반될 것이다.
5) 랍빈철도는 경제적 효과뿐만 아니라 군사상으로도 중요한 역할을 기대할 수 있다. 즉 동으로는 블라디보스톡, 서로는 흥안령, 북으로는 武市로 통하는 길을 열게 된다.
6) 중동철도는 이와 같은 여러 이유로 인해 운임에서 도저히 경쟁할 수 없게 될 것이며, 철도의 경영상 자멸할 수밖에 없게 될 것이다. 이러한 결과 소련의 극동정책에서 중동철도는 그 존재 가치를 유지하기 어렵게 될 것이다.[35]

34) 「移民・南方國策の大綱と概算とを決定」, 『台灣日日新報』 1936.7.11
35) 「拉賓線愈々完成」, 『大阪每日新聞』 1933.11.19.

## 3. 랍빈철도의 중동철도 횡단과 소련

일본은 만주사변 직전 이미 만주철도망의 건설계획을 수립하였으며,[36] 그 일환으로서 랍빈철도의 부설을 위한 조사 및 측량에 착수하였다. 남만주철도주식회사는 1931년 6월 2일 랍빈철도가 지나는 남부 산악지대에 대한 측량을 개시하였으며, 측량을 마친 이후 신속히 부설 공사에 착수하였다. 공사 진척 상황은 다음해인 1932년 2월 1일 하얼빈의 일본영사관이 관동군 제14사단으로부터 입수한 정보를 자국 외무성에 보고한 내용으로부터 살펴볼 수 있다.

> 1) 철도 노선은 현재 랍법 기점 17킬로미터까지 부설이 완료되었다.
> 2) 노반 공정은 태평령 대도까지 모두 완료되었으며, 마안산 이북은 본년도 해빙기를 기다려 공사에 착수할 예정이다.
> 3) 측량은 마안산, 빈강 사이까지 순조롭게 진척되어 1934년 1월 25일 완료할 예정이다.[37]

그런데 앞서 랍빈철도의 노선도에서도 나타나듯이, 이 철도 노선은 중동철도를 횡단하여 하얼빈을 지나 북만주지역으로 진행되도록 설계되어 있었다. 랍빈철도가 만주에서 소련 세력권의 중동철도를 견제하기 위한 목적에서 부설되었다고 한다면, 소련은 랍빈철도 노선이 중동철도를 횡단하는 사실에 대해 어떻게 인식하고 대응하였을까. 먼저 소

---

36) 돈화-도문강서, 랍법-하얼빈선, 극산-해륜선, 拉合-黑爾根-大黑河線, 통요, 금현-적봉, 열하선, 돈화-해림선, 王爺廟-索倫-滿洲裏線, 長春-大賚線, 연길-해림-依蘭-佳木斯線, 신구-義州站, 巨流河站 등이 대표적인 노선이다.(日本外務省, 『日本外交年表竝主要文書』 下, 原書房, 1966, 219쪽)

37) 日本外務省, 『拉賓鐵道關係一件』, 1935, 5쪽.

련은 랍빈철도가 자국의 중동철도를 겨냥하여 부설되는 것으로 명확히 인식하고 있었다. 이러한 사실은 "랍빈철도는 종래 북만주의 화물을 독점하고 있던 중동철도에 대타격을 주기 위한 목적에서 입안되었다"[38]는 기록으로부터도 잘 알 수 있다.

**|도표 5|** 랍빈철도의 중동철도 횡단 노선도

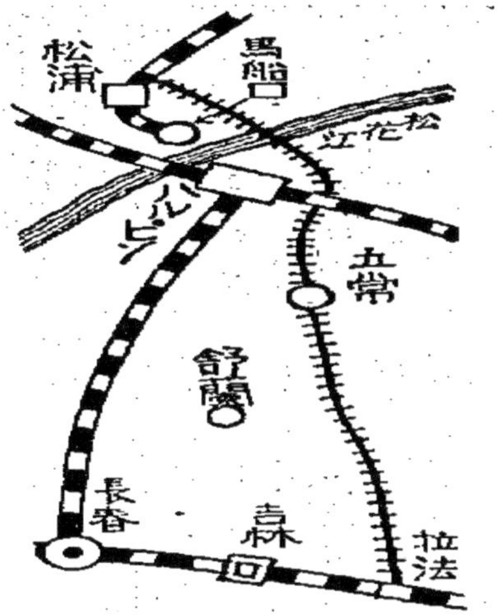

* 출처: 「拉賓、東支鉄のクロス問題」, 『東京朝日新聞』 1933.5.12.

랍빈철도의 부설은 사실상 일본제국주의의 만주정책의 일환으로 수립되었으며, 부설 공사 역시 일본의 남만주철도주식회사가 전담하여 추진하였다. 소련도 이와 같은 일본의 정책적 의도를 명확히 인식하고 있었다. 이렇게 볼 때 일본의 입장에서 랍빈철도가 중동철도를 횡단하

38) 日本外務省, 『拉賓鐵道關係一件』, 1935, 1쪽. 본 인용문은 소련 측의 정보를 일본외무성이 입수하여 기록한 것이다.

여 북만주로 전개되는 사실에 대해 소련 측의 반대 및 저항은 충분히 예견할 수 있는 일이었다. 이러한 이유에서 일본외무성은 랍빈철도 부설에 대한 소련의 항의에 대해 다음과 같은 대비책을 사전에 마련해 두었다.

주요한 내용은 철도의 부설 주체를 대외적으로 자주독립국을 천명한 만주국 교통부로 위치시키고, 만철에 의한 랍빈철도 부설을 단순한 청부 공사로 의미를 축소하는 것이었다. 이러한 사실은 "랍빈철도 부설에 대해 소련 측이 우리에게 항의서를 제출할 것으로 예상된다. 소련이 동경 혹은 모스크바에서 일본정부에 항의서를 제출할 경우 우리는 본건 공사가 만주국의 국책사업으로서 만철은 단순히 공사를 청부하고 있음에 지나지 않는다고 응수할 의향"[39]이라는 일본외무성의 대비책에서도 잘 살펴볼 수 있다.

일본외무성은 랍빈철도 노선의 중동철도 횡단공사를 1933년 5월 10일을 전후하여 착수하기로 결정하였다. 횡단의 방식은 소련의 반발을 고려하여 중동철도의 운행에 지장을 주지 않도록 가교를 놓는 방식을 채택하였으며, 횡단공사는 남만주철도주식회사에 의해 진행하기로 결정하였다.[40] 이러한 원칙을 구체화시키기 위한 실무협의가 1933년 5월 1일 일본관동군, 만주국 관계자, 일본영사관 관계자가 참석한 가운데 랍빈철도의 중동철도 횡단문제를 협의하고 대책을 논의하였다. 회의는 만주국 교통부 총장의 명의로 중동철도이사회 이사장 앞으로 만주국 국유철도를 부설하기 위해 중동철도 횡단공사가 불가피하며, 따라서 이를 시행할 의사를 전달하기로 결정하였다.

---

39) 日本外務省, 『拉賓鐵道關係一件』, 1935, 16-17쪽.
40) 日本外務省, 『拉賓鐵道關係一件』, 1935, 28쪽.

이 밖에 횡단 지점은 하얼빈시 소재 정거장 용지 내로 정하였는데, 이 지역은 중동철도 양측의 철도부지에 속하였다. 따라서 랍빈철도가 중동철도를 횡단하기 위해서는 불가피하게 해당철도 부지 일부를 수용하지 않으면 안 되었으며, 또한 공사 과정에서 중동철도 소유의 일부 전주를 이전해야 할 필요성도 제기되었다. 이와 관련하여 회의는 다음과 같은 제반 방침을 결정하였다.

1) 랍빈철도의 중동철도 횡단으로 인해 기존 중동철도의 전주 및 전선의 일부 이전비용은 만주국 측에서 부담한다.
2) 랍빈철도가 중동철도를 횡단하기 위해 필요한 중동철도의 부지에 대해서는 일반 사유지와 마찬가지로 매수하며, 매수에 응하지 않을 경우 토지수용법에 따라 수용을 통고한다.
3) 공사는 통고 이후 일정한 유예기간을 두고 대체로 5월 15일 경부터 착수한다.[41]

일본은 이러한 사실을 중동철도이사회에 통지하기로 결정하였다. 중동철도이사회는 1924년 9월 20일 체결된 봉소협정에 따라 중국 측의 이해를 대변하는 이사장을 포함한 5명의 중국이사와 소련 측의 이해를 대변하는 부이사장을 포함한 5명의 소련이사, 즉 총 10명의 이사로 구성되었다. 양국의 이해가 상충하는 사항은 공사 규정 제6항, 즉 법정가결수는 7명으로 한다는 규정에 따라 이사 7명의 찬성을 필요로 하였기 때문에 사실상 합의를 이끌어내기 어려운 구조였다. 따라서 실질적인 결정과 집행은 이사회 아래 관리국장에 의해 주도되었는데, 관리국장은 소련정부가 임명함으로써 소련이 사실상의 경영권을 행사하고 있었다.[42]

41) 日本外務省, 『拉賓鐵道關係一件』, 1935, 17-18쪽.

5월 10일 만주국 교통부 총장은 중동철도이사회 이사장 이소경李紹庚을 통해 소련 측 부이사장 쿠즈네쵸프에게 랍빈철도의 중동철도 횡단과 관련된 통지문을 횡단 현장의 공사설계도를 첨부하여 전달하였다. 통지문의 주요한 내용은 다음과 같다.

1) 랍빈철도가 중동철도를 횡단하는 지점은 하얼빈 구시가 동측으로 정한다.
2) 횡단의 시공 방법과 설계는 8미터 2련連, 20미터 1련의 철항鐵桁(기둥과 기둥 위에 놓은)을 가설한다. 시공은 중동철도의 열차 운행에 지장이 없는 방법을 채택한다.
3) 착수 및 준공기일은 5월 15일부터 6월 25일까지 약 40일이 소요된다.
4) 전선은 궤도면으로부터 10미터 높은 고도로 시공하며, 전주를 가설하거나 지하 매립으로 변경한다. 비용은 만주국 교통부의 부담으로 한다.[43]

**|도표 6|** 랍빈철도가 중동철도를 횡단하는 구조 설계도

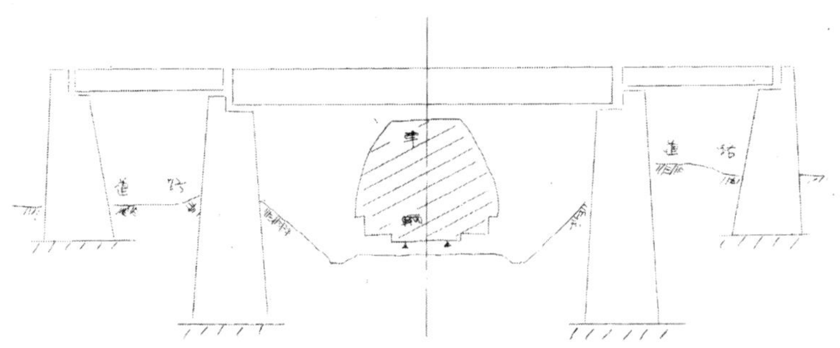

* 출처: 日本外務省, 『拉賓鉄道関係一件』, 1935, 44쪽.

---

42) 「東支鐵の解剖(四)」, 『時事新報』 1933.5.14.
43) 日本外務省, 『拉賓鐵道關係一件』, 1935, 22-23쪽.

중동철도 부이사장 쿠즈네쵸프는 만주국이 15일부터 랍빈철도의 중동철도 횡단을 위한 육교공사에 착수한다는 사실을 자국 영사관을 통해 즉시 본국에 보고하고 대책을 청원하였다. 이와 함께 다음날인 5월 11일 쿠즈네쵸프는 이소경에게 랍빈철도의 중동철도 횡단문제에 대해 불만과 항의의 뜻을 전달하였다. 쿠즈네쵸프는 철도 횡단문제는 마땅히 중동철도 측의 동의를 구해야 할 문제임을 강조하면서, 현재와 같은 방식은 마치 타인의 집에 무단으로 침입하는 것과 같은 행위라고 불만을 토로하였다. 따라서 사전 동의 없이 공사에 착수할 경우 이는 위법적 요소가 있다고 항의의 뜻을 표시하였다.[44]

이에 대해 이소경은 만주에서 국유철도의 부설 및 횡단 문제는 만주국정부의 고유한 권한이며, 따라서 이 문제에 대해 중동철도 측의 동의를 필요로 한다고는 생각지 않는다고 회답하였다.[45] 단지 중동철도의 횡단과 관련하여 현장에서의 기술적인 문제를 협의하기 위해 기술자를 현장에 파견하여 중동철도 측과 논의할 수 있다는 뜻을 전달하였다. 그러나 쿠즈네쵸프는 이와 같은 요구에 하등의 승낙이나 거부를 표시하지 않았으며, 유예기간으로 설정한 11일부터 15일까지 아무런 답변도 제출하지 않았다. 15일이 되자 남만주철도주식회사 랍빈철도건설사무소는 통지대로 횡단 현장에서 일방적으로 공사에 착수하였다. 중동철도 측은 여전히 침묵을 지킨 채 현장에 관계자를 파견하지 않았다.

대외적으로 독립 자주를 천명한 만주국의 국책사업이라는 명분에 대해 소련정부는 사실상 이를 거부할 마땅한 명분을 찾기 어려웠다. 당시 중동철도이사회의 소련 측 간부는 다음과 같은 입장을 정리하였다. "랍

44) 日本外務省, 『拉賓鐵道關係一件』, 1935, 38쪽.
45) 日本外務省, 『拉賓鐵道關係一件』, 1935, 46쪽.

빈철도의 부설이 일본의 정치적 책략에 의해 부설되는 것임은 명확하나 이를 저지할 마땅한 방도가 없다. 따라서 우리로서는 랍빈철도가 완공된 이후 중동철도의 경제적 현세를 유지하도록 하는 수밖에 없다." 그리고 이에 대한 대비책으로 현재 다음과 같은 방안을 강구하고 있다.

1) 우수리철도와 연계하여 운송함으로써 운임을 경감한다.
2) 중동철도의 배양선을 부설한다.
3) 블라디보스톡항의 제반 시설을 완비한다.
4) 블라디보스톡항으로부터 출발하는 운임을 조정한다.[46)]

결국 16일 쿠즈네쵸프 부이사장은 이소경에게 본 문제와 관련하여 회담을 신청하고 소련정부로부터의 훈령을 전달하였다. 1933년 5월 18일 중동철도공사는 서면으로 만주국 교통부에 다음과 같이 통고하였다.

1) 랍빈철도의 중동철도 횡단에 대해 원칙적으로 동의한다.
2) 횡단의 기술적 문제는 동청철도 관리국장으로 하여금 신설 철도(랍빈철도) 측의 대표자와 상의하여 결정하도록 한다.[47)]

17일 만주국 교통부는 랍빈철도건설사무소 측에 문제가 순조롭게 해결되었음을 전하고, 중동철도 관리국과의 사이에 기술적인 문제에 관해 상의하도록 지시하였다.

---

46) 日本外務省, 『拉賓鐵道關係一件』, 1935, 1쪽.
47) 日本外務省, 『拉賓鐵道關係一件』, 1935, 47쪽.

## 4. 랍빈철도 부설과 상품 유통망의 변화

앞에서 살펴보았듯이, 랍빈철도는 소련의 세력권인 중동철도의 물류를 상당 부분 탈취함으로써 이를 견제하고자 하는 목적에서 부설되었다. 그렇다면 랍빈철도의 경제적 효과가 어느 정도였는지 구체적으로 살펴보아야 할 것이다. 이를 위해서는 먼저 랍빈철도의 부설로 인한 새로운 유통망의 출현이 기존의 유통망, 특히 중동철도를 통한 경로와 비교하여 어느 정도의 경쟁력을 확보할 수 있는지 구체적으로 검증할 필요가 있다.

랍빈철도의 부설이 중동철도를 효과적으로 견제할 수 있었던 근거는 무엇보다도 유통 거리의 단축을 통한 운임에서의 경쟁력을 들 수 있다. 랍빈철도가 나진항으로부터 랍법, 하얼빈, 호란, 해륜, 극산 등으로 세력권을 확대하면서 직통열차의 운행이 가능하게 됨에 따라 북만주와 일본 내지 사이의 운송 경로가 크게 단축되었다. 하얼빈으로부터 중동철도 남부선을 통해 대련으로 출하되는 경로에 비해, 랍빈철도를 통해 나진으로 운송될 경우 유통거리가 207킬로미터나 단축되게 되며, 높은 운임을 부과하고 있던 중동철도를 거치지 않음으로써 북만주지역의 수출입에 큰 영향을 미치게 된다.[48)]

1933년 남만주철도주식회사 하얼빈사무소는 랍빈철도가 북만주지역에서 초래할 경제적 효과에 대해 방대한 조사를 시행한 결과, 북만주의 유통망과 운임에 일대 변화를 가져올 것으로 예상하였다. 이 조사는 랍빈철도의 경제적 효과가 다음과 같은 장점에 기인한다고 지적하였다.

48) 「拉賓線愈々完成」, 『大阪每日新聞』 1933.11.19.

1) 만주국 수출항 및 일본 각 항구와의 운송 경로를 단축하며, 이를 통해 운임을 크게 경감할 수 있다.
2) 랍빈철도 연선지역 자체가 비옥한 평원에 해당된다.
3) 북만주 경제의 중심지인 하얼빈시와 남만주를 연계한다.
4) 호해선과 연결된다.[49]

랍빈철도는 북만주의 상업 거점도시인 하얼빈과 일본을 최단거리로 연결하는 중요한 철도이다. 하얼빈으로부터 동경까지의 거리는 대련 경유, 혹은 부산 경유에 비해 3분의 2에 상당한다. 랍빈철도는 중국 동북지역의 가장 비옥한 곡창지대를 관통하게 된다. 이 지역의 수출상품 가운데 절대 다수가 곡류, 특히 대두 및 대두류(두유, 두박 등)인 점에 비추어 랍빈철도의 경제적, 전략적 가치는 매우 높다고 할 수 있다.

랍빈철도의 연선지역은 종래 중동철도의 세력권이었으며, 따라서 양 철도 사이의 상호 경쟁은 피할 수 없었다. 랍빈철도가 완공된 이후 이 철도의 순수한 세력범위는 오상, 서란舒蘭의 두 현 및 유수楡樹, 쌍성, 덕혜德惠의 동부지역이라 할 수 있다. 그리고 양 철도의 경쟁지역으로는 주하珠河, 빈강濱江, 아성현阿城縣 및 빈현賓縣, 동빈현의 서남부지방 및 위하현葦河縣의 남부 유수, 덕혜현의 서부 및 부여의 동부지방을 들 수 있다. 또한 종래 하구대下九台와 장춘에서 마차로 운송된 특산물은 상당 부분 랍빈철도로 흡수될 것이며, 중동철도 남부선, 동부선 및 하얼빈관구의 상당 부분도 침식될 것으로 예상되었다.[50]

---

49) 「拉濱線の經濟價値」, 『滿鐵調査月報』 14卷 2號, 1934.2, 74-76쪽.
50) 「拉濱線の使命」, 『滿洲日報』 1933.12.17. 만주산업통계에 따르면 랍빈철도의 배후지는 총면적이 약 183만 6,000陌으로서, 이 가운데 기경지가 77만 陌, 미경지가 1만 7,200陌에 상당하였다. 양 철도 간의 경쟁지역은 총면적 172만 陌, 기경지 8만 6,400陌, 미경지 22만 7,000陌으로 계산되었다.(「拉濱線の經濟價値」,

랍빈철도의 출현은 종래 유통경로의 단축을 통해 운임의 경감을 도모한 것이며, 이러한 이유에서 기존 중동철도를 통한 물류유통을 상당 부분 대체할 것이라는 여론이 우세하였다. 이러한 사실은 "물류의 이동은 운임 등 정책에 의해 변화의 가능성이 있지만 랍빈철도와 중동철도 동남부선의 운임을 현재의 기준으로 계산할 경우 랍빈철도는 중동철도 동남부선의 물류유통을 상당 부분을 흡수할 것이며, 더욱이 서부선 및 송화강의 유통도 그 영향이 적지 않을 것으로 예상된다. 랍빈철도는 운송 거리에서 다른 노선에 비해 유리하기 때문에 적어도 일본으로 가는 수출 곡물에 대해서는 압도적 우위를 차지할 것임에 틀림없다"[51]라는 예상이 일반적이었다.

물론 랍빈철도의 출현에 대해 소련이 중동철도의 운임을 획기적으로 경감하여 이에 대처할 가능성도 없지는 않을 것이다. 그러나 당시에 이미 운임이 지나치게 높다고 평가되고 있던 중동철도의 운임을 상대적으로 운송거리가 짧은 랍빈철도보다 낮은 수준으로 경감하는 일이 그다지 쉽지는 않았을 것이다. 설사 그렇게 하더라도, 이것이 중동철도의 경영에 미치는 부정적 영향은 명확하였다. 이는 "랍빈철도의 부설로 말미암아 북만주와 일본 내지 간의 거리가 크게 단축되었다. 랍빈철도는 하얼빈에서 남하하여 대련으로 운송되는 거리보다 207킬로미터나 단축되며, 더욱이 세계철도에서 두드러지게 고율 운임을 부과하고 있는 중동철도와 비교하여 크게 경쟁력을 갖추고 있다"[52]는 지적에서도 잘 알 수 있다.

---

『滿鐵調査月報』14卷 2號, 1934.2, 80-81쪽) 陌은 헥타아르(ha)를 말하며, 1934년 1월 25일 만주국에서 사용하기 시작하였다.

51) 「拉濱線の經濟價値」, 『滿鐵調査月報』 14卷 2號, 1934.2, 80쪽.

52) 「拉賓線愈々完成」, 『大阪每日新聞』 1933.11.19.

**|도표 7|** 중국 동북지역 상품 유통경로의 거리 비교

(단위: 킬로미터)

| 유통경로 | 구간별 | 거리 | 유통 총거리 |
|---|---|---|---|
| 하얼빈-나진항 | 濱江 - 拉法 | 261 | 738 |
| | 拉法 - 敦化 | 126 | |
| | 敦化 - 灰幕洞 | 191 | |
| | 灰幕洞 - 羅津 | 160 | |
| 하얼빈-대련항 | 哈爾濱 - 新京(長春) | 240 | 945 |
| | 新京(長春) - 大連 | 705 | |
| 하얼빈-블라디보스톡항 | 哈爾濱 - 보크라 | 550 | 785 |
| | 보크라 - 블라디보스톡 | 235 | |

* 출처: 「拉濱線の經濟價値」, 『滿鐵調査月報』 14卷 2號, 1934.2, 75쪽.

위의 표에서 알 수 있듯이 기존의 유통경로와 비교하여 랍빈철도는 유통거리와 운임에서 경쟁력을 갖추고 있음을 알 수 있다. 랍빈철도를 통해 하얼빈으로부터 나진항을 경유할 경우 기존의 중동철도 남부선을 경유하여 만철을 통해 대련항으로 운송할 경우와 비교하여 207킬로미터나 단축되며, 블라디보스톡항을 경유할 경우와 비교해도 47킬로미터나 단축되는 효과를 거둘 수 있었다. 더욱이 각각의 항구로부터 일본 최단항구와 연결할 경우, 나진항(쓰루가敦賀 도착)의 경우 총거리에서 중동철도 남부선을 경유하여 대련으로 나와 일본의 모지코門司港로 연결되는 유통경로와 비교하여 462킬로미터나 단축되며, 블라디보스톡항을 통한 유통경로와 비교해도 66킬로미터 단축되었다.[53] 유통경로의 단축은 당연히 운임의 경감과 불가분의 관계에 있을 수밖에 없었다.

그렇다면 랍빈철도는 완공시 북만주에서의 물류유통을 어느 정도 감당할 수 있었을까? 이 문제와 관련하여 1933년 남만주철도주식회사 하



53) 「拉濱線の經濟價値」, 『滿鐵調査月報』 14卷 2號, 1934.2, 76쪽.

얼빈사무소의 조사에 따르면 북만주로부터 일본으로 수출되는 상품은 대부분 곡류로서, 특히 대두 및 대두 관련 상품(두유, 두박 등)이 주류라 할 수 있다. 1931년 10월부터 1932년 9월까지 북만주로부터 일본으로 수출된 대두류의 수출량은 총 248만 7,000톤에 달하였으며, 수출의 경로는 다음과 같다.

1) 중동철도 남부선 경유 : 960,000톤
2) 중동철도 동부선 경유 : 813,000톤
3) 제극철도 경유 : 250,000톤
4) 중동철도 남부선 연안지역에서 마차로 수송하여 남하한 수량 : 150,000톤
5) 기타 육로 수송 및 수해 등으로 인한 소실 : 314,000톤

이 가운데 랍빈철도가 부설된 이후 남하할 수 있는 가능성을 살펴보면 다음과 같다. 먼저 기존 유통경로를 통해 수출되던 248만 7,000톤 가운데 제극철도를 통한 이출 25만 톤과 중동철도 동부선 위하역葦河驛 이동의 블라디보스톡으로 이출되는 수량 총 30만 톤, 그리고 육로 수출 5만 톤 및 기타 수로, 육로를 통해 소련으로 수출되는 15만 톤을 제외할 경우 다음의 수량이 랍빈철도를 통해 흡수될 수 있는 가능 수량으로 집계할 수 있다.

이 밖에도 랍빈철도가 송화강철교를 통해 호해철도와 연결됨으로 말미암아 호해철도 연선 지역에 대한 유통상의 영향도 적지 않았다. 기존 호해철도를 통해 남하하던 화물 가운데 절반 가량은 랍빈철도를 통해 남하할 것으로 분석되었다. 송화강 부두의 완공 이후 랍빈철도를 통해 운송될 것으로 예상되는 수량은 호해철도로부터 25만 톤, 송화강 부근으로부터 10만 톤, 중동철도 서부선 부근으로부터 6만 2,000톤으로 총

41만 2,000톤의 운송이 가능할 것으로 추정되었다.[54]

**|도표 8|** 랍빈철도 부설 이후 물류(대두류)의 운송 예상 수량(1931.10-1932.9)

(단위: 톤)

| 랍빈철도 부설 이전 북만주 곡물의 유통 수량 | | 랍빈철도 부설 이후 기존 경로 통한 유통 수량 | 랍빈철도 부설 이후 흡수 가능한 유통수량 |
|---|---|---|---|
| 중동철도 남부선 경유 | 960,000 | | 960,000 |
| 중동철도 동부선 경유 | 813,000 | 300,000 | 513,000 |
| 제극철도 | 250,000 | 250,000 | |
| 남부선 연선지역 미차 수송 남하 | 150,000 | | 150,000 |
| 기타 육로 수송 및 수해 소실 | 314,000 | 200,000 | 114,000 |
| 총계 | 2,487,000 | 750,000 | 1,737,000 |

* 출처: 「拉濱線の經濟價値」, 『滿鐵調査月報』 14卷 2號, 1934.2, 78쪽에 근거하여 작성.

그러면 실제로 랍빈철도가 중동철도에 미친 구체적인 영향과 정도는 어떠했을까? 1935년도 만주일보의 보도에 따르면, 중동철도 관리국의 1934년도 화물 수송수량은 전년도보다 18만 3,000톤 감소한 277만 7,000톤으로서, 이 가운데 지방수송 64.2%, 동부선 경유 수출입화물 7.4%, 남부선 경유 28.4%였으며, 서부선은 거의 전무한 상태였다. 전년도와 비교하여 수송수량이 이와같이 감소한 이유는 랍빈철도에 의해 운송된 수량이 의외로 많았기 때문이며, 따라서 중동철도에 대한 랍빈철도의 영향이 매우 심각하다고 지적하였다.[55]

만주에서 발행된 신문은 "랍빈철도의 개통 이래 중동철도의 화물과 여객이 점차 탈취되어 철도의 이윤이 크게 감소하였다. 현재 중동철도

54) 「拉濱線の經濟價値」, 『滿鐵調査月報』 14卷 2號, 1934.2, 110쪽.
55) 「北鐵昨年度の特産輸送は激減」, 『滿州日報』 1935.3.7.

의 보유자금은 700만 루블에 불과하다. 매월 인건비로 약 80만 루블이 소요되며 기타 재료비, 연료비를 더할 경우 대략 100만 루블이 소요된다. 이러한 추세가 지속될 경우 중동철도는 재정적으로 파멸에 봉착할 것이며, 결국 중동철도는 무용한 노선이 될지도 모른다는 관측이 나오고 있다"[56]고 보도하였다.

중국의 여론 역시 "일본이 현재 동북에 부설하는 교통망은 대부분 중동철도를 겨냥하고 있다. 이와 같은 교통망이 완성된 이후 중동철도의 경영은 큰 타격을 입거나 심지어 파산하고 말 것이다"[57]라고 보도하였으며, 일본의 여론도 "랍빈철도는 개통 이후 중동철도를 사지로 몰아넣고 있다. 중동철도의 독점적 세력은 폐지되고 일본상품이 공공연히 북만주의 주인이 되었다"[58]고 보도하였다.

## 5. 철도 부설의 역사적 함의

근대 이래 철도는 제국주의 열강이 식민지, 반식민지에서 자신의 세력을 확장하는 주요한 침략 수단이었으며, 러시아(이후 소련) 역시 중동철도의 부설 및 발전을 통해 중국 동북지역에서 자신의 배타적 세력권을 확대해 나갔다. 러일전쟁에서의 승리 이후 후발주자로서 남만주지역을 자신의 배타적 세력권으로 만든 일본으로서는 북만주로 세력을 확대하기 위해서는 러시아세력의 억제가 불가결함을 잘 인식하고 있었다.

---

56) 「貨客を拉浜に奪われ財政的破滅に瀕す」, 『滿州日報』 1934.5.15.
57) 朱鴻禧, 「中東路讓渡交涉之面面觀」, 『東方雜誌』 31卷 22號, 1934.11.16, 49쪽.
58) 和田耕作, 「東支鐵道運賃政策と北滿市場」, 『滿鐵調査月報』 17卷 1號, 1937.1, 20쪽.

중국 동북지역에서 소련이 배타적 세력을 확보할 수 있었던 근거는 바로 중동철도를 통한 물류유통의 장악이었다. 다시 말해, 이 지역의 경제와 무역의 명맥이 중동철도와 불가분의 관계를 형성하고 있었던 것이다. 남만주철도를 통해 남만주지역을 장악하고 있었던 일본의 입장에서 북만주로 자국의 세력을 확대하기 위해서는 당연히 중동철도의 영향력을 감소시킴으로써 소련의 세력을 약화시키는 방법 외에는 없었던 것이다.

이러한 이유에서 일본의 대만주정책은 전통적으로 소련 세력의 견제, 즉 중동철도의 경제적 효과를 약화시키는데 집중되었다고 해도 과언이 아니다. 이를 위해 만주사변 이전에 일본은 이미 만주에서의 대철도망계획을 수립하였으며, 이러한 계획의 주요한 목적은 한결같이 중동철도의 세력을 견제하는데 초점이 맞추어져 있었다. 주목할 점은 일본이 만주에서 수립한 대철도망계획의 핵심에 바로 랍빈철도의 부설이 있었다는 사실이다.

랍빈철도는 중동철도의 거점인 하얼빈을 관통하여 북만주로 노선을 전개함으로써 기존 북만주의 물류유통을 독점하고 있던 중동철도의 세력을 견제하기 위해 부설된 것이다. 랍빈철도는 만주에서 가장 비옥한 지역인 중동철도 동부선과 남부선 사이를 관통하여 해당 지역의 물류유통을 독점할 뿐만 아니라, 더욱이 북만주지역으로부터 해외로 수출되던 유통경로를 크게 단축함으로써 블라디보스톡을 경유하던 중동철도에 비해 운임에서 높은 경쟁력을 확보할 수 있었다. 이러한 결과 기존의 노선 독점으로 말미암아 높은 운임을 부과하고 있던 중동철도를 경유하지 않고서도 북만주와 하얼빈 이북의 물류가 랍빈철도를 경유하여 수출됨으로써 결과적으로 중동철도의 세력을 크게 약화시키는 의미를 가지고 있었다.

뿐만 아니라 랍빈철도는 송화강철교를 통해 호해철도와 연결됨으로써 송화강 이북의 물류유통 역시 상당 부분 흡수할 수 있었다. 북만주 상품의 수출뿐만 아니라 랍빈철도의 출현으로 말미암아 일본상품이 저렴한 운임을 바탕으로 이 지역에서 상당 부분 유통될 수 있는 기반을 마련함으로써 일본산업의 수출시장으로서의 역할도 기대할 수 있었다.

비록 소련 역시 랍빈철도를 부설하는 목적이 자국 소유의 중동철도를 견제하는데 주요한 목적이 있음을 분명히 인식하고 있었으며, 따라서 랍빈철도 부설과 중동철도의 횡단에 대해 반대와 항의가 있을 것임은 자명한 일이었다. 이에 대해 일본외무성은 랍빈철도의 부설 및 중동철도의 횡단 주체를 만주국 교통부로 위치시키고 실질적인 공사의 주체인 남만주철도주식회사를 교통부의 공사청부업체로 의미를 축소시켰다. 이러한 결과 대외적으로 독립자주국을 표명한 만주국 교통부가 자국의 국유철도 부설을 위해 중동철도를 횡단하는 사실에 대해 소련으로서는 이를 거부할 마땅한 명분을 찾기 어려웠으며, 결국 이와 같은 요구를 받아들이지 않을 수 없었던 것이다.

마침내 소련은 1935년 중동철도의 소유권을 만주국, 실질적으로는 일본제국주의에 매각하지 않을 수 없었다. 매각의 이유는 매년 중동철도에서 발생하는 거액의 적자를 유지할만한 경제적 가치가 크게 저하되었기 때문이라고 할 수 있다. 중동철도의 경영이 크게 악화된 주요한 원인은 바로 이를 견제하기 위해 일본제국주의가 입안한 만주에서의 대철도망계획이었으며, 그 핵심에 랍빈철도의 부설 및 새로운 유통망의 출현이 있었던 것이다.

# 동북지역 고속도로망 확충과 현대 중국의 국가전략

## : 도시간-성省간-국가간 사회경제적 네트워크를 중심으로

_ 김송죽

"모든 길은 로마로 통한다"는 로마제국과 최초로 중국을 통일한 진나라는 각각 가도(Via Appia Antica)와 치도馳道(천자의 도로)라 불리는 촘촘한 도로망으로 유명하다.[1] 동서고금을 막론하고 중앙의 국가권력이 멀리 떨어져 있는 변방지역까지 영향력을 확대하기 위해서는 교통로의 건설과 확보는 필수적이었다.

중국 동북지역(3성1구)[2]은 현재 총 21개의 고속도로를 확충 중이다.

* 이 글은 「중국 동북지역 고속도로망 확충의 특징과 국가전략」, 『중앙사론』 제40집(2014.12)에 게재된 원고를 수정한 것이다.

1) 중국을 통일한 진시황은 수도였던 함양을 거점으로 삼아 폭이 50m에 달하는 도로를 전국 곳곳과 이어지도록 만들었다. 로마제국 또한 5만 마일의 포장도로와 25만 마일의 비포장도로를 건설하여 전 지역의 길들이 로마와 통하도록 건설하였다.

2) 동북지역은 요녕성, 길림성, 흑룡강성, 그리고 3성과 접경하고 있는 내몽고자치구

중국정부가 이 지역에 고속도로망을 확충하게 된 계기는 2000년 초기 원자바오 국무총리가 이 지역을 몇 차례 순회하면서 부터이다. 동북지역은 1978년 개혁개방 이전까지는 석유・석탄・철강 등 풍부한 지하자원을 바탕으로 대형 중화학공업이 발달한 중국 제1의 경제발전지역이었다. 그러나 중국정부가 개혁개방이후 동남부 연해지역의 우선적 발전을 용인하는 선부론先富論에 입각한 불균형 지역발전전략을 추진하면서, 동북지역은 상대적으로 쇠퇴하기 시작하였다. 중앙정부의 지원감소와 국유기업 위주의 노후한 설비 관리체제의 경제구조에서 벗어나지 못한 동북지역은 1990년대 부실기업에 대한 구조조정이 본격적으로 진행되면서 위기를 맞았다. 특히, '동북현상'으로 불리는 경제적 쇠퇴와 실업, 국유기업의 경영성과 악화, 도농격차, 산업불균형, 사회보장 문제 등의 문제는 동북지역을 경제적 낙후지역으로 전락시켰다.

동북지역을 직접 방문하여 동북현상을 목격한 중국 중앙정부는 2003년 동북진흥전략 발표와 함께 동북지역을 중국의 제4대 경제권으로 지정하였다.[3] 이것의 중점사업이 바로 교통인프라망 구축이고, 그 핵심에 고속도로 건설이 있었다. 고속도로는 철도・항만・공항・교량 등 여타 교통인프라에 비해 산업연관효과가 크다.[4] 또한 지역 간의 접근

의 동부지역인 1구를 포함한 곳을 지칭한다.

3) 동북진흥전략은 후진타오 지도부가 출범한 2002년 11월 중국공산당 제16차 당대회에서 처음으로 발표되었다. 동북지역의 노후된 공업기지를 새롭게 정비・발전시켜 자원개발형 도시건설, 지속적 산업발전, 식량생산지역 육성 등의 목표로 동북지역경제의 체제개혁 및 산업발전계획을 국가의 주요 발전전략으로 설정하였다. 중국정부는 장강삼각주, 주강삼각주, 북경-천진의 제3대 경제권에 이어 동북지역을 2003년 8월 제4대 경제권으로 발전시키기 위해 동북의 노후공업기지 진흥계획(東北振興老工業基地)을 추진한다고 발표했다.

4) World Bank 2008년 보고서에 따르면 인프라에 대한 투자는 민간투자의 기회의 폭과 수익률을 확대시켜주는 성장과 핵심요소이다. 특히 여타 사회기반시설 투자

성 향상과 시간적 단축으로 인해 수송비용의 절감과 물류 및 유통구조의 변화를 가져오고 연쇄적으로 지역산업의 육성, 규모의 경제를 통한 사회경제적 변화를 수반한다.[5] 구체적으로 시장 및 경제권의 확대, 도시의 외연적 확대, 공장의 지방 분산화, 농촌의 시장화 및 농업경제의 합리화 촉진, 재고 감소와 자본효율성 제고, 문화보급과 생활향상, 자동차산업 발달 등 고속도로의 효과가 발생하기 때문에 분산형 국토공간구조의 한계를 극복하고, 지역발전효과와 국토이용의 효율성 및 형평성을 제고하는 데 매우 중대한 사업이다.[6] 고속도로 건설은 그 지역의 사회경제 네트워크를 활발하게 하는 기본적 토대일 뿐만 아니라 정치적으로도 그 지역까지 세력권을 확장 시키는 주요한 수단이자 목표

---

에 비해 고속도로 건설은 생산유발효과가 크다. 건설업에 속하는 도로건설은 생산유발계수가 제조업과 비슷하다.(제조업 2.1, 건설 2.0[자료: 한국은행 2005년 Input-Output Table]) 또한 건설업 내 주요 세부 업종별 비교에서도 도로건설은 생산유발계수가 높은 편이다.(항만 건설 0.81, 공항 건설 0.84, 철도건설 0.79, 도로건설 0.84) 따라서 구축된 도로 인프라는 제반 부문의 생산성을 증대시킴으로써 해당 지역 내의 지속적 성장을 가능하게 한다.(신관호, 「고속도로의 산업연관 및 경제성장 효과에 관한 연구」, 『도로교통연구원』, 2009.07.07)

5) 고속도로 건설에 의한 접근도 향상에 따른 수송비용의 절감은 사람과 화물의 통행 및 유통구조의 변화를 가져온다. 여객 및 유통구조의 변화는 새로운 토지이용을 창출하며 토지이용의 잠재력을 증가시켜 토지용도 및 지가의 변화를 초래한다. 이어 토지수요의 증가 및 변화는 도시 및 택지개발에서 인구의 재배분과 상업·공업 입지변화에서 고용인구 및 지역 생산액 변화를 가져오기 때문에 결과적으로 지역개발효과를 가져오게 된다. 고속도로 개통은 원료의 구입선, 제품의 시장권, 지역산업의 육성, 규모의 경제를 통해 사회경제적 변화를 수반한다. 또한 도로의 개설은 지리적으로 떨어져 있는 각종 기능을 연결하여 생산 및 생활에 따른 공간적 거리를 극복시켜 주는 수단으로 접근성을 향상시켜 지역간의 경제·문화·사회 등의 교류를 촉진한다.(국토연구원, 『고속도로 사업효과 조사』, 1995)

6) 김종학, 「고속도로의 성과와 창조경제시대의 과제」, 국토연구원, 『국토정책 Brief』 428, 2013.07.08; 주원, 「고속도로건설과 연쇄효과-도시성장에 미치는 영향을 중심으로」, 『도시문제』 3-2, 1968; 김정연, 「간선교통망의 확충과 지역발전」, 대한국토·도시계획학회, 『도시정보』, 2011.

가 된다.

후진타오 정부에 이어 현現 제5세대 시진핑 정부에서도 동북지역의 중요성은 점점 더 증대되고 있다. 동북지역은 전통적으로 동북아시아에서 매우 중요한 전략적 위상을 차지하고 있는 지역이다. 19세기 이후로 러시아와 일본은 중국에 대한 영향력 강화를 위해 이 지역을 둘러싸고 쟁탈전을 벌였다. 중화인민공화국 수립 이후에도 한국전쟁, 중소분쟁 등을 경험했다. 게다가 2001년 중국의 WTO 가입은 동북아시아 각국 간의 역내무역을 증가시켰고, 이에 인적교류 및 물류의 수요 역시 오늘날까지 급증하는 추세이다. 이렇게 대외적으로 동북지역은 북한, 러시아, 몽골과 접경하고 한국, 일본과 인접한 동북아시아 각국과 연결될 수 있는 지전략적geostrategy 요충지이다.

동북지역은 대내적으로도 중요한 입지를 갖는다. 이 지역은 1978년 지역불균형 개혁개방정책으로 인한 부작용들 즉, 도농간-지역간 불균형 문제들의 해결을 보여줄 수 있는 시범창구가 되었다. 또한 오늘날 동북지역은 2003년 동북진흥전략과 함께 제4대 경제권으로 결정되어 실제로 후진타오 정부시기동안 연간 13%이상의 성장률을 보이고 있는 중국의 경제부상 및 성장거점 지역이다. 더불어 연변조선족자치구와 고구려·발해의 역사와 유물이 담긴 곳으로 우리나라와 북한을 포함한 한반도 국내정치에 중대한 영향력을 미치는 지역이다. 그러나 기존의 중국 동북지역의 교통·운송 인프라망 구축과 관련한 국내외 논문은 주로 창지투개발과 대두만강개발과 관련하여 동북지역 지역 중에서도 길림성에 국한되어 있고, 이와 관련된 사례로 도로망, 철도망, 항만 등의 일부만을 취사선택하여 주장의 근거로 활용하였다.[7] 또한 후진타오



7) 黃泰岩, 「長吉圖開發開放戰略的特色與道路」, 『工業技術經濟』 第3期(總第

정부의 동북진흥전략과 관련해서도 많은 연구가 진행되었으나 대체로 지역개발전략 차원에서의 인식적 접근이나 동북지역 개발에 따른 한중 및 동북아 차원에서 협력논의에 머물렀다. 교통망을 사례로 중국 동북지역의 도시-지방(3성1구)-국가를 아우르는 전체적인 맥락에서 분석을 시도한 것은 미흡한 실정이다. 특히, 2003년 동북진흥전략과 2005년 〈국가고속도로망규획〉에 따라 동북지역에 21개 고속도로망을 확충 건설하였으나 선행연구에서는 본 현상에 대한 담론형성이 없었기 때문에 본 연구에서는 이 부분을 진지하게 검토하고자 한다.

따라서 이 글은 두 가지 목적을 지닌다. 하나는 중국 동북지역 고속도로의 점-선-면 네트워크와 방향성을 통해, 도시간-성省간-국가간 사회경제적 네트워크 변화의 특징과 국가전략을 분석하는 것이다. 다른 하나는 중국 고속도로 체계와 동북지역의 고속도로망에 관한 전반적인 소개와 일차자료raw data를 제공함으로써 향후 이 주제에 관한 학문적 토대를 마련하는 것이다.

이 글의 분석대상인 중국 동북지역 고속도로망 확충의 배경과 전략적 의도를 밝히는 것이 중요한 이유 다음과 같다. 첫째, 중국 국경지대와 동북지역(3성1구), 그리고 각 도시에서 교통・운송 인프라망의 변화에 따른 중국 동북지역 사회경제적 구조와 네트워크의 양상을 살펴 볼

---

209期), 2011, 3-9쪽; 祝濱濱, 「加快推進長吉圖開發開放先導區建設的路徑選擇」, 『社會科學戰線』 博士論壇, 2011, 246-8쪽; 於瀟, 「長吉圖開發開放先導區與國際大通道建設硏究」, 『東北亞論壇』 第19卷 第2期, 2010, 11-17쪽; 張嘉昕・苗銳, 「長吉圖開發開放先導區通道建設的物流經濟效益分析:以中朝通道爲例」, 『東北亞論壇』 第5期 總第103期, 2012, 96-106쪽; 趙瑩・夏光宇, 「長吉圖開發開放戰略的特色與道路硏究」, 『企業導報』 第11期, 2013, 138쪽; 李忠文, 「發揮口岸優勢暢通長吉圖大通道: 振興吉林」, 『新長征』 第11期, 2012, 16-17쪽; 원동욱, 「동북공정의 내재화, 중국 동북지역 인프라개발의 전략적 함의」, 『국제정치논총』 제49집 1호, 2009, 233쪽.

수 있다는 점이다. 둘째, 고속도로 건설에 의해 새롭게 출현한 동북지역의 20개 경유신도시 부상과 이 도시들의 경제사회적 위치변화, 그리고 이 도시들을 연계한 중국정부의 국가전략(4대도시군 전략, 동북지역 일체화와 지역균형발전, 변경지역개발정책)과의 상관관계를 설명할 수 있다는 것이다. 셋째, 고속도로망 확충이 향후 동북아시아 및 유라시아 대륙의 신국제질서와 경제권에 어떠한 의미를 갖고 있는지에 관한 중요한 함의를 이끌어낼 수 있기 때문이다.

이상의 과제를 수행하기 위한 1차 자료로 중국교통운수부中國交通運輸部의 「2005년 국가고속도망규획2005年國家高速公路網規劃」, 「2009년 중화인민공화국 교통운수부 국가고속도로망 분포방안2009年中華人民共和國交通運輸部國家高速公路網布局方案」, 중국국가발전개혁위원회의 「국가도로망규획 2013년-2030년國家公路網規劃2013年-2030年」, 중국국가고속도로망中國國家高速公路網(http://www.china-highway.com/), 「중국 도로명칭과 편호中國公路命名與編號」, 「국가고속도로망의 체계 전달방안의 보고關於印發國家高速公路網裏程樁號傳遞方案的通知」, 요녕성遼寧省, 길림성吉林省, 흑룡강성黑龍江省, 내몽고자치구內蒙古自治區의 인민정부人民政府와 해당지역의 도시정부 사이트 등이 주요한 조사 대상이다.

이 글의 구성은 다음과 같다. 다음 장인 1장에서는 2003년 동북진흥전략과 2005년 국가고속도로망규획에 따른 동북지역 고속도로망 확충의 제도적 배경과 점-선-면 네트워크 및 방향성의 개념을 논의한다. 2장에서는 동북지역 21개 고속도로망의 건설현황과 고속도로망 확충이 도시간-성(지방)간-국가간 사회경제적 네트워크에 가져오는 변화의 특징 및 국가전략 내용을 분석한다. 이 글의 소결인 3장에서는 동북지역 고속도로망 확충의 지전략적·대내외적 함의를 제시한다.

## 1. 교통인프라 구축의 제도적 배경과 방향성

### (1) 2003년 동북진흥전략과 2005년 국가고속도로망규획

중국정부가 2003년 동북진흥전략과 2005년 국가고속도로망규획國家高速公路網規劃을 발표함에 따라, 동북지역은 현재 총 21개의 고속도로를 확충 중이다. 1988년 중국의 첫 고속도로를 개통한 이래, 중국의 고속도로 건설 프로젝트는 1992년의 5종7횡, 2005년의 7·9·18망과 2013년의 7·11·18망으로 더욱 확대되고 구체화되었다.[8)]

중국의 첫 고속도로는 1988년 12월 상하이에서 개통한 호가노선滬嘉高速이다. 이어 1993년 북경과 하북성河北省의 석가장石家莊을 연결한 경석노선京石高速이 전 구간 개통됐다. 그러나 이 두 고속도로를 제외하고 1993년까지 건설된 다른 고속도로는 거의 없었다. 1991년 중국정부는 2010년까지 35,000km의 5종7횡五縱七橫의 국가고속도로망을 구축하는 계획을 발표하였다. 5종7횡은 5개 종단선(남북방향)과 7개 횡단선(동서방향)으로 구성된 12개 고高규격간선도로를 말한다.[9)] 2009년 말에 이미 65,000km의 고속도로를 포함하는 38,200km의 도로가 완성되었다.

2005년 1월 13일 중국교통부는 총연장 85,000km, 약칭 7·9·18망이라 불리는 국가고속도로망규획國家高速公路網規劃을 발표했다. 7·9·18망이란 2020년까지 인구 20만 명 이상의 지방중핵도시를 연결하는 고

---

8) 中國國家高速公路網(http://www.china-highway.com/)

9) '五縱'은 同江-三亞, 北京-珠海, 重慶-北海, 北京-福州, 二連浩特-河口를 가리키며, '七橫'은 連雲港-霍爾果斯, 上海-成都, 上海-瑞麗, 衡陽-昆明, 青島-銀川, 丹東-拉薩, 綏芬河-滿洲裏를 의미한다. 인구 100만 명 이상의 特大城市와 50만 이상의 인구를 가진 中等城市를 연결하는 것이다.(http://baike.baidu.com/view/808542.htm, 검색일: 2014년 11월 3일)

속도로로, 수도인 북경을 중심으로 방사선형 7개 노선과 9개의 종단선, 18개의 횡단선을 말한다.[10] 이것이 완공되면 중국고속도로망은 세계에서 가장 큰 규모의 고속도로 체제를 갖추게 된다.

2013년 6월 20일 중국교통부는 2030년까지 서부지역에 2개의 종단선을 추가시켜 총연장 118,000km로 확대하는 7・11・18망의 국가도로망규획國家公路網規劃2013-2030을 발표했다. 한편, 중국 중앙정부가 건설하는 국가고속도로와는 별도로 성省정부가 건설하는 성급省級고속도로도 있다. 성급고속도로는 국가고속도로망을 보충하여 동북지역의 성내 또는 이웃 성간 주요도시를 연결하는 역할을 분담하고 있다.[11]

중국정부가 국가고속도로망규획을 발표하기 이전에, 중국 동북지역의 고속도로망 확충은 제4세대 후진타오 정부(2002-2012)가 추진한 2003년 동북진흥전략에서 비롯되었다. 동북진흥전략은 교통・운송 인

---

10) 이 계획을 방사선・종단・횡단 각 방향별 간선노선 수, 즉 7・9・18을 조합하여 '7・9・18프로젝트'라 한다. 이 7・9・18망으로 구성된 주요 간선 고속도로망이 총 68,000km이다. 이와 관련된 지역순환선 5개와 병행지선 2개, 연결지선 37개를 포함한 노선이 총 17,000km이다. 총 연장 85,000km에 달하는 국가 고속도로를 완공하여 전국 주요 경유도시를 유기적으로 연결하는 것을 목표로 하고 있다.

11) 2004년과 2007년에 걸쳐 중국교통부는 중국국가고속도로망의 고속도로의 번호제(編號系統)를 지정하였다. 국가 고속도로의 번호는 국가(Guojia)의 병음 첫 글자를 딴 알파벳 G에, 1자리・2자리 또는 4자리의 아라비아 숫자를 조합하여 부여한다. (1)수도 방사선형 고속도로는 1자리 수로 구성되며, 북경-하얼빈 고속도로(京哈高速)를 G1번으로 하고 나머지는 시계방향 순서에 따라 번호를 부여한다. (2)북남종단형 고속도로는 11-89사이의 두자리 홀수로 구성되며, 동쪽에서부터 서쪽 순서에 따라 번호를 부여한다. (3)동서횡단형 고속도로는 10-90사이의 두 자리 짝수로 구성되며, 북쪽에서부터 남쪽 순서에 따라 번호를 부여한다. 간선도로에 부속되는 연락선에는 간선 번호의 뒤에 1이 있고 또 1로부터 시작되는 숫자로 되어 있다. 이것에 대한 자세한 내용은 中華人民共和國國家標准 : 公路路線標識規則和國道編號 (GB/T 917-2009), 中華人民共和國『中國公路雜志信息』, 『中國公路』, 雜志社, 2013; 국가고속도로망(中國國家高速公路網: http://www.china-highway.com/) 참조.

프라건설 사업을 기반으로 산업구조 조정, 경제체제 개혁, 대외개방 확대[12] 등 지역발전계획, 중국의 중공업 경쟁력 향상, 지역산업성장을 수립하고 있다. 이 전략의 핵심사업에 도로·철도의 교통망 강화, 철도 운행속도 제고, 부두·내륙항 건설, 수운·공항 신설 등 교통·운송 인프라 건설이 있는 이유는 이것이 경제성장과 산업구조 재편, 현대화, 도시화 등으로 이 지역의 사회경제적 네트워크에 변화를 줄 수 있는 가장 근본적인 토대이기 때문이다. 실제로 산업연관효과가 제일 큰 고속도로 건설은 인적교류·물류 및 운송 여건을 개선시켜 동북지역의 도시간-성간-국가간의 사회경제적 네트워크를 활발하게 하는 결과를 가져왔다.

동북진흥전략과 함께 지난 10여 년 동안 중앙과 지방정부 모두 교통 인프라 건설을 중점사업으로 추진한 결과 도로, 철도 중심으로 인프라가 크게 개선되었다. 동북3성을 관통하는 중요한 도로와 철도가 완공·개통에 들어갔으며, 이에 철도와 도로의 운행 거리도 크게 늘어났다.[13] 현재 중국 동북지역의 21개 고속도로망 확충 건설은 지역 내의 대도시와 중소도시, 지역 간의 지방과 지방, 국가 간의 국가와 국가의 경계에 위치한 분산형 국토공간구조의 한계를 극복하고, 국토이용의 효율성과

12) 2005년 기점으로 동북진흥전략은 국가차원의 균형전략에서 점차 '대외개방'의 중시와 교통인프라개발을 매개로 북한 및 한반도 나아가 동북아시아 차원의 전략적 구상으로 확대·전환되었다.(원동욱, 「동북공정의 내재화, 중국동북지역 인프라 개발의 전략적 함의」, 『국제정치논총』 제49권 1호, 2009, 233쪽)

13) 흑룡강성 목단강시 쑤이펀에서 대련에 이르는 총 연장 1415km의 동변도 철도도 2011년에 완공되었다. 2012년 12월에는 중국의 첫 혹한지대 고속철도인 하얼빈-장춘-심양-대련 간 고속철도가 정식 운영에 들어갔다. 2010년 9월 장춘-길림-교하蛟河-돈화-안도安圖-연길延吉-도문圖們-혼춘을 잇는 총 연장 62.7km의 고속도로가 개통되었다. 2010년 10월부터 이 구간(장춘-길림 구간 제외) 고속철도 건설이 착공에 들어가 2014년 완공될 예정이다.(『新文化報』, 2010.10.31)

형평성을 제고하는 데 기여하였다. 특히 중국정부는 국유기업 뿐만 아니라 민간기업도 도로건설, 공공사업 영역에 진출하는 것을 허용함으로써 기술력이 높은 민영기업을 육성하는 결과를 낳았다. 나아가 동북지역은 지난 10년 동안 전역의 평균을 웃도는 연간 13%의 경제성장률을 유지하는 가시적인 성과를 거두었다. 동북현상으로 낙후되었던 동북지역의 재건과 동시에 21세기 중국의 제4대 경제권을 만들기 위한 목표로 진행했던 동북진흥전략은 조화사회和諧社會, 과학발전관科學發展觀, 지역균형발전(2000년 서부대개발 이후)과 함께 후진타오 정부가 추진한 핵심국내정책 중에 하나가 되었다.

때문에 이 동북진흥전략과 2020년까지 완공계획을 갖고 있는 2005년 고속도로망규획은 현 정부인 제5세대 시진핑 정부(2012-2022)에서도 지속적인 국가 핵심 사업으로 추진 중이다. 시진핑 정부는 2012년 자립형 지역발전기반 구축마련인 산업도시군, 신형도시화, 도시군[14] 전략을 발표하였고 20만 명이상의 인구를 가진 중형도시를 연결하는 고속도로망을 건설 중이다. 고속도로 건설은 후진타오 정부에 이어 시진핑 정부에서도 지역균형전략과 조화사회의 핵심 토대사업인 것이다.

---

14) 도시군은 일정한 자연환경과 교통조건을 기초로 도시간의 내재적 연계를 강화하면서 도시간 네트워크를 형성·발전시킨 도시집합체를 의미한다. 중국정부는 11.5계획(2006-2010) 이후 처음으로 도시군의 개념을 제시하였다. 도시군은 17차 전국대표대회에서 경제적 영향력이 큰 도시군 형성을 통해, 새로운 경제성장 거점 지대 마련을 언급하였고 2012년 개최된 중앙경제공작회의에서 도시군 배치를 주요 과제로 제시하였다. 2013년 6월 국무원의 〈도시화건설업무현황에 관한 국무원보고(國務院關於城鎮化建設工作情況的報告)〉에 의거, 하얼빈·장춘을 포함한 10개 지역을 도시군으로 추가했다. 도시군 내 다수의 전략·핵심도시를 육성하여 주변지역으로 경제효과를 파급하고 낙후지역의 도시화를 촉진시키는 것이 주요 목적이다.(김수한, 「한·중 교류의 새로운 방식: 인문유대와 도시 간 국제협력」, 『한중사회과학연구』 제29권, 단일호, 2013, 255-277쪽)

### (2) 점-선-면의 네트워크와 방향성

이 글은 고속도로망 확충에 따른 동북지역의 사회경제적 발전양상을 도시간-성(지방)간-국가간 수준에서 분석하기 위해 점-선-면의 네트워크와 고속도로의 방향성에 대해 개념화conceptualize하고자 한다.

점이란 고속도로 건설에 의해 새롭게 출현하거나 혹은 기존보다 더욱 부상하여 발전이 기대되는 도시를 말하는데, 주로 2개 이상의 고속도로가 서로 교차・중복되는 결절점에 생겨난 '경유신도시'를 일컫는다. 선이란 이러한 도시와 도시 사이를 연결해주는 교통인프라, 즉 고속도로를 일컫는다. 면이란 점과 선으로 인해 형성된 도시간-성간-국가간 발전 클러스터cluster를 일컫는다. 따라서 고속도로를 매개로 한다. 점, 선, 면으로 확장되는 네트워크 구성은 동북지역의 사회경제적 발전과 변화를 공간적으로 설명하고 있다.

점-선-면의 네트워크를 요약하자면 고속도로 교차지 등 파급효과가 큰 거점지역을 선정해 개발한 후 전 지역으로 확산을 유도하는 것이다. 점으로 표현되는 이 거점도시들은 고속도로가 교차하는 지점에 생겨나는 경유신도시 자체이다. 이 경유신도시들이 성(지방)의 경계에 위치하게 되면 '접성接省도시'로, 그리고 국경을 마주하게 되면 '접경接境도시'로서의 성격을 가지게 된다. 즉, 경유신도시는 성내에서는 도시와 도시를 잇고, 성간에서는 도시와 성간을 연결하는 접성도시로, 국가 간에서는 도시와 국경을 연결하는 접경도시로서 역할을 하고 있다. 또한 점과 점을 연결하는 선인 고속도로에 의해 이 주요 경유도시들은 도시군을 형성하게 되고, 고속도로가 성간을 넘었을 때는 경유도시들을 중심으로 지역일체화, 단일경제권을 만들게 된다. 이러한 일련의 점-선-면 네트워크의 발달과정은 단순 자연발생적인 현상이 아닌, 국가주도적 정책에 의한 현상인 것이다.

방향성이란 선에 해당하는 고속도로가 다른 고속도로와 교차하면서, 교차점에 해당하는 도시를 중심축(1축)으로 여러 개의 방향을 갖게 되는 것을 말한다. 예를 들어 한 거점도시에 2개의 고속도로 노선이 지나갈 경우, 이 도시(1축)을 중심으로 2개의 고속도로는 상하좌우행선에서 4개의 방향성을 갖게 되는 것을 의미한다. 이 때 이 도시가 고속도로의 방향성을 많이 갖게 될수록 중앙성centrality이 높아져서, 인적 · 물적 자원이 이 도시로 몰리게 된다. 따라서 고속도로의 방향성은 향후 도시화 · 현대화 · 산업화의 발전정도를 예상할 수 있게 하는 지표가 된다.[15)]

## 2. 동북지역 고속도로망 확충의 특징과 국가전략

### (1) 고속도로망의 확충

2003년 동북진흥전략과 2005년 국가고속도로망규획에 따라서, 동북지역은 21개의 고속도로 노선을 2020년까지 구간별 확충 중이다. 중국 전체 고속도로 7 · 9 · 18망에서, 동북지역은 방사선 1개, 종단선 4개, 횡단선 3개로 1 · 4 · 3망을 구성한다. 세부적으로는 1 · 4 · 3망을 기본 노선으로 하며, 이에 환형 순환선 4개, 종단선의 연결지선 6개, 횡단선의 연결지선 3개를 더 추가하여 총 21개의 노선을 확충 중이다.

이 21개 고속도로의 현황을 보면, 7개 노선이 전全구간 개통되었고 7개의 노선은 구간별 공사 중이며, 나머지 7개의 노선은 구간별 공사 계획 중에 있다. 구체적으로는 완공 및 개통된 노선을 제외하고, 요녕성은 3구

15) 신범식, 「러시아의 네트워크 국가전략: 푸틴시기 에너지수송망 구축사업을 중심으로」, 『세계지역연구논총』 제27권 3호, 2009, 347-381쪽.

간이 공사 중이고 3구간이 계획 중에 있다. 길림성은 1구간이 공사 중이고 4구간이 계획 중이다. 흑룡강성은 4구간이 공사 중이고 1구간이 계획 중이다. 내몽고자치구는 3구간이 공사 중이고 1구간이 계획 중이다.

동북지역의 고속도로 노선을 지방(성省)간-국가 간에서 살펴보면, 세 지방을 경유하는 노선은 3개(G1 · G11 · G45), 두 지방을 경유하는 노선은 7개, 나머지 11개는 한 지방 내에서만 있다. 또한 이 지역과 접경하고 있는 국가를 연결하는 노선은 총 8개인데, 북한을 연결하는 노선이 5개(G11 · G1112 · G1113 · G12 · G16)이고, 러시아 3개(G10 · G1011 · G1211), 몽골 1개(G10)이다. 여기서 1개(G10)의 노선만이 러시아와 몽골 두 국가를 연결하고 있다. 따라서 동북지역의 21개 고속도로망의 현황을 정리해보면 아래 |도표 1|, |도표 2|와 같다.

**|도표 1|** 중국 동북지역의 21개 고속도로 현황

| | 노선<br>(기점-종점) | 경유도시 | 지방省 | 국가 | 총연장 | 공사 현황 |
|---|---|---|---|---|---|---|
| ① | G1<br>북경-하얼빈 | 금주錦州-심양沈陽-사평四平-장춘長春-하얼빈哈爾濱 | **요녕<br>길림<br>흑룡강** | | 수도방사<br>1280km | 전 구간 개통<br>(2001.09.28) |
| ② | G11<br>학강-대련 | 학강鶴崗-가목사佳木斯-계서雞西-목단강牡丹江-돈화敦化-백산白山-통화通化-단동丹東-대련大連 | **흑룡강<br>길림<br>요녕** | 북한 | 종단<br>1390km | 흑룡강성 경계-통화(계획 중) |
| ③ | G1101 | 대련 순환선 | **요녕** | | | 계획 중 |
| ④ | G1111<br>학강-하얼빈 | 학강-이춘伊春-수화綏化-하얼빈 | **흑룡강** | | G11<br>연결지선 1 | 학강-이춘 공사 중 |
| ⑤ | G1112<br>집안-쌍료 | 집안集安:口岸-통화-매하구梅河口-료원遼源-사평-쌍료雙遼 | **길림** | 북한 | G11<br>연결지선 2 | 계획 중 |
| ⑥ | G1113<br>단동-부신 | 단동-본계本溪-심양-신민新民-부신阜新 | **요녕** | 북한 | G11<br>연결지선 3 | 신민-부신(계획 중) |
| ⑦ | G15<br>심양-해구 | 심양-요양遼陽-안산鞍山-해성海城-대련 | **요녕** | | 종단<br>3710km | 전 구간 개통 |
| ⑧ | G1501 | 심양 순환선 | **요녕** | | | 공사 중 |
| ⑨ | G25<br>장춘-심천 | 장춘-쌍료-부신-조양朝陽 | **길림<br>요녕** | | 종단<br>3585km | 장춘-쌍료(계획중)<br>내몽고 경계-요녕성의 강평康平(계획중)<br>강평-조양(개통) |

| | 노선 (기점-종점) | 경유도시 | 지방省 | 국가 | 총연장 | 공사 현황 |
|---|---|---|---|---|---|---|
| ⑩ | G2501 | 장춘 순환선 | **길림** | | | 공사 중 |
| ⑪ | G2511<br>신민-노북 | 신민-창무彰武-통료通遼-노북魯北 | **요녕**<br>**내몽고** | | G25<br>연결지선1 | 창무-내몽고(계획 중) |
| ⑫ | G2512<br>부신-금주 | 부신-금주 | **요녕** | | G25<br>연결지선2 | 전 구간 개통 |
| ⑬ | G45<br>대경-광주 | 대경人慶-송원松原-쌍료-통료-적봉赤峰 | **흑룡강**<br>**길림**<br>**내몽고** | | 종단<br>3550km | 전 구간 개통 |
| ⑭ | G5511<br>집녕-아영기 | 집녕集寧-노북-극십극등기克什克騰旗-찰노특기紮魯特旗-오란호특烏蘭浩特-아영기阿榮旗 | **내몽고** | | G55의<br>연결지선1 | 극십극등기-석림호특 공사 중 |
| ⑮ | G10<br>수분하-만주리 | 수분하綏芬河-목단강-하얼빈-대경-치치하얼齊齊哈爾-아영기-만주리滿洲裏 | **흑룡강**<br>**내몽고** | 러시아<br>몽골 | 횡단<br>1520km | 아영기-호륜패이呼倫貝爾 내몽고 공사 중 |
| ⑯ | G1001 | 하얼빈 순환선 | **흑룡강** | | | 공사 중 |
| ⑰ | G1011 | 하얼빈-가목사-쌍압산雙鴨山-동강同江 | **흑룡강** | 러시아 | 횡단 G10<br>연결지선1 | 전 구간 개통 |
| ⑱ | G12<br>혼춘-오란호특 | 혼춘琿春-돈화-길림吉林-장춘-송원-백성白城-오란호특 | **길림**<br>**내몽고** | 북한 | 횡단<br>885km | 전 구간 개통 |
| ⑲ | G1211<br>길림-흑하 | 길림-서란舒蘭-오상五常-하얼빈-명수明水-북안北安-흑하黑河 | **길림**<br>**흑룡강** | 러시아 | 횡단 G12<br>연결지선1 | 길림성 구간(계획 중), 길림-흑룡강성 경계-북안(계획 중), 북안-흑하(개통) |
| ⑳ | G1212<br>심양-길림 | 심양-길림 | **요녕**<br>**길림** | | 횡단 G12<br>연결지선2 | 전 구간 개통<br>(2010.09.27) |
| ㉑ | G16<br>단동-석림호특 | 단동-해성-반금盤錦-금주-조양-적봉-다통人通-석림호특錫林浩特 | **요녕**<br>**내몽고** | 북한 | 횡단<br>960km | 조양-내몽고 경계<br>(공사 중) |

* 출처: 中國國家高速公路網(http://www.china-highway.com/)의 자료를 바탕으로 필자구성.

|도표 1|과 |도표 2|에서 알 수 있듯이 동북지역의 21개 고속도로는 요녕성 11개 · 길림성 9개 · 흑룡강성 8개 · 내몽고자치구 6개로, 노선들이 서로 교차 · 중복되어 연결되어있다. 또한 고속도로 확충으로 이 노선들이 서로 교차 · 중복되는 지점에는 경유도시가 새롭게 출현하거나 혹은 경유도시였지만 더 많은 교차선을 갖게 되어 기존보다 더욱 부상하는 '경유신도시'가 생겨났다.

**|도표 2|** 중국 동북지역의 고속도로망 확충

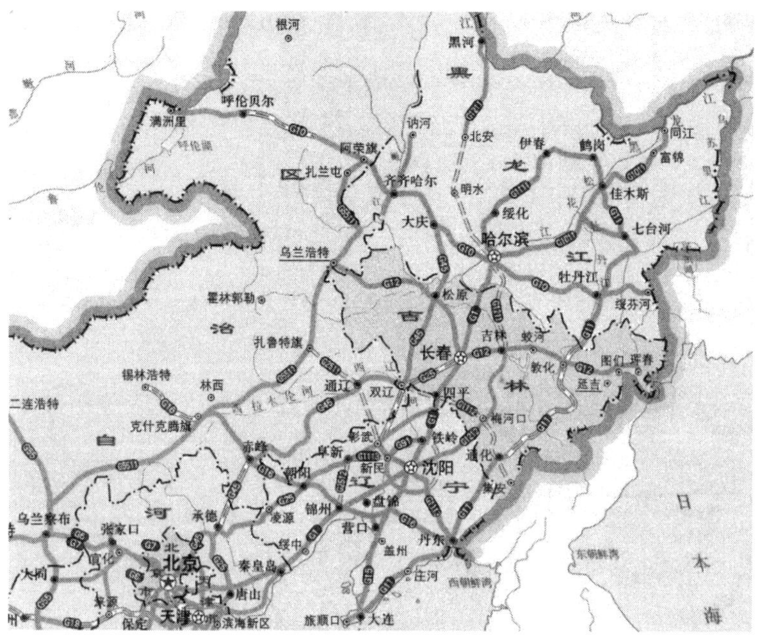


* 출처: http://www.onegreen.net/maps/m/gs_china.htm

동북지역의 경유신도시는 총 20개인데, 요녕의 창무・신민・부신・조양・단동(5), 길림성의 쌍료・길림・돈화・통화・송원・사평(6), 흑룡강성의 목단강・가목사・치치하얼(3), 내몽고자치구의 아영기・오란호특・찰노특기・통료・적봉・극십극등기(6)이다.

구체적으로 도시와 성省을 연결하는 경유도시이자 접성도시는 다음과 같다. ①요녕성에서는 창무・부신・조양이 내몽고자치구와 경계를 이루는 접성도시이다. ②길림성에서는 통화・매하구・사평이 요녕성과 경계를 이루는 접성도시이고, 돈화와 송원은 흑룡강성과 경계를 이루는 접성도시이다. 또한 사평시에 속하는 소도시[16]인 쌍료는 요녕성과 내몽고자치구와 경계를 이루는 접성도시이다. ③흑룡강성의 경유신도시인 목단강·가목사·치치하얼은 길림성과 내몽고자치구의 경계로부터 비교적 멀리 떨어진 도시이기 때문에 접성에 위치한 경유신도시는 없다. ④내몽고자치구에서는 적봉·오란호특·아영기가 각각 요녕성과 흑룡강성의 경계를 이루는 접성도시이다.

한편 동북지역의 고속도로망 확충을 통하여 북한·러시아·몽골과 국경을 마주한 접경接境도시는 7개이다. 즉, 요녕성의 단동과 길림성의 집안과 혼춘은 북한과 국경을 접하고 있고, 흑룡강성의 수분하·동강·막하는 러시아의 국경을 마주하며, 내몽고자치구의 만주리는 몽골과 국경을 접하는 접경도시이다. ①길림성에서는 횡단선 G12가 동쪽의 종착도시인 혼춘이 북한과 러시아의 국경을 마주하고 있고, 이 노선의 서쪽 종착도시인 내몽고자치구의 오란호특을 통해 몽골로 갈 수 있다. 또한 G1112의 종착도시인 집안은 북한과 경계를 이루는 도시이다. ②요녕성에서는 종단선 G11이 접경도시인 단동을 통해 북한을 지나 러시아까지 갈 수 있다. ③흑룡강성에서는 횡단선인 G10이 동쪽의 종착도시인 수분하가 러시아와 국경을 접하고 있고, 서쪽의 종착도시인 만주리가 몽골과 접경하고 있다. 또한 G1211의 종착도시인 막하와 G1011의 종착도시인 동강은 러시아와 국경을 마주한 접경도시이다.

경유도시를 중심점(1축)으로 고속도로의 방향성을 살펴보면, 동북지역의 20개 경유신도시는 내몽고자치구의 아영기·오란호특·찰노특기(1축 3방향)를 제외하고 모두 1축 4-5방향을 갖는다. ①요녕성에서 1축 5방향을 갖는 경유신도시는 창무와 신민이고 1축 4방향을 갖는 경유신도시는 부신·조양·단동이다. ②길림성에서 1축 5방향을 갖는 경유신

---

16) 본 연구에서는 도시의 크기와 규모가 중요하므로 副省級 도시를 '대도시'로, 地級市 도시를 '중형도시'로, 縣級市 이하의 도시를 '소도시'로 분류한다.

도시는 쌍료이고, 1축 4방향을 갖는 경유신도시는 길림·돈화·통화·송원·사평이다. ③흑룡강성에서 1축 5방향을 갖는 경유신도시는 없고 1축 4방향을 갖는 신도시는 목단강·가목사·치치하얼이다. 마지막으로 ④내몽고자치구에서 1축 4방향을 갖는 경유신도시는 통료·적봉·극십극등기이고 1축 3방향을 갖는 도시는 아영기·오란호특·찰노특기이다.

반면 동북3성의 성도省都이자 부성급副省級(대도시) 도시인 심양·장춘·하얼빈은 이 경유신도시들보다 더 많은 방향성을 갖는다. 즉, 요녕성의 심양을 중심으로 1축 6방향, 길림성의 장춘을 중심으로 1축 5방향, 흑룡강성의 하얼빈을 중심으로 1축 7방향을 가진다. 이 3개의 성도는 다수의 방향성을 갖고 있기 때문에, 이를 연계한 심양 G1501, 장춘 G2501, 하얼빈 G1001의 환형環形 순환선을 건설 중에 있다.

### (2) 도시간-성省간-국가간 사회경제적 네트워크 특징과 국가전략

#### 1) 도시간: 경유신도시 형성과 4대도시군 전략

|도표 1|과 |도표 2|에서 알 수 있듯이 동북지역의 고속도로가 서로 교차·중복함으로써 점-선-면의 네트워크와 방향성을 구축하게 되고, 이로 인해 도시간-성간-국가간에서 발견되는 몇 가지 특징들이 있다. 동북지역의 21개 고속도로망 확충을 통해, 중국정부는 도시 간에서는 경유신도시 형성과 4대도시군 전략을, 성(지방)간에서는 동북지역일체화東北區域一體化를, 국가 간에서는 북한·러시아·몽골과의 변경지역 개발정책을 추진하였다.

도시 수준에서 나타나는 고속도로의 사회경제적 네트워크 특징과 국가전략은 다음과 같다. 첫째, 고속도로 확충에 의해 생겨난 20개 경유

신도시의 부상과 역할 증대이다. 2개 이상의 고속도로가 교차하는 지점에서 생겨난 이 경유신도시는 고속도로 개통에 의해 도시간의 시간과 거리를 단축하게 되고, 기존에 있던 도시의 오지가 외연적으로 확대되어 도·농간의 격차를 줄이는 방안이 된다.[17]

둘째, 쌍료(소도시)[18]를 제외한 동북지역의 경유신도시들은 모두 지급시地級市(중형도시)이다. 중국정부는 고속도로 건설을 통하여 대도시(부성급 도시)에서 중형도시 중심으로 '성장 거점도시'를 구축하고자 했음을 알 수 있다. 즉, 내도시의 역할과 기능을 중소도시로 분산시킴으로써, 지역균형발전을 추진하기 위한 일환으로 고속도로가 확충되었다.

셋째, 동북3성의 성도省都들은 동북지역에서 육로교통의 중추역할을 하고 있다. 이것은 도시를 중심축으로 한 고속도로의 방향성에 의해 증명할 수 있는데, 동북3성의 성도는 평균 1축 6방향으로, 경유신도시들은 1축 4방향을 가진다. 따라서 대도시가 교통의 중추역할을 한다는 일반적 법칙에 어긋나지 않았다. 이 때문에 성도인 부성급 도시(대도시)들은 모두 환형의 순환선을 건설 중에 있다.

넷째, 동북지역의 고속도로 경유도시들은 중국정부의 4대도시군 전략과 맞물려 있다. 4대도시군은 요녕중부도시군(=심양경제특구), 요녕연해도시군, 길림중부도시군(=창지투개발경제구), 하다치공업지구哈大齊工業走廊로 동북지역의 도시화 및 공업화의 선행지역을 묶은 도시집합체이다. 4대도시군의 총인구는 동북3성 전체 인구의 40%에 달하고, 지역

---

17) 남영, 「철도망 분석을 통한 중국 도시 네트워크의 변화」, 『대한지리학회지』 38-4, 2003.

18) 현급시인 쌍료는 동북의 세 지방(요녕성, 길림성, 내몽고자치구)을 연결하는 소도시로 이곳에 3개의 고속도로가 건설되고 있고 1축 5방향을 가지고 있어 향후 이 도시에 대한 연구와 투자전략이 필요하다.

총생산은 동북3성 전체의 70%를 차지해, 동북평원과 요동반도를 관통하는 핵심경제벨트로 부상했다.

구체적으로 ①심양경제특구라고 불리는 요녕중부도시군遼寧中部城市群은, 동북지역의 최대 중심도시인 심양을 중심으로 안산·무순·본계·영구·요양·철령·부신 등의 도시를 포함한다. 이 도시군은 400㎞의 심양순환선(G1501)을 중심으로 G1112, G15, G25의 노선에 있는 경유신도시들을 연결함으로써 새로운 공업지역을 발전시키고, 중심도시의 주변지역 경제 커버력을 강화하려고 한다. ②요녕연해도시군遼寧沿海城市群은 요녕성의 부성급 도시인 대련을 중심으로 단동·영구·금주·호로도 등 주로 요녕성의 동부 연안에 있는 항만도시들을 포함한다. 이 도시군은 대련순환선(G1101)을 중심으로 G11·G15·G16의 노선에 있는 경유신도시들이 연결되어 있다. ③창지투(장춘-길림-도문)경제구라고 불리는 길림중부도시군吉林中部城市群은 장춘을 중심으로 주변의 길림·료원·송원·사평 등의 도시를 포함하고 있다.[19] 장춘순환선(G2501)을 중심으로 G12·G1의 연선에 있는 경유신도시들의 연결되어 있다. 중심도시인 장춘시와 길림시를 지역발전의 배후지로 정하고 창지일체화를 추진하고 중국 내에서 경쟁력 있는 선진 제조업기지로 육성, 대외개방의 플랫폼 역할 수행한다. 특히, 도문(두만강 지역)은 북한과 국경을 마주한 접경도시로, 북한과의 협력을 추진 중이다. ④하다치(하얼빈-대경-치치하얼)공업지구는 하얼빈을 중심으로 대경·치치하얼·조동肇東·안달安達 등 흑룡강성에서 공업화 수준이 높은 도시들을 포함한다. 하얼빈순환선(G1001)을 중심으로 G10·G45의 노선에 있는 경유신도시

19) 림금숙, 「창지투선도구와 북한나선특별시간 경제협력」, 『국제지역학논총』 제5권 2호, 2012, 27-51쪽.

들이 연결되어 있다.

이처럼 동북지역의 4대도시군 전략은 고속도로의 주요 경유도시들을 기반으로 하여 성省내의 대도시와 인근 중소도시의 기능연계를 강화하고, 도시군 내에 다수의 중심지를 형성함으로써 다핵화 지역균형발전을 꾀하고 있다.

### 2) 성省간: 지역균형발전 및 동북지역일체화 전략

성省 수준에서 나타나는 고속도로의 사회경제적 네트워크 특징과 국가전략은 다음과 같다. 첫째, |도표 1|과 |도표 2|에서 고속도로망의 확충은 요녕성보다 길림성과 내몽고자치구에 집중적으로 이루어지고 있는데,[20] 이것은 동북지역(3성1구)의 분산화 및 균형화와 연안지방에서 내륙지방으로의 발전을 유도하는 토대가 되고 있다. 요녕성에 비해 나머지 세 지방(길림성 5구간, 흑룡강성 5구간, 내몽고자치구 4구간)이 공사 진행 및 계획 중이다. 이 말은 동북지역의 자연조건과 교통망 등에 있어서, 그동안 이 세 지방이 요녕성에 비해 낙후하고 저발전이었다는 것을 의미한다. 또한 도시화·현대화·산업화가 요녕성에 집중되었던 것을 나머지 세 지방(성省)으로 분산시켜 지역불균형을 해소하고, 기존에 대련 중심의 동부 연안지방 개발에서 내륙지방의 발전으로 선회하고 있음을 보여준다.

둘째, 고속도로 확충에서 생겨난 동북지역의 접성도시들은 중국정부의 동북지역일체화 전략과 맞물려 있다. 그동안 자연조건과 낙후함으

20) 경제성장률을 보면 요녕성은 길림성의 2배의 성장률을 보였다. 흑룡강성도 길림성의 1.5배였으며 길림성과 내몽고자치구는 동북지역에서 경제성장률이 매우 낮은 곳이다.

로 요녕성을 제외한 타 지방들은 서로 간의 연계가 원활하지 못했다. 그러나 성과 성을 잇는 고속도로를 건설함으로써, 지방의 경계에 있는 경유신도시이자 접성도시의 부상과 역할이 증대 되었다. 고속도로 연선에 위치한 접성도시들의 발전은 성내에서는 도시간의 통합을 가져오고 지방 간에서는 동북지역의 일일생활권과 단일경제권을 가능케 함으로써, 이 지역을 하나로 묶어 〈벨트〉를 형성하는 고리의 기능을 하고 있다. 예를 들면 쌍료는 세 지방(길림성, 요녕성, 내몽고자치구)과 경계에 있는 접성도시로, 3개의 고속도로 노선이 교차하여 이 세 지방을 하나의 지역벨트로 묶고 있다. 이 밖에도 요녕성의 창무·부신·조양과 길림성의 통화·매하구·사평·돈화·송원, 내몽고자치구의 적봉·오란호특·아영기가 지방과 지방을 연결하는 접성도시이다. 셋째, 고속도로의 확충은 중앙정부와 지방정부의 관계를 강화시키고 있다. 고속도로의 개통은 중앙과 지방의 양방향에서 힘의 변화를 가져온다. 즉, 고속도로 개통에 의해 지방정부는 지방분권화를 촉진시킬 수 있고, 중앙정부는 지방정부와의 물리적인 장벽을 제거함으로써 관리와 관할이 용이해 질 수 있다. 중앙과 지방 중, 어느 쪽의 힘의 크기가 우세할 것인지 향후 연구가 필요하다. 그러나 현재로선 중앙정부와 지방정부 모두가 고속도로 개통을 적극 추진하길 원하며, 두 정부가 서로 긴밀한 관계 속에서 건설이 진행되고 있다.

넷째, 동북지역의 자원우위 산업에 따른 효율성과 경제성장을 촉진시키고 있다. 4대 산업도시군은 각각 비교우위를 갖는 장비제조나 에너지 원자재 중공업 등을 특화시켜 동북지역의 지속적 경제성장에 견인역할을 하고 있다. 즉, 석유 및 광물, 식량, 목재 등 에너지 및 전략적 자원들의 생산기지[21]인 동북지역의 고속도로 개통은 도시의 외연적 확대와 더불어 도시간-성간 인구의 교외진출을 촉진시키고 또한 인구의 과도한 도시집중을 억제시키기 때문에 도시화 율을 높인다. 뿐만 아니라 시장화 및 경제권 확대, 공장의 분산화, 재고 감소 및 자본효율성을 수반하기 때문에 그동안 외부자금과 기술도입에 어려움을 겪어왔던 동북지역의 자원우위 경제발전을 가져온다.

### 3) 국가간: 북한・러시아・몽골과의 변경지역개발정책

국가 수준에서 나타나는 고속도로의 사회경제적 네트워크 특징과 국가전략은 다음과 같다. 중국은 접성3국과 9개(북한 5개・러시아 3개・몽골 1개)의 국제고속도로 노선을 건설함으로써 첫째, 동북아시아는 물론 유라시아 육상교통로의 중심지 기능과 역할을 강화하고 있다. 특히, 러시아와 몽골을 잇는 흑룡강성의 G10과 북한과 러시아를 연결하는 동시에 세 지방(흑룡강성, 길림성, 요녕성)을 지나가는 G11, 북한을 잇는 길림성의 G12 노선은 동북아시아는 물론 유라시아 대륙교land bridge의 핵심노선이 될 것이다.[22] 또한 중국정부는 2005년부터 동북지역의 대외개방정책을 본격화하였다. 북한・러시아・몽골 등 접경국가를 포함한 한국, 일본 등의 주변국가와의 경제협력 강화를 위해 변경세관도시에 변경경제합작구, 호시무역구, 수출가공구, 초국경공업구 건설 등 변경세관의 기초인프라 및 주변국가와의 국제물류수송로 건설을 중점적

---

21) 주요 유전은 대경유전, 길림유전, 요하유전을 비롯해, 이농평원, 산쟁평원, 松嫩평원, 松遼평원, 이무초원 등 광활한 곡창지대와 목축지를 갖고 있고, 중국 산림면적의 절반을 차지하는 이린산지, 興安嶺, 백두산 지역 등지에 풍부한 광물 및 에너지 자원이 매장되어 있다.

22) 이것은 비단 중국 동북지역만의 현상은 아니다. 14개 국가와 국경을 접하고 있는 중국은 같은 방식으로 중국의 서부지역과 남부지역에도 위치한 접경국가와 국제고속도로를 건설 중이다. 전 방위적인 국제운송로 확충으로 미래의 동북아시아와 유라시아 대륙교의 역할을 자임하고 있다. 따라서 향후 이와 관련한 중국 고속도로망의 지역별 특징과 비교를 해보는 연구도 필요하다.

으로 추진하였다.

둘째, 동북지역 고속도로 연선의 종착지인 7개의 접경도시[23]는 대두만강지역협력(GTI: Greater Tumen Initiative),[24] 혼춘경제합작구 등의 변경지역개발정책과 맞물려 북한·러시아·몽골을 포함한 동북아시아 국가들과 초국적 지역경제협력을 담당하는 대외창구의 역할을 하고 있다. 대두만강지역협력 사업의 지역적 범위는 두만강 지역은 물론이고 중국 동북지역, 북한의 나선경제무역지구, 러시아의 연해주·하바로프스크주·사할린주, 몽골의 동부, 한국의 동부 연해도시 등을 포함하고 있고 인구는 총 3.5억 명에 이른다.[25] 중국정부는 길림성의 접경도시인 혼춘을 대외개방의 창구로 삼아, 혼춘경제합작구로 지정하고 중국-러시아간 육로·항만·세관 일체화 프로젝트를 추진하였다. 즉, 혼춘-크라스키노 도로, 혼춘-카미쇼바야 철도, 러시아 지루비노항 및 포시에트 항 등 양국 국경지역의 세관을 통합건설하였다. 또한 이 혼춘경제합작구에 러시아-일본-한국 및 홍콩 산업단지 건설, 주변국과 연결하는 인프라 건설, 투자, 무역 및 인원 왕래 절차를 간편화하여 변경국가와

23) 요녕성의 단동과 길림성의 집안과 혼춘은 북한과 국경을 접하고 있고, 흑룡강성의 수분하·동강·막하는 러시아의 국경을 마주하며, 내몽고자치구의 만주리는 몽골과 국경을 접하는 접경도시이다.

24) 1990년대 초 두만강지역 개발프로그램의 틀 속에서 전개되었던 중국과 북한 간의 변경경제협력 사업은 중국의 동북진흥전략과 창지투개발, 북한의 두만강지역개발계획과 나선특구개발로 진화 및 확장되면서 오늘날 GTI까지 왔다.(신범식, 「북-중-러 접경지대를 둘러싼 초국경소지역 개발협력과 동북아시아 지역정치」, 『국제정치논총』 제53집 3호, 2013, 427-63쪽)

25) 두만강지역 국제협력개발사업은 UNDP등 국제기구와 관련국들이 공동으로 지역개발을 위한 여러 협력 메커니즘을 형성하고 있는데, TRADP 사업의 주도권을 행사하던 상황과는 달리 현재는 대두만강 지역협력에 따라 관련국의 자발적 노력에 더욱 의존하고 있다.(원동욱, 「동북공정의 내재화, 중국 동북지역 인프라개발의 전략적 함의」, 『국제정치논총』 제49권 1호, 2009, 246쪽)

경제무역, 과학기술, 자원 등 협력과 교류확대를 강조하고 있고, 이를 뒷받침할 교통물류 인프라의 구축을 동시에 추진해왔다.

셋째, 동북지역의 접경3국 중, 북한은 중국과 가장 짧은 국경선을 갖고 있음에도 불구하고,[26] 중국은 북한으로 향하는 5개(G11・G1112・G1113・G12・G16)의 고속도로 노선을 확충하고 있다. 연변조선족자치구와 내몽고자치구 등 중국 소수민족의 정치사회적 안정과 통합은 물론 나아가 북한을 포섭하기 위한 조치로 해석될 수 있다. 동북지역은 연변조선족자치구와 한반도의 고구려・발해의 역사와 유물이 남아있는 곳이다. 중국의 고구려사 왜곡이 본격화된 2004년 동북공정을 기점으로, 한국과 중국은 심각한 외교적 갈등을 겪었다. 때문에 중국정부는 동북공정의 우회 전략으로 2005년 한층 더 고도화된 전략인 '동변도철도 복원'[27]과 대북한 '육로・항만・구역일체화' 프로젝트를 추진하였고 한국보다는 북한을 포섭하는 쪽으로, 혼춘경제합작구・옌룽투(연길-용정-도문)일체화[28] 등 조선족 사회의 정치경제적 안정화에 주력하는 차원에서 고속도로망을 확충하고 있는 것으로 보인다. 이것은 동북공정

---

26) 중국 동북지역과 맞닿아 있는 3국의 국경선 길이는 러시아가 4354km, 몽골이 4710km, 북한이 1334km이다. 즉, 러시아와 몽골은 북한의 3.5배 이상의 국경선을 중국과 맞닿고 있다.

27) 「동변도 철도건설의 대련 보호세에 대한 영향연구(東邊道'鐵路建設對大連保稅港的影響研究)」(http://wenku.baidu.com/view/9f822de9941ea76e58fa0489.html, 검색일: 2014년 11월 16일)

28) 옌루퉁 일체화 추진사업을 개방의 전초지로 정하고 가공, 물류, 관광 및 첨단기술을 중심으로 하는 산업시스템을 구축하는 국가급 개발구를 건설했다. 세 도시 간 대중교통 이용 통합카드를 사용하고 있으며, 도문시 고등학교의 경우 옌루투로 범위를 확대하여 학생을 모집하고 있다. 연길에서는 연변조선족자치주공업단지와 연길시고신구를 건설함으로써 북한과 연계한 산업협력을 추진 중이다.(金範松, 「창지투 선도구와 나선특구개발 전망: 연변조선족자치주 지정학적 역할을 중심으로」, 『통일문제연구』 통권 제55호, 2011)

이 단지 역사왜곡을 통한 논쟁에 국한하지 않고, 이 지역에 대외개발에 따른 교통인프라 개발을 중심으로 초기의 방어적 논리를 뛰어넘어 북한 및 한반도에 대한 영향력 확대라는 보다 공세적인 차원으로 나아가고 있는 것이다.[29)]

넷째, 동북지역의 고속도로 확충은 천연자원부국이자 접경국가인 북한・러시아・몽골로부터 석유, 가스, 광물자원 등의 자원수송을 용이하게 하기 위한 수단이다. 러시아는 세계1위 석유생산국이자 세계2위 천연가스 수출국이다. 몽골도 세계10위 자원부국이고, 북한 역시 풍부한 광물자원을 갖고 있다. 에너지 수급의 문제를 해결해야하는 중국정부 입장에서 천연자원부국이자 접경국인 이 3국과의 국제인프라망(도로, 철도, 교량, 송유관-가스관) 건설 및 복합수송망 구축은 필수적이었다. 지리적 이점을 이용한 수송비의 절감과 더불어 동북지역의 자원우위 산업과 연관하여 경제성장을 도모할 수 있기 때문이다. 한편 국제고속도로, 국제철도와 같은 교통인프라 구축은 중국의 접경국가와 정치적인 협력과 합의가 전제되지 않으면 건설될 수 없다. 때문에 국제인프라망 건설은 양국 및 관련국이 평화협력・상호호혜의 상징물이고, 이 국가들에 대해서 정치외교적 영향력을 확대한다는 것을 의미한다. 따라서 중국의 이 접경3국과의 고속도로 건설은 21세기 동북아시아의 신질서와 동북아경제권을 구축하기 위한 기초적・물리적 토대가 될 수 있다.

---

29) 원동욱, 「동북공정의 내재화, 중국 동북지역 인프라개발의 전략적 함의」, 『국제정치논총』 제49권 1호, 2009, 231-233쪽.

**|도표 3| 동북지역 고속도로망의 도시간-성간-국가간 특징과 국가전략**

| | 도시간 | 지방(성)간 | 국가간 |
|---|---|---|---|
| | 경유신도시 | 접성도시 | 접경도시 |
| 요녕 | 1축 6방향: 심양<br>1축 5방향: 창무 · 신민<br>1축 4방향: 부신 · 조양 · 단동 | **창무 · 부신 · 조양:** 내몽고 | **단동:** 북한 |
| 길림 | 1축 5방향: 장춘<br>1축 5방향: 쌍료<br>1축 4방향: 길림 · 돈화 · 통화 · 송원 · 사평 | **통화 · 매하구 · 사평:** 요녕성<br>**돈화 · 송원:** 흑룡강성<br>**쌍료:** 요녕성+내몽고 | **집안:** 북한<br>**혼춘:** 북한 · 러시아 |
| 흑룡강 | 1축 7방향: 하얼빈<br>1축 4방향: 목단강 · 가목사 · 치치하얼 | | **수분하 · 동강 · 막하:** 러시아 |
| 내몽고 | 1축 4방향: 통료 · 적봉 · 극십극등기<br>1축 3방향: 아영기 · 오란호특 · 찰노특기 | **적봉:** 요녕성<br>**아영기:** 흑룡강성 | **만주리:** 몽골 |
| 전략 | 경유신도시 형성과 4대도시군 | 동북지역일체화 | 북한-러시아-몽골과의 초국경 변경지역개발정책 |
| 사례 | 심양경제특구 · 창지투개발경제구, 하다치공업지구 · 요녕연안도시군 | | 대두만강지역협력 · 혼춘경제합작구 |
| 목표 | 도시화 · 공업화 · 현대화<br>도 · 농간 격차 해소 | 동북진흥 및 지역균형발전 | 동북아시아 경제권<br>및 신국제질서 구축 |
| 특징 | • 기존의 부성급 도시(대도시)에서 지급시(중형도시)를 중심으로 한 '성장 거점도시'를 구축 | • 길림성과 내몽고자치구에 고속도로 확충 집중적: 기존 요녕성의 연안지방에서 내륙지방으로의 발전을 유도<br>• 고속도로의 확충으로 중앙과 지방의 관계 강화<br>• 동북지역의 자원우위 산업에 따른 경제성장 촉진 | • 동북아시아 및 유라시아 육상 교통로의 중심지 기능 강화<br>• 동북지역의 접경3국 중, 북한은 중국과 가장 짧은 국경선을 갖고 있음에도 불구하고, 가장 많은 5개의 고속도로 노선을 확충<br>• 천연자원부국이자 접경3국으로부터 자원수송 용이 |

* 출처: 필자구성

## 3. 동북지역 고속도로망 확충의 함의

이 글의 목적은 중국 동북지역 고속도로망 확충의 특징과 국가전략을 분석하는 것이다. 2003년 동북진흥전략과 2005년 국가고속도로망규획에 따라, 중국 동북지역(3성1구)은 2020년까지 총 21개의 고속도로망을 확충 중에 있다. 동북지역 고속도로의 점-선-면 네트워크와 방향성을 분석한 결과, 도시간-성省(지방)간-국가간에서 다음과 같은 사회경제적 특징과 국가전략을 도출할 수 있었다.

도시 수준에서 첫째, 20개 경유신도시의 부상과 역할이 증대되었다. 둘째, 쌍료(소도시)를 제외한 경유신도시들은 모두 지급시(중형도시)에 해당하였다. 이것은 고속도로 확충을 통하여, 기존의 부성급 도시(대도시)에서 지급시(중형도시)를 중심으로 한 '성장 거점도시'를 마련하고 나아가 도·농간의 격차를 해소하는 방안이 된다. 셋째, 동북3성의 성도省都들은 동북지역에서 교통의 중추역할을 하고 있었다. 따라서 대도시가 교통의 중추역할을 한다는 일반적 법칙이 어긋나지 않았다. 넷째, 동북지역의 고속도로 주요 경유도시들은 심양경제특구, 요녕연해도시군, 창지투개발경제구, 하다치공업지구 등 4대도시군 전략과 맞물려 있었다.

성(지방) 수준에서 고속도로망의 확충은 첫째, 길림성과 내몽고자치구에 집중적으로 이루어졌다. 이것은 기존 요녕성 중심에서 동북지역(3성1구) 전체로의 분산화 및 균형화를 고려한 것이고 연안지방에서 내륙지방으로의 발전을 유도하기 위한 것으로 해석될 수 있다. 둘째, 고속도로 확충에 생겨난 동북지역의 접성도시들은 중국정부의 동북지역 일체화 및 지역균형발전 전략과 맞물려 있었다. 셋째, 고속도로의 확충은 중앙과 지방의 관계 강화와 넷째, 동북지역의 자원우위 산업에 따른 효율성과 경제성장을 촉진시켰다.

국가 수준에서 중국은 북한・러시아・몽골 접경3국과 9개의 국제고속도로 노선을 건설함으로써 첫째, 동북아시아는 물론 유라시아 육상교통로의 중심지 기능을 강화하였다. 둘째, 동북지역 고속도로 연선의 종착지인 7개의 접경도시는 대두만강지역협력(GTI), 혼춘경제합작구 등의 변경지역개발정책과 맞물려 북한・러시아・몽골을 포함한 동북아시아 국가들과 초국적 지역경제협력을 담당하는 대외창구의 역할을 하고 있었다. 셋째, 동북지역의 접경3국 중, 북한은 중국과 가장 짧은 국경선을 갖고 있음에도 불구하고, 중국은 북한으로 향하는 5개의 고속도로 노선을 확충 중이다. 이것은 연변조선족자치구와 내몽고자치구 등 중국 소수민족의 정치사회적 안정과 통합은 물론 동북공정의 우회전략으로 북한을 포섭, 나아가 한반도에 관한 영향력을 확대하기 위한 일환으로 해석될 수 있다. 넷째, 동북지역의 고속도로 확충은 천연자원 부국이자 접경국인 북한・러시아・몽골로부터 자원수송이 용이하게 되었다.

결론적으로 동북지역 고속도로망의 확충은 그저 단순한 지역경제 활성화와 이를 위한 물리적인 교통망 건설에 국한된다기보다는 발전과 균형이라는 중국의 21세기 국가전략과 대내외적・지전략적 가치를 고려하여 중국정부가 의도적으로 추진한 핵심프로젝트임을 주장한다. 즉, 고속도로 확충은 지역균형전략 차원에서 낙후된 동북지역의 재건을 통해 새로운 성장 동력을 확보하는 동시에 도・농간-지역 간의 안정을 도모하고, 나아가 동북아시아 및 유라시아의 신국제질서에 영향력을 발휘하기 위한 경제적 토대 구축의 의미를 갖는다.

# |참고문헌|

## 제1부 상인단체의 존재양태와 지역성

### 봉천 상인단체의 개황과 '복합구조' / 박경석

#### 1. 1차 자료


『四川省政府公報』 第5期, 1931.

『政治官報』 第290號, 1908.7.21.

『中央民衆訓練部公報』 第15・16期 合刊, 1937.

江蘇省商業廳/中國第二歷史檔案館 編, 『中華民國商業檔案資料匯編(1912-1928)』, 中國商業出版社, 1991.

遼寧省檔案館 編, 『奉系軍閥檔案史料匯編(第1-12冊)』, 江蘇古籍出版社, 1990.

徐世昌 編, 『東三省政略』[編者刊, 1911], 吉林文史出版社, 1989.

中國第二歷史檔案館 編, 『中華民國史檔案資料匯編 - 第5輯 第1編 財政經濟(八)』, 江蘇古籍出版社, 1994.

彭澤益 主編, 『中國工商行會史料集(下冊)』, 中華書局, 1995.

南滿洲鐵道株式會社地方部商工課 編, 『滿洲商工事情』, 1933.7.

南滿洲鐵道株式會社興業部商工課, 『奉天に於ける商工業の現勢』[南滿洲主要都市と其背後地 第2輯 第1卷], 1927.

奉天貿易商組合, 『奉天貿易商組合三十年史』, 1942.

奉天商工公會 編, 『奉天經濟事情(康德5年版)』, 1938.12.5.

奉天商工公會 編, 『奉天商工公會月報』 第1卷 第1號, 1938.

奉天商工公會 編,『奉天市に於ける統制團體竝に商工關係組合一覽』, 1941.
奉天商工公會調査課,『奉天商工公會統計』第1卷 第1號, 1938.5.
奉天商工會議所 編,『奉天經濟事情』, 1936.
奉天商工會議所 編,『奉天經濟三十年史』, 奉天商工公會, 1940.
奉天商業會議所 編,『奉天經濟二十年誌』, 1927.
奉天市公署 編,『奉天市公署要覽』, 奉天市公署總務處調査課, 1937.
上海東亞同文書院,『支那經濟全書(第4輯)』, 東亞同文會, 1907.
外務省 編,『南滿洲ニ於ケル商業』, 金港堂書籍, 1907.
盧廣績,「憶參加全國商會臨時代表大會」,『遼寧文史資料』第26輯(遼寧工商), 瀋陽: 遼寧人民出版社, 1989.11.
大連市工商聯,「沙俄、日帝統治下的大連商會」,『遼寧文史資料』 第26輯(遼寧工商), 瀋陽: 遼寧人民出版社, 1989.11.
枝村榮,「奉天に於ける會館に就いて」,『滿鐵調査月報』 第13卷 第10號, 1933.
計劃部業務課業務系,「滿洲主要經濟團體調査表」,『滿鐵調査月報』第15卷 第3號, 1935.3.

## 2. 연구서 및 논문

瀋陽商會志編輯委員會 編,『瀋陽商會志(1862-1995)』, 瀋陽: 白山出版社, 1998.
이병인,「商會, 商會 네트워크와 近代 中國의 政治 變遷」,『중국근현대사연구』 제44집, 2009.12.
劉恩濤(遺稿),「瀋陽商會七十五年(1874-1948)」,『瀋陽文史資料』 第1輯, 1982.
馬敏/付海晏,「近20年來的中國商會史研究(1990-2009)」,『近代史研究』 2010年 第2期.

王春英, 「官商互動中的多元圖景呈現-清末商會成立形式再探」, 『華中師範大學學報(人文社會科學版)』 第4卷 第5期, 2005.9.

劉輝/王曉光, 「近代東北貨幣制度演變述略」, 『大連近代史研究』 第5卷, 2008.

丁進軍, 「淸末各省設立商會史料」, 『歷史檔案』 1996年 第2期.

焦潤明, 「“九一八”事變前的奉天商會」, 『近代東北社會諸問題研究』, 中國社會科學出版社, 2004.11.

大野太幹, 「滿鐵附屬地華商商務會の活動: 開原と長春を例として」, 『アジア經濟』 第45卷 第10號, 2004.10.

大野太幹, 「中國東北の植民地化と滿鉄附屬地華商: 滿鉄附屬地華商研究の意義」, ICCS No.1, 國際中國學研究センター, 2006.3.

大野太幹, 「滿鉄附屬地華商商務會の研究」, 愛知大學 博士學位論文, 2006.

上田貴子, 「‘滿洲’の中國化—19世紀後半から20世紀前半期の奉天地域アイデンティティの形成」, 동북아역사재단 편, 『역사적 관점에서 본 동아시아의 아이덴티티와 다양성』, 2010.

上田貴子, 「近代中國東北地域に於ける華人商工業資本の研究」, 大阪外國語大學博士學位論文シリーズ vol.18, 2003.

宋芳芳, 「日本租借地時代における大連華人の社會的生活基盤の形成: 大連の華商公議會を中心に」, 『環東アジア研究センター年報』 第5號, 2010.2.

松重充浩, 「植民地大連における華人社會の展開—一九二〇年代初頭大連華商団體の活動を中心に」, 曽田三郎編, 『近代中國と日本-提携と敵対の半世紀-』, 禦茶の水書房, 2001.

陳來幸, 「民國初期における商會の改組と商民統合」, 『人文論集』(神戸商科大學) 第33卷 第4號, 1998.3.

倉橋正直, 「營口の公議會」, 『歷史學研究』 第481號, 1980.6.

## '공의회'의 조직과 활동
## : 전통 행회에서 근대적 상회 사이 / 박경석

### 1. 1차 자료

江蘇省博物館 編,『江蘇省明淸以來碑刻資料選輯』, 三聯書店, 1959.
江蘇省商業廳/中國第二歷史檔案館 編,『中華民國商業檔案資料匯編(1912-1928)』, 中國商業出版社, 1991.
遼寧省檔案館 編,『奉系軍閥檔案史料匯編(第1冊)』, 江蘇古籍出版社, 1990.
上海博物館圖書資料室 編,『上海碑刻資料選輯』, 上海人民出版社, 1980.
蘇州歷史博物館、江蘇師範學院歷史系、南京大學明淸史硏究室 合編,『明淸蘇州工商業碑刻集』, 江蘇人民出版社, 1981.
李華 編,『明淸以來北京工商會館碑刻選編』, 文物出版社, 1980.
彭澤益 編,『淸代工商行業碑文集粹』, 中州古籍出版社, 1997.
關東廳,『關東廳施政二十年史』, 東京 : 編者刊, 1926.
根岸佶 著,『支那ギルドの硏究』, 東京: 斯文書院, 1932.
南滿洲鐵道調查課 編,『南滿洲經濟調查資料 第二』, 編者刊, 1910.
南滿洲鐵道調查課 編,『南滿洲經濟調查資料 第四』, 編者刊, 1910.
南滿洲鐵道調查課 編,『南滿洲經濟調查資料 第三』, 編者刊, 1910.
南滿洲鐵道調查課 編,『南滿洲經濟調查資料 第五』, 編者刊, 1910.11.
南滿洲鐵道調查課 編,『南滿洲經濟調查資料 第六』, 編者刊, 1910.
南滿洲鐵道調查課 編,『南滿洲經濟調查資料 第一』, 編者刊, 1912.11.
南滿洲鐵道株式會社調查課 編,『滿蒙交界地方經濟調查資料』, 編者刊, 1909.
南滿洲鐵道株式會社調查課 編,『北滿主要都市商工概覽』, 編者刊, 1927.
上海出版協會調查部,『支那の同業組合と商慣習』, 上海出版協會, 1925.

實業部臨時産業調査局 編,『滿洲ニ於ケル商會』, 新京 : 編者刊, 1937.
外務省(船津辰一郎) 編,『南滿洲ニ於ケル商業』, 金港堂書籍, 1907.
發智善次郎,「哈爾濱傅家甸(道外)に於ける同業公會の現狀」,『滿鐵調査月報』14卷 9號, 1934.9.
枝村榮,「奉天に於ける會館に就いて」,『滿鐵調査月報』 第13卷 第10號, 1933.

## 2. 연구서 및 논문

김승욱,「상해 상인사회 동향 네트워크의 근대이행」,『중국사연구』 제37집, 2005.8.
김승욱,「20세기 전반 상해 銀錢業과 銀行 法制 – 慣習法과 國家法의 충돌」,『중국사연구』 제68집, 2010.10.
박경석,「'行規'에서 '業規'로의 '商慣行의 明文化'」,『中國史研究』 제83집, 2013.4.
박경석,「중국의 '商慣行 明文化'와 근대적 재구성」,『중국근현대사연구』 제57집, 2013.3.
박경석,「清末民國時期 奉天商人團體의 概況과 '複合構造'」,『中國近現代史研究』 第58輯, 2013.6.
이병인,「商會, 商會 네트워크와 近代 中國의 政治 變遷」,『중국근현대사연구』 제44집, 2009.12.
董瑞軍,「近代東北商會研究(1903-1931)」, 吉林大學文化院 博士學位論文, 2013.6.
劉恩濤(遺稿),「瀋陽商會七十五年(1874-1948)」,『瀋陽文史資料』 第1輯, 1982.
馬敏/付海晏,「近20年來的中國商會史研究(1990-2009)」,『近代史研究』 2010年 第2期.

王雪梅, 「從淸代行會到民國同業公會行規的變化:以習慣法的視角」, 『歷史教學』 第527期, 2007年 第5期.

朱英, 「中國行會史硏究的回顧與展望」, 『歷史硏究』 2003年 第2期.

焦潤明, 「第三章 "九一八"事變前的奉天商會」, 『近代東北社會諸問題硏究』, 中國社會科學出版社, 2004.11.

大野太幹, 「滿鉄附屬地華商商務會の硏究」, 愛知大學 博士學位論文, 2006.

大野太幹, 「滿鐵附屬地華商商務會の活動: 開原と長春を例として」, 『アジア經濟』 第45卷 第10號, 2004.10.

大野太幹, 「中國東北の植民地化と滿鉄附屬地華商: 滿鉄附屬地華商硏究の意義」, ICCS No.1, 國際中國學硏究センター, 2006.3.

上田貴子, 「樹狀組織形成史としてみた奉天總商會の歷史的諸段階」, 『近代中國東北地域に於ける華人商工業資本の硏究』, 大阪外國語大學博士學位論文シリーズ vol.18, 2003.

宋芳芳, 「日本租借地時代における大連華人の社會的生活基盤の形成: 大連の華商公議會を中心に」, 『環東アジア硏究センター年報』 第5號, 2010.2.

松重充浩, 「植民地大連における華人社會の展開－一九二〇年代初頭大連華商団體の活動を中心に」, 曽田三郎編, 『近代中國と日本—提携と敵対の半世紀—』, 禦茶の水書房, 2001.

陳來幸, 「民國初期における商會の改組と商民統合」, 『人文論集』(神戸商科大學) 第33卷 第4號, 1998.3.

倉橋正直, 「營口の公議會」, 『歷史學硏究』 第481號, 1980.6.

## 대련의 대두가공업 동업조직과 남만주철도주식회사

/ 손승희

### 1. 1차 자료

『滿洲報』

『滿鐵調査月報』

『商學季刊』

『商學期刊』

『盛京時報』

『銀行月刊』

『銀行週報』

『中東經濟月刊』

『中外經濟週刊』

『鐵道』

『遼寧文史資料』 26輯(遼寧工商), 遼寧人民出版社, 1989.

關東都督府文書課, 『關東都督府法規提要』, 滿洲日日新聞社, 1907.

南滿洲鐵道, 『南滿洲鐵道株式會社事業概況』, 1921.

南滿洲鐵道株式會社産業部, 『滿洲國に於ける商工團體の法制的地位-在滿邦人商工會議所及び滿人商會に就て-』, 1937.

南滿洲鐵道株式會社商工課編, 『滿洲特産物取引指針』, 大連滿蒙文化協會發行, 1924.

南滿洲鐵道株式會社庶務部調査課, 『滿洲に於ける油坊業』, 1924.

南滿洲鐵道鐵道部貨物課編, 『混保十五年史』, 1936.

南滿洲鐵道編, 『南滿洲鐵道株式會社三十年史略』, 1937.

大連民政署編, 『大連要覽』, 1928.

滿洲經濟社, 『滿洲企業の全面的檢討』, 1942.

滿鐵北滿經濟調査所, 『北滿に於ける各種工業の現狀』, 1938.
滿鐵調査課, 『大連に於ける特産物の取引及採算』, 1931.
發兌上海出版協會, 『支那の同業組合と商習慣』, 1925.
拓殖局, 『南滿洲鐵道株式會社要覽』, 1913.
『大連商業會議所事務報告(大正6年度)』, 1918.
『大連商業會議所事務報告(大正7年度)』, 1919.
『大連商業會議所事務報告(大正11年度)』, 1923.
『大連商業會議所事務報告(大正14年度)』, 1926.
『大連商業會議所事務報告(大正15年度)』, 1927.
『滿洲に於ける勞動爭議(上)』, 亞細亞パンフレット刊行會, 1927.

## 2. 연구서 및 논문

고바야시 히데오 지음, 임성모 옮김, 『滿鐵-일본제국의 싱크탱크』, 산처럼, 2004.
궈톄좡, 관제, 한쥔잉 지음, 신태갑 옮김, 『대련식민통치40년사』(1, 2, 3), 도서출판선인, 2012.
金子文夫, 『近代日本における對滿洲投資の硏究』, 近藤出版社, 1991.
蘇崇民著, 山下睦男・和田正廣・王勇譯, 『滿鐵史』, 葦書房, 1999.
安富步, 深尾葉子, 『滿洲の成立-森林の消盡と近代空間の形成』, 名古屋大學出版會, 2010.
鈴木邦夫編著, 『滿洲企業事硏究』, 日本經濟評論社, 2007.
塚瀨進, 『中國近代東北經濟史硏究-鐵道敷設と中國東北經濟の變化』, 東方書店, 1993.
박경석, 「중국동북지역의 전통 行會에서 '근대적' 상회 사이: '公議會'의 조직과 활동을 중심으로」, 『중국근현대사연구』 60, 2013.12.
손승희, 「20세기 초 중국 동북의 대두 거래관행과 일본 교역소의 설립」,

『중국근현대사연구』 62, 2014.6.
董瑞軍, 「近代東北商會研究(1903-1931)」, 吉林大學文化院博士論文, 2013.
馬敏, 「中國同業公會史研究中的幾個問題」, 『理論月刊』 2004-4.
宋鑽友, 「從會館, 公所到同業公會的制度變遷-兼論政府與同業組織現代化的關係」, 『檔案與史學』 2001-3.
王影, 「九一八事變前滿鐵在中國東北的經營及對大豆出口的控制」, 東北師範大學碩士論文, 2006.
劉鳳華, 「東北油坊業與豆油輸出(1905-1931)」, 『中國經濟史研究』 2012-1.
林波, 「日本殖民統治時期的大連華商組織」, 『遼寧師範大學學報』 2007-4.
朱英, 「近代中國同業公會的傳統特色」, 『華中師範大學學報』 2004-3.
朱英, 「中國傳統行會在近代的發展演變」, 『江蘇社會科學』 2004-2.
焦潤明, 「"九一八"事變前的奉天商會」, 『近代東北社會諸問題研究』, 中國社會科學出版社, 2005.
彭南生, 「近代工商同業公會制度的現代性芻論」, 『江蘇社會科學』 2002-2.
彭南生, 「近代中國行會到同業公會的制度變遷歷程及其方式」, 『華中師範大學學報』 2004-3.
岡部牧夫, 「'大豆經濟'の形成と衰退-大豆をとおして見た滿鐵」, 岡部牧夫編, 『南滿洲鐵道會社の研究』, 日本經濟評論社, 2008.
大野太幹, 「滿鐵附屬地華商と沿線都市中國商人-開原, 長春, 奉天各地の狀況について」, 『アジア經濟』 47-6, 2006.
大野太幹, 「滿鐵附屬地華商商務會の活動: 開原と長春を例として」, 『アジア經濟』 45-10, 2004.
上田貴子, 「近代中國東北地域に於ける華人商工業資本の研究」, 大阪外國語大學語言社會研究科博士論文, 2003.
上田貴子, 「東北における商會-奉天總商會を中心に」, 『現代中國研究』 23, 2008.10.

松重充浩,「植民地大連における華人社會の展開-1920年代初頭大連華商團體の活動を中心に」, 曾田三郎 編,『近代中國と日本-提携と敵對の半世紀』, 禦茶の水書房, 2001.

倉橋正直,「營口の公議會」,『歷史硏究』481, 1980.

塚瀨進,「奉天における日本商人と奉天商業會議所」,『近代アジアの日本人經濟團體』, 同文館, 1997.

塚瀨進,「中國東北地域における大豆取引の動向と三井物産」, 江夏由樹·中見立夫 等,『近代中國東北地域史硏究の新視覺』, 山川出版社, 2005.

# 제2부 상업 관행과 근대 동북사회

## 봉천의 상업과 중국 상인의 동향 / 김희신

### 1. 1차 자료

東北文化史編印處, 『東北年鑑(民國20年)』, 東北文化史, 1931.

盛京時報影印組, 『盛京時報:增補冊』, 1988.

王鐵崖, 『中外舊約章滙編』 2冊, 1982.

遼寧省檔案館 編, 『奉系軍閥檔案史料滙編』 2・4・5・6, 江蘇古蹟出版社・香港地平線出版社, 1990.

南滿洲鐵道株式會社 庶務部調査課, 『滿洲に於ける支那の特殊關稅制度』[滿鐵調査資料 第79編], 1928.

南滿洲鐵道株式會社 庶務部調査課, 『支那關稅制度綱要』[パンフレット第65號], 1929.

南滿洲鐵道株式會社 興業部商工課, 『南滿洲主要都市と其背後地: 奉天に於ける商工業の現勢』, 1927.

南滿洲鐵道株式會社, 『對滿貿易の現狀及將來』 中卷, 1927.

滿洲帝國國務院總務廳情報處, 『省政彙覽(第8輯):奉天省編』, 1938.

滿鐵産業部資料室, 『滿洲國に於ける商工團體の法制的地位』[産業調査資料 第12篇], 1937.

奉天商工會議所, 『奉天經濟三十年史』, 奉天商工公會, 1940.

奉天商業會議所, 『奉天經濟二十年誌』, 1927.

奉天市公署, 『奉天市公署要覽』, 奉天市公署總務處調査科, 1937.

奉天市商會, 『奉天市商業彙編』, 1933.

奉天興信所, 『滿洲華商名錄』, 1932.

外務省,『南滿洲ニ於ケル商業』, 金港堂書籍, 1907.

宮脇賢之介,「奉天に於ける二重課稅問題とその難點」,『東亞經濟研究』11-2, 1927.

宮脇賢之介,「日貨排斥と不法課稅」,『東亞經濟研究』11-4, 1927.

南平正治,「奉天錢業公會に就いて-公會を中心としたる奉天錢業界」,『滿鐵調査月報』14-1, 1934.

黎赫,「沈陽經濟概況」,『中東經濟月刊』7-9, 1931.

中山四郎,「奉天に於ける專照單問題に就て」,『東亞經濟研究』11-1, 1927.

## 2. 연구서 및 논문

고바야시 히데오 著, 임성모 역,『滿鐵: 일본제국의 싱크탱크』, 산처럼, 2004.

윤휘탁,『만주국:식민지적 상상이 잉태한 '복합민족국가'』, 혜안, 2013.

杜格爾德·克裏斯蒂 著, 張士尊·信丹娜 譯,『奉天三十年(1883-1913)』, 湖北人民出版社, 2007.

西澤泰彦,『圖說「滿洲」都市物語』, 河出書房新社, 2006.

張偉·胡玉海 編著,『瀋陽三百年史』, 遼寧大學出版社, 2004.

金子文夫,『近代日本における對滿洲投資の研究』, 近藤出版社, 1991.

塚瀨進,『中國近代東北經濟史研究:鐵道敷設と中國東北經濟の變化』, 東方書店, 1993.

박경석,「청말민국시기 봉천상인단체의 개황과 '복합구조'」,『중국근현대사연구』58, 2013.

이화승,「청대 동북지역의 상점조직에 관한 연구」,『명청사연구』12, 2000.

王鶴·董韋,「中日對峙背景下的自主城市建設-近代沈陽商埠地研究」,『現代城市研究』63, 2010.

郭志華,「1920年代後半東三省における'奉天票問題'と奉天軍閥の通貨政策の轉換」,『アジア經濟』52-8, 2011.

大野太幹, 「滿鐵附屬地居住華商に對する中國側稅捐課稅問題」, 『中國研究月報』 59-9, 2005.
大野太幹, 「滿鐵附屬地華商と沿線都市中國商人-開原・長春・奉天各地の狀況について-」, 『アジア經濟』 47-6, 2006.
大野太幹, 「奉天附屬地華商商務會の活動」, 『アジア經濟』 45-10, 2004.
柳澤遊, 「1920年代'滿洲'における日本人中小商人の動向」, 『土地制度史學』 92, 1981.
柳澤遊, 「奉天における『奉天票暴落』問題と『不當課稅』問題の展開過程」, 『經濟學研究』(東京大學) 24, 1981.
尾形洋一, 「奉天驛の驛位置から見た瀋陽の都市構造」, 『近代中國研究彙報』 23, 2001.
上田貴子, 「近代中國東北地域に於ける華人商工業資本の研究」, 大阪外國語大學 博士學位論文, 2002.
上田貴子, 「奉天-權力性商人と糧棧」, 安富步・深尾葉子 編, 『「滿洲」の成立-森林の消盡と近代空間の形成-』, 名古屋大學出版會, 2010.
張曉紅, 「1920年代奉天市における中國人綿織物業」, 『歷史と經濟』 194, 2007.
張曉紅, 「兩大戰間期奉天における綿絲布商とその活動」, 『經濟學研究』 77(4), 2011.
村田眞昭, 「奉天票暴落問題と日本」, 『國學院雜誌』 97-9, 1996.
塚瀨進, 「奉天における日本商人と奉天商業會議所」, 波形昭一 編著, 『近代アジアの日本人經濟團體』, 同文館, 1997.
塚賴進, 「中國東北綿製品市場をめぐる日中關係」, 『[中央大學]人文研紀要』 11號, 1990.
焦潤明, 「"九一八"事變前的奉天商會」, 『近代東北社會諸問題研究』, 中國社會科學出版社, 2005.
殷志強, 「近代奉天市の都市發展と市民生活(1905-1945)」, 新潟大學大學院現代社會文化研究科博士學位論文, 2012.

## 대두상품 거래관행과 일본 교역소의 설립 / 손승희

### 1. 1차 자료

遼寧省檔案館編, 『奉系軍閥檔案史料彙編』 4冊・6冊, 江蘇古籍出版社, 1990.

中國銀行總管理處編, 『東三省經濟調查錄』, 1919.

關東都督府文書課編, 『關東都督府法規提要』, 1911.

關東都督部民政部庶務課, 『滿洲穀物取引慣習一班』(草稿), 1910.

南滿洲鐵道株式會社, 『南滿洲鐵道株式會社十年史』, 1919.

南滿洲鐵道株式會社庶務部調查課, 『滿洲に於ける油坊業』, 1924.

南滿洲鐵道株式會社庶務部調查課, 『滿洲に於ける日本取引所』, 1928.

南滿洲鐵道株式會社庶務部調查課, 『滿洲特産界に於ける官商の活躍』, 1928.

南滿洲鐵道株式會社庶務部調查課, 『奉天票と東三省の金融』, 1926.

南滿洲鐵道株式會社哈爾濱事務所調查課, 『濱江證券糧食交易所』, 1926.

南滿洲鐵道興業部商工課編, 『奉天に於ける商工業の現勢』, 1927.

大連商工會議所, 『大連特産物市場不振の原因と其對策』, 1929.

滿蒙文化協會, 『滿洲大豆』, 1920.

滿鐵産業部資料室, 『滿洲國に於ける商工團體の法制的地位』, 1937.

滿鐵調查課, 『大連に於ける特産物の取引及採算』, 1931.

滿鐵調查課, 『滿洲に於ける糧棧-華商穀物居間の研究』, 1931.

滿鐵哈爾濱事務所産業課商工係, 『北滿農村金融資料 糧棧ニ關スル研究』, 1934. [遼寧省檔案館編, 『滿鐵調查報告』 第5輯 20冊, 廣西師範大學出版社, 2010]

商工省貿易局, 『滿洲貿易事情』(前編), 1934.

實業部臨時産業調查局, 『滿洲取引所の現況』, 1937.

外務省亞細亞局, 『關東州竝滿洲在留本邦人及外國人人口統計表(第16回)』,

1923.
橫濱正金銀行頭取席調査課, 『開原糧穀取引事情』, 1935.
橫濱正金銀行調査課, 『哈爾濱を中心としたる北滿洲特産物』, 1931.
「交易所與市場之市場」, 『銀行週報』 3-1, 1919.
「東三省金融之狀況」(續), 『銀行雜誌』 3-3, 1925.
「雜纂: 大連交易所金建變更之影響」, 『中外經濟週刊』 45, 1924.
郭鳳山, 「民國十九年東北交易所槪況」, 『中東半月刊』 2-23, 24合刊, 1932.
盧鴻堉, 「交易所之經濟上的機能」, 『東方雜誌』 18-6, 1921.
馬寅初, 「交易所法原則」, 『東三省官銀號經濟月刊』 1-5, 1929.
安盛松之助著 靜子譯, 「滿洲商業發展之各面觀」, 『錢業月報』 11-5, 1931.
王宏經, 「大連錢糧交易所及餅豆混合保管制度」, 『銀行週報』 19, 1937.
子明, 「東三省黃豆之槪況(下)」, 『銀行週報』 5-33, 1921.
滄水, 「大連取引所信托株式會社之槪況」, 『銀行週報』 3-25, 1919.
沉剛, 「唐代'飛子'流傳近代之參證」, 『銀行期刊』 2-10, 1925.

## 2. 연구서 및 논문

塚瀨進, 『中國近代東北經濟史硏究-鐵道敷設と中國東北經濟の變化』, 東方書店, 1993.
金子文夫, 『近代日本における對滿洲投資の硏究』, 近藤出版社, 1991.
西村成雄, 『中國近代東北地域史硏究』, 法律文化史, 1984.
石田興平, 『滿州における植民地經濟の史的展開』, ミネルヴァ書房, 1964.
安富步, 深尾葉子, 『滿洲の成立-森林の消盡と近代空間の形成』, 名古屋大學出版會, 2010.
曾田三郎編, 『近代中國と日本-提携と敵對の半世紀』, 禦茶の水書房, 2001.
김희신, 「만주국 수립 이전 봉천의 상업과 중국 상인의 동향」, 『중국근현대사연구』 60, 2013.12.

박경석, 「중국동북지역의 전통 行會에서 '근대적' 상회 사이: '公議會'의 조직과 활동을 중심으로」, 『중국근현대사연구』 60, 2013.12.
손승희, 「만주국 이전시기 동북 대두의 국내 유통 네트워크」, 『중국근현대사연구』 61, 2014.3.
劉鳳華, 「東北油坊業與豆油輸出(1905-1931)」, 『中國經濟史研究』 2012-1.
焦潤明, 「日系銀行與20世紀初的東北金融」, 『近代東北社會諸問題研究』, 中國社會科學出版社, 2005.
加藤繁, 「滿洲に於ける大豆豆餠生産の由來に就いて」, 『支那經濟史考證』 (下卷), 東洋文庫, 1952.
岡部牧夫, 「'大豆經濟'の形成と衰退-大豆をとおして見た滿鐵」, 岡部牧夫編, 『南滿洲鐵道會社の研究』, 日本經濟評論社, 2008.
郭志華, 「1920年代後半東三省における「奉天票問題」と奉天軍閥の通貨政策の轉換-爲替市場の構造と「大連商人」の取引實態を中心に」, 『アジア經濟』 52-8, 2011.
大野太幹, 「滿鐵附屬地華商と沿線都市中國商人-開原, 長春, 奉天各地の狀況について」, 『アジア經濟』 47-6, 2006.
大野太幹, 「滿鉄附屬地華商商務會の活動-開原と長春を例として」, 『アジア經濟』 45-10, 2004.
山本進, 「清末民初奉天における大豆交易-期糧と過爐銀」, 『名古屋大學東洋史研究報告』 31, 2007.
上田貴子, 「近代中國東北地域に於ける華人商工業資本の研究」, 大阪外國語大學語言社會研究科博士論文, 2003.
石田武彦, 「中國東北における糧棧の動向」, 『經濟學研究』 24-1, 1974.
松重充浩, 「植民地大連における華人社會の展開-1920年代初頭大連華商團體の活動を中心に」, 曾田三郎編, 『近代中國と日本-提携と敵對の半世紀』, 禦茶の水書房, 2001.

安富步,「國際商品として滿洲大豆」, 安富步, 深尾葉子,『滿洲の成立-森林の消盡と近代空間の形成』, 名古屋大學出版會, 2010.

佐佐木正,「營口商人の研究」,『近代中國研究』 1, 1958.4.

倉橋正直,「營口の巨商東盛和の倒産」,『東洋學報』 63, 1981.12.

倉橋正直,「營口の公議會」,『歷史學研究』 481, 1980.6.

塚瀨進,「滿洲事變前, 大豆取引に於ける大連取引所の機能と特徵」,『東洋學報』 81-3, 1999.

塚瀨進,「奉天における日本商人と奉天商業會議所」,『近代アジアの日本人經濟團體』, 同文館, 1997.

塚瀨進,「中國東北地域における大豆取引の動向と三井物産」, 江夏由樹, 中見立夫等,『近代中國東北地域史研究の新視覺』, 山川出版社, 2005.

## 1. 1차 자료


關東都督部民政部庶務課, 『滿洲穀物取引慣習一班』(草稿), 1910.

關東廳財務部, 『東三省官銀號論』, 1929.

南滿洲鐵道經濟調查會, 『滿洲國通貨金融方策關係資料: 哈爾濱大洋票發行銀行關係資料』, 1936.

南滿洲鐵道株式會社庶務部調查課, 『滿洲に於ける油坊業』, 1924.

南滿洲鐵道株式會社庶務部調查課, 『滿洲特産界に於ける官商の活躍』, 1928.

南滿洲鐵道株式會社庶務部調查課, 『滿鐵沿線に於ける豪農及糧棧』, 1924.

南滿洲鐵道株式會社庶務部調查課, 『奉天票と東三省の金融』, 1926.

南滿洲鐵道株式會社興業部農務課, 『滿洲大豆』, 1928. [遼寧省檔案館編, 『滿鐵調查報告』 第4輯1冊, 廣西師範大學出版社, 2009].

南滿洲鐵道株式會社興業部商工課編, 『對滿貿易の現狀及將來』(下), 1927.

南滿洲鐵道興業部商工課編, 『奉天に於ける商工業の現勢』, 1927.

滿洲事情案內所編, 『滿洲商業事情』, 1936.

滿洲中央銀行, 『滿洲中央銀行十年史』, 1942.

滿洲中央銀行調查課, 『黑龍江省舊銀號貨幣史』, 1936.

滿鐵庶務部調查課, 『哈爾濱大洋票流通史』, 1928.

滿鐵調查課, 『滿洲に於ける糧棧-華商穀物居間の硏究』, 1931.

滿鐵哈爾濱事務所産業課商工係, 『北滿農村金融資料 糧棧ニ關スル硏究』, 1934. [遼寧省檔案館編, 『滿鐵調查報告』 第5輯20冊, 廣西師範大學出版社, 2010]

奉天興信所編, 『第二回滿洲華商名錄』, 1933.

商工省貿易局, 『滿洲貿易事情』(前・後編), 1934.

財團法人金融硏究會, 『滿洲國幣制と金融』, 1932.

橫濱正金銀行頭取席調查課, 『吉林永衡官銀錢號調查報告』, 1933.
橫濱正金銀行頭取席調查科, 『滿洲中央銀行沿革史』(別冊附錄), 1933.
橫濱正金銀行頭取席調查科, 『滿洲中央銀行沿革史』, 1933.
『商事に關する慣行調查報告書: 合股の硏究』, 東亞硏究所, 1943.
王元澂, 「東三省官銀號之沿革」, 『東三省官銀號經濟月刊』 1-1, 1929.
劉家鶴, 「新東北之建設與東三省官銀號」, 『東三省官銀號經濟月刊』 1-6, 1929.
爾繩, 「東三省官銀號兼營附業之理由」, 『東三省官銀號經濟月刊』 1-1, 1929.
子明, 「東三省黃豆之槪況(下)」, 『銀行週報』 5-33, 1921.
張佐華, 「東北大豆國際貿易的衰落」, 『新亞世亞』 10-3, 1935.
靜如, 「東三省私帖調查記(四)」, 『銀行週報』 13-31, 1929.
程志政譯, 「南滿鐵道之貨物混合保管制度」, 『鐵道』 6-2, 1935.
「吉林永衡官銀號之整理」, 『中央銀行』 4-5, 1932.
「大連油坊業史略」, 『遼寧文史資料』 26輯(『遼寧工商』), 遼寧人民出版社, 1989.
「東三省工業品産額及輸出狀況」, 『銀行月刊』 7-8, 1927.
「東省大豆産銷近況」, 『錢業月報』 5-8, 1925.
「事變後に於ける糧棧の變革(1)-變革過程に於ける特産物取引機構に關する一考察」, 『滿鐵調查月報』 16-3, 1936.
「事變後に於ける糧棧の變革(2)-變革過程に於ける特産物取引機構に關する一考察」, 『滿鐵調查月報』 16-4, 1936.
千原曆次, 「滿洲に於ける聯號の硏究」, 『滿鐵調查月報』 17-2, 1937.

## 2. 연구서 및 논문

菊池一德, 『大豆産業の步み』, 株式會社光琳, 1994.

西村成雄, 『中國近代東北地域史硏究』, 法律文化史, 1984.

石田興平, 『滿州における植民地經濟の史的展開』, ミネルヴァ書房, 1964.

安富步, 深尾葉子, 『滿洲の成立-森林の消盡と近代空間の形成』, 名古屋大學出版會, 2010.

塚瀨進, 『中國近代東北經濟史硏究-鐵道敷設と中國東北經濟の變化』, 東方書店, 1993.

金都眞, 「淸代 奉天省의 大豆生産과 搾油業」, 『서울대東洋史學科論集』, 2005.

李和承, 「淸代 東北地域의 商店組織에 관한 硏究」, 『明淸史硏究』 12, 2000.

劉鳳華, 「東北油坊業與豆油輸出(1905-1931)」, 『中國經濟史硏究』 2012-1.

美Ronald suleski 著, 薑寧 譯, 「王永江與東三省官銀號的重組」, 『史學集刊』 2003-1.

加藤繁, 「滿洲に於ける大豆豆餠生産の由來に就いて」, 『支那經濟史考證』(下卷), 東洋文庫, 1952.

岡部牧夫, 「'大豆經濟'の形成と衰退-大豆をとおして見た滿鐵」, 岡部牧夫 編, 『南滿洲鐵道會社の硏究』, 日本經濟評論社, 2008.

郭志華, 「1920年代後半東三省における「奉天票問題」と奉天軍閥の通貨政策の轉換-爲替市場の構造と「大連商人」の取引實態を中心に」, 『アジア經濟』 52-8, 2011.

大野太幹, 「滿鐵附屬地華商と沿線都市中國商人-開原, 長春, 奉天各地の狀況について」, 『アジア經濟』 47-6, 2006.

山本進, 「淸末民初奉天における大豆交易-期糧と過爐銀」, 『名古屋大學東洋史硏究報告』 31, 2007.

上田貴子, 「1920年代後半期華人資本の倒産からみた奉天都市經濟」, 『現代中國』75, 2001.
上田貴子,「近代中國東北地域に於ける華人商工業資本の研究」, 大阪外國語大學語言社會研究科 博士論文, 2003.
西村成雄,「1920年代東三省地方權力の崩潰過程―財政・金融問題を中心に」,『大阪外國語大學學報』25, 1971.
西村成雄,「張學良政權下の幣制改革-「現大洋票」の政治的含意」,『東洋史研究』50-4, 1992.
石田武彦,「中國東北における糧棧の動向」,『經濟學研究』24-1, 1974.
石田興平,「清代滿州における聯號の展開と農産物加工業の勃興」,『大穀孝太郎先生還曆記念論文集』65・66・67, 2010.
小林英夫,「滿洲金融構造の再編成過程-1930年代前半期を中心として」,『日本帝國主義下の滿洲-滿洲國成立前後の經濟研究』, 禦茶の水書房, 1972.
松重充浩,「國民革命期における東北在地有力者層のナショナリズム-奉天總商會の動向を中心に」,『史學研究』216, 1997.
松重充浩,「張作霖による奉天省權力の掌握とその支持基盤」,『史學研究』192, 1991.
安富步,「國際商品として滿洲大豆」,『滿洲の成立-森林の消盡と近代空間の形成』, 名古屋大學出版社, 2010.
足立啓二,「大豆粕流通と清代の商業的農業」,『東洋史研究』37-3, 1978.
倉橋正直,「營口の巨商東盛和の倒産」,『東洋學報』63-1・2, 1981.
村田眞昭,「奉天票暴落問題と日本」,『國學院雜誌』97-9, 1996.
塚瀨進,「滿洲事變前, 大豆取引に於ける大連取引所の機能と特徵」,『東洋學報』81-3, 1999.
塚瀨進,「中國東北地域における大豆取引の動向と三井物産」, 江夏由樹, 中見立夫等,『近代中國東北地域史研究の新視覺』, 山川出版社, 2005.

## 봉천의 상업자본과 상점 네트워크 / 김희신

### 1. 1차 자료

東北文化史編印處, 『東北年鑑(民國20年)』, 東北文化史, 1931.

盛京時報影印組, 『盛京時報:增補冊』, 1988.

遼寧省檔案館 編, 『奉系軍閥檔案史料匯編 第4冊』, 江蘇古籍出版社, 1990.

周東白 著, 森岡達夫 譯註, 『實地調査 中國商業習慣大全』, 大同印書館, 1941.

蔡鴻源 主編, 『民國法規集成』 25冊; 57冊; 65冊, 黃山書社, 1999.

彭澤益 主編, 『中國工商行會史料集』 下冊, 中華書局, 1995.

懷交鋒 主編, 『淸末法制變革史料(下):刑法, 民商法編』, 中國政法大學出版社, 2010.

南滿洲鐵道調査課 編, 『南滿洲經濟調査資料(4)』, 1910.

南滿洲鐵道株式會社 編, 『對滿貿易の現狀及將來』, 下卷, 1927.

滿鐵經濟調査會 編, 『滿洲經濟年報』, 改組社, 1933.

滿鐵經濟調査會, 『滿洲に於ける糧棧』, 1930.

奉天商工會議所, 『奉天經濟三十年史』, 奉天商工公會, 1940.

奉天興信所, 『(第1回)滿洲華商名錄』, 1932.

司法部總務司調査科, 『滿洲に於ける合股-その法律關係を中心として-』, 1936.

外務省 編, 『南滿洲ニ於ケル商業』, 金港堂書籍, 1907.

劍虹, 「漢族開拓滿洲史」, 『民鐸雜誌』 1-3, 1916.

曲天乙, 「老天合興衰記」, 『遼寧文史資料』 26, 1989.

南平正治, 「奉天錢業公會に就いて-公會を中心としたる奉天錢業界」, 『滿鐵調査月報』 14-1, 1934.01.

門馬驍, 「戰時下農村土着資本の課題とその基調」, 滿鐵調査部 編, 『滿洲經濟硏究年報』, 改造社, 1941.
林鳳麟, 「滿洲の商取引に於ける責任分配の諸慣行」, 『法律時報』 11-6, 1939.
枝村 榮, 「奉天に於ける會館に就いて」, 『滿鐵調査月報』 13-10, 1933.10
千原曆次, 「滿洲に於ける聯號の硏究」, 『滿鐵調査月報』 17-2, 1937.02.

## 2. 연구서 및 논문

윤휘탁, 『만주국: 식민지적 상상이 잉태한 '복합민족국가'』, 혜안, 2013.
範立君 著, 『近代關內移民與中國東北社會變遷(1860-1931)』, 人民出版社, 2007.
塚瀨 進, 『中國近代東北經濟史硏究』, 東方書店, 1993.
김희신, 「만주국 수립이전 봉천의 상업과 중국 상인의 동향」, 『中國近現代史硏究』 60, 2013.
박경석, 「청말 민국시기 봉천상인단체의 개황과 '복합구조'」, 『中國近現代史硏究』 58, 2013.
손승희, 「만주국 이전시기 동북 대두의 국내 유통 네트워크」, 『中國近現代史硏究』 61, 2014.
이화승, 「청대 동북지역의 상점조직에 관한 연구」, 『明淸史硏究』 12, 2000.
전인갑, 「중국 근대기업과 전통적 상관행-합고관행, 지연망 그리고 사회자본-」, 『東洋史學硏究』 90, 2005.
전인갑, 「중국 근대기업의 지배구조와 合夥 관행」, 『歷史敎育』 89, 2004.
정지호, 「명청시대 합고의 경영형태 및 그 특질-중국의 전통적 기업경영에 관한 일고찰」, 『明淸史硏究』 15, 2001.
정지호, 「명청시대 合夥의 사회적 고찰-합과계약문서의 분석」, 『明淸史硏究』 26, 2006.
정지호, 「민국시기 合夥 改良案을 둘러싼 논쟁」, 『人文學硏究』 20, 2011.

정지호, 「전통중국 合夥의 채무부담에 관한 商事慣行-근대법률과의 충돌을 중심으로」, 『東洋史學硏究』 79, 2002.

정지호, 「전통중국 合夥資本의 구성과 그 변동에 대해」, 『中國史硏究』 14, 2001.

정지호, 「中國 合夥의 現代史的 전개-농업집단화운동, 향진기업, 臺南幇을 중심으로」, 『中國學報』 45, 2002.

정지호, 「청대 身股의 성격」, 『경희사학』 23, 2001.

정지호, 「청대 토지경영에 관한 合夥」, 『明淸史硏究』 18, 2003.

上田貴子, 「'滿洲'の中國化-19世紀後半から20世紀前半期の奉天地域アイデンティの形成」, 동북아역사재단 編, 『역사적관점에서 본 동아시아의 아이덴티티와 다양성』, 2010.

上田貴子, 「近代中國東北地域に於ける華人商工業資本の硏究」, 大阪外國語大學語言社會硏究科博士論文, 2010.

上田貴子, 「東北アジアにおける華人ネットワークの生成と衰退」, 『現代中國硏究』 18, 2006.

上田貴子, 「奉天-權力性商人と糧棧」, 安富 步・深尾葉子 編, 『「滿洲」の成立-森林の消盡と近代空間の形成』, 名古屋大學出版會, 2010.

石田興平, 「滿洲における農業經濟の植民的形成と商業資本の媒介」, 『彦根論叢(滋賀大學經濟學會)』 46・47, 1958.

石田興平, 「淸代滿洲における聯號の展開と農産物加工業の勃興」, 『産根論叢(滋賀大學經濟學會)』 65・66・67, 1960.

蔣惠民, 上田貴子 譯, 「中國山東省黃縣人の商慣習」, 近畿大學民俗學硏究所 編, 『民俗文化』 23, 2011-6.

## 제3부 경제 유통망의 변화와 지역 간 교류

### 철도 부설과 상품 유통망의 변화 / 김지환

#### 1. 1차 자료

『大阪每日新聞』

『東京朝日新聞』

『東方雜誌』

『滿州日報』

『滿鐵調査月報』

『時事新報』

『神戸新聞』

『中外商業新報』

『台灣日日新報』

王鐵崖編, 『中外舊約章彙編』 第一冊, 第二冊, 三聯書店, 1957.

レーマー, 『列國の對支投資』, 東亞經濟調査局, 1934.12.

南滿洲鐵道株式會社, 『北滿洲と東支鐵道』 上, 大阪每日新聞社, 1928.7.

南滿洲鐵道株式會社, 『北滿洲と東支鐵道』 下, 大阪每日新聞社, 1928.7.

南滿洲鐵道株式會社吉林事務所, 『拉賓沿線に於ける經濟概況』, 吉林商工會, 1934.5.

飯野健次, 『滿蒙經濟の實勢』, 平凡社, 1934.

日本外務省, 『拉賓鉄道関係一件』, 1935.

日本外務省, 『日本外交年表竝主要文書』 上・下, 原書房, 1965-1966.

町田耘民, 『滿蒙の鐵道戰』, 民衆時論社, 1926.1.

佐藤四郎, 『滿洲國年鑑』, 滿洲書院, 1932.

## 2. 연구서 및 논문

金志煥, 『鐵道로 보는 中國歷史』, 學古房, 2014.

蘇崇民, 『滿鐵史』, 中華書局, 1990.

安藤彦太郎, 『滿鐵-日本帝國主義と中國』, 禦茶の水書房, 1965.

原田勝正, 『滿鐵』, 岩波新書, 1981.

塚瀨進, 『中國近代東北經濟史研究』, 東方書店, 1993.

金志煥, 「中東鐵道出售的經濟背景」, 『近代史研究』 2014年 5期, 2014.9.

## 동북지역 고속도로망 확충과 현대 중국의 국가전략
/ 김송죽

### 1. 1차 자료

遼寧省人民政府 http://www.ln.gov.cn/

彰武縣 http://www.zhangwu.gov.cn/

新民市 http://www.xinmin.gov.cn/

阜新市 http://www.fuxin.gov.cn

朝陽市 http://www.zgcy.gov.cn/

丹東市 http://www.dandong.gov.cn/

吉林省人民政府 http://www.jl.gov.cn/

吉林市 www.jlcity.gov.cn/

敦化新聞網 www.nmsrx.dhtv.tv/

通化市 http://www.tonghua.gov.cn/

雙遼市 http://www.shuangliao.gov.cn/

四平市 www.siping.gov.cn

黑龍江省人民政府 http://www.hlj.gov.cn/

牡丹江 http://www.mdj.gov.cn/

佳木斯 http://www.jms.gov.cn/

內蒙古自治區人民政府政 http://www.nmg.gov.cn/

通遼市 http://www.tongliao.gov.cn/

韓景, 張翠麗, 「"東邊道"鐵路建設對大連保稅港的影響研究」, 『海洋開發與管理』 2008-2. http://wenku.baidu.com/view/9f822de9941ea76e58fa0489.html

「最新歷史版本: 鶴大高速公路」, 高速公路百科, http://baike.cngaosu.com/index.php?edition-view-17767-6.html

國家發展改革委, 「東北振興"十二五"規劃(全文)」, http://wenku.baidu.com/

link?url2xJ8FB5xG85zLVbhU1kNU4S-TJzasSj_ICvOuHzAsqd0ZRdqE10mejuo 08xmmAd81Qb5vRK0iUCmsdHON_Knu9LZMVp2tzU-uVqekMKLMPS

黎雪榮, 申正遠, 蔡建明, 〈2013-2017年東北地區高速公路行業投資分析及前景預測報告〉 2008.02. http://www.ocn.com.cn/reports/2008565 dongbeigaosugonglu.htm

任民, 「朝鮮茂山鐵礦開發與中國東北東邊道鐵路建設」, 『鐵道運輸與經濟』, 2006-1, 鐵道部經濟規劃研究院運輸咨詢部, 北京 100038.

中國國家高速公路網, http://www.china-highway.com/

中國國家發展與改革委員會, 「國家公路網規劃(2013年-2030年)」, 2013年5月24日. http://zfxxgk.ndrc.gov.cn/PublicItemView.aspx?ItemID={93c7d13b-aa0d-4beb-955e-268adade8a8f}

中國國家發展與改革委員會, 「中華人民共和 國交通運輸部 國家高速公路網布局方案」 http://www.mot.gov.cn/images/luwang2009.jpg.

中國高速公路網, 「G11, 鶴大高速公路路況電話查詢'2013年03月30日」 http://www.cngaosu.com/a/2010/0322/52337.html

中國交通運輸部, 「關於印發國家高速公路網裏程樁號傳遞方案的通知」, 『交通運輸部 : 交公路發』, 157, 2008. http://www.law-lib.com/law/law_view.asp?id=260526,

中華人民共和國交通部, 「國家高速公路網規劃」, 2005.01.13. http://www.moc.gov.cn/2006/06tongjisj/06jiaotonggh/guojiagh/guojiajt/200608/t20060815_46064.html.

中華人民共和國交通部, 「中國公路命名與編號」

中華人民共和國中央人民政府, 『中華人民共和國公路法』 第二次修正, 2004. http://zh.wikipedia.org/wiki/%E4%B8%AD%E5%9B%BD%E5%85%AC%E8%B7%AF%E5%91%BD%E5%90%8D%E4%B8%8E%E7%BC%96%E5%8F%B7.

## 2. 연구서 및 논문


金範松, 「창지투 선도구와 나선특구 개발 전망: 연변조선족자치구 지정학적 역할을 중심으로」, 『통일문제연구』 55, 2011.

김수한, 「한・중 교류의 새로운 방식: 인문유대와 도시 간 국제 협력」, 『한중사회과학연구』 29, 단일호, 2013.

김정연, 「간선교통망의 확충과 지역발전」, 『도시정보』 29-1, 2011.

김종학, 「고속도로의 성과와 창조경제시대의 과제」, 『국토정책 Brief』 428, 2013.

남 영, 「철도망 분석을 통한 중국 도시 네트워크의 변화」, 『대한지리학회지』 38-4, 2003.

림금숙, 「창지투선도구와 북한나선특별시간 경제협력」, 『국제지역학논총』 5-2, 2012.

신관호, 「고속도로의 산업연관 및 경제성장 효과에 관한 연구」, 『도로교통연구원』, 2009.

신범식, 「러시아의 네트워크 국가전략: 푸틴시기 에너지수송망 구축사업을 중심으로」, 『세계지역연구논총』 27-3, 2009.

신범식, 「북-중-러 접경지대를 둘러싼 초국경소지역 개발협력과 동북아시아 지역정치」, 『국제정치논총』 53-3, 2013.

원동욱, 「동북공정의 내재화, 중국 동북지역 인프라개발의 전략적 함의」, 『국제정치논총』 49-1, 2009.

원동욱, 「북중경협의 빛과 그림자: 창지투 개발계획과 북중 간 초국경연계개발을 중심으로」, 『현대중국연구』 13-1, 2011.

주 원, 「고속도로건설과 연쇄효과-도시 성장에 미치는 영향을 중심으로」, 『도시문제』 3-2, 1968.

李忠文, 「發揮口岸優勢暢通長吉圖大通道: 振興吉林」, 『新長征』 11, 2012.

於　瀟,「長吉圖開發開放先導區與 國際大通道建設研究」,『東北亞論壇』19-2, 2010.

張嘉昕・苗銳, 「長吉圖開發開放先導區通道建設的物流經濟效益分析:以中朝通道爲例」,『東北亞論壇』103-5, 2012.

趙瑩・夏光宇,「長吉圖開發開放戰略的特色與道路研究」,『企業導報』11, 2013.

「中華人民共和國國家標准:公路路線標識規則和國道編號 (GB/T917-2009)」, 中華人民共和國『中國公路雜志信息』,『中國公路』, 雜志社, 2013.

祝濱濱,「加快推進長吉圖開發開放先導區建設的路徑選擇」,『社會科學戰線』, 博士論壇, 2011.

黃泰岩,「長吉圖開發開放戰略的特色與道路」,『工業技術經濟』3-209, 2011.

## 공저자 소개

### 김희신(金希信)

* 상명대학교 사학과 졸업. 고려대학교 사학과 대학원 석사, 박사 졸업.
* 고려대학교 아세아문제연구소 연구교수 역임. 현재 인천대학교 중국학술원 HK연구교수.
* **주요 연구**: 「중국동북지역의 기업지배구조와 기업관행」, 「민국초기 토지소유권 증명과 驗契」, 「주조선사관의 화교실태조사와 관리」, 「1926-1935년 중경의 '내적'·'인적' 요소와 도시근대화」 등.

### 박경석(朴敬石)

* 연세대학교 사학과 졸업. 동 대학교 대학원 석사, 박사 졸업.
* 동북아역사재단 연구위원 역임. 현재 인천대학교 중국학술원 교수.
* **주요 연구**: 「淸末民國時期 地方祀典의 지속과 변용」, 「근대시기 중국동북지역 민간신앙의 '복합성'」, 「중국동북지역의 傳統 行會에서 '近代的' 商會 사이」, 「'行規'에서 '業規'로의 '商慣行의 明文化'」 등.

### 손승희(孫承希)

* 숙명여자대학교 사학과 졸업. 국립대만사범대학 역사연구소 졸업. 중국 푸단대학 역사학 박사.
* 고려대학교 아세아문제연구소 연구교수 역임. 현재 인천대학교 중국학술원 HK연구교수.
* **주요 연구**: 「근대 중국의 異姓嗣子 繼承관행」, 「채무소송으로 본 華商의 商慣行(1906-1910)」, 「相續慣行에 대한 國家權力의 타협과 관철」, 「中國民主同盟의 좌절과 선택-국공내전시기를 중심으로」 등.

### 김지환(金志煥)

* 고려대학교 사학과 졸업. 동 대학원 석사, 박사 졸업. 중국 푸단대학 역사학 박사.
* 일본 동경대학 객원연구원, 고려대학교 아세아문제연구소 HK연구교수 역임. 현재 인천대학교 중국학술원 교수.

* **주요 연구**: 『철도로 보는 중국역사』, 『전후중국경제사(1945-1949)』, 『중국국민정부의 공업정책』, 『棉紡之戰』 등.

김송죽(金松竹)

* 상명대학교 중문과 졸업. 이화여자대학교 대학원 국제지역학-중국 전공 석사, 박사 졸업.
* 현재 인천대학교 중국학술원 HK연구교수.
* **주요 연구**: 「중국-미얀마 송유관 건설의 정치적 배경과 효과」, 「중국 동북지역 도시상업은행의 시장자유화로의 이행」 등.

중국관행연구총서 06

# 중국동북지역의 상인과 상업네트워크

초판 인쇄 2015년 5월 20일
초판 발행 2015년 5월 30일

중국관행연구총서·중국관행자료총서 편찬위원회

위 원 장 | 장정아
부위원장 | 안치영
위 원 | 김지환·박경석·송승석·이정희

공 저 | 김희신·박경석·손승희·김지환·김송죽
펴 낸 이 | 하운근
펴 낸 곳 | 學古房

주 소 | 서울시 은평구 대조동 213-5 우편번호 122-843
전 화 | (02)353-9907 편집부(02)353-9908
팩 스 | (02)386-8308
홈페이지 | http://hakgobang.co.kr/
전자우편 | hakgobang@naver.com, hakgobang@chol.com
등록번호 | 제311-1994-000001호

ISBN 978-89-6071-514-1 94910
978-89-6071-320-8 (세트)

**값 : 30,000원**

이 도서의 국립중앙도서관 출판시도서목록(CIP)은 서지정보유통지원시스템 홈페이지(http://seoji.nl.go.kr)와 국가자료공동목록시스템(http://www.nl.go.kr/kolisnet)에서 이용하실 수 있습니다.(CIP제어번호: CIP2015013583)